AF377877

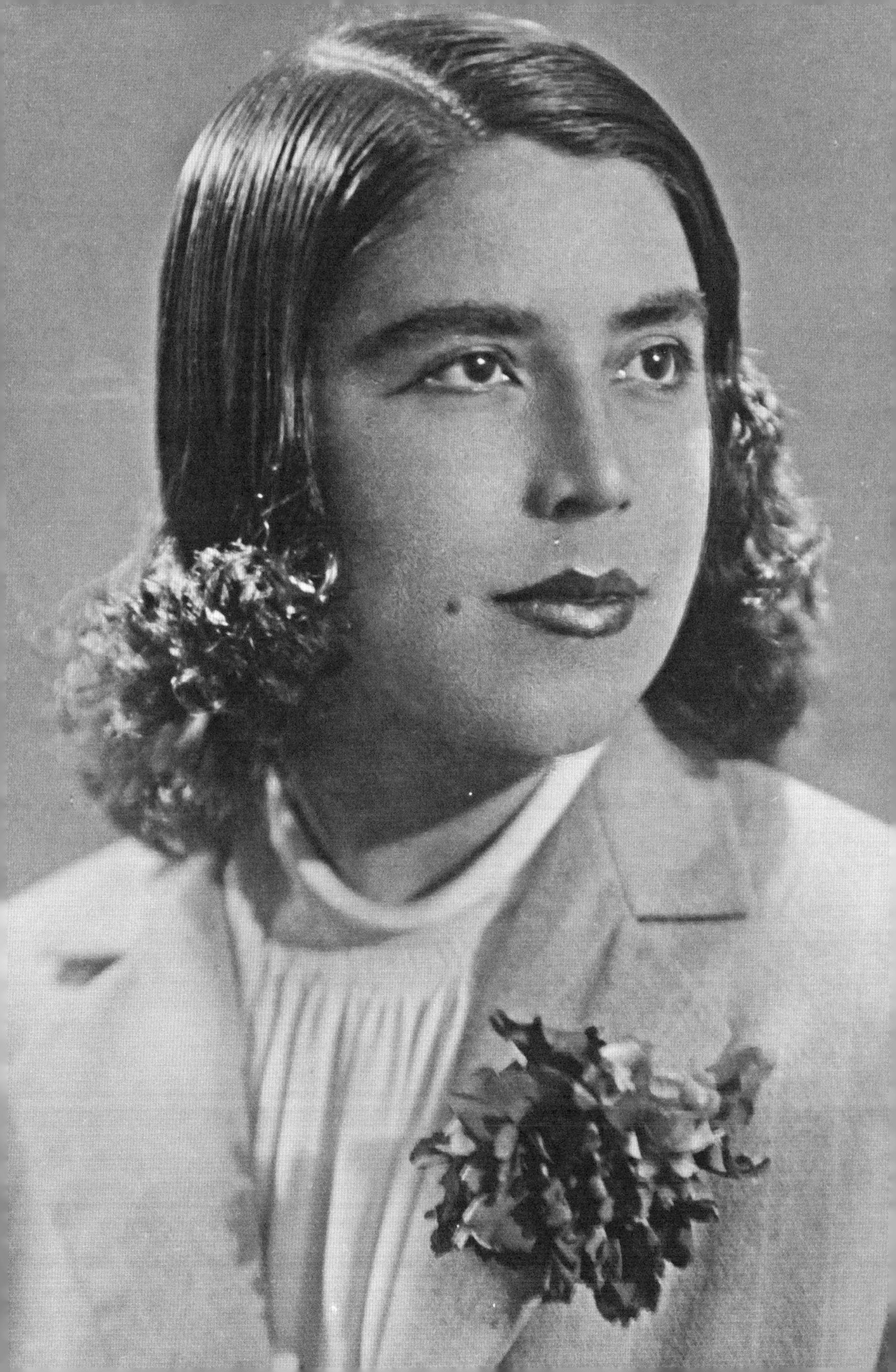

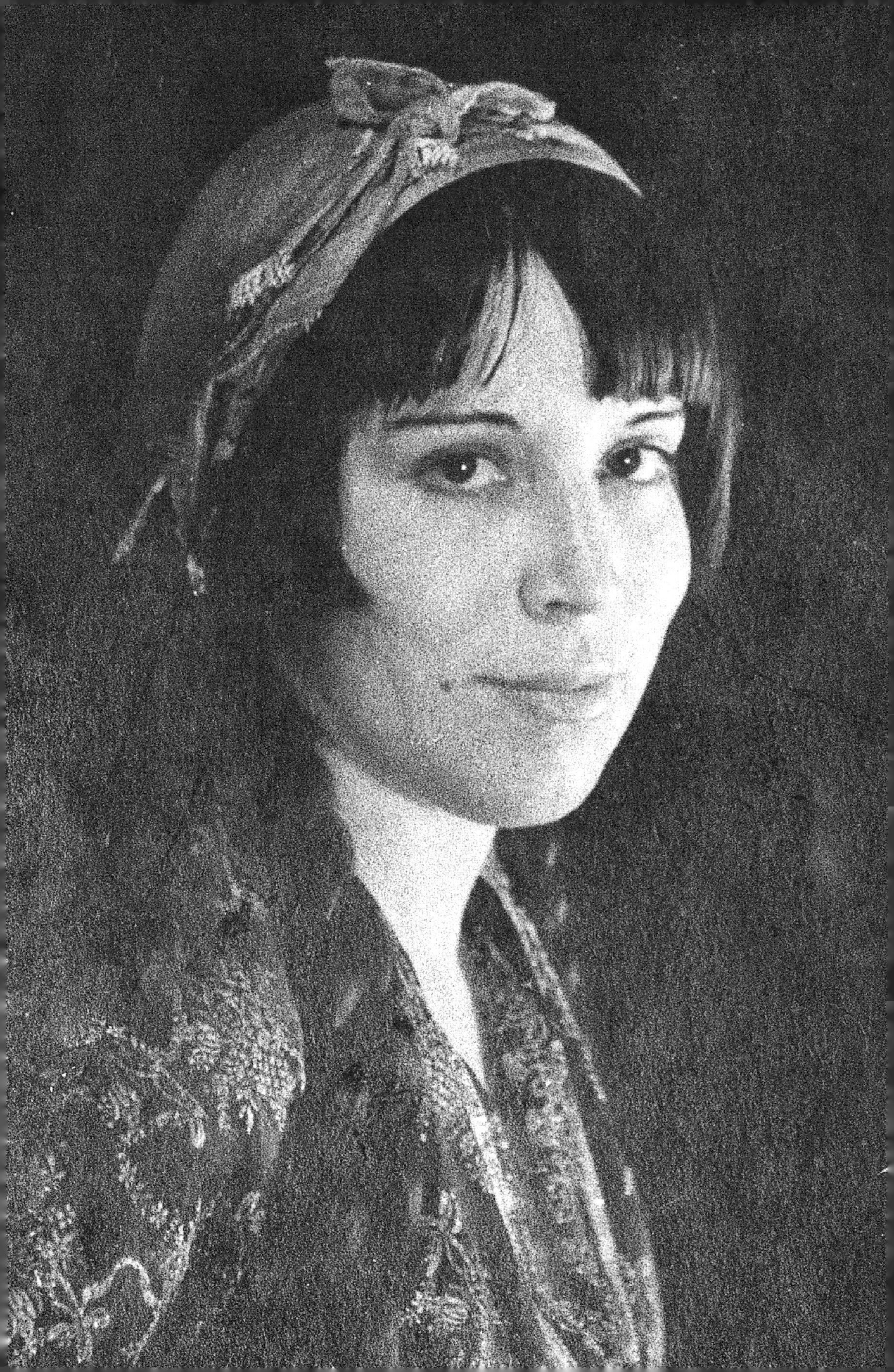

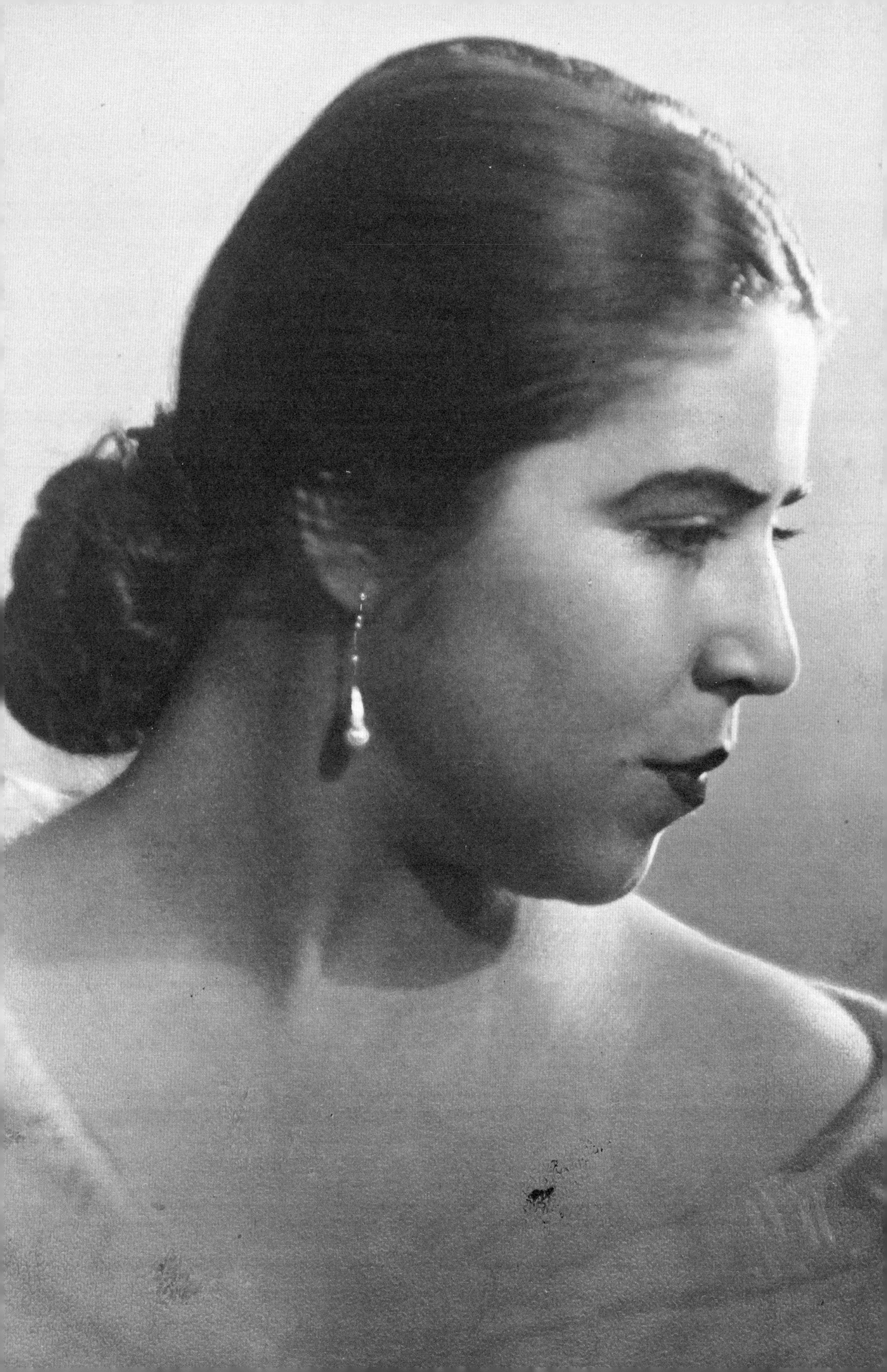

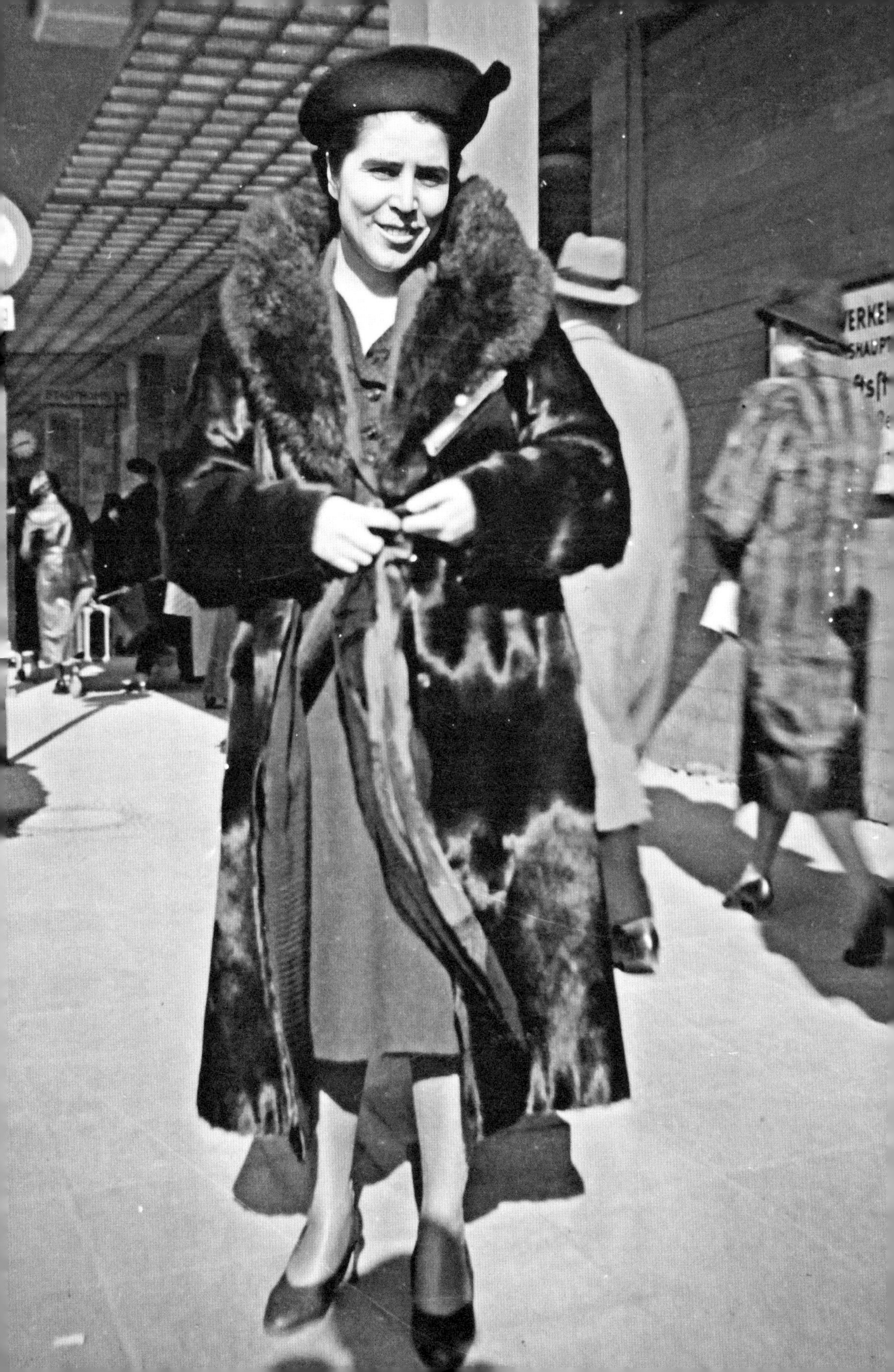
VERKEH
SHAUPT
9s/ß

Balacigma! madam
Hofley rolüsd
ed Perrs

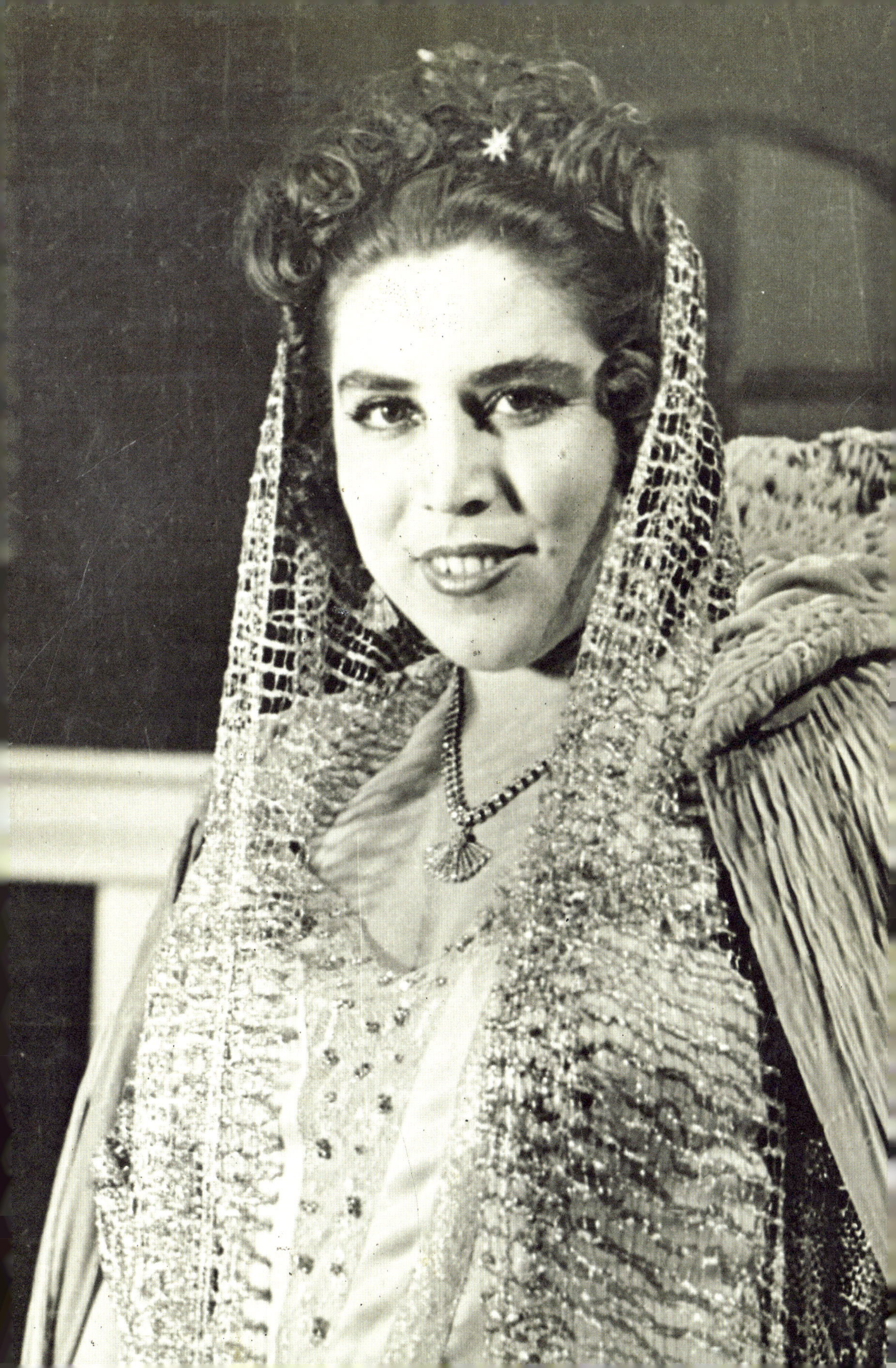

Semiha Berksoy

Singing in Full Color

II

Hamburger Bahnhof
Nationalgalerie der Gegenwart

Sam Bardaouil
& Till Fellrath
Hg. / Eds.

SilvanaEditoriale

Nationalgalerie
Staatliche Museen zu Berlin

Inhalt
Contents

Semiha Berksoy: eine Retrospektive im
Hamburger Bahnhof / Semiha Berksoy:
A Retrospective at Hamburger Bahnhof
Sam Bardaouil
12 /
18

Installationsaufnahmen / Installation shots
22

Geprägt von der leidenschaftlichen Liebe zur Kunst:
Semiha Berksoy / A Person of Passion and Art:
Semiha Berksoy
Deniz Pehlivaner Gündüz (İstanbul Modern)
62 /
70

Die Wiederaneignung privater Mythen: Semiha
Berksoys Kunst zur Zeit der Entstehung der modernen
Türkei / Reclaiming Personal Myths: Semiha Berksoy
at the Crossroads of Artistic Expression and the
Formation of Modern Türkiye
Ayşe Güngör
74 /
80

When Naxos Burned No More –
An Ode to Semiha Berksoy
Sam Bardaouil
84

Werke in der Ausstellung / Works in the Exhibition
97

Semiha Berksoys Zeit in Berlin 1936 – 1942 /
Semiha Berksoy's Time in Berlin 1936 – 1942
Anmerkungen zusammengestellt von /
Annotations compiled by Agnes Rameder
182

Anthologie historischer Texte /
Anthology of Historical Texts
208 /
236

Ein Star wird im Darülbedayi geboren /
A Star is born in Darülbedayi
1931
209 /
237

Ein Bravo für Semiha Berksoy /
A Bravo for Semiha Berksoy
M. Turhan, 1939
210 /
238

Berliner Musik /
Berlin Music
Fritz Stege, 1939
211 /
239

Künstler des Staates, wir begrüßen euch! /
State artists, we welcome you!
Vedat Nedim Tör, 1941
213 / 241

Semiha Berksoy: Nach 10 Jahren tritt die
Primadonna wieder als Tosca auf / After
10 years, the prima donna is once again
appearing as Tosca
Şahap Balcioğlu, 1951
214 / 242

Das 30. künstlerische Jubiläum von Semiha Berksoy /
Semiha Berksoy's 30th anniversary as an artist
Perihan Çambel, 1963
216 / 244

Mit bildnerischen Zeichen erzählt: Semiha Berksoys
Arbeiten im Haus am Lützowplatz / Narrated with
Painterly Symbols: Semiha Berksoy's Works at
Haus am Lützowplatz
ka, 1969
217 / 245

Die erste türkische Oper /
The first Turkish opera
Doğan Hızlan, 1986
218 / 246

Das Berksoy-Zimmer /
The Berksoy Room
Dieter Ronte, 2000
219 / 247

Interview mit Semiha Berksoy /
Interview with Semiha Berksoy
Hans Ulrich Obrist, 2003
220 / 248

Ihr größtes Werk war sie selbst /
Her greatest work was herself
Cem Erciyes, 2004
225 / 252

Arien gegen das Sterben /
Arias in Defiance of Death
David Hesse, 2004
226 / 253

Schlafzimmer und Exzess: Feministische Strategien bei
Tracey Emin und Semiha Berksoy / Bedrooms in
Excess: Feminist Strategies Used by Tracey Emin and
Semiha Berksoy
Gülsüm Baydar, 2012
227 / 254

Semiha Berksoy: Wall of Hallucination
HG Masters, 2016
234 / 260

Biografie / Biography
Zusammengestellt von / Compiled by Emily Finkelstein
264

Impressum / Imprint
270

Dank / Acknowledgements
272

Abbildungsnachweis / Photo Credits
272

Semiha Berksoy: eine Retrospektive im Hamburger Bahnhof

Sam Bardaouil

Semiha Berksoy: A Retrospective at Hamburger Bahnhof

English from page 18

Diese umfassende Ausstellung zu Semiha Berksoy im Hamburger Bahnhof, bislang die erste in Deutschland, lädt zu einer Begegnung mit einer Künstlerin ein, deren vielschichtiges Werk sich jeder vereinfachenden Kategorisierung entzieht. Die Präsentation, die Visuelles, Performatives und Persönliches zusammenbringt und die mehr als nur eine herkömmliche Retrospektive ist, bietet den Besucher*innen die Gelegenheit, einen immersiven Parcours zu erkunden, der entlang der vielfältigen Verflechtungen von Berksoys facettenreicher Karriere angelegt ist. Mit über 100 Werken, vor allem Malereien und Zeichnungen, die zusammen mit Film- und Audioaufnahmen und archivalischen Dokumenten entdeckt werden können, ist die Ausstellung als ein Denkraum strukturiert, der es dem Publikum möglich macht, sich Berksoys künstlerischem Ausdruck anzunähern – einer unvergleichlichen Praxis, die sich der Linearität konventioneller biografischer Erzählungen verwehrt.

Der Vorraum: die erste Begegnung

Die Reise der Besucher*innen beginnt in einem schwach beleuchteten Vorraum, der von archivalischem Filmmaterial aus Berksoys Leben erhellt wird. Semiha Berksoy gerät zuerst auf einer Projektionsfläche in den Blick, die im Zentrum des Raumes zu schweben scheint. Die Installation ist nicht nur als Einführung gedacht; sie repräsentiert vielmehr ein Tor, das uns in das Leben einer Frau eintreten lässt, deren Identität in permanentem Fluss begriffen war. Auf beiden Seiten wird die Projektion von Vitrinen flankiert, die neben weiteren archivalischen Materialien auch flüchtige Skizzen und frühe Arbeiten auf Papier enthalten, letztere in einer expressiven Manier ausgeführt, die sich stilistisch nicht zuordnen lässt und ihre Jahre der Ausbildung bei Künstlern wie Namık İsmail und Refik Epikman spiegelt.

Schon dieser Auftakt etabliert, dass Berksoys Identität nicht auf einen einzigen Bezugsrahmen beschränkt werden kann. Sie war eine Künstlerin, die die unterschiedlichsten Dialoge führte – öffentliche und private, persönliche und politische – und dabei kontinuierlich damit befasst war, ihr eigenes Selbst, das, was sie zum Ausdruck bringen wollte, zu formen und umzuformen.

Die Bühne: die Inszenierung des Selbst

Nach der introspektiven Stille des Vorraums betreten die Besucher*innen einen hell ausgeleuchteten, bühnenartigen Raum, in dem die Ausstellung ihrerseits zum Theater wird. Wände erheben sich wie hoch aufragende Kulissen; sie stecken den Ausstellungsraum ab, als sollten die Seitenbühnen links und rechts der Hauptspielfläche evoziert werden. Hier wird der Raum von acht monumentalen Malereien dominiert, die Berksoys Opernrollen gewidmet sind – Ariadne, Salome, Tosca. Die Arbeiten illustrieren nicht nur die Rollen, die sie auf der Bühne darstellte; sie sind vielmehr exemplarische Manifestationen ihrer Konstruktionen des eigenen Selbst und zwar sowohl als Bühnendarstellerin wie auch als bildende Künstlerin.

Durch die kuratorische Wahl, diese Arbeiten als Bühnenelemente zu präsentieren – statt sie durch einen typischeren Ausstellungskontext als Kunst auszuweisen – verlagert sich der Bezugsrahmen: Hier handelt es sich nicht nur um Malereien, sondern vielmehr um Avatare eines Lebens, in dem es um das öffentliche Erscheinungsbild ging. Die Entscheidung, den Raum in ein warmes Gelb zu tauchen, betont die Theatralität des Raumes einmal mehr und macht den Besucher*innen bewusst, dass sich Berksoys Kunst ebenso viel um die Rollen drehte, die sie auf der Bühne spielte, wie um die Räume dazwischen. Ein Stück weiter rücken eine Reihe Arbeiten mit persönlichem Bezug in den Blick, darunter insbesondere ein Portrait von Berksoys Mutter in *Annem Ressam Fatma Saime* [Meine Mutter, die Malerin Fatma Saime] (1965). Der spirituelle Nachklang dieser Malerei, mit der Darstellung der Mutter, die einer Heiligen ähnelt, unterstreicht ein wiederkehrendes Thema in Berksoys Arbeit: das Fortdauern in der Erinnerung, wie es auch in der schlichten schwarzen Linie zum Ausdruck gebracht ist, die sich durch einen Großteil ihres Werks zieht. Der frühe Tod der Mutter prägte Berksoys Leben und Kunst und verlieh ihrem Œuvre eine Aura aus unbewältigtem Schmerz und Sehnsucht.

Die fragmentierte Erzählung: eine nichtlineare Chronologie

Die Ausstellung widersteht der Versuchung einer chronologischen Abfolge und entscheidet sich stattdessen für eine thematische und stilistische Gruppierung von Werken, die die fragmentierte Natur von Berksoys Leben betont. Dieser kuratorische Ansatz spiegelt ihre eigene Lebenswelt, die Erfahrung, sich zwischen Genres und Disziplinen, Räumen und Identitäten hin und her zu bewegen. Arbeiten aus unterschiedlichen Zeiten werden zusammengeführt, mitunter gar in Form von Diptychen oder Triptychen nebeneinandergestellt, und eröffnen auf diese Weise einen Dialog zwischen ihrer frühen

Opernkarriere, ihren späteren visuellen Arbeiten und den persönlichen Beziehungen, die in ihrer Kunst aufscheinen.

Die Konfiguration lädt die Besucher*innen ein, sich mit der räumlichen Situation als Ganzes auseinanderzusetzen. Nimmt man auf den Stufen Platz, die inmitten ihrer Malereien ansteigen und die einem Amphitheater nachempfunden sind, ist man von Berksoys Figuren von allen Seiten umringt, und die reine Betrachtung verwandelt sich in ein immersives Erleben. Dazu kommen Audioaufnahmen von Berksoys Stimme, ihren Opernauftritten und Interviews, die den gesamten Raum erfüllen, sodass ihr Werk mit allen Sinnen erfahrbar wird.

Der dritte Raum: Ariadne und die Rückkehr in die Türkei

Am hinteren Ende des Ausstellungsraums gerät ein Porträt von Berksoy in der Rolle der Ariadne in der Produktion der Berliner Musikakademie von Richard Strauss' *Ariadne auf Naxos* von 1939 in den Blick. Das großformatige Bild wirkt zunächst wie eine Art Schlussstrich, als sei es als Höhepunkt zum Abschluss der Ausstellung gedacht. Erfasst wird Berksoy in ebendem Moment, als ihre Karriere einen Gipfel erreicht hatte: ein Auftritt zum 75. Geburtstag des Komponisten in Berlin. Doch kam ihr die Geschichte dazwischen. Der Zweite Weltkrieg zwang sie, in die Türkei zurückzukehren, und bereitete ihrem Aufstieg auf den Bühnen Europas ein vorläufiges Ende. Das Gazegewebe, auf das dieses Bild gedruckt ist, vermittelt ein Gefühl der Fragilität, das eines Traums, der abrupt unterbrochen wird.

Allerdings stellt die Inszenierung keineswegs einen Schlusspunkt dar. Wir entdecken alsbald, dass Licht durch die Gaze dringt, und werden uns einer weiteren Dimension bewusst: eines weit intimeren Raums, der tiefer im Inneren angesiedelt ist. Während wir uns dem Bild weiter nähern und der Gazestoff zunehmend transparenter wird, registrieren wir, dass ein Film durch das Gewebe schimmert, in einiger Entfernung auf eine große Fläche projiziert; davor einige von Berksoys Malereien, die von den flimmernden Bildern beleuchtet werden.

Hinter den Bewegtbildern offenbart sich ein finaler Geist: das Bildnis von Nâzım Hikmet. Der türkische Dichter und Revolutionär war in einer intimen, wenngleich schwierigen Beziehung mit Berksoy verbunden. Hikmet, der viele Jahre als politischer Gefangener in Haft war, ist hier von einer gespenstischen Präsenz; wie eine Spukgestalt, die an den Rändern von Berksoys Leben und ihrer Kunst ihr Dasein fristet. Ihre für Berksoy aufgrund von Hikmets Nähe zum Kommunismus risikobehaftete Beziehung war persönlicher Natur, hatte aber auch eine politische Dimension. Durch die Strategie, das Bild erst an dieser Stelle, im letzten Teil der Ausstellung zu platzieren, offenbart sich einmal mehr die Vielschichtigkeit von Berksoys Identität – was sie prägte, waren nicht nur die Rollen, die sie in der Öffentlichkeit spielte, sondern auch die persönlichen Risiken und Opfer, die ihr Leben mit sich brachte.

Von hinten betrachtet: die Enthüllung des Privaten

Während sich die Besucher*innen in Richtung Ausgang bewegen, entdecken sie auf den Rückseiten der hoch aufragenden Wände eine weitere Dimension der Ausstellung. Anstelle der theatralischen Vorderseiten der Konstruktionen blickt das Ausstellungspublikum nun auf großformatige archivalische Schwarzweißfotos, die Berksoy in unterschiedlichen Abschnitten ihres Lebens zeigen. Die Bilder – Semiha als kleines Kind, als aufstrebender Star und als alternde Künstlerin – spüren den Etappen ihres persönlichen Lebenswegs nach.

Vitrinen, die ebenfalls an den Rückseiten der Wände platziert sind, enthalten Zeichnungen aus diversen Phasen ihres Lebens sowie archivalische Materialien: Briefe, persönliche Korrespondenz, Skizzen und offizielle Dokumente. Die Ausstellungsstücke bieten einen seltenen Einblick in den Menschen hinter der öffentlichen Persona. Hier ist die Nebeneinanderstellung eine eindeutige – der grandiose Opernstar im Kontrast zum menschlichen Wesen, das sich hinter der Maske versteckt. Die ausgestellten Archivalien werfen ein Schlaglicht auf die Fragilität und die Widersprüchlichkeit, die das Leben Berksoys und ihre Kunst prägten, und enthüllen eine Frau, die trotz aller öffentlichen Erfolge kontinuierlich damit befasst war, die Grenzen zwischen dem eigenen Selbst, dem öffentlichen Auftreten und den Ansprüchen einer in viele kleine Teile zerfallenen Welt zu verhandeln.

Die Verflechtungen eines Lebens: Konstrukte der Identität

Die Ausstellung, die als eindringliche Gegenüberstellung von Berksoys öffentlichen und privaten Formen des Selbst strukturiert ist, sucht die tiefe Komplexität ihrer künstlerischen Identität zu reflektieren. So wird Semiha Berksoy nicht einfach als Opernsängerin oder als Malerin positioniert, sondern vielmehr als eine Künstlerin, deren Werk die konventionellen Kategorien transzendiert, und die die Spannung zwischen Realität und Kunst in ihrer Person verkörpert.

Damit ist Berksoys Vermächtnis eines, das sich jeglicher Klassifizierung entzieht – sie spielte eine wegweisende Rolle in der türkischen Oper und war zugleich eine bildende Künstlerin; durch ihr Œuvre hob sie die Grenzen zwischen verschiedenen Ausdrucksformen auf. Das nichtlineare Ausstellungsformat spiegelt die Widersprüchlichkeit ihrer eigenen Existenz, einem Leben, in dem Persönliches und Politisches, Öffentliches und Privates fließend ineinander übergingen. Mit ihrer Struktur lädt die Präsentation die Besucher*innen ein, sich Berksoy nicht als statischer historischer Figur anzunähern, sondern sie vielmehr als eine Kraft zu begreifen, die die Zeit überdauert – als eine Künstlerin, deren Umgang mit Identität(en) sowie mit Kunst und Politik auch heute zutiefst relevant bleibt.

Übersetzt aus dem Englischen von Tim Beeby und Sabine Bürger

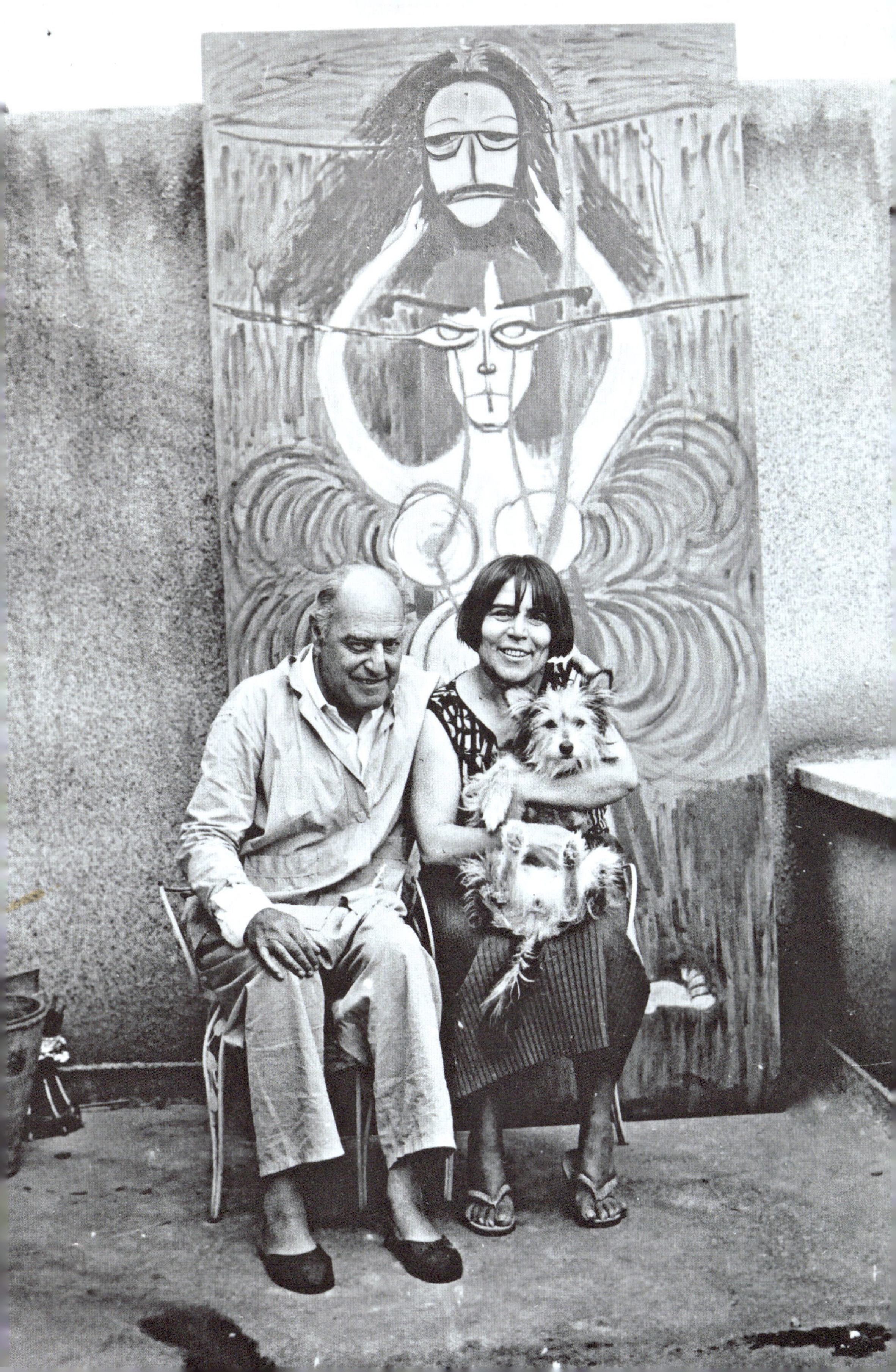

Deutsch ab Seite 12

Semiha Berksoy:
A Retrospective at
Hamburger Bahnhof

Sam Bardaouil

This comprehensive exhibition on Semiha Berksoy at Hamburger Bahnhof, the first to date in Germany, presents a layered exploration of an artist who eluded simplistic categorization. More than a retrospective, it offers an immersive passage into the intersections of Berksoy's multifaceted career, where the visual, the performative, and the personal converge. Across over 100 works, including paintings and drawings, along with film footage, sound recordings, and archival documents, the exhibition is structured as a reflective space for understanding Berksoy's artistry, which defies the linearity of conventional biographical narratives.

The Antechamber: The First Encounter

The visitor's journey begins in a dimly lit antechamber, where Semiha Berksoy first comes into view through a floating screen in the center of the room, illuminated by archival footage from her life. This is not merely an introduction but a portal into the life of a woman whose identity was continuously in flux. Flanking the screen, vitrines on both sides display further archival materials, along with delicate sketches and early works on paper of an expressive style that defies categorization, reflecting her years of training under artists such as Namık İsmail and Refik Epikman.

This initial room establishes the premise that Berksoy's identity cannot be constrained within a singular frame of reference. She was an artist engaged in multiple dialogues—public and private, personal and political—continuously shaping and reshaping her self-expression.

The Stage: Performing the Self

Leaving the introspective quiet of the antechamber, visitors enter a bright, stage-like space, where the exhibition transforms into a theater of its own. The walls rise like towering set pieces, flanking the gallery as if to evoke the wings of an opera stage. Here, eight monumental paintings of Berksoy's operatic roles—Ariadne, Salome, Tosca—dominate the room. These figures do not merely illustrate her performances but embody her self-construction as both performer and creator.

The curatorial choice to present these works as stage elements rather than gallery pieces shifts the frame of reference: these are not just paintings, but avatars of a life spent in performance. The decision to bathe the room in yellow accentuates the theatricality of the space, reminding visitors that Berksoy's art is as much about the roles she played on stage as it is about the spaces in between those performances. Walking further, the visitor encounters personal portraits, notably that of Berksoy's mother in *Annem Ressam Fatma Saime* [My Mother the Painter Fatma Saime] (1965). The spiritual resonance of this piece, with its saint-like depiction of her mother, underscores a recurring theme in Berksoy's work: the persistence of memory, as rendered in the stark black line that runs through much of her oeuvre. Her mother's early death shaped Berksoy's life and art, imbuing her work with an aura of unresolved grief and longing.

The Fragmented Narrative: A Non-linear Chronology

The exhibition resists the temptation of chronology, instead opting for a thematic and stylistic grouping of works that emphasizes the fragmented nature of Berksoy's life. This curatorial approach mirrors her own experience of moving between genres and disciplines, spaces and identities. Works from different periods are juxtaposed, sometimes as diptychs or triptychs, creating a dialogue between her early operatic career, her later visual works, and the personal relationships that permeate her art.

The spatial configuration invites the visitor to engage directly with the space. As one sits on the steps, designed like an amphitheater rising among her paintings, and surrounded by Berksoy's characters, the experience becomes immersive. Audio recordings of Berksoy's voice, her operatic performances, and interviews filter through the room, creating a sensory interaction with her work.

The Third Space: Ariadne and the Return to Türkiye

At the far end of the gallery, an image of Berksoy as Ariadne from the 1939 Berlin Music Academy production of Richard Strauss's *Ariadne auf Naxos* draws the visitor's eye. This large-scale portrait initially appears to be a final barrier, a climactic end to the exhibition. It captures the moment when Berksoy's career reached a peak:

performing for the composer's 75th birthday in Berlin. Yet, history intervened. The Second World War forced her return to Türkiye, disrupting her ascent on the European stage. The gauze surface on which this image is printed heightens the sense of fragility, of a dream disrupted.

However, this wall is not an endpoint. As light filters through the gauze, it reveals another dimension: a deeper, more intimate space. The wall becomes transparent, revealing a film playing in the distance, projected onto a large surface, with some of Berksoy's paintings illuminated in front of it.

Behind this film, a final specter emerges: the image of Nâzım Hikmet, the Turkish poet and revolutionary, who shared an intimate, albeit fraught, relationship with Berksoy. A political prisoner for many years, Hikmet's presence is ghost-like, existing on the edges of her life and art. Their relationship, risk-laden for Berksoy due to Hikmet's communist affiliations, was one of both personal and political significance. The inclusion of his image here, revealed only in the final stages of the exhibition, speaks to the layered nature of Berksoy's identity—shaped not only by her public roles but also by the personal risks and sacrifices that defined her life.

The Reverse Perspective: Unveiling the Private

As visitors turn to exit, the back of the towering walls reveals yet another dimension of the exhibition. The theatrical front of these walls gives way to large-format black-and-white archival photographs of Semiha at different stages of her life. These images—her as a young child, a rising star, and an aging artist—trace the arch of her personal journey.

Vitrines, placed on the back of these walls, contain drawings from various chapters of her life, and archival materials: letters, personal correspondence, sketches, and official documents. These materials offer a rare glimpse into the person behind the public persona. Here, the juxtaposition is clear—the grand operatic figure contrasted with the human being behind the mask. The displayed elements highlight the fragility and contradictions that shaped her life and art, revealing a woman who, despite her public success, was continuously negotiating the boundaries between self, performance, and the demands of a fractured world.

An Interwoven Life: The Structure of Identity

The exhibition's structure is built around a powerful juxtaposition of Berksoy's public and private selves, reflecting the deep complexity of her artistic identity. She is positioned not simply as an opera singer or a painter, but as an artist whose work transcends conventional categories, embodying the tensions between reality and art.

Berksoy's legacy is one that defies classification—she was both a pioneering figure in Turkish opera and a visual artist whose work confronts the boundaries between different forms of expression. The exhibition's non-linear format mirrors the disjunctions in her own life, where the personal and the political, the public and the private coexisted in a constant state of negotiation. Through this structure, the visitor is invited to engage with Berksoy not as a static, historical figure but as a continuing force—an artist whose negotiation of identity, art, and politics remains deeply relevant in our time.

Installations-
aufnahmen
Installation shots

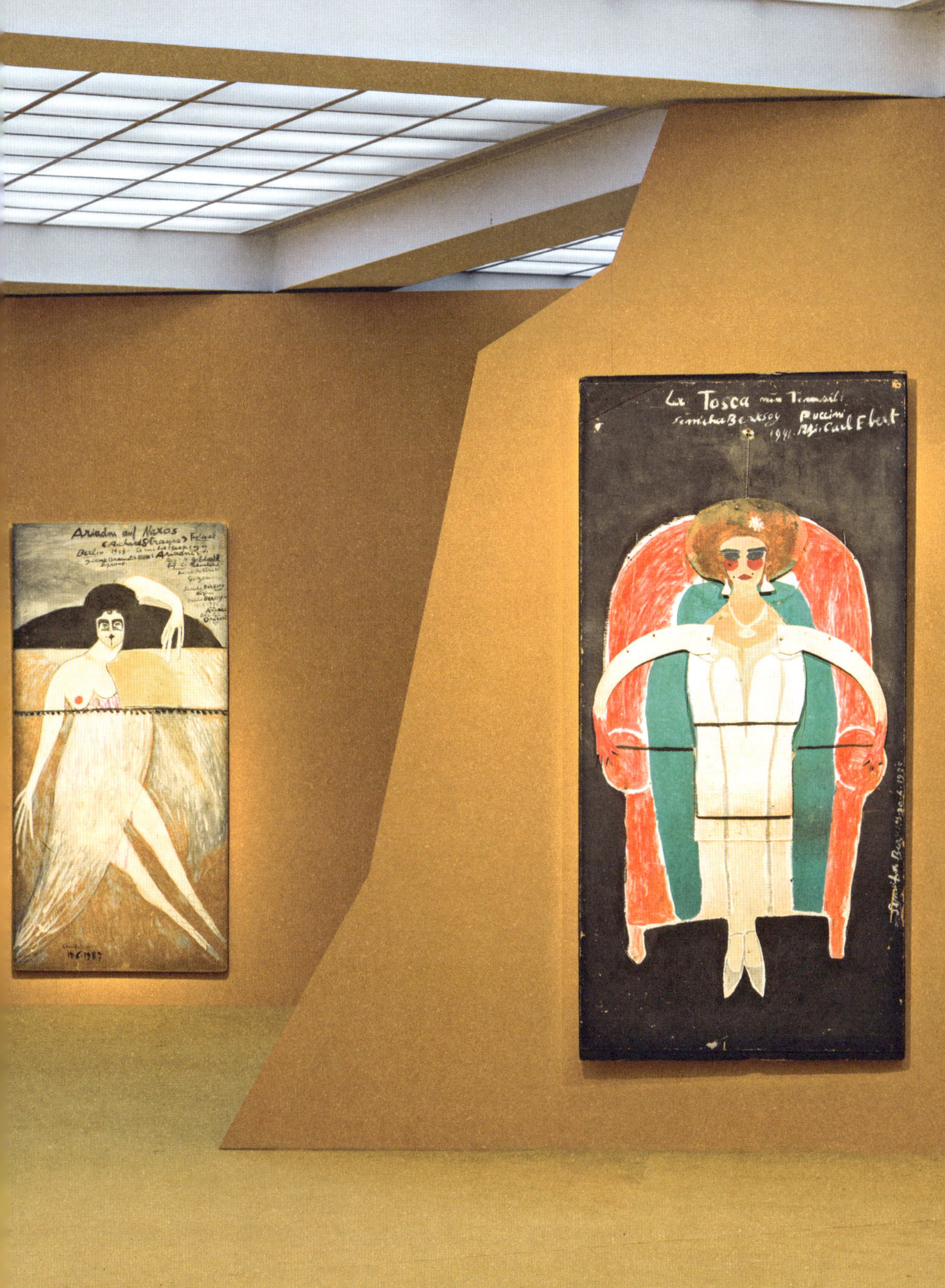

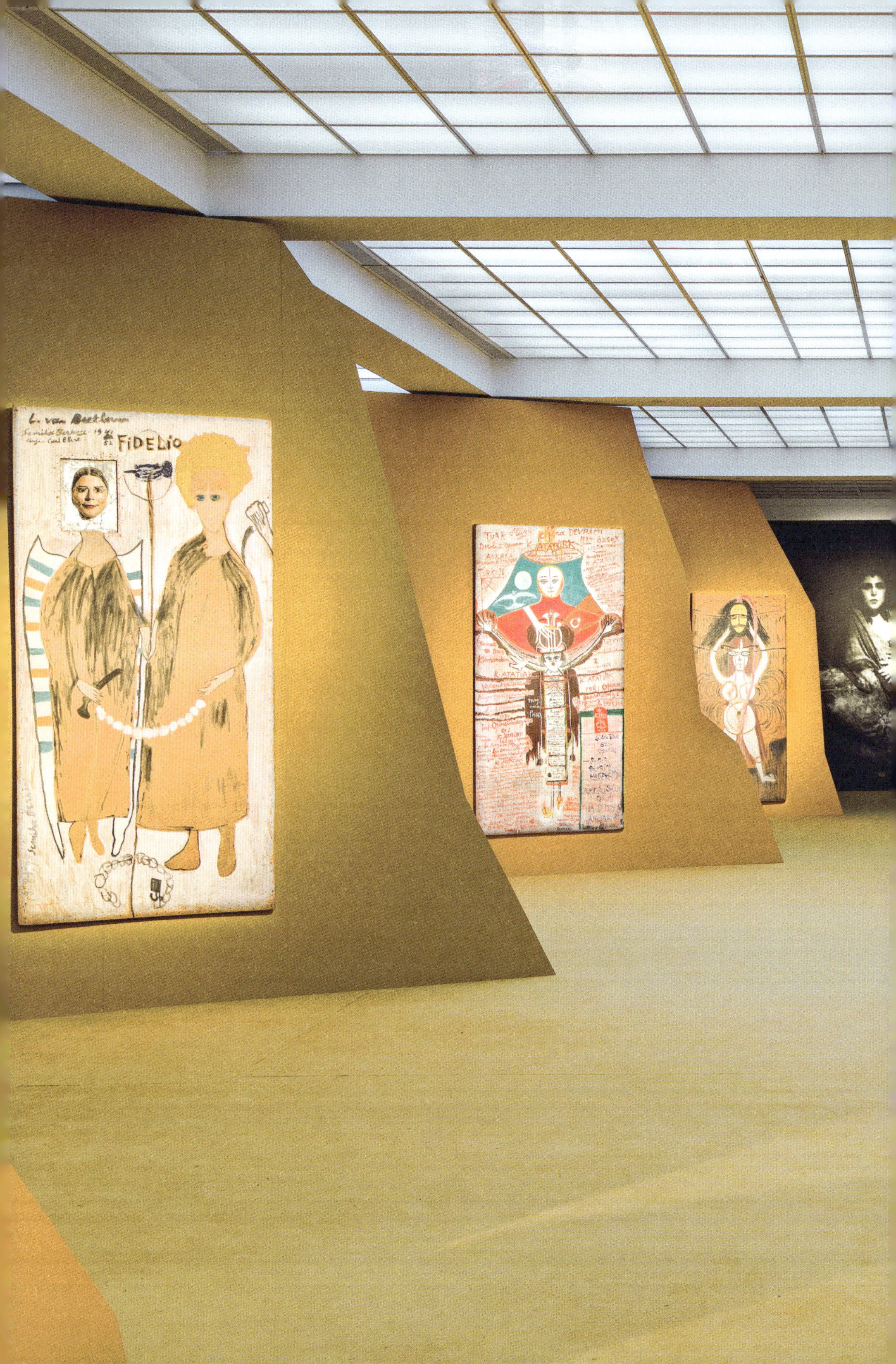

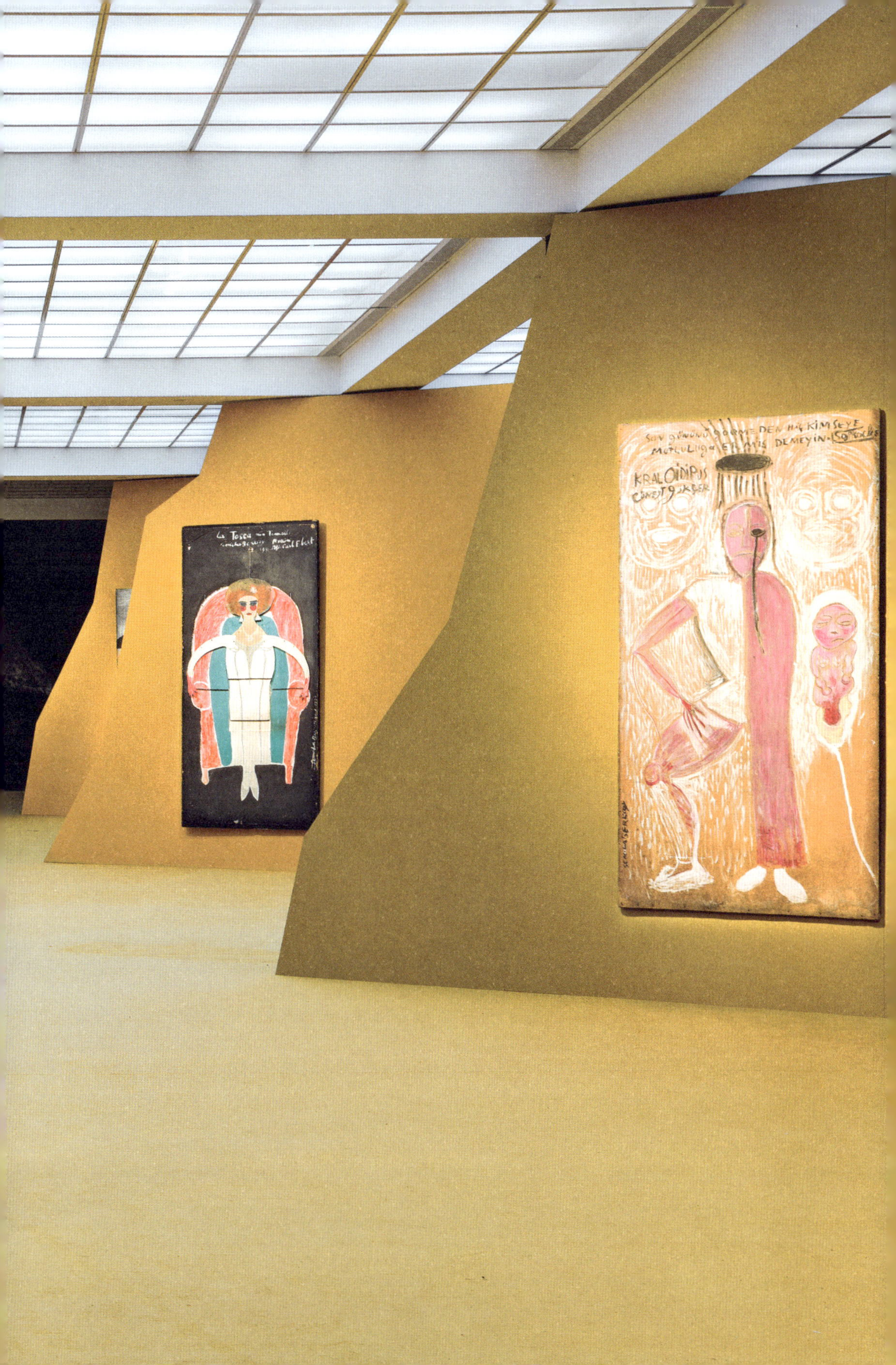

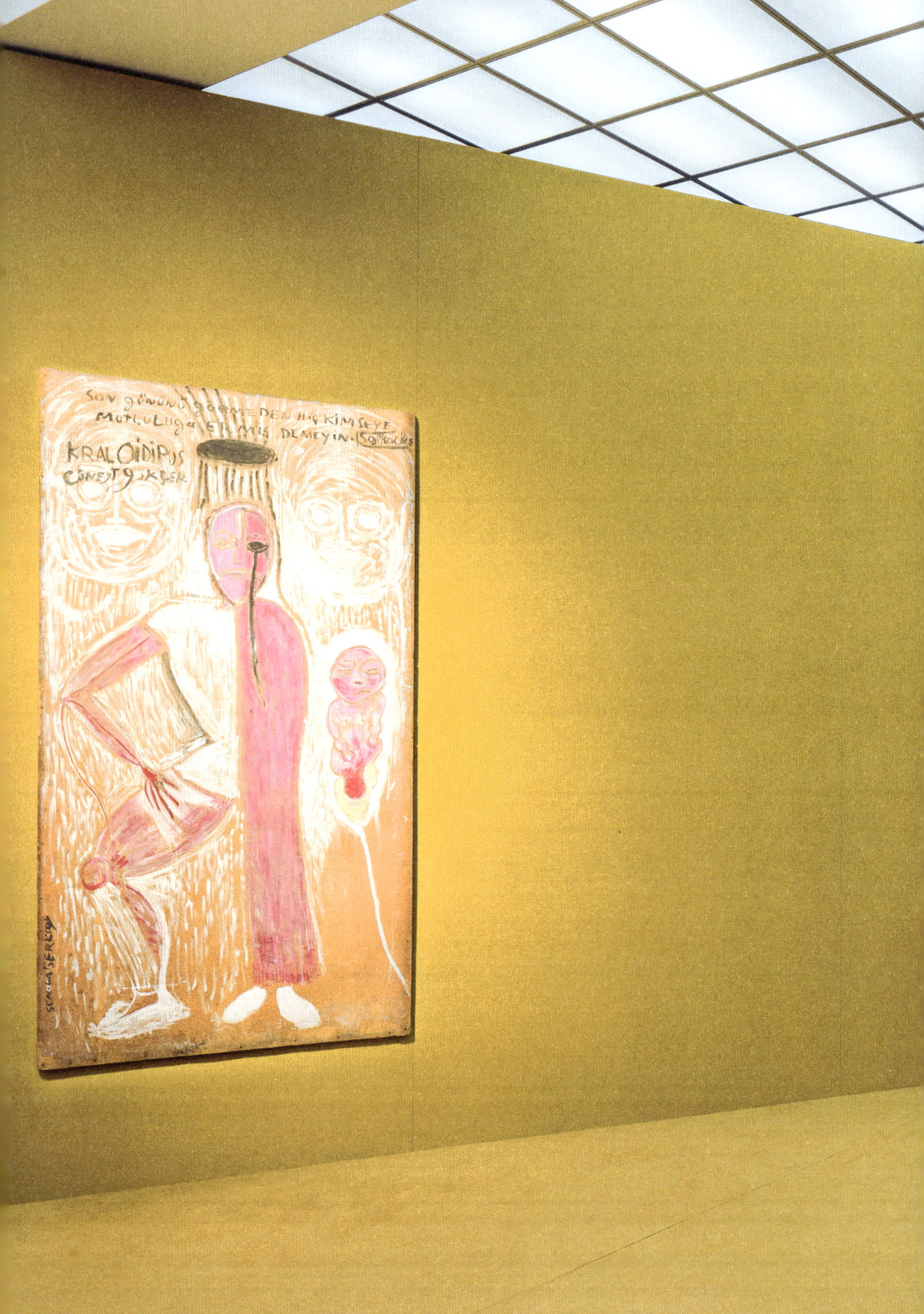

Son gününü görmeden hiç kimseye
mutluluğa ermiş demeyin. Sofokles
KRAL OİDİPUS
CÜNEYT GÖKÇER

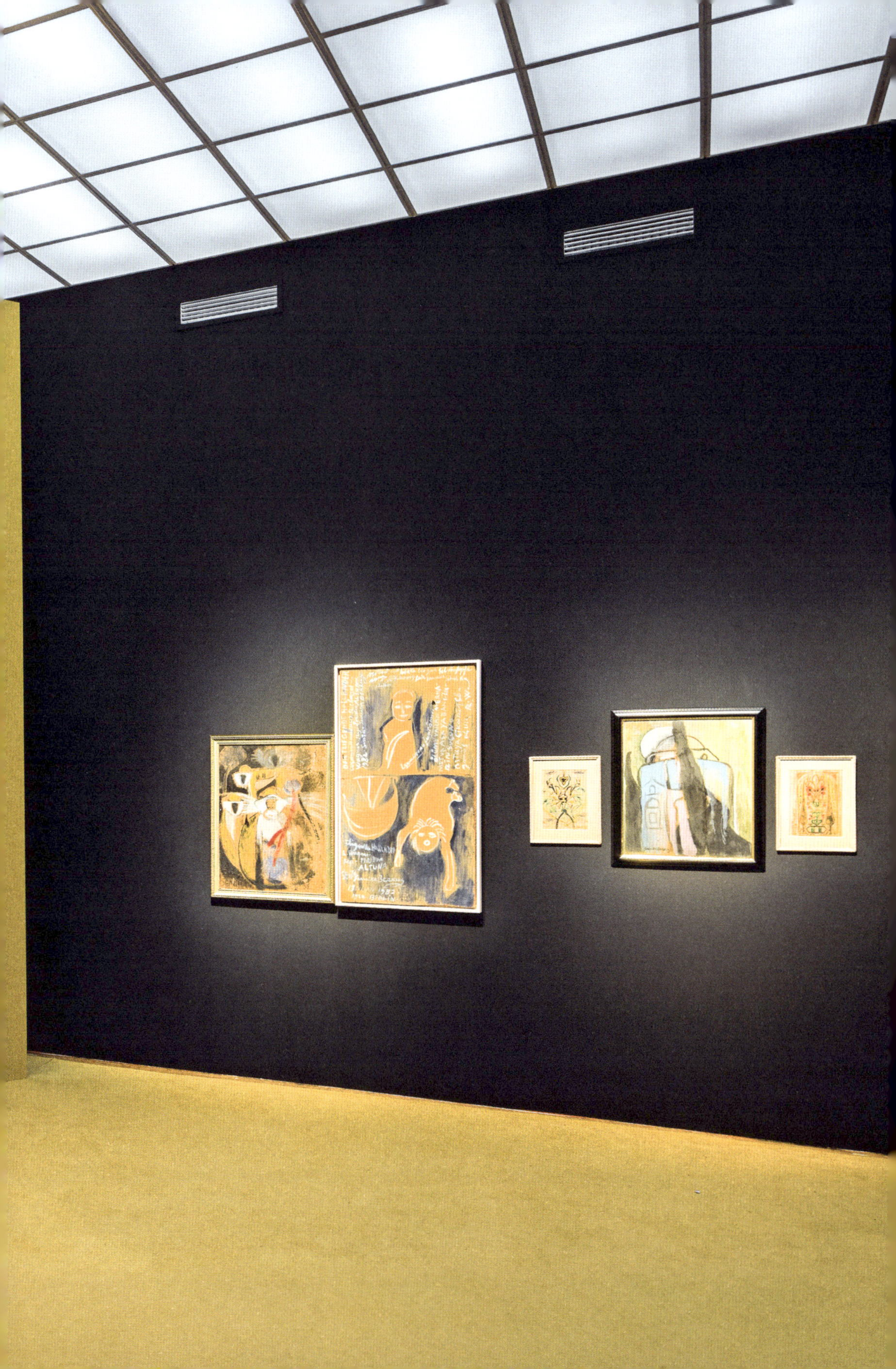

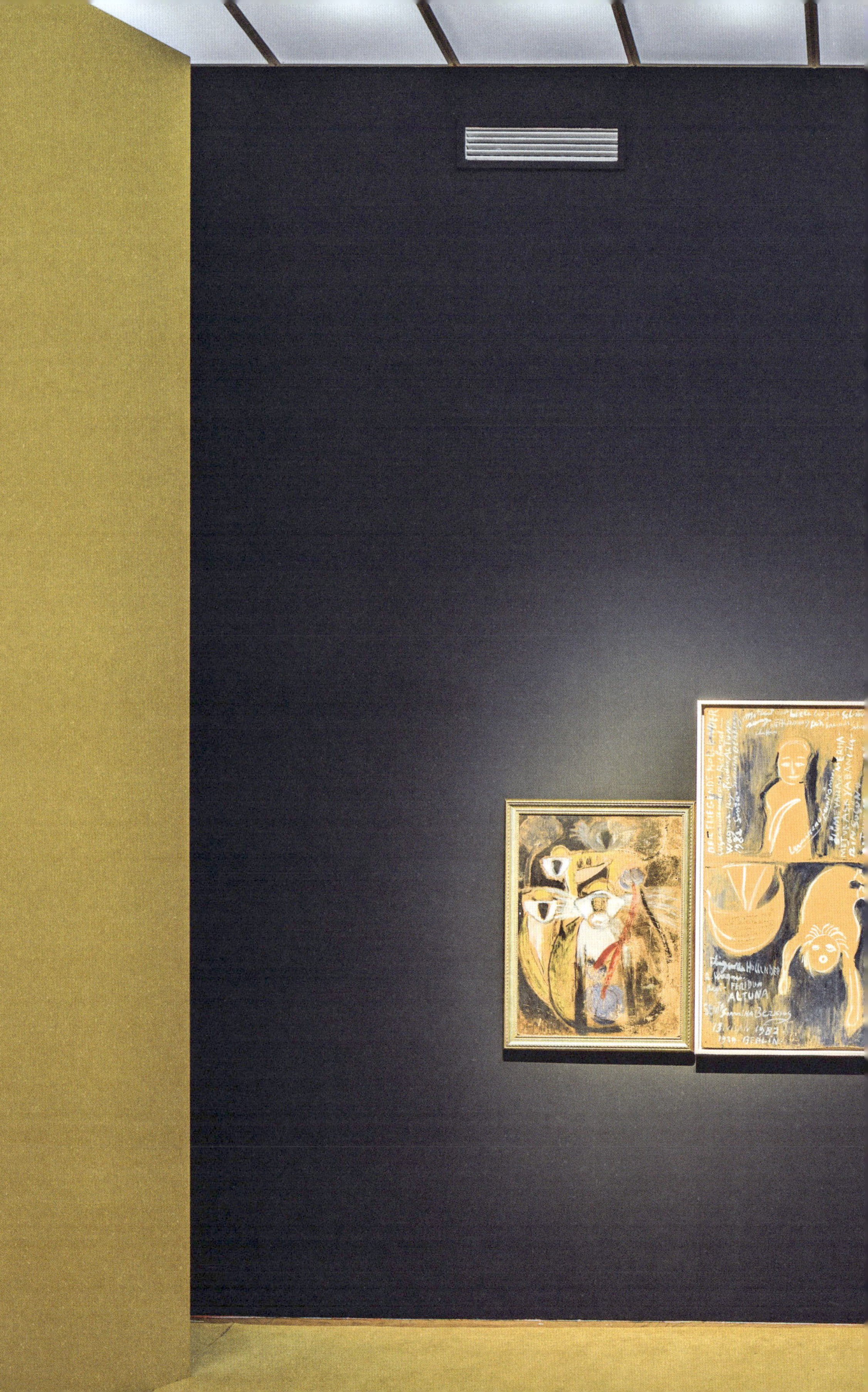

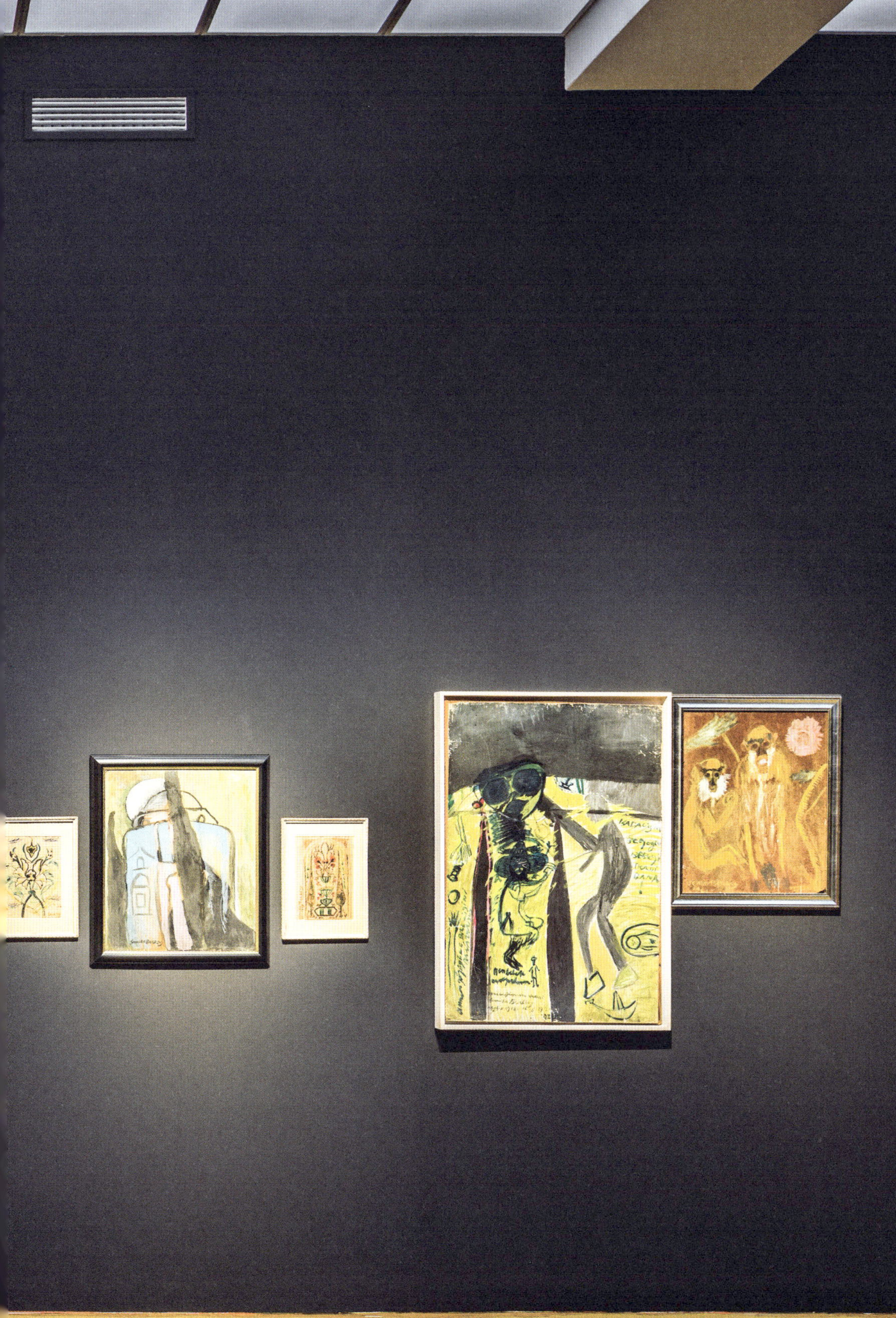

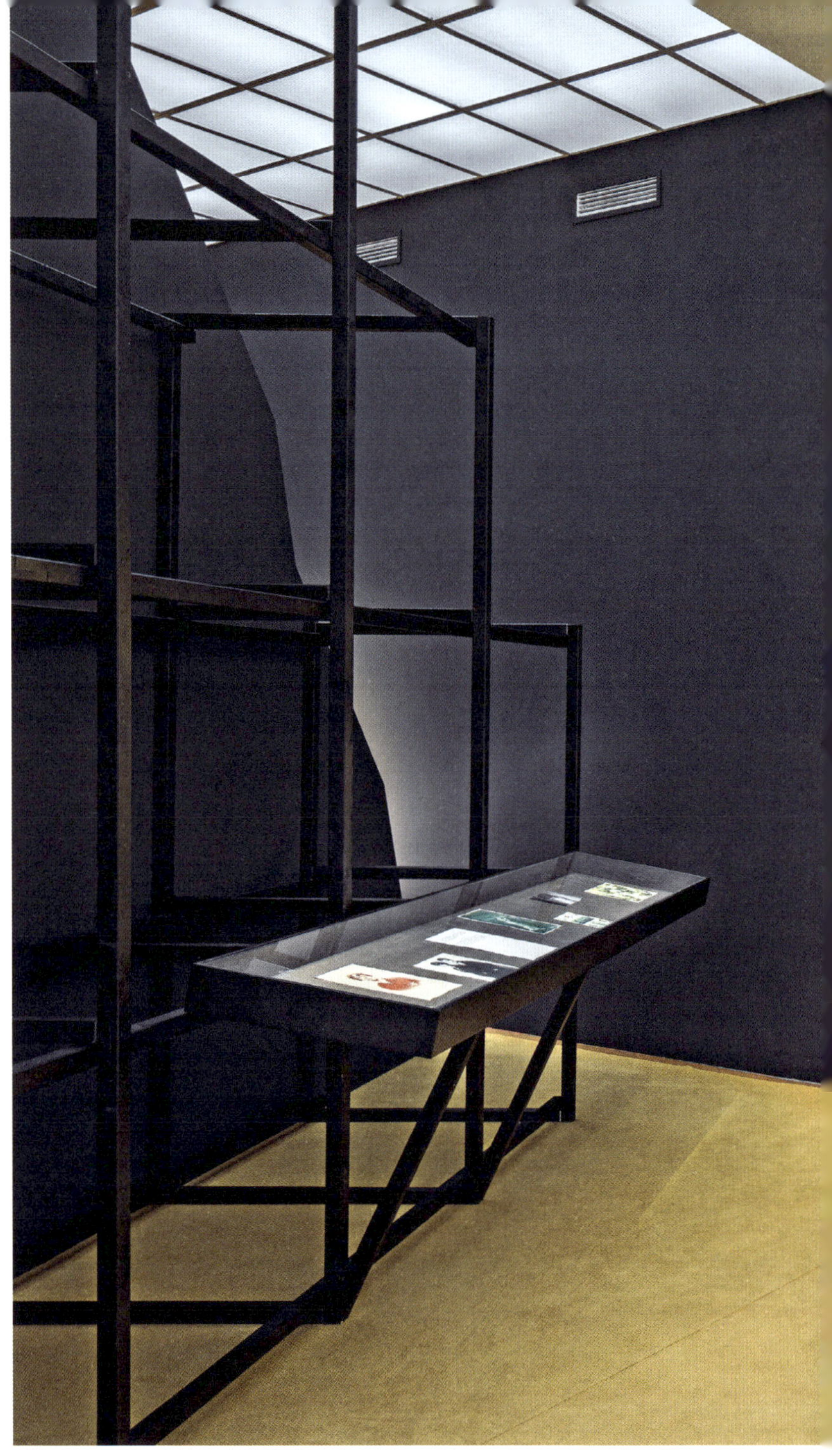

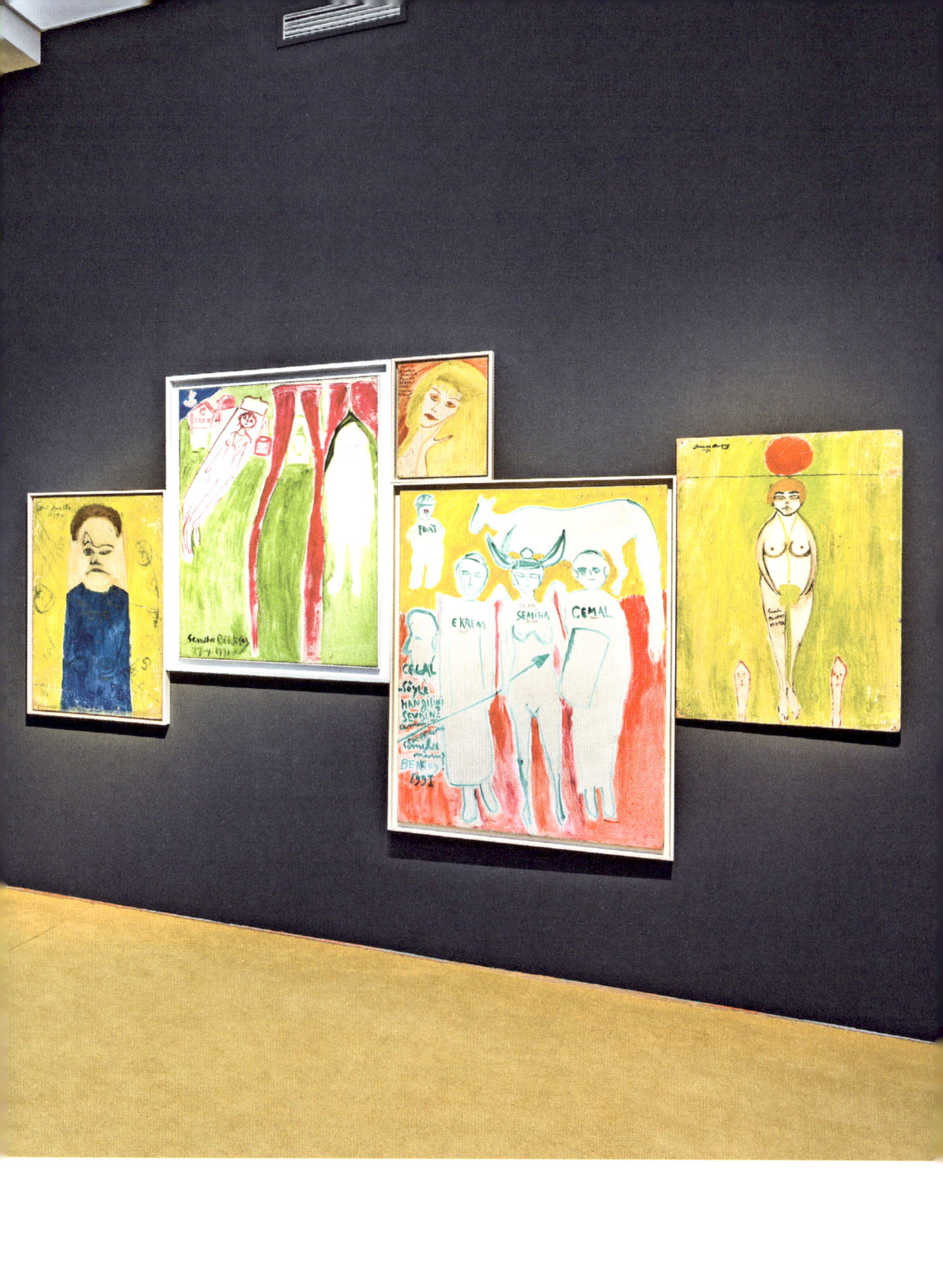

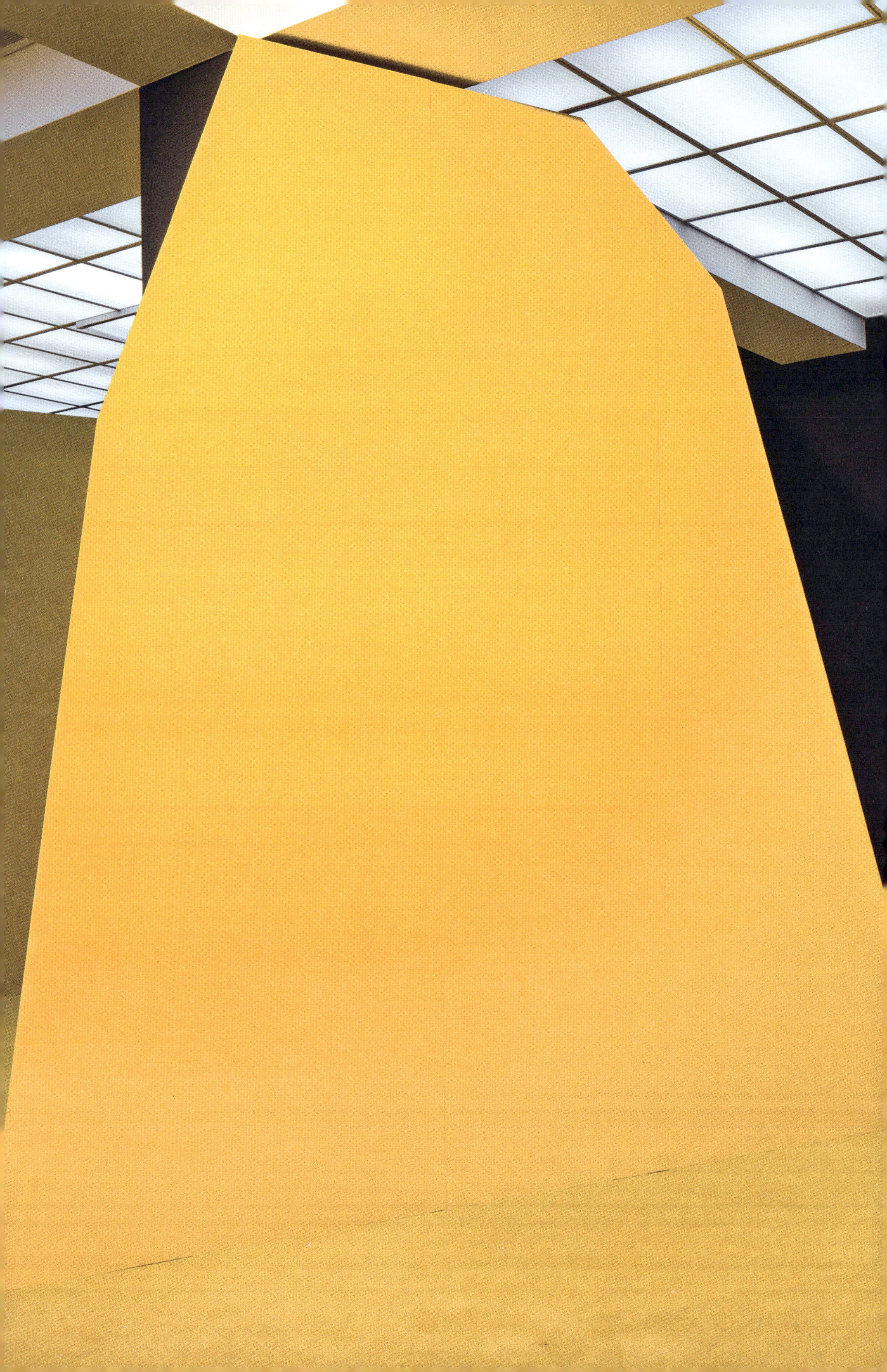

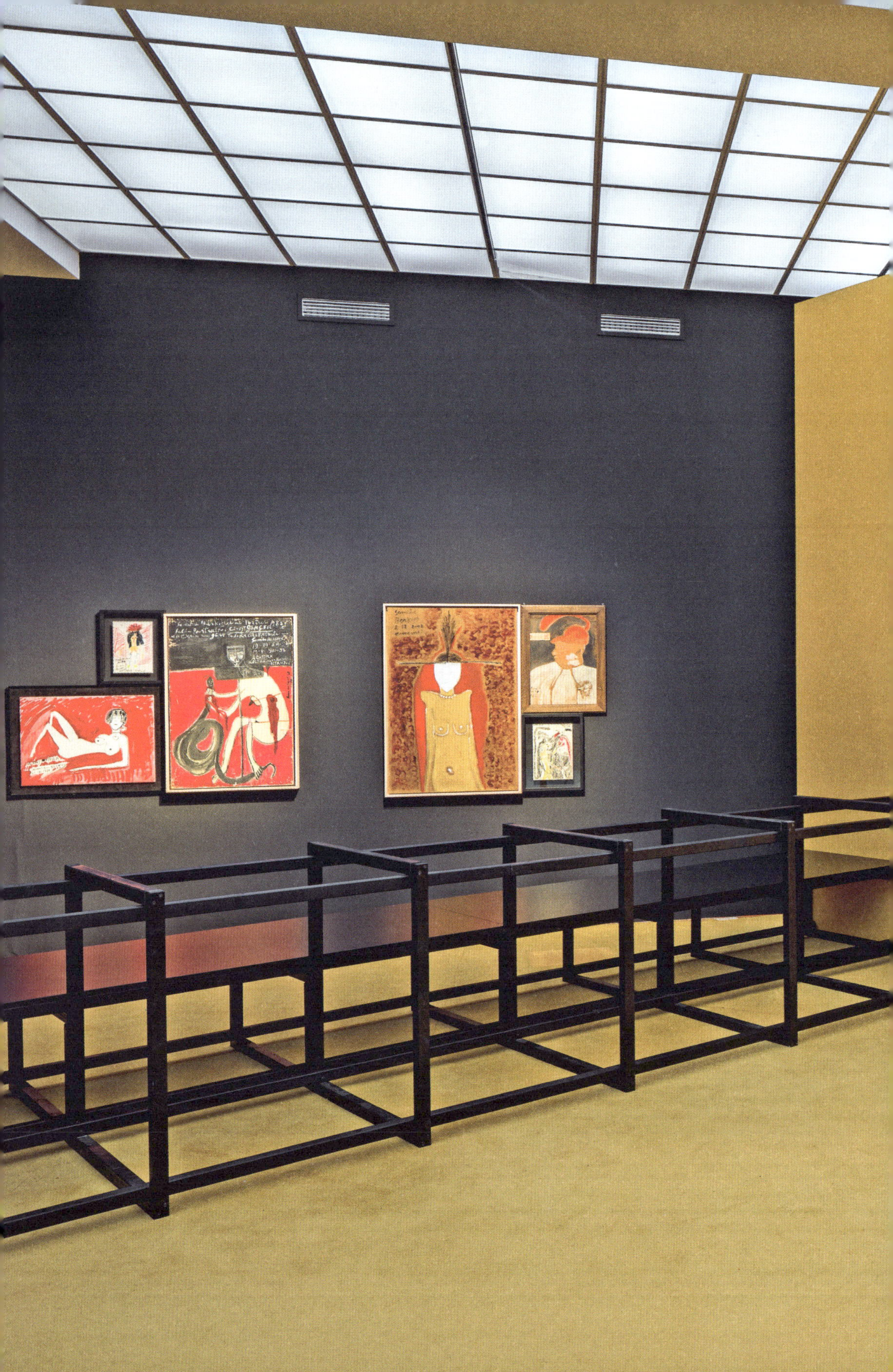

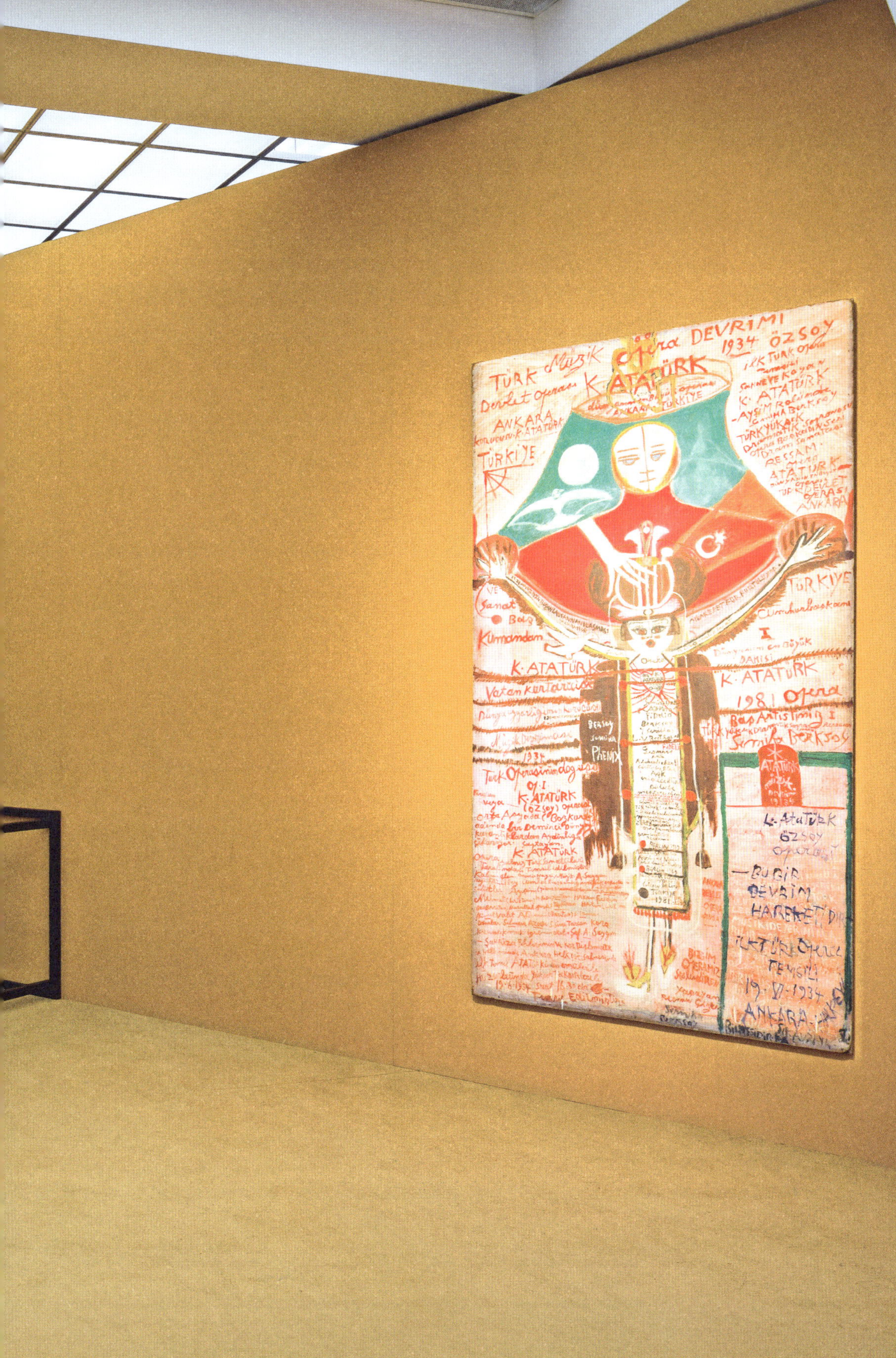

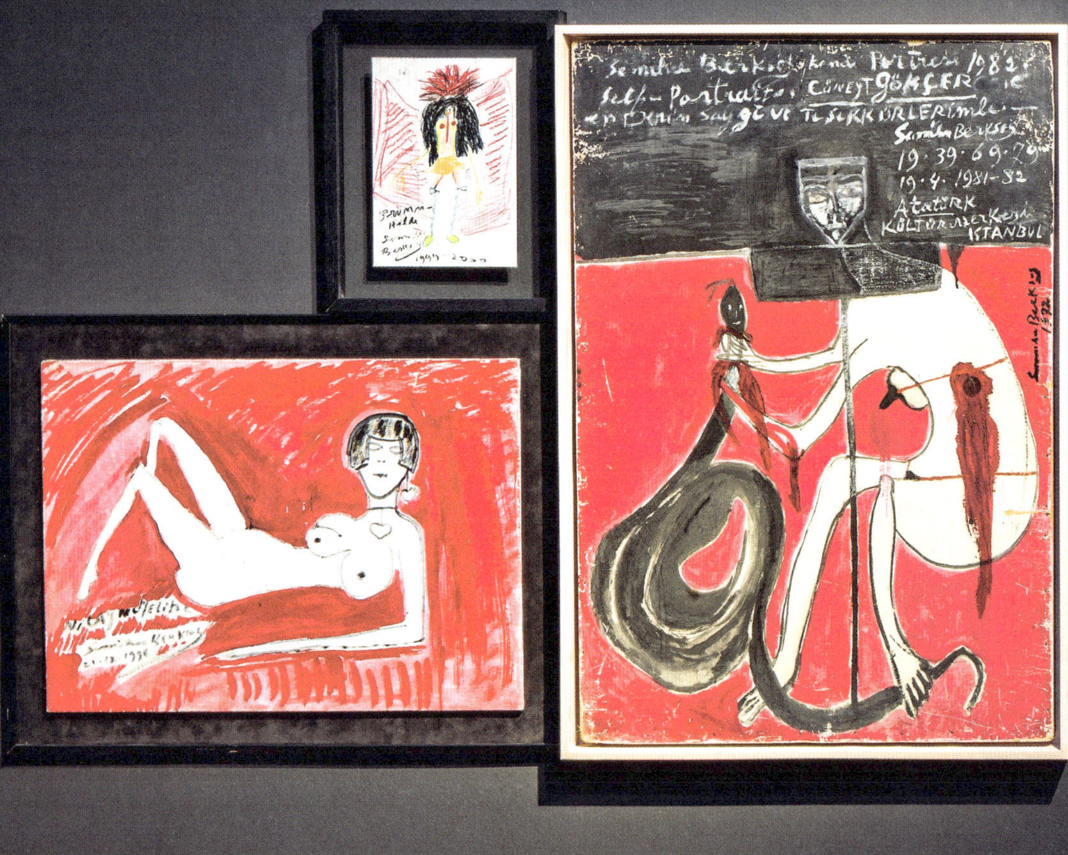

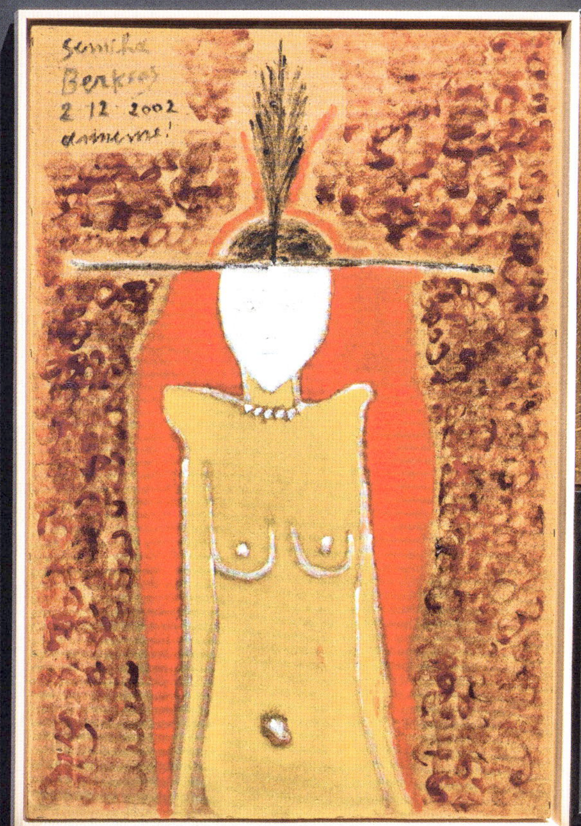
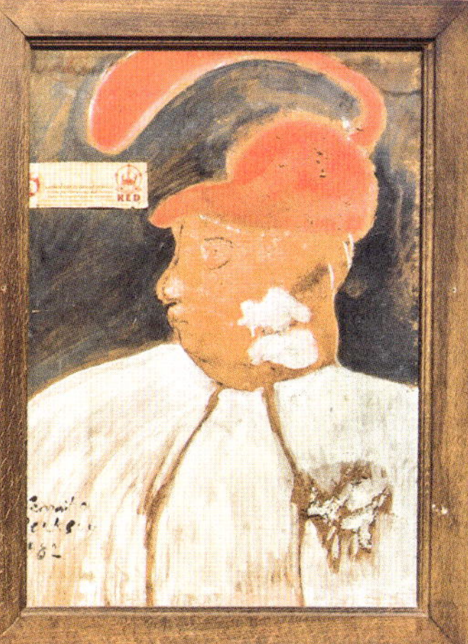
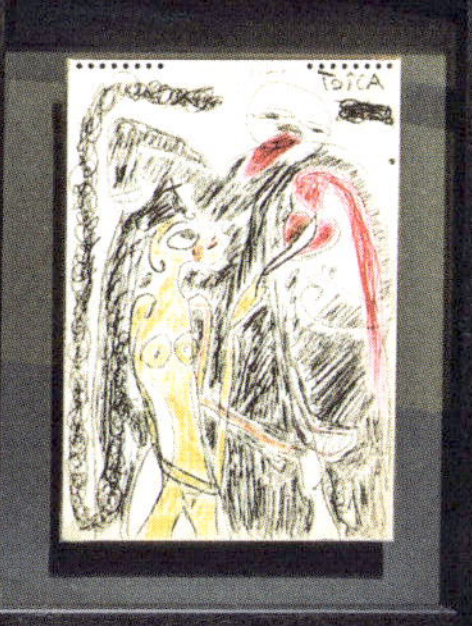

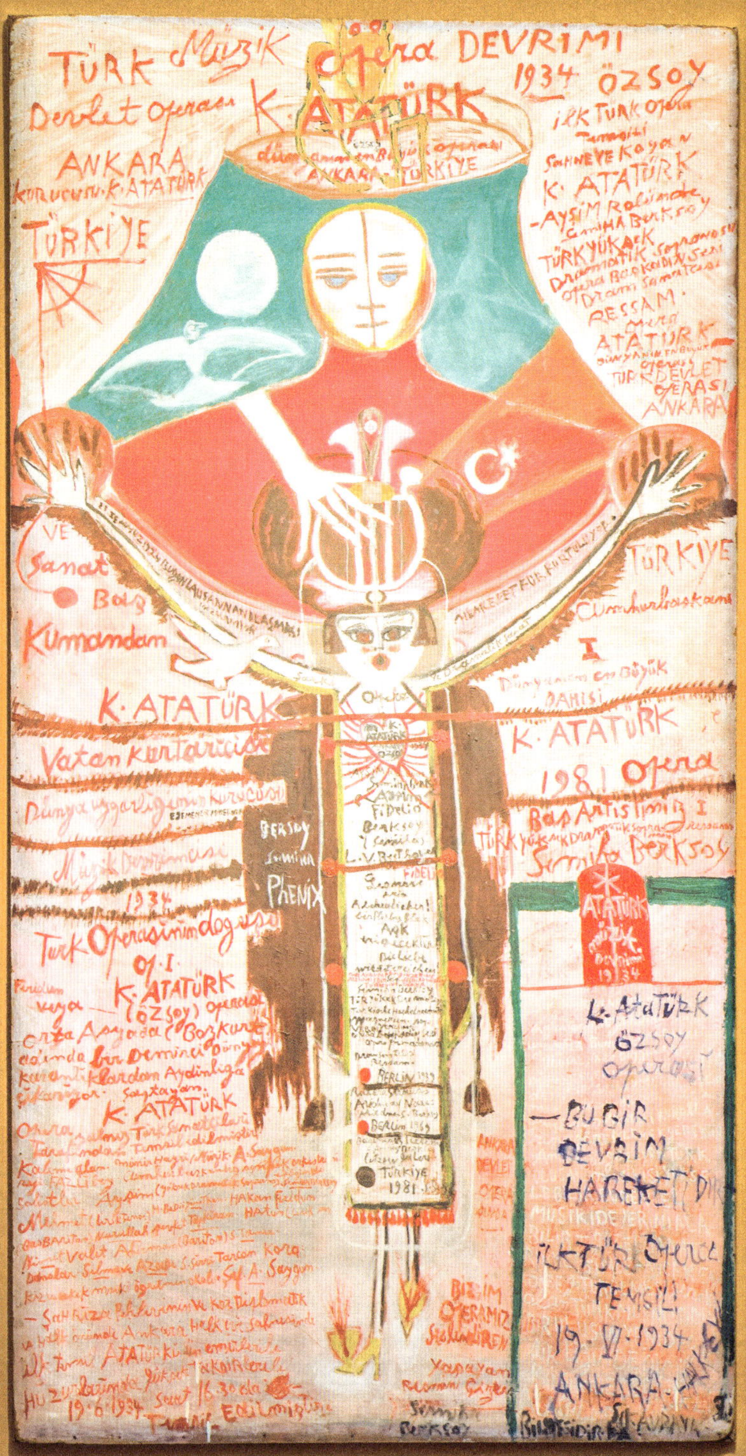

TÜRK MÜZİK OPERA DEVRİMİ 1934 ÖZSOY
Devlet Operası K. ATATÜRK
ANKARA
Kurucusu K. ATATÜRK
TÜRKİYE
İLK TÜRK OPERA
K. ATATÜRK
RESSAM
ATATÜRK
TÜRK DEVLET OPERASI ANKARA
VE
Sanat
Baş
Kumandan
K. ATATÜRK
Vatan Kurtarıcısı
Dünya uygarlığının Kurucusu
Müzik Devrimcisi
1934
Türk Operasının doğuşu
K. ATATÜRK
(ÖZSOY) operası
BERSOY
PHENIX
TÜRKİYE
Cumhurbaşkanı
I
Dünyanın en büyük DAHİSİ
K. ATATÜRK
1981 Opera
Başartistim I
Semiha Berksoy
FIDELIO
BERLIN 1939
TÜRKİYE 1981
K. ATATÜRK ÖZSOY operası
BU BİR DEVRİM HAREKETİDİR
İLK TÜRK OKUL TEMSİLİ
19 - V - 1934
ANKARA
19-6-1934

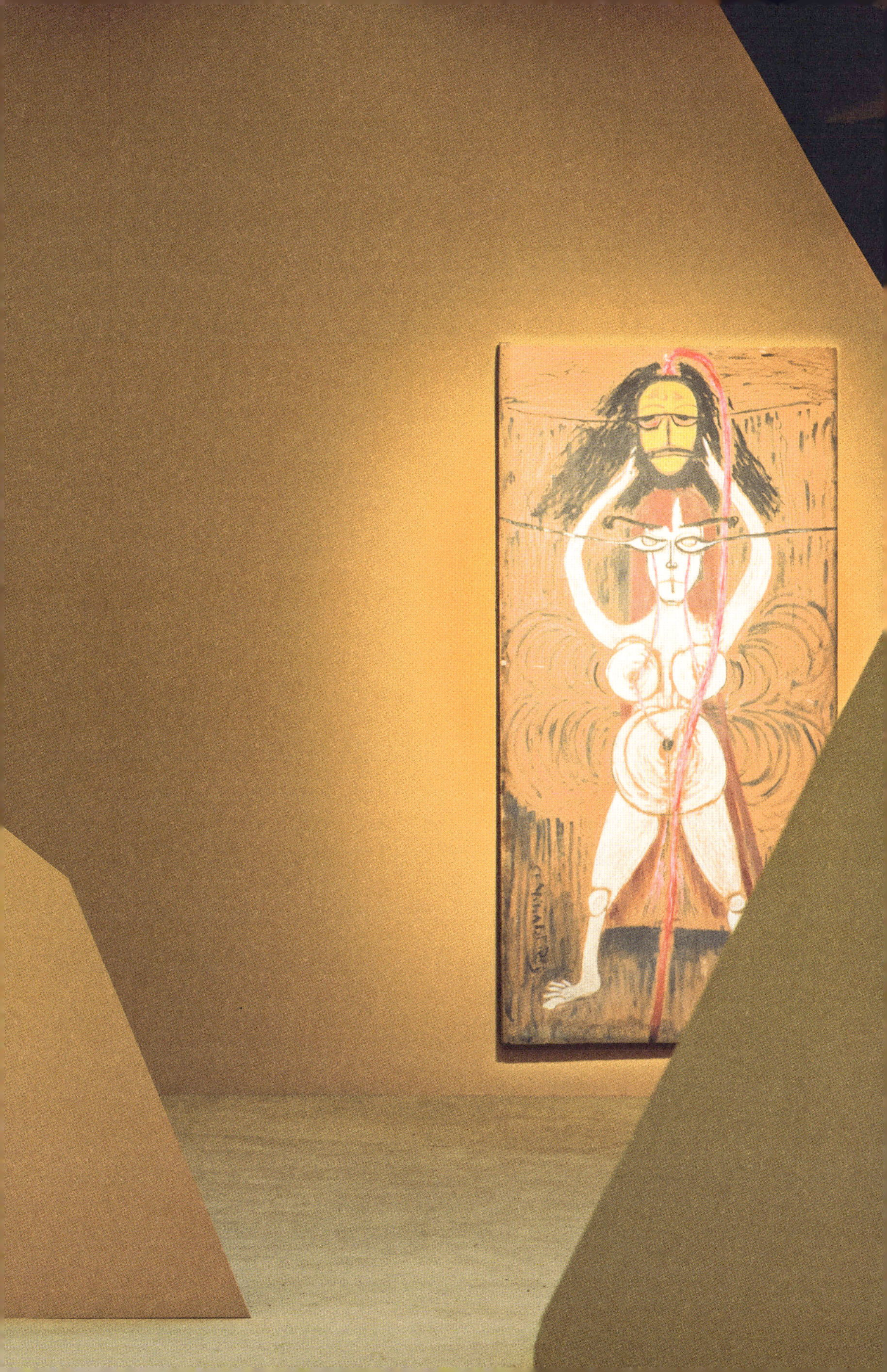

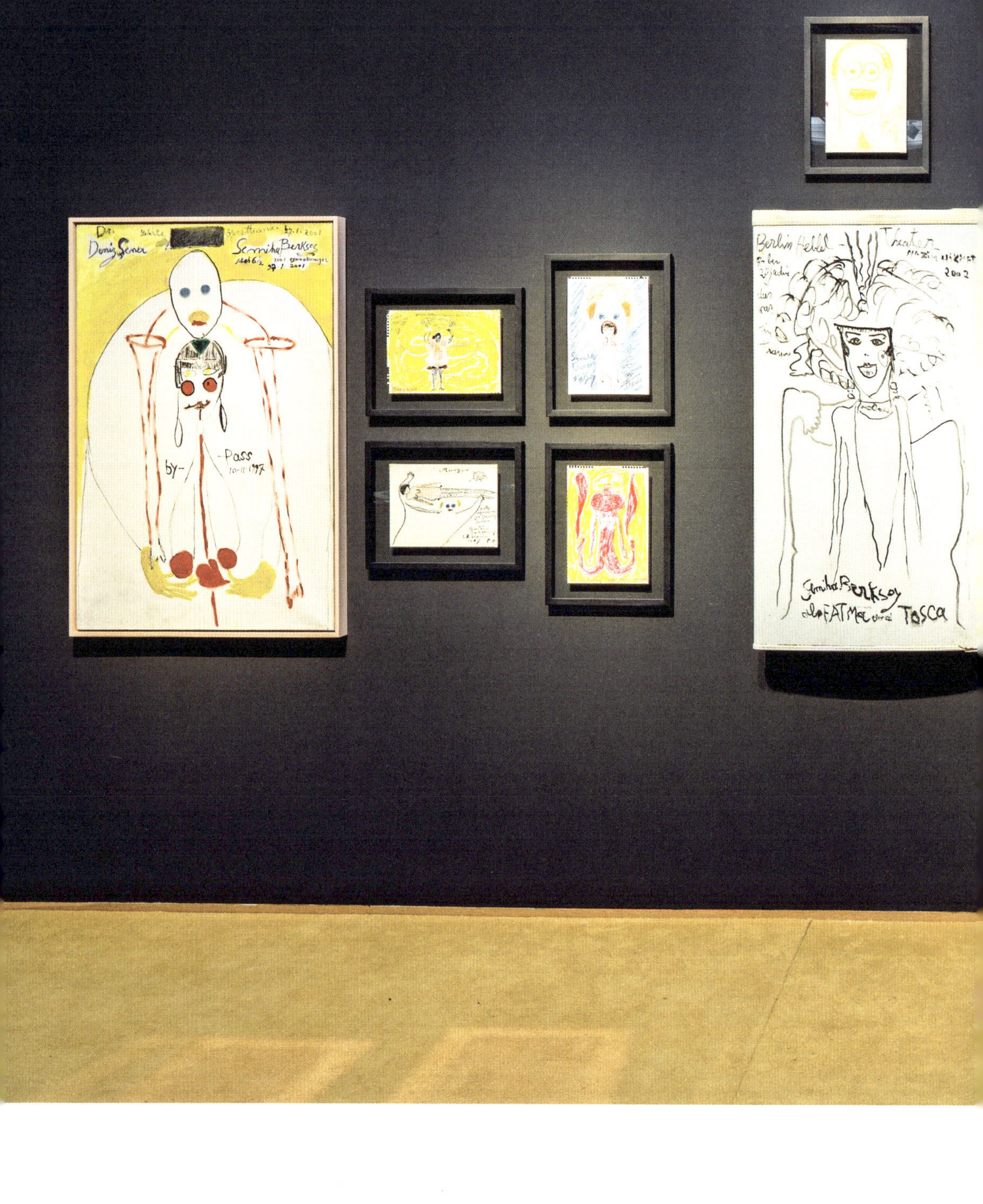

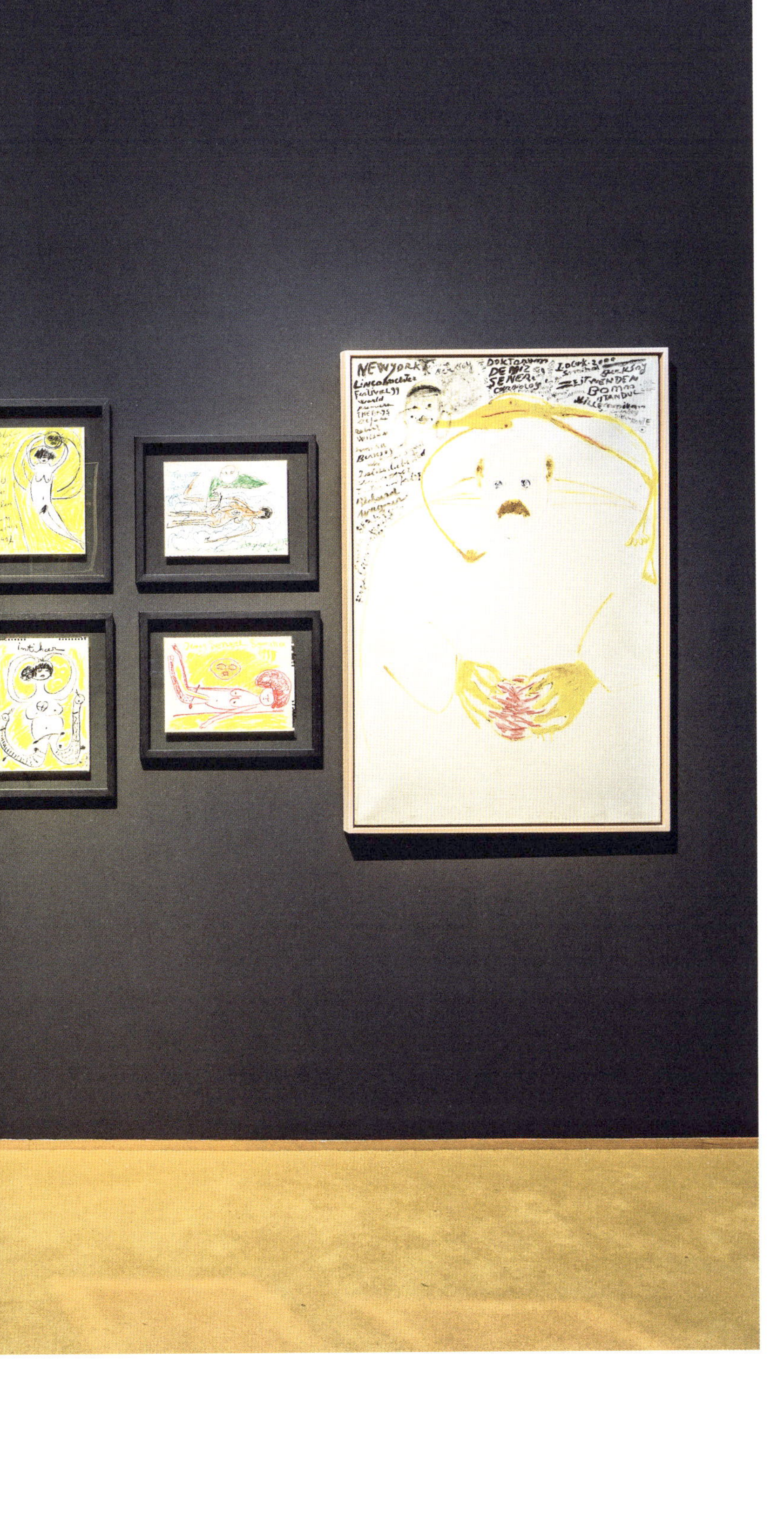

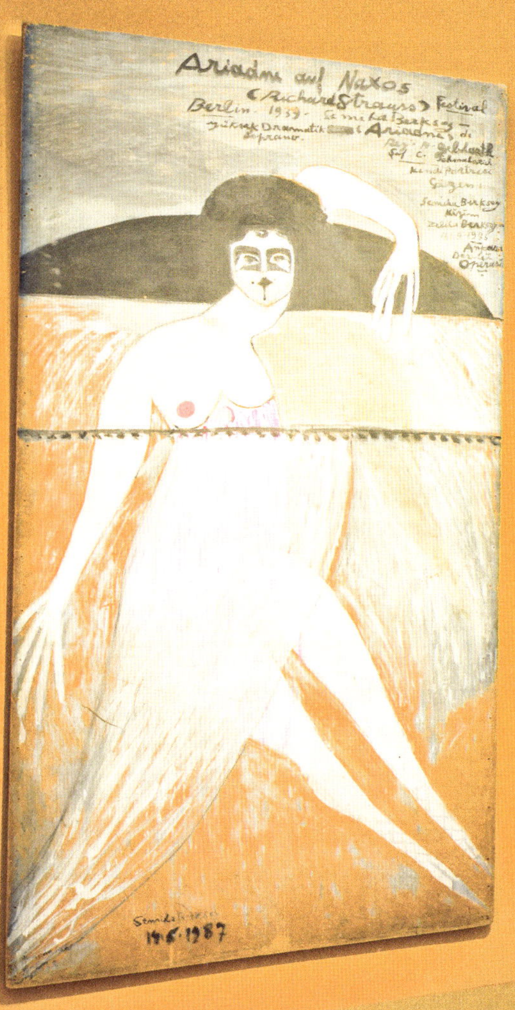

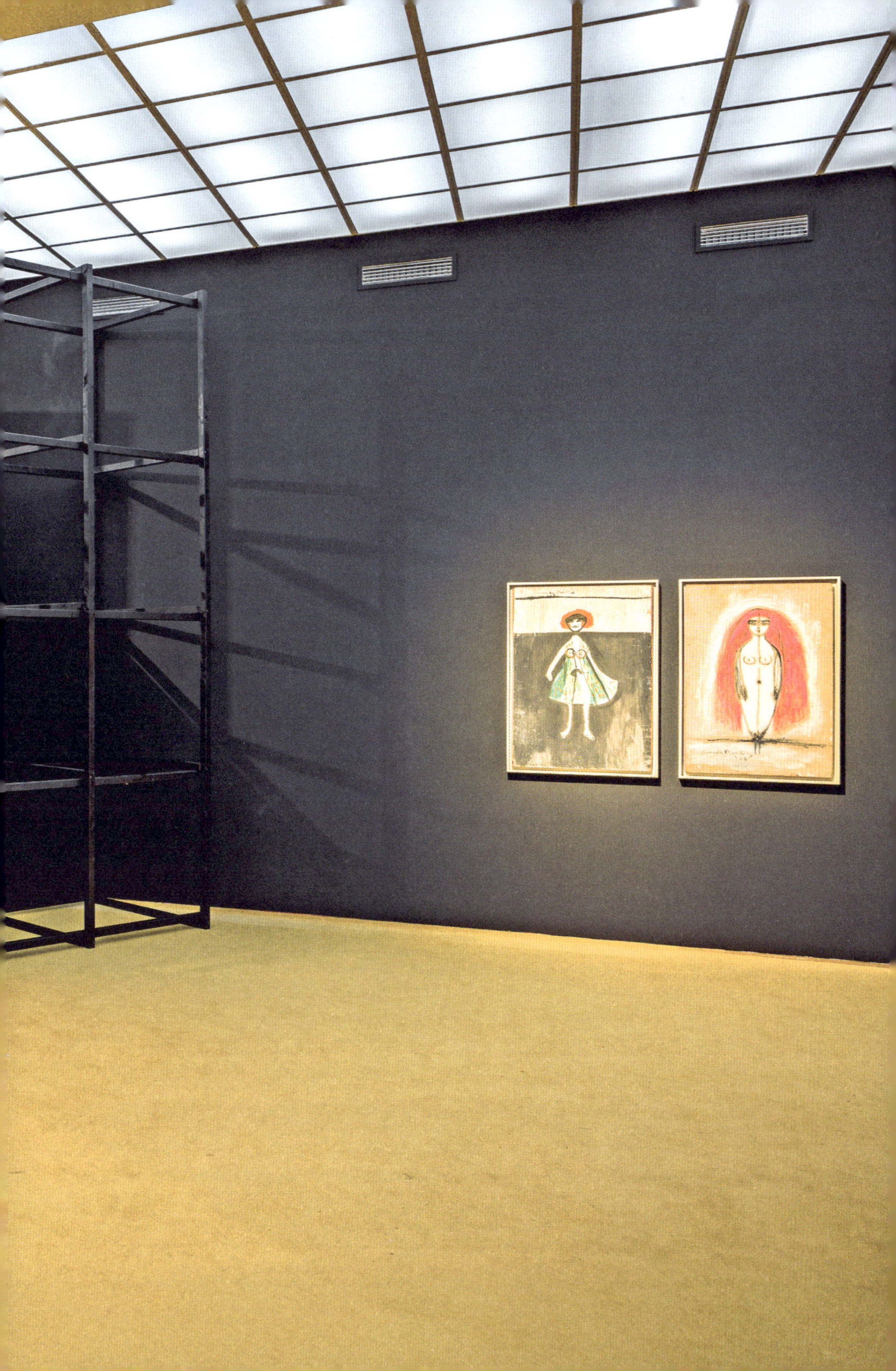

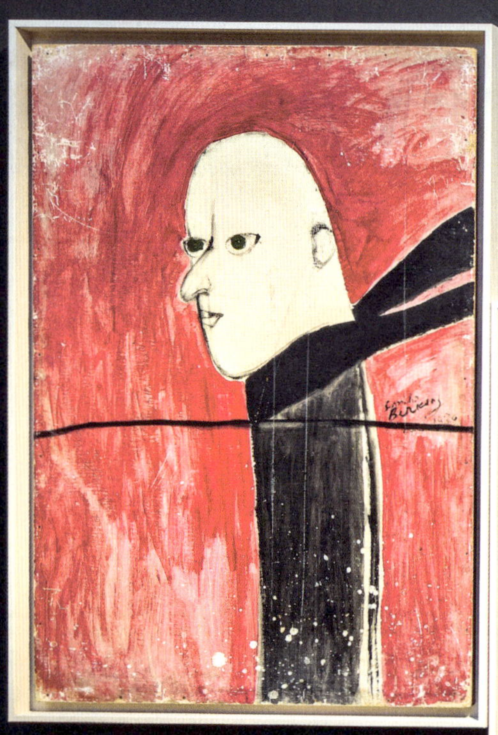
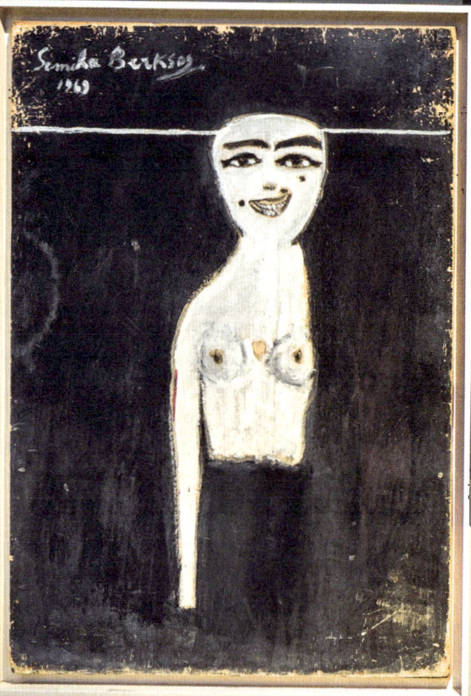
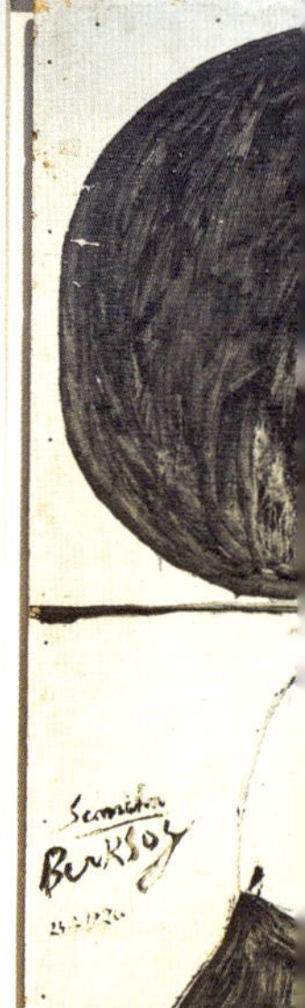

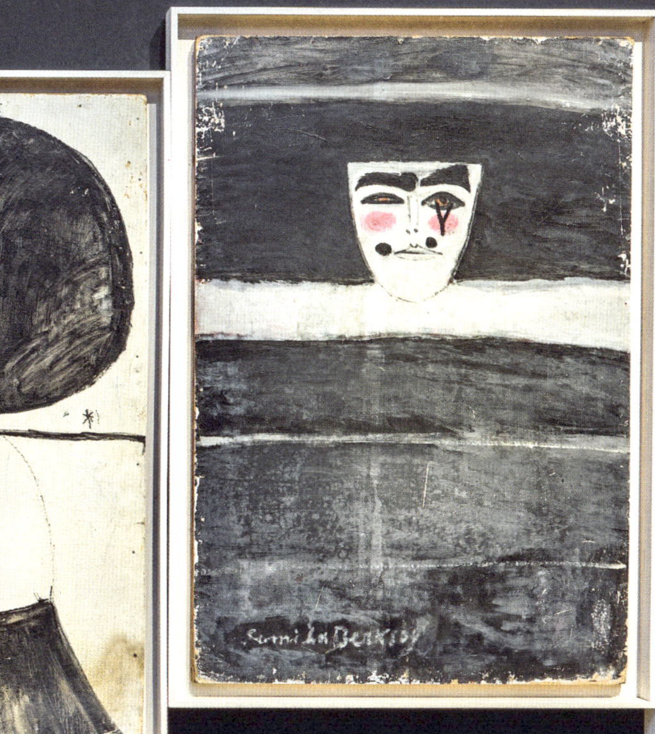
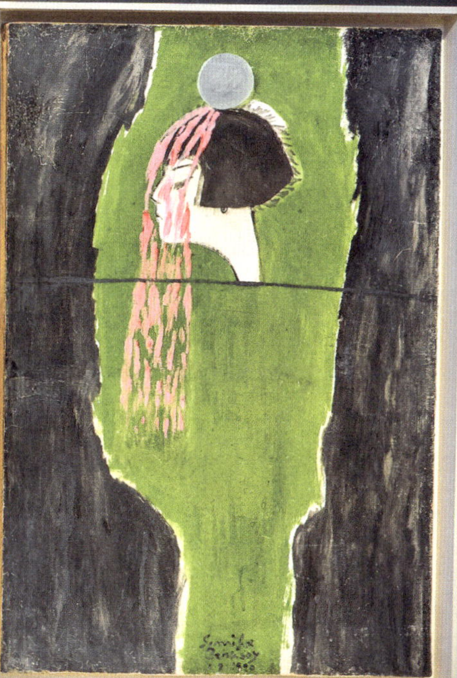

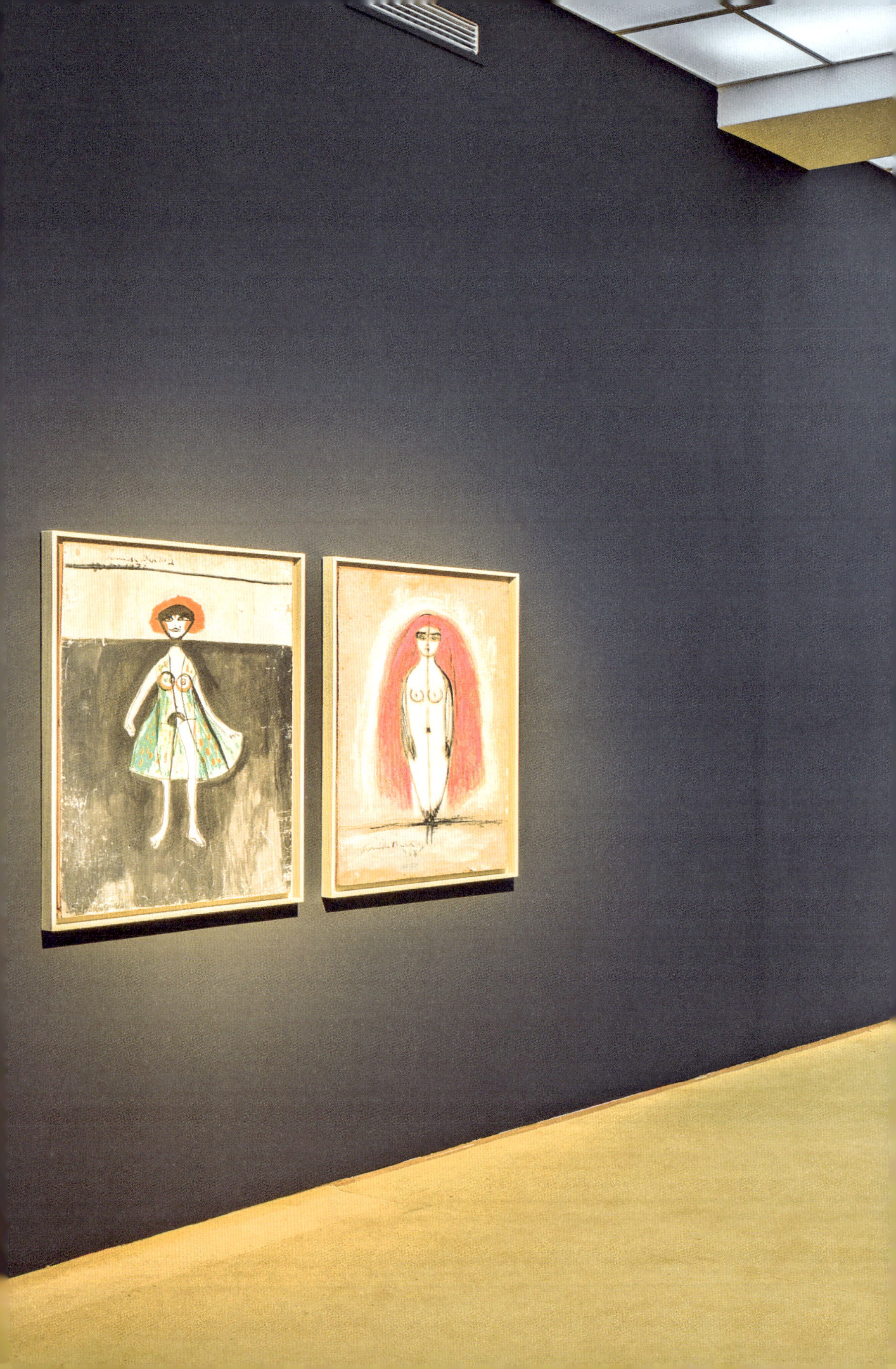

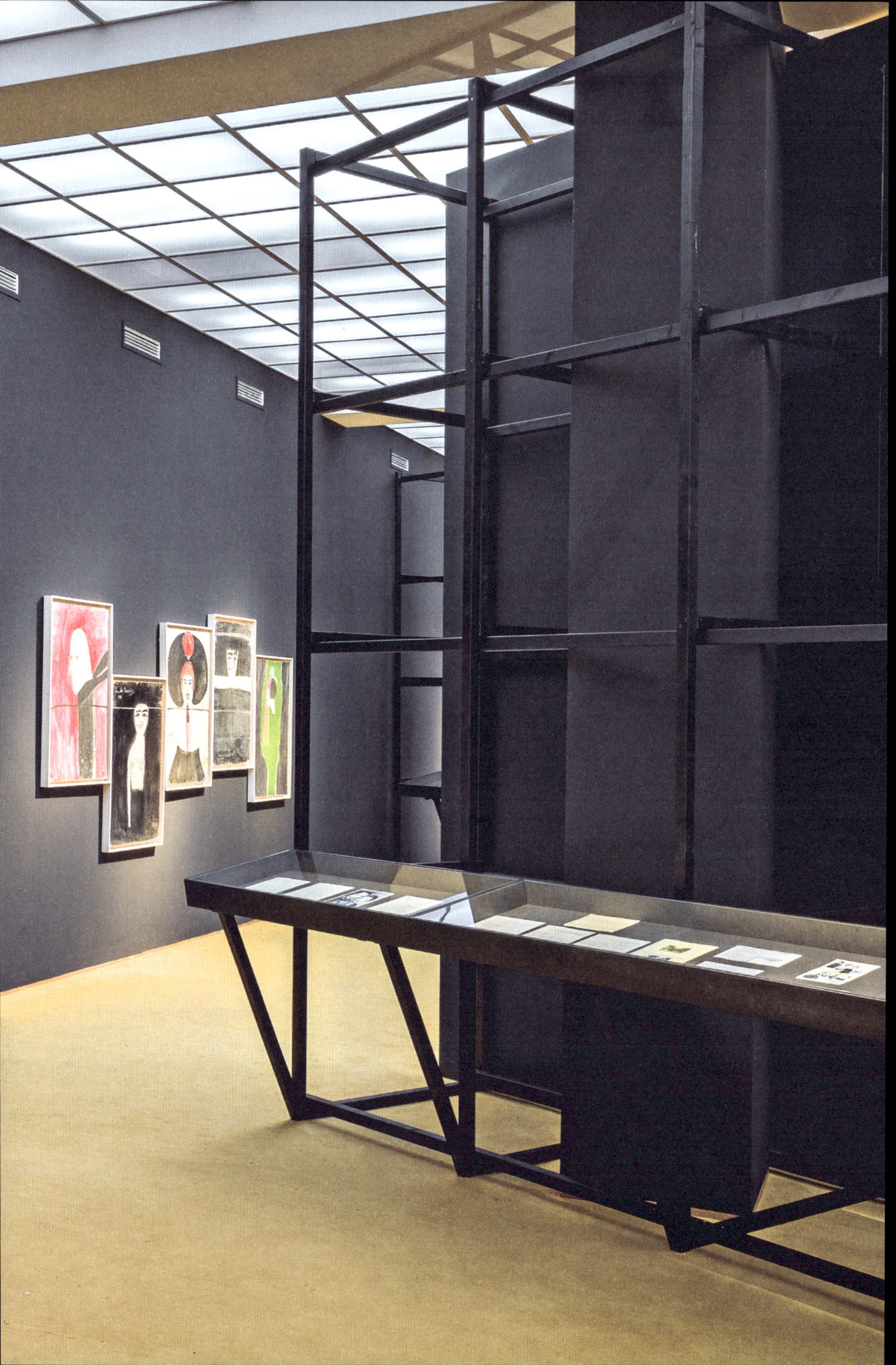

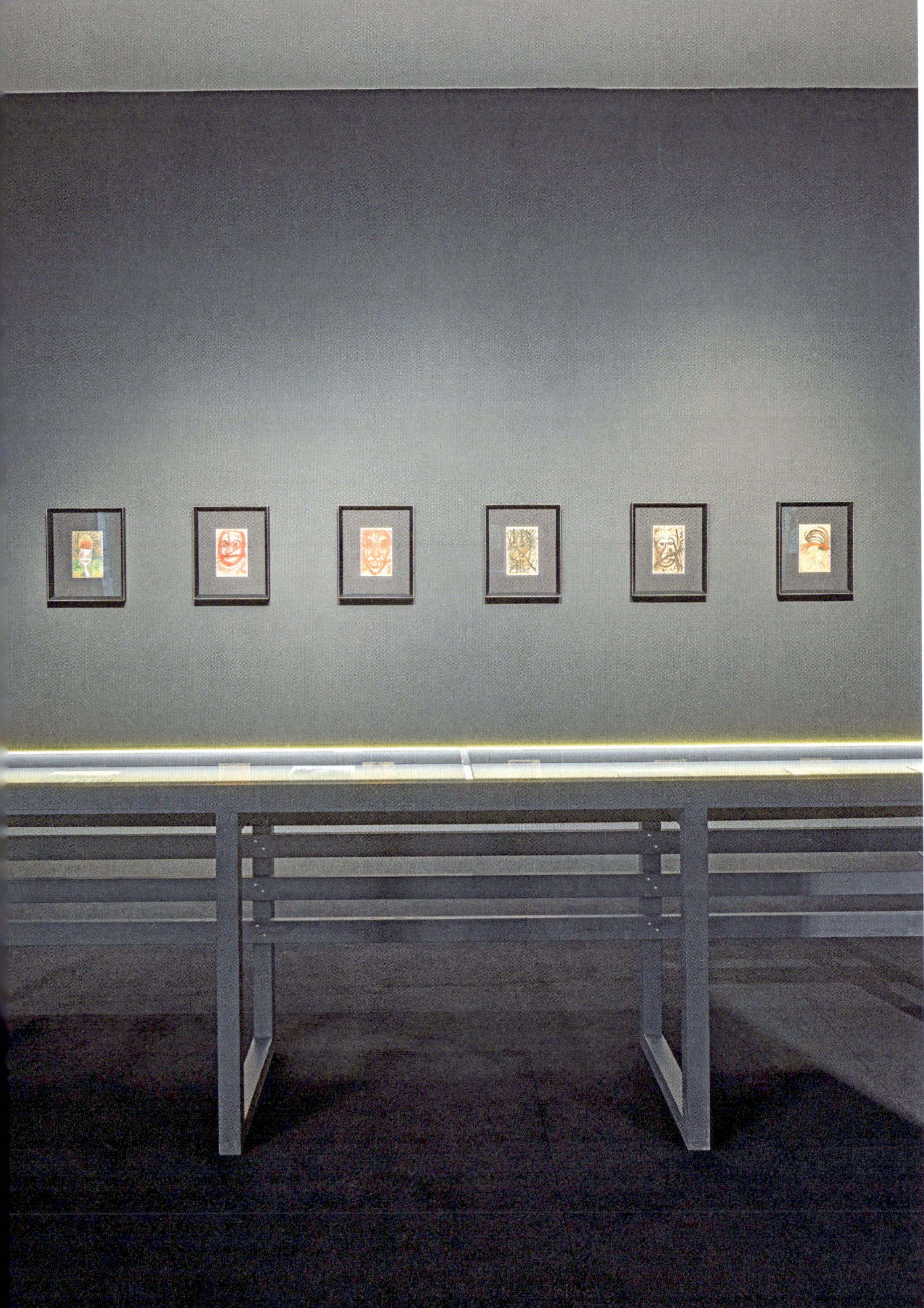

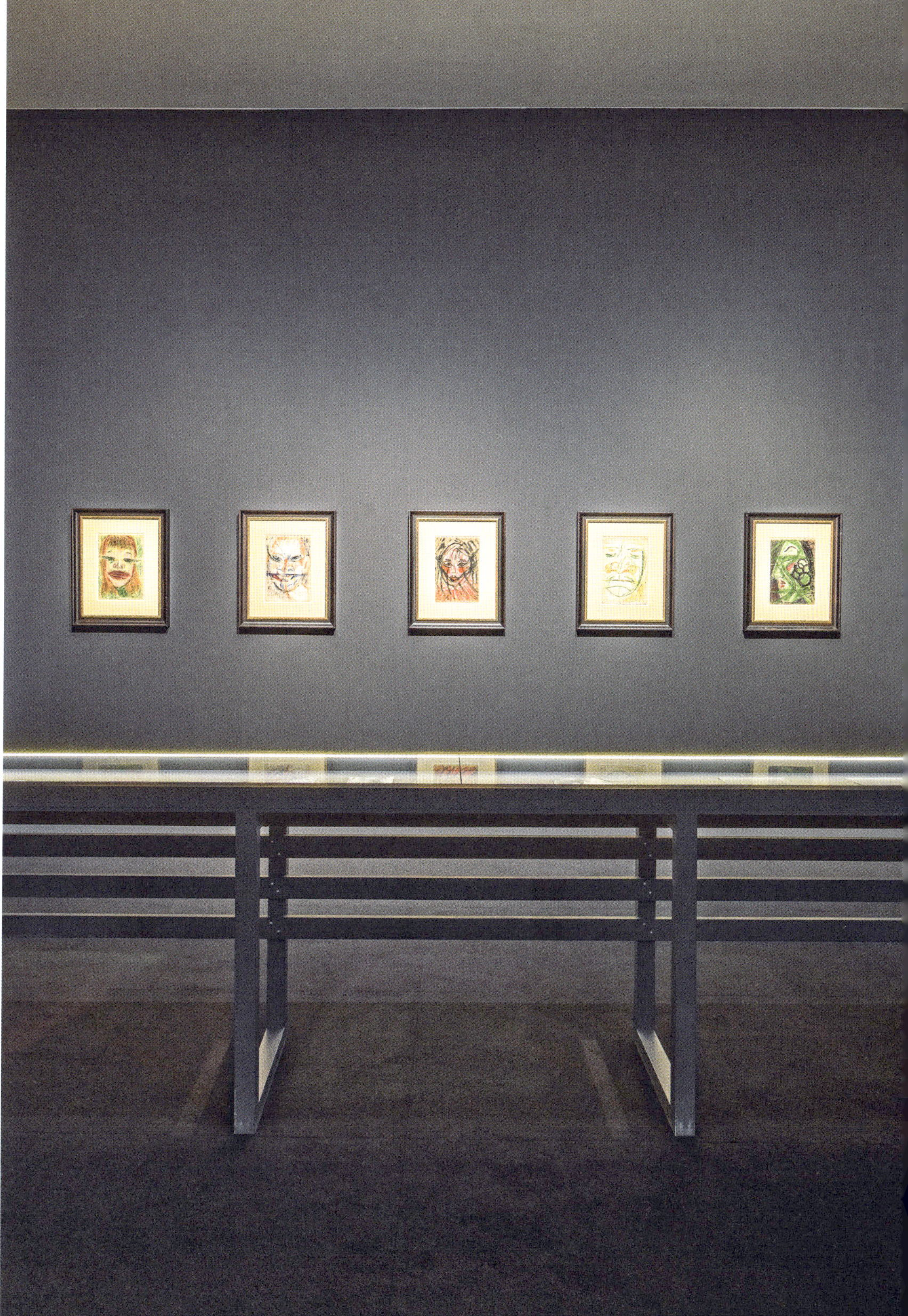

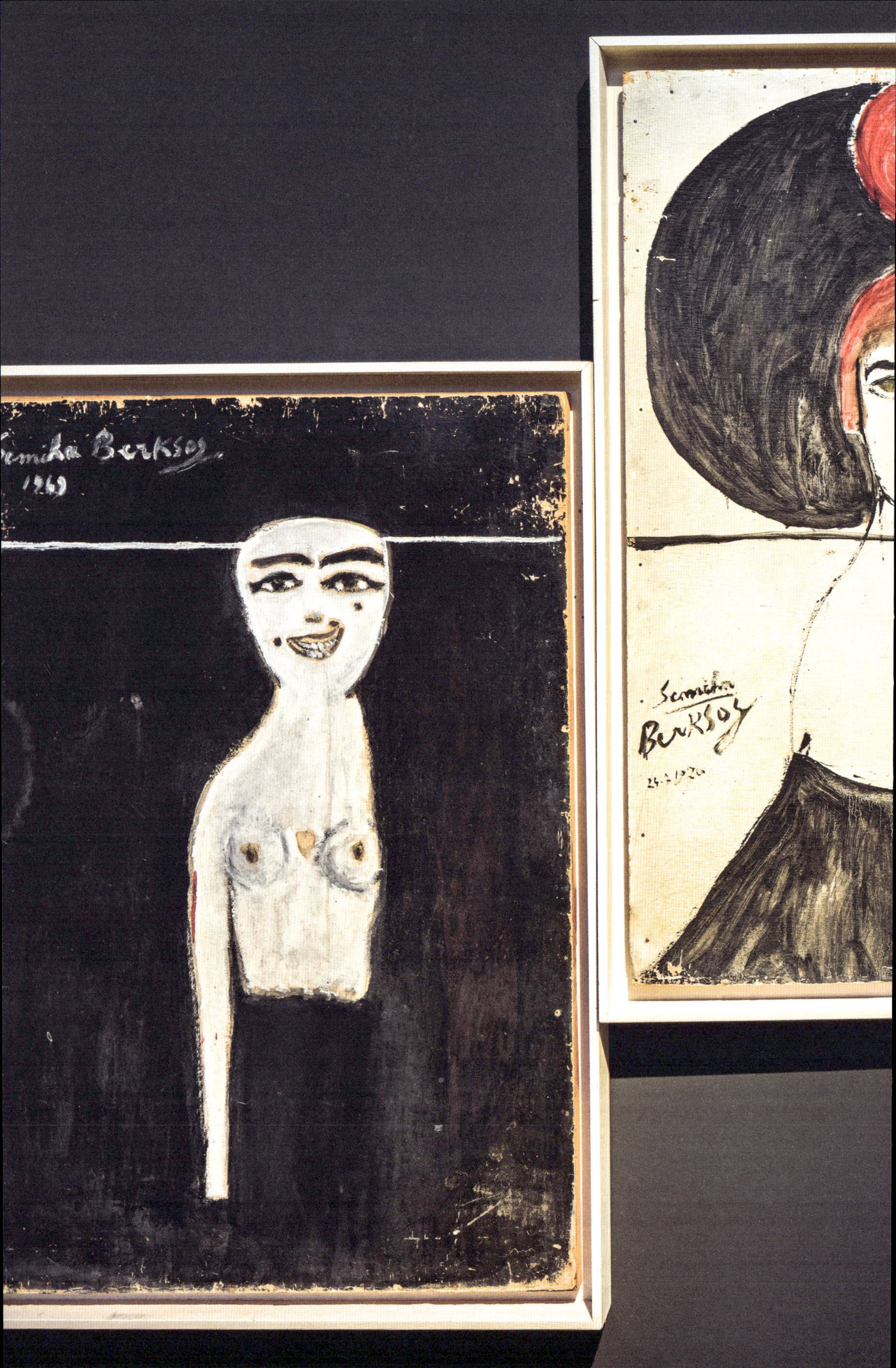

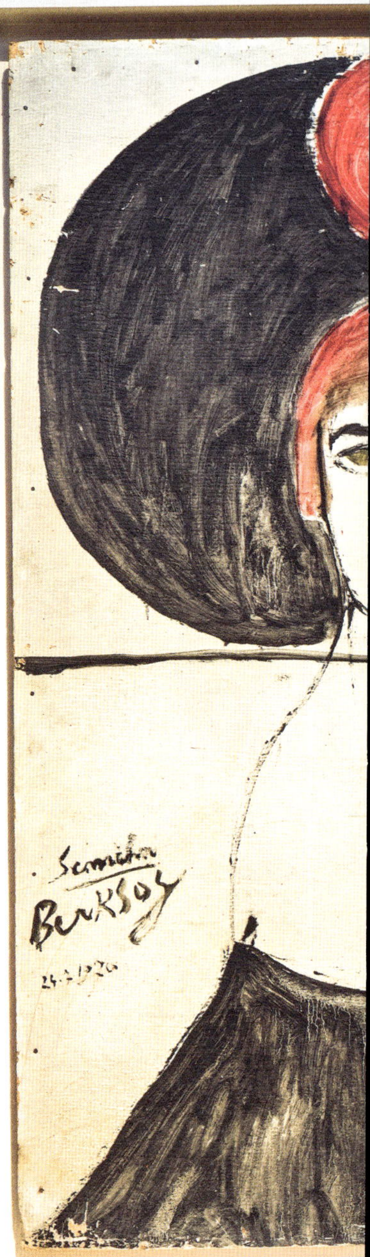
Semiha Berksoy
1949
Semiha
Berksoy
24.2.1976

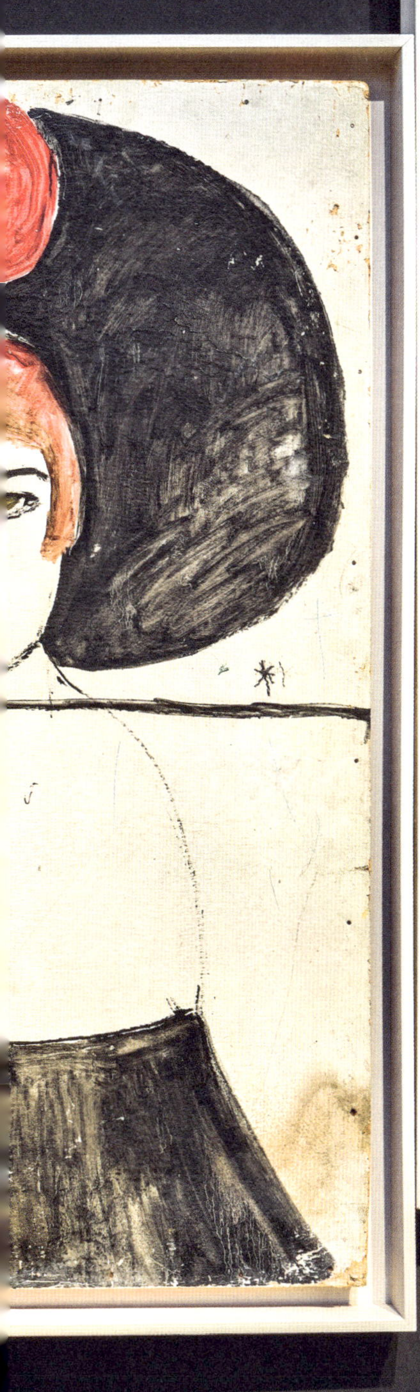
Sami La Berky

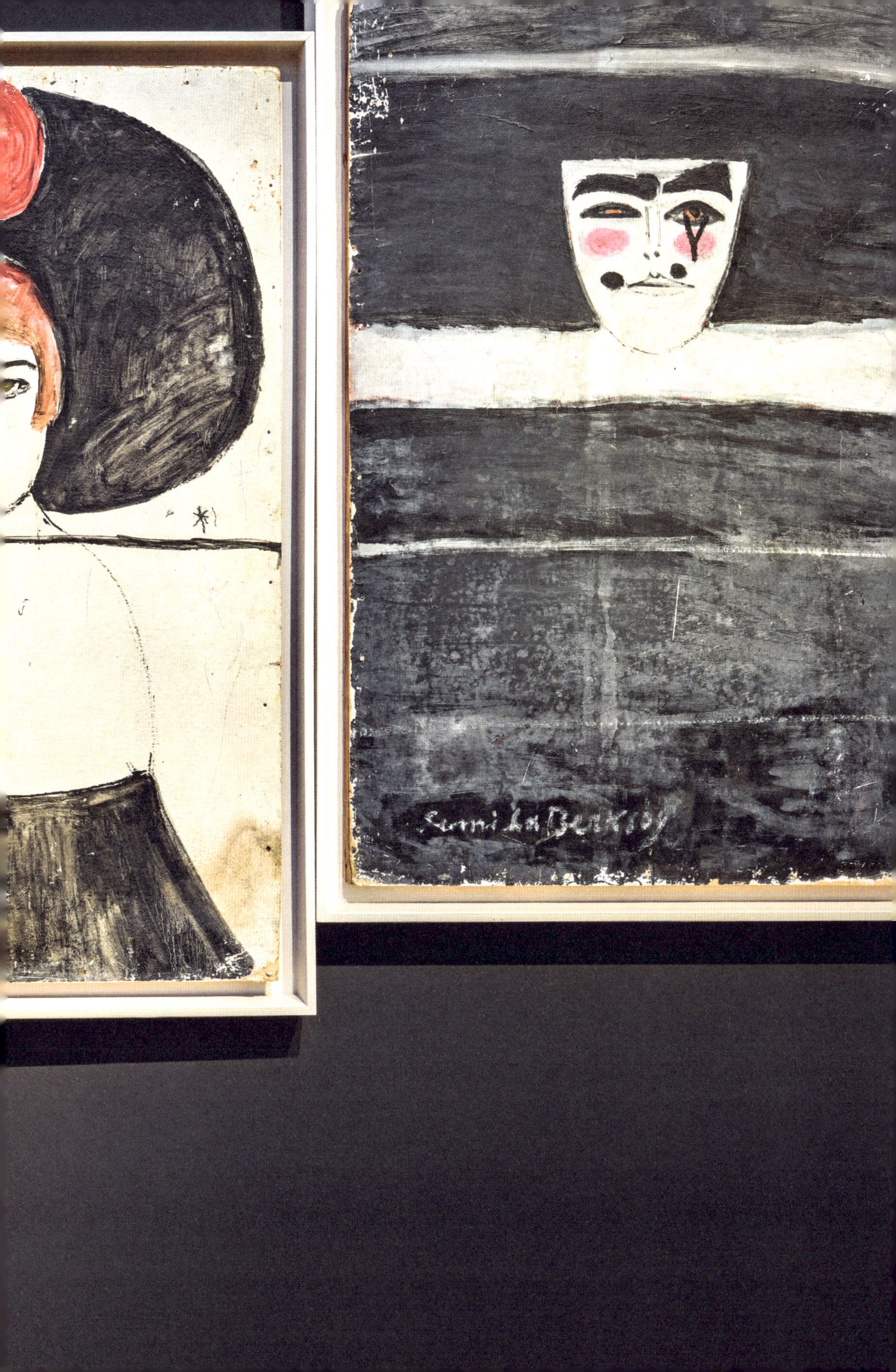

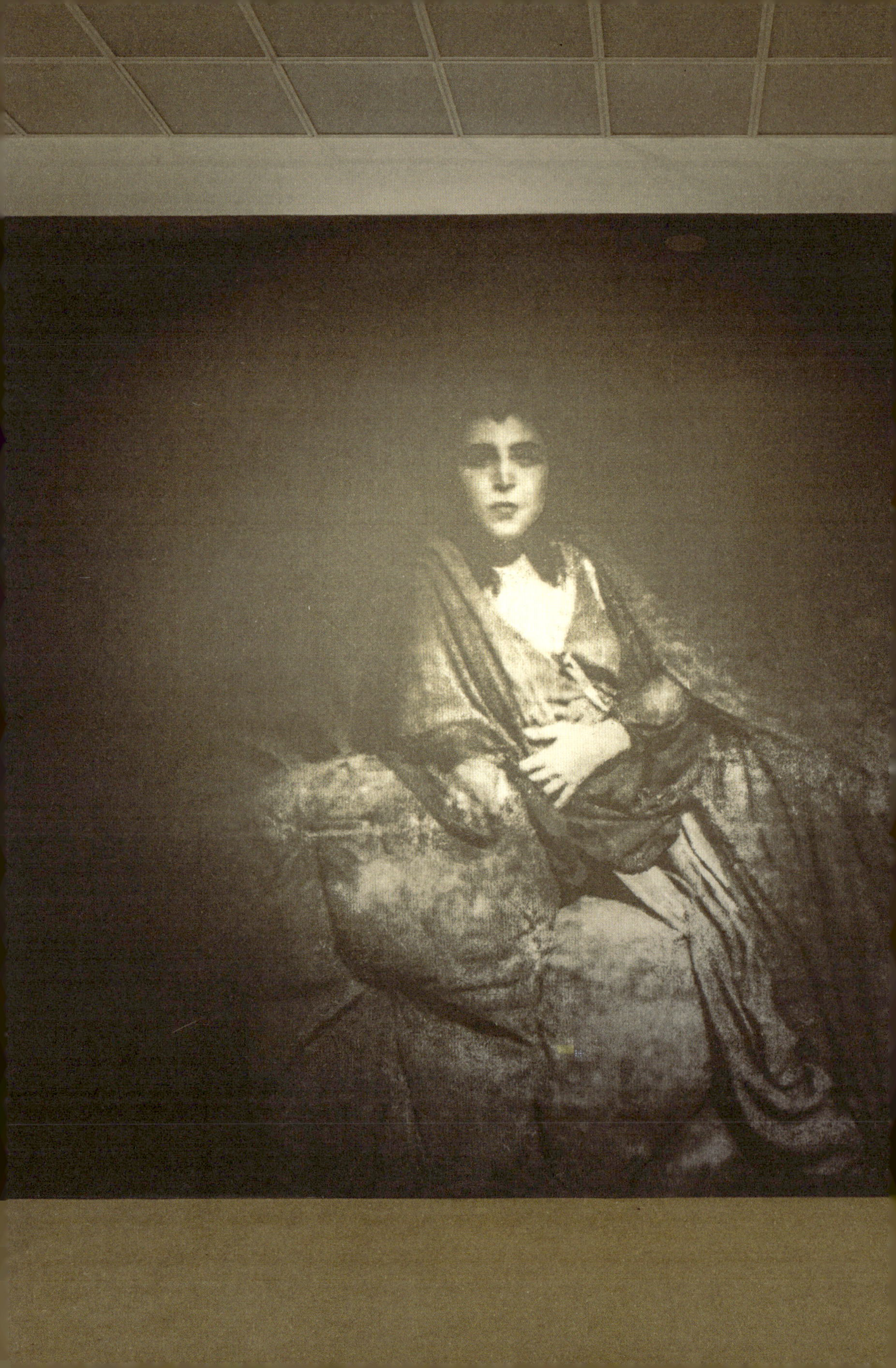

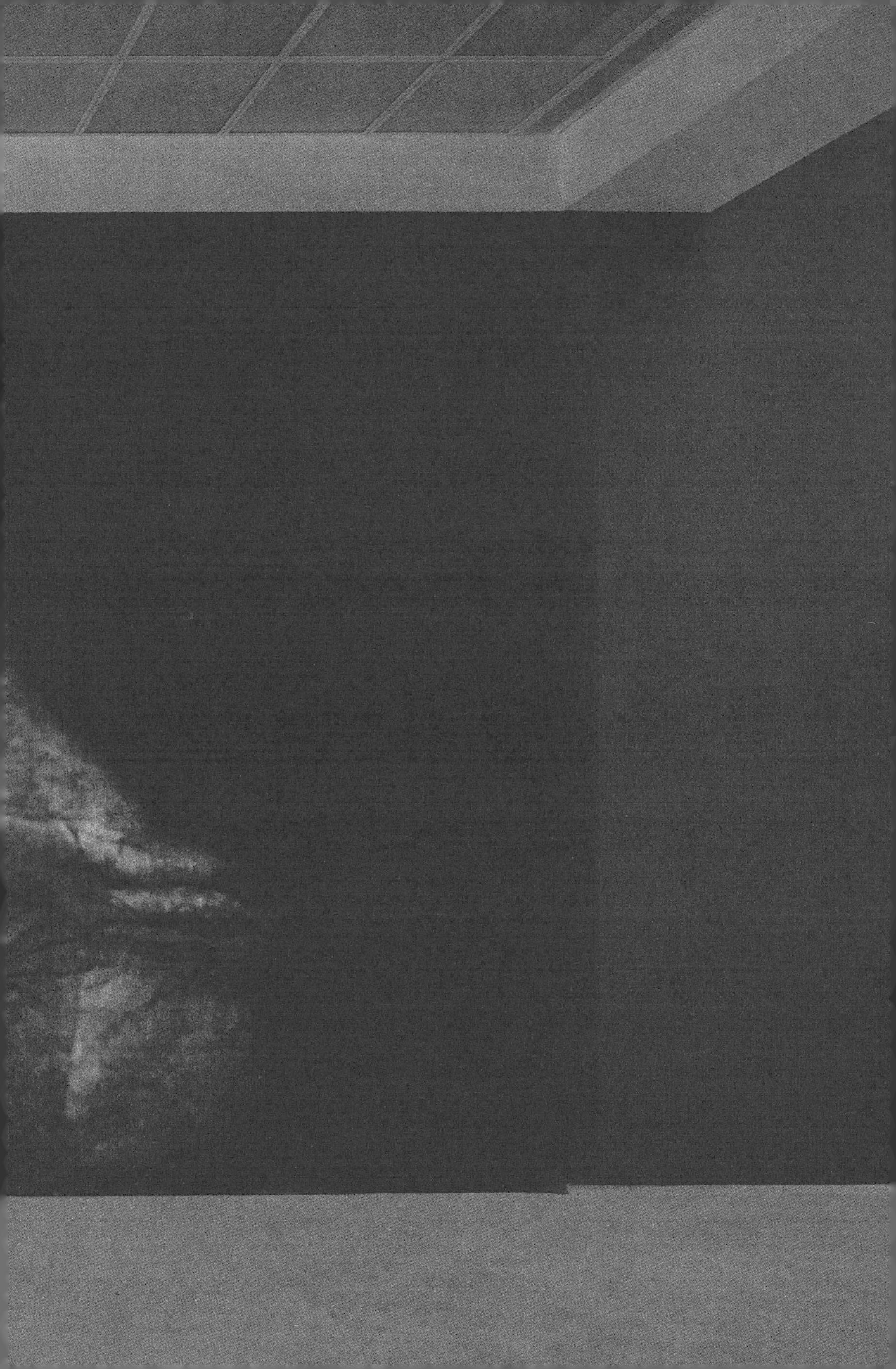

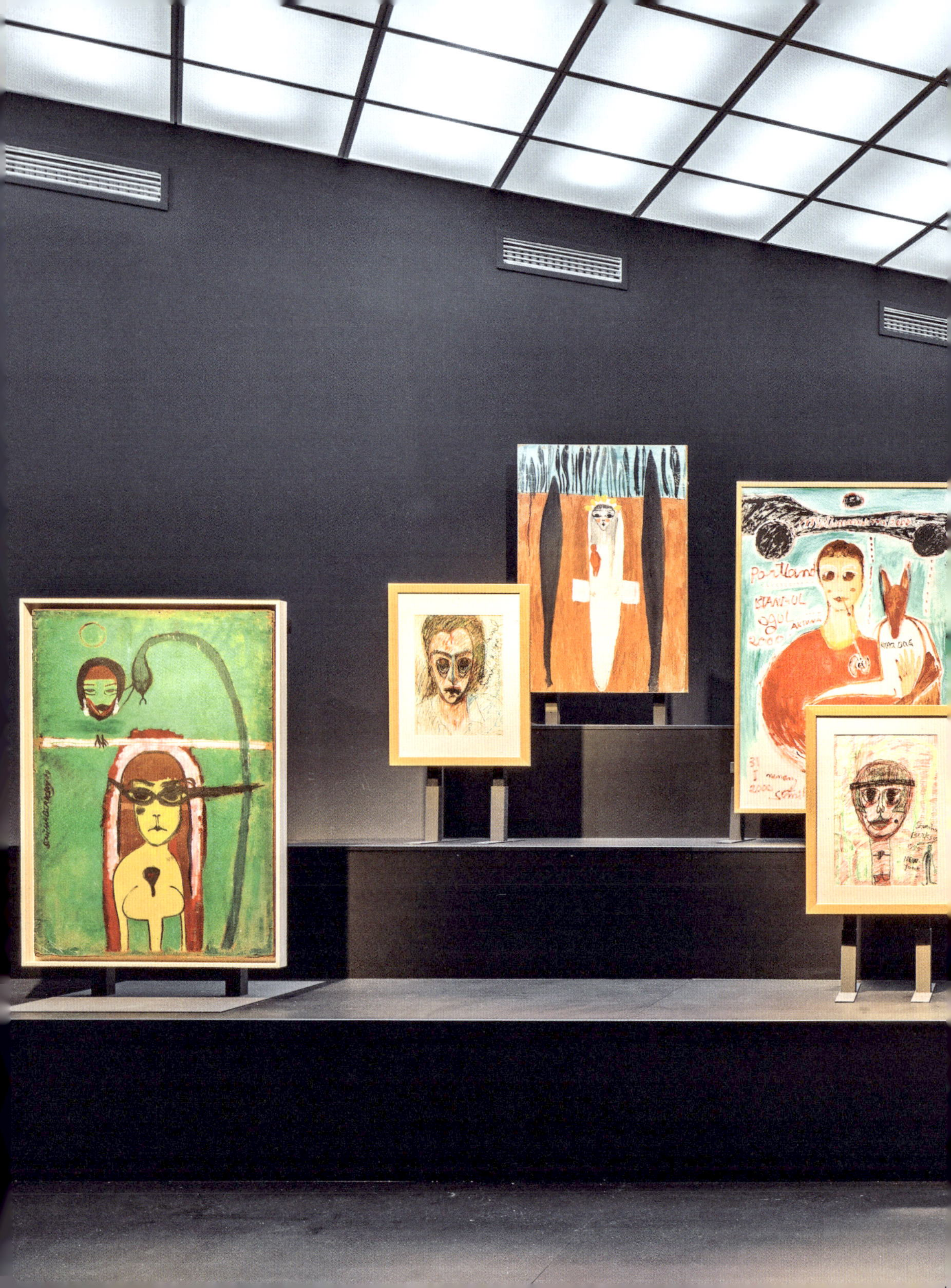

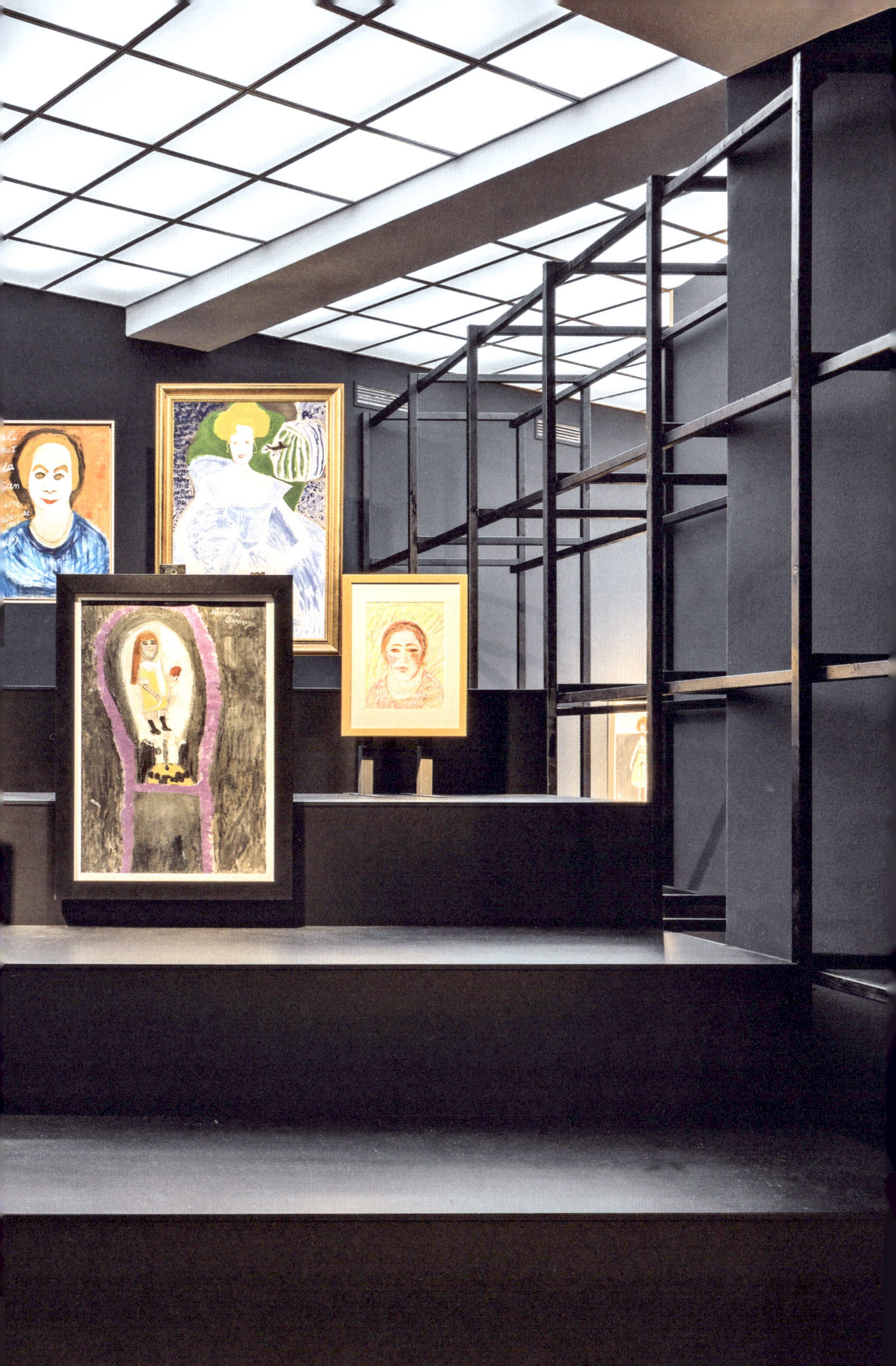

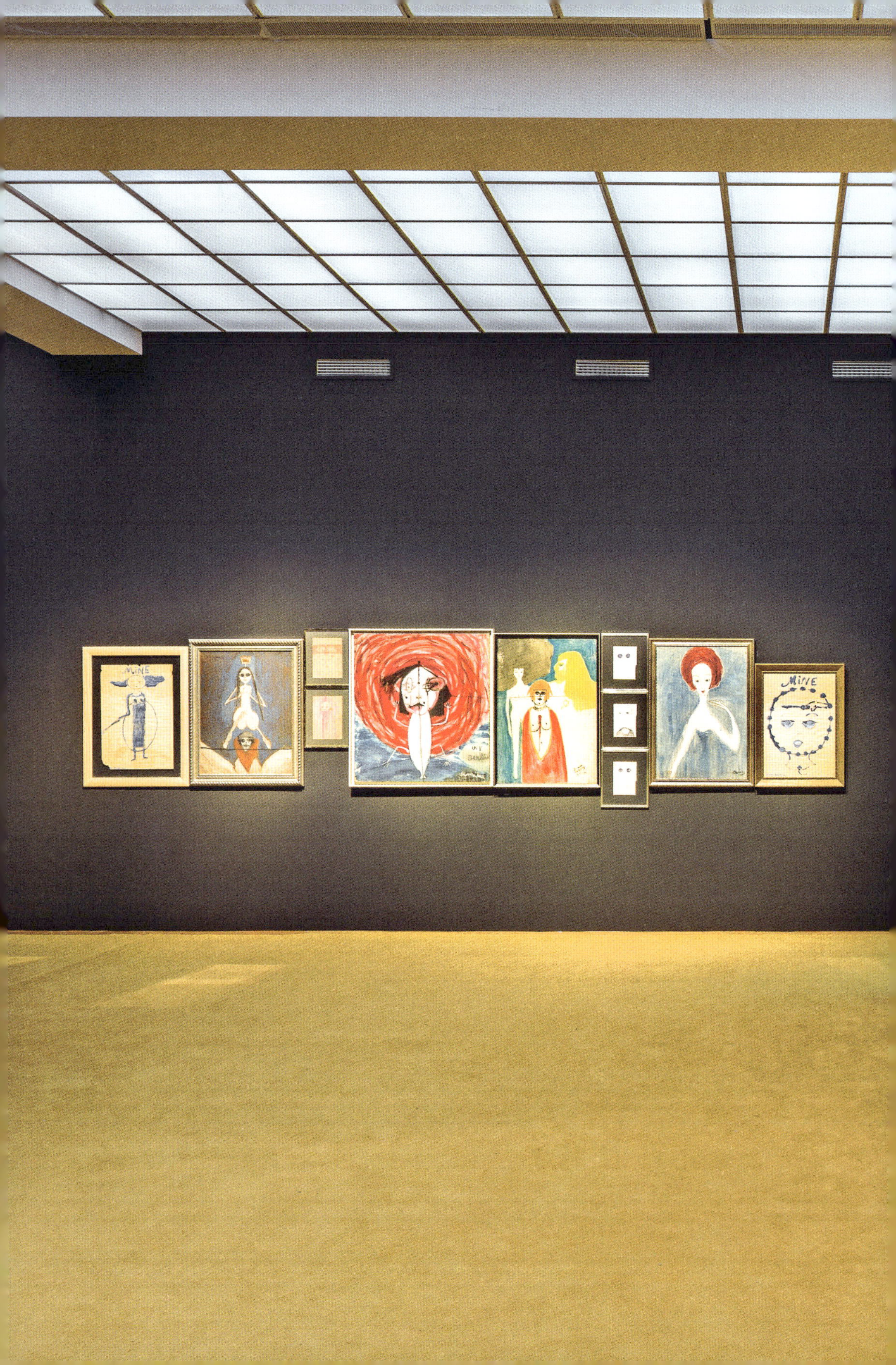

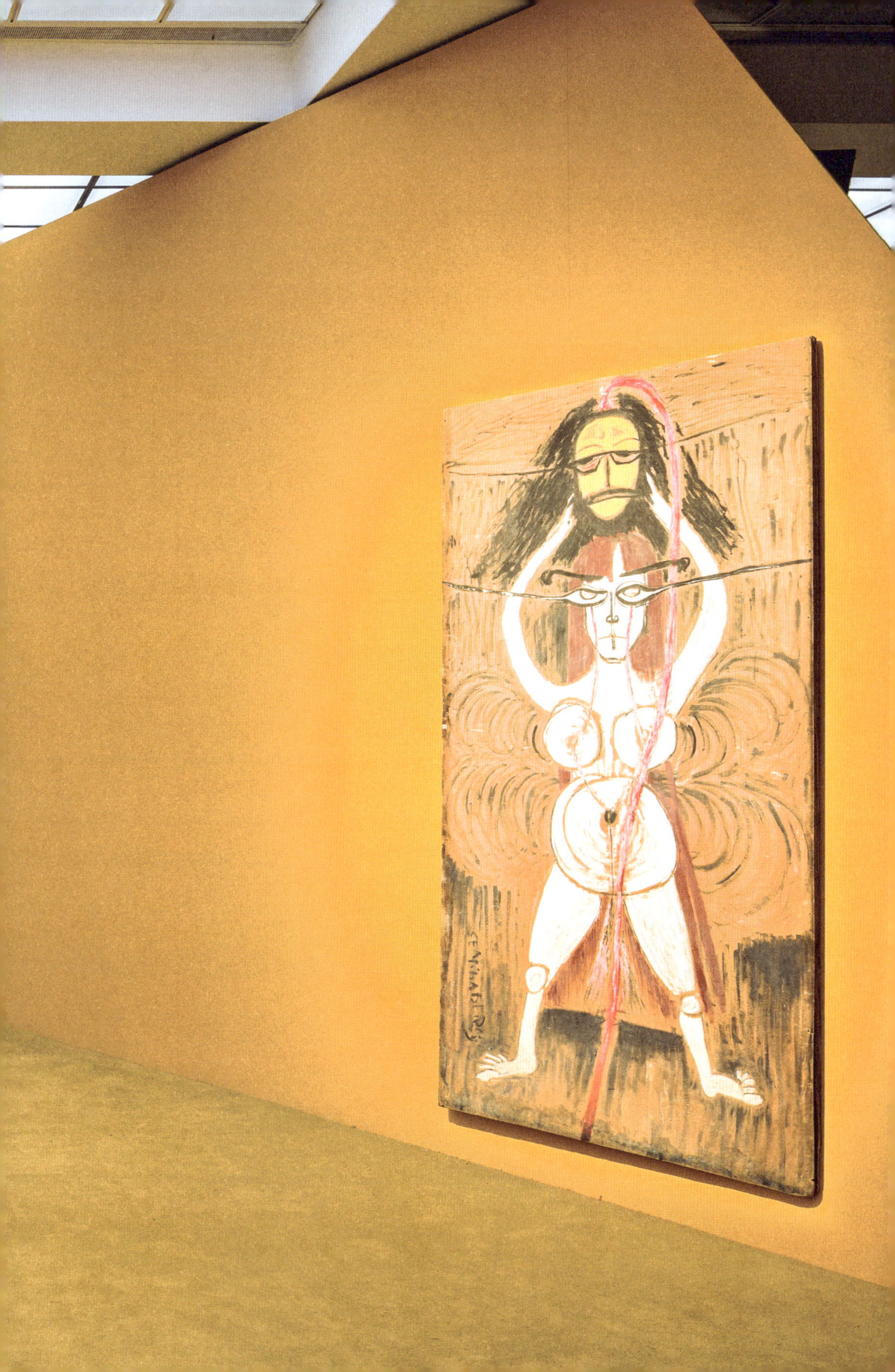

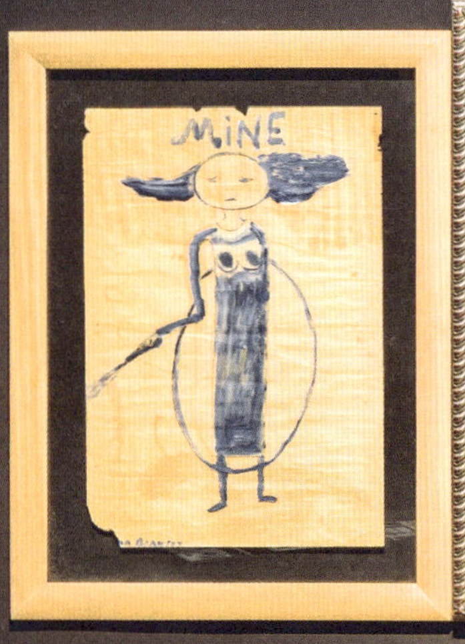
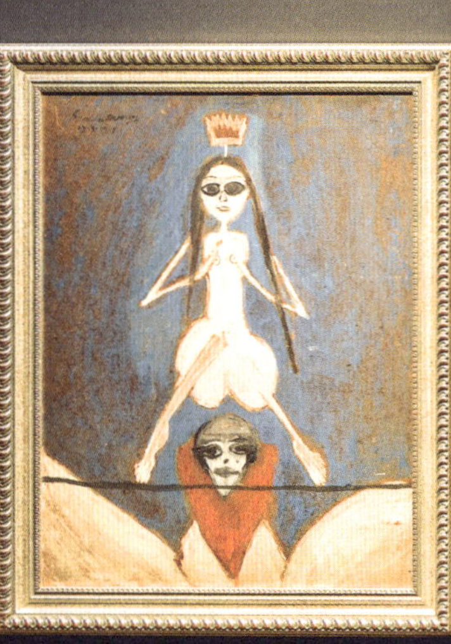
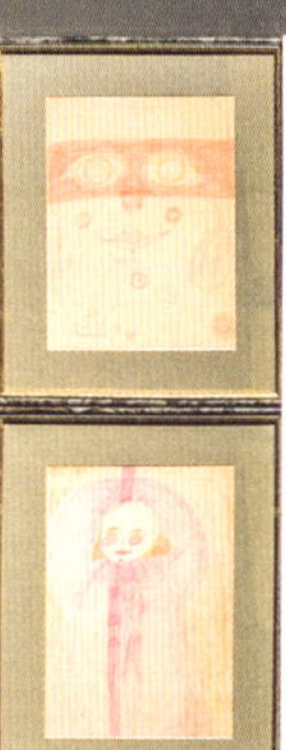
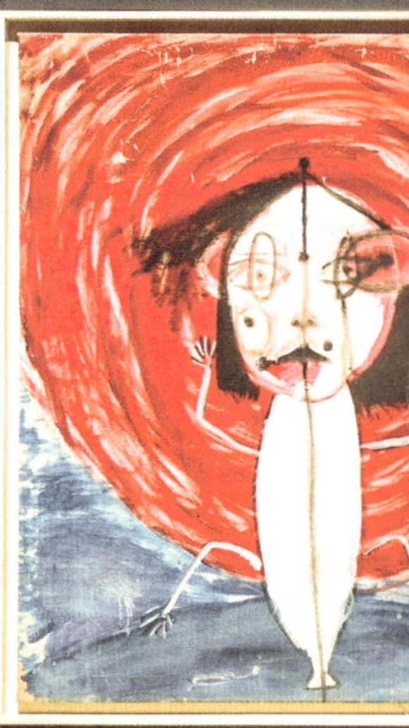

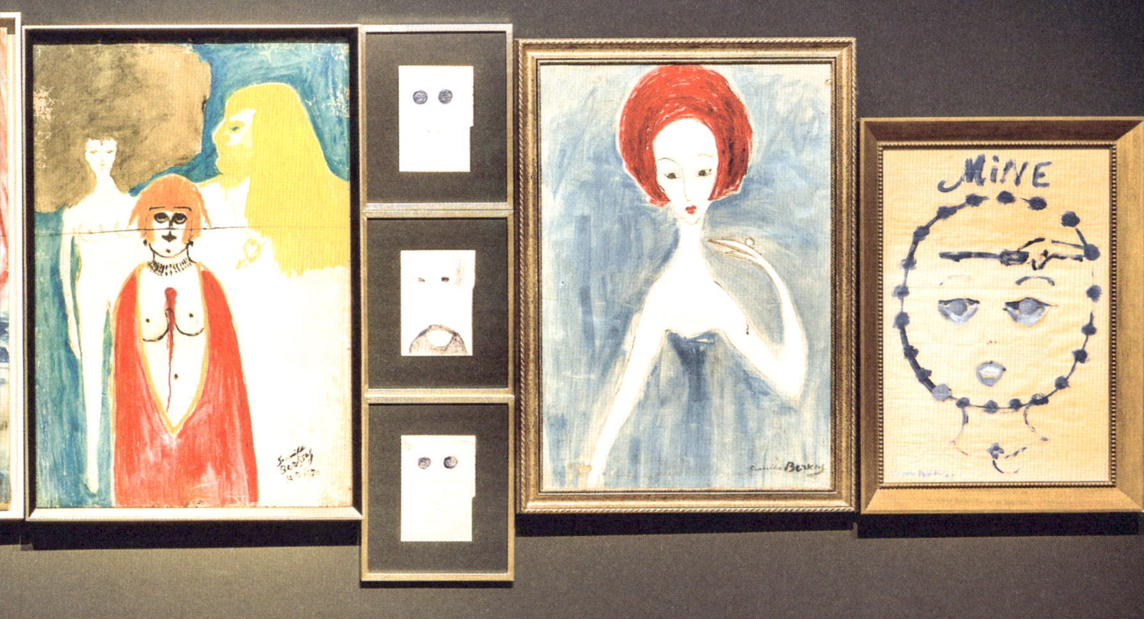

Geprägt von der leidenschaftlichen Liebe zur Kunst: Semiha Berksoy

Deniz Pehlivaner Gündüz
(İstanbul Modern)

A Person of Passion and Art: Semiha Berksoy

English from page 70

Semiha Berksoy vereinte Gesang, Malerei, Schauspielerei und unterschiedliche künstlerische Ausdrucksformen in ein und derselben Person. All diese Künste manifestierten sich in ihrer Existenz als solcher. Mit dem avantgardistischen Geist, der sie beflügelte, und ihrer Leidenschaftlichkeit, ihrem Idealismus, Wagemut und ihrer Beharrlichkeit war sie der Zeit, in der sie lebte, weit voraus. Ihre Wandlungsfähigkeit und Entschlusskraft befähigte Berksoy, sowohl in der Türkei als auch in Europa ganz neue Wege einzuschlagen. Es ist uns demzufolge eine große Freude, die Geschichte der kulturellen und künstlerischen Beziehungen zwischen Deutschland und der Türkei um ein weiteres Kapitel fortzuschreiben, indem wir – ganz im Sinne des einheitsstiftenden Geistes von Semiha Berksoy – eine umfassende Retrospektive ihres Werks zunächst im Hamburger Bahnhof in Berlin und im Anschluss daran dem Istanbuler Museum für moderne Kunst, İstanbul Modern präsentieren.

Semiha Berksoy, 1910 im Wirrwarr der finalen Jahre des Osmanischen Reichs in Istanbul geboren, war in ihren frühen Lebensjahren einer Reihe gravierender Ereignisse ausgesetzt, die ihre Lebenswelt – ob direkt oder indirekt – in erheblichem Maße veränderten; sie erlebte den Ersten Weltkrieg (1914 – 1918), den Türkischen Befreiungskrieg (1919 – 1923), den Tod ihrer geliebten Mutter Fatma Saime Hanım (1918) und die Geburt der Republik Türkei (1923). Der Nährboden, auf dem sich ihre künstlerischen Interessen entwickeln sollten, war zweifelsohne der Einfluss der Mutter, die sich zur Malerin berufen sah. Weitere Impulse, die ihr Interesse an verschiedenen Kunstgattungen erwecken sollten, erhielt Berksoy durch frühe Theaterbesuche sowie die Lyrik ihres Vaters Ziya Bey, der im öffentlichen Dienst tätig war. 1928 nahm sie Malunterricht bei Namık İsmail, der an der Akademie der Schönen Künste lehrte; es folgte ein Studium der Keramik und Bildhauerei bei Refik Epikman und İsmail Hakkı Toygar. Ihr Theaterdebüt hatte sie dem künstlerischen Leiter des Stadttheaters Istanbul, Muhsin Ertuğrul, zu verdanken, der wiederholt nach Berlin reiste, wo er schauspielerisch tätig war und sogar die Filmproduktionsfirma Istanbul Film gründete. Ihre erste Theaterrolle hatte sie in Shakespeares *Der Widerspenstigen Zähmung*. Ihr erster Film war zugleich der erste Tonfilm, der je in der Türkei gedreht wurde, *İstanbul Sokakları'nda* [Auf den Straßen Istanbuls] (1931). Und auf der Opernbühne debütierte Berksoy in *Özsoy* (1934), der ersten Oper, die in der Türkei produziert wurde. Mustafa Kemal Atatürk, der Begründer der Republik Türkei und ihr erster Präsident, hatte das Opernwerk in Auftrag gegeben und war bei der Uraufführung, in der Berksoy die Rolle der Ayşim spielte, anwesend. Semiha Berksoy hatte alle diese Erfolge vorzuweisen, noch bevor sie 25 Jahre alt war. Soweit hatte sich ihr Leben um Klang und Musik gedreht; in den Jahren, die folgten, sollte ihre Beziehung zu den Künsten jedoch auch darstellende und bildende Kunst umschließen.

Die Kunst in der Türkei und die Kunst der Semiha Berksoy

Während Oper, Theater, Kino, Dichtung und Kurzgeschichten beachtlichen Raum in ihrem Leben einnahmen, so hörte Semiha Berksoy nie zu malen auf. In den 1960er-Jahren intensivierte sich ihr Interesse an der Malerei. Während ihres Malereistudiums an der Akademie hatte Figürliches im Vordergrund gestanden, und doch sind in Berksoys originärem Stil kaum Spuren ihrer Professoren zu finden. Der Grund ist nicht etwa, dass sie die Kunstgeschichte ablehnte oder sich der akademischen Welt entgegenzustellen suchte; es liegt wohl eher an der subjektiven Interpretation, der Art, wie Berksoy ihre Bildwelten sah. Die Kunsthistorikerin Ayla Ödekan gelangt, was das anbetrifft, zu folgender Einsicht: „Frei und mutig setzte Semiha Berksoy ihre Gedanken und Gefühle in Linien und Farben um, ohne Rücksicht auf irgendwie geartete stilistische Vorbilder zu nehmen und ohne irgendwelche Regeln, welcher Art auch immer, zu befolgen. In der Tat muss dieses Vorgehen eins der Ziele ihrer Arbeit gewesen sein."[1]

 Das künstlerische Spektrum an der Akademie bewegte sich in der Zeit von 1920 bis 1940 zwischen Impressionismus, Konstruktivismus und Kubismus. Die 1950er-Jahre sahen zum einen den Aufstieg der abstrakten Kunst, während zum anderen der Soziale Realismus vermehrt in den Blick geriet, wobei letzterer Darstellungen von Figuren in den Vordergrund rückte, die von lokaler Bedeutung waren. Die 1970er- und 1980er-Jahre wiederum gingen mit einem neuen Expressionismus einher, gefolgt von einer zunehmenden Tendenz des interdisziplinären Arbeitens. Kurz gesagt, spiegelte die Kunst bis zu den 1960er-Jahren überwiegend die Kulturpolitik wider, die von der Akademie und der neuen Republik betrieben wurde. Während der Einfluss des Staates auf die Kunst dann geringer wurde, ging es zunehmend um Fragen der künstlerischen Autonomie, und viele Künstler*innen fühlten sich motiviert, individuellere Ansätze zu entwickeln.

 Als Frau in der Kunstwelt sah sich Semiha Berksoy mit vielen schwierigen Situationen konfrontiert. Neben der Tatsache, dass Frauen noch relativ selten im künstlerischen Bereich tätig waren, gab es damals Bemühungen, das Bild der Frau in der Kunst zu ‚modernisieren', wobei es essenziell darum ging, Vorstellungen, die mit ‚Schönheit' und ‚Begehren' zu tun hatten, durch das Ideal der ‚Frau

1 Ayla Ödekan, „The Transformation of the Image" in: *Dream and Reality: Modern and Contemporary Women Artists from Turkey*, Ausst. kat. İstanbul Modern (Istanbul: Eigenverlag, 2011), S. 63.

der Republik' zu ersetzen. Ein weiterer Konflikt ergab sich aus dem Auftritt einer Frau als Schauspielerin im Theater oder in der Oper; von einer muslimischen Frau erwartete man, dass sie sich nicht mit einem anderen Mann zeigte, was sogar für verheiratete oder verlobte Frauen galt. Dazu kamen Spannungen zwischen dem neuen Bild der modernen Frau, zu dem Berksoy beitrug, und der Angst vor dem eigenen Verfall, wenn sie die Grenzen, die im realen Leben der Frauen existierten, in ihrer Person überschritt.

Aus dieser Perspektive gesehen, können Berksoys Selbstporträts und ihre Darstellungen anderer Personen als Manifestationen einer Individualität gelten, die sie in jungem Alter zu entwickeln begann – das ihr eigene Selbstvertrauen, ihr Bewusstsein, eine Frau zu sein, ihr avantgardistischer Geist. Parallel dazu könnten die Werke als Hinweise auf die gesellschaftliche Transformation verstanden werden, die die Türkei nach dem Ende des Osmanischen Reichs und der Gründung der Republik erlebte. In einem Essay für den Katalog zur Ausstellung *Dream and Reality* im İstanbul Modern 2011 beschreibt die Politikwissenschaftlerin Fatmagül Berktay die couragierte Haltung Berksoys wie folgt: „Noch immer verweist die Existenz von Künstlerinnen, die es wagten, ‚sie selbst' zu sein – und zwar sowohl im Leben als auch in ihrer Kunst (Hale Asaf, Semiha Berksoy und Aliye Berger sind die ersten, die dazu in den Sinn kommen) – auf die Tradition, die Grenzen, die die republikanischen Frauen von den osmanischen geerbt hatten, zu hinterfragen und somit den Weg für die mutigen Positionen zu bereiten, wie sie von zeitgenössischen Künstlerinnen heute vertreten werden."[2]

Am Anfang von Semiha Berksoys künstlerischem Schaffen stand stets die Leidenschaft. In Berksoy begegnet uns eine Künstlerin, die keinerlei Richtlinien benötigte, um sich zu orientieren; eine, die nicht über selbst errichtete Barrikaden stolperte, die Spontanität besaß, sich nicht zurückhalten konnte, die sich gehen ließ, ihren eigenen Weg ging und deren überquellende Leidenschaftlichkeit ihrem innersten Wesen entsprang. Die Kuratorin Beral Madra sieht die Beziehung von Berksoys Werk zu der Zeit, in der sie lebte, wie folgt: „Aus der Perspektive der modernen Malerei betrachtet, zeichnen sich diese Bilder durch eine spontane und expressive Figuration mit symbolischen und subjektiven Tendenzen aus. Ihr Beitrag zur türkischen Malerei besteht zudem in ihrer interessanten und reichen Ikonografie. Zusätzliche Bedeutung ergibt sich aus der Tatsache, dass sie von einer Frau gemalt wurden, die nicht nur entschlossen war, sich von einem Nicht-Individuum, das einer konservativen Zeit verhaftet war, in ein schöpferisches Individuum zu verwandeln, sondern die darüber hinaus das Bild der modernen Frau auch international darzustellen suchte und mithilfe eines ‚allumfassenden Kunstkonzepts' einen Beitrag zum Fortschritt ihres Landes leisten wollte."[3] Wie Berksoy 2003 in einem Interview mit dem Kurator Hans Ulrich Obrist erklärte, gab es für sie keinerlei Vorbilder. Sie war überzeugt, dass Kunst nicht erlernt werden kann. Für sie war Kunst etwas, das aus dem Inneren kommt und bei dem es allein um das Gefühl geht. Sie machte und malte das, was sie fühlte, und erzählte ihre eigenen Geschichten.[4]

2   Fatmagül Berktay, „Dream and Reality or The Endless Journey to the Reality of Dream(s)" in: *Dream and Reality*, S. 39.

3   Beral Madra, „The Artist Semiha Berksoy" in: Derya Yücel (Hg.), *Semiha Berksoy: Catalogue Raisonné*, Berlin: Revolver Publishing, 2017, S. 57.

4   Hans Ulrich Obrist, „Interview with Semiha Berksoy" in: *RES* 6 (Mai 2003), S. 22–32.

Berksoy befasste sich mit dem Wesen der Dinge und mit Emotionalem, und in jedem ihrer malerischen Werke vermittelt sich ein bestimmtes Gefühl: Liebe, Glück, Erfolg, Begeisterung, Sehnsucht, Schmerz, Angst, Zorn, Traurigkeit, Trauer, Frustration und Sorge, etc. Die Themen in Berksoys Malereien sind Figuren und Ereignisse, die in ihrem Leben wichtig waren, ohne dass sie sich dabei von einer spezifischen Kunstrichtung beeinflussen ließ. Wie es die Kuratorin Rosa Martínez beschreibt, „sind ihre Schöpfungen von einem lebendigen Impuls getragen, der persönlich Erlebtes in eine leidenschaftliche und leidenschaftlich vorgetragene Erzählung verwandelt – oder wie es unser lieber Harald Szeemann ausdrücken würde, eine großartige ‚individuelle Mythologie'."[5] Sowohl die Beachtung durch Harald Szeemann, der Istanbul 2002 einen Besuch abstattete, um Berksoy persönlich zu treffen, und der ihr Werk in sein Buch *Blut & Honig: Zukunft ist am Balkan* einbezog, als auch das Interesse von Rosa Martínez, die an Szeemanns Entdeckung anknüpfte und Berksoys Arbeiten auf der 51. Biennale di Venezia (2005) zeigte, sind auf die Tatsache zurückzuführen, dass Berksoy als imponierende Schöpferin einer persönlichen Mythologie gelten kann.

Berksoy, die in ihren malerischen Werken ihren eigenen Mythos erschuf, lebte auf eine Art, in der sich diverse künstlerische Gattungen – Oper, Kino, Theater, Dichtkunst, Kurzgeschichten und Performances – in einer einzigen Biografie vereinten. Während des Studiums in Deutschland begegnete ihr das von Richard Wagner (1813–1883) geprägte Konzept des Gesamtkunstwerks. Da sie sich für alle künstlerischen Genres begeistern konnte, machte sie dieses Prinzip zur Grundlage ihrer lebenslangen schöpferischen Passion. Dieter Ronte, ehemaliger Direktor des Kunstmuseum Bonn, der Berksoys Leidenschaftlichkeit und Existenz als Magma beschrieb, vergleicht sogar ihr innerstes Wesen mit einem Gesamtkunstwerk: „Im Kern ihrer eigenen menschlichen Existenz hat Semiha Berksoy genau das erschaffen, was Richard Wagner ein ‚Gesamtkunstwerk' nannte – ein komplettes, vereintes, ein totales Kunstwerk. Wenn ein solches Konzept auch heute noch von Bedeutung sein kann, so ist als das beste Beispiel für diesen so beseelten wie gewaltigen künstlerischen Ansatz Semiha Berksoy anzuführen. Deshalb, weil ein ‚Gesamtkunstwerk' effektiv von einer einzigen Person konzipiert und ganz aus sich heraus erschaffen wird."[6]

Semiha Berksoy, die das Konzept des Gesamtkunstwerks bewusst oder unbewusst verinnerlicht hatte, drückte ihre individuelle Mythologie nicht nur dadurch in ihren Bildern aus, dass sie die Personen, die sie liebte und die ihr wichtig waren, zu ihren Motiven machte, sondern auch, indem sie in den Malereien auf die anderen Kunstformen verwies, die sie praktizierte und für die sie Leidenschaft empfand. In ihnen kombinierte sie die Titel der Opern und Theaterstücke, in denen sie auftrat, mit Gedichten, oder die Namen ihrer Figuren mit Auszügen aus Stücken, und zwar auf eine Weise, die uns die Bezüge zwischen Text und Bild klar erkennen lässt. Diese Malereien, in denen statt der Technik die Inhalte im Vordergrund stehen, tragen die Namen der Opern im Titel, in denen sie zu sehen war und die es ihr erlaubten, ihre Leidenschaft für die Kunst auf der

5   Rosa Martínez, „Semiha Berksoy: Life as a Work of Art" in: Mine Haydaroğlu (Hg.), *Semiha Berksoy: I Lived on Art, I Lived on Love*, Ausst.-Kat. Yapı Kredi Kazım Taşkent Gallery, Istanbul (Eigenverlag, 2010), S. 13.

6   Dieter Ronte, „Berksoy-Space: A Life's Work as Chaos or an Art Historian's Declaration of Her Six Loves" in: *Semiha Berksoy*, Istanbul: İşbank Cultural Publications, 2010, S. 24.

Bühne zu vermitteln: Puccinis *Tosca,* Beethovens *Fidelio,* Wagners *Der fliegende Holländer* und *Tristan und Isolde* sowie Strauss' *Salome* und *Ariadne auf Naxos.* Thematisch haben diese Opern etwas gemeinsam: Sie alle drehen sich um Liebe und Leidenschaft. Bei der Betrachtung von Berksoys Malereien sind wir keineswegs überrascht, gerade diesen Opern zu begegnen, mit deren Protagonistinnen sie sich identifizierte.

In der Ausstellung zu Semiha Berksoy im İstanbul Modern werden nicht nur Werke versammelt sein, die in Kooperation mit dem Hamburger Bahnhof ausgesucht wurden, sondern darüber hinaus auch drei Arbeiten aus unserer eigenen Sammlung, die Aufschlüsse über Berksoys Beziehung zu verschiedenen künstlerischen Kreisen geben: *Mezarda* [Im Grab] (1991), *'Zümrüdüanka': Otoportre* ['Phönix': Selbstporträt] (1997) und *Hapishanede Ziyafet* [Festmahl im Gefängnis] (1999). Auch diese Malereien, die Themen wie Leben, Tod und Wiedergeburt aufgreifen, veranschaulichen die Neigungen der Künstlerin anhand von Porträts geliebter Personen und Darstellungen der Opern, in denen sie auftrat. Während sie ihrem Publikum Einblicke in ihre inneren Welten gewährte, unterzog Berksoy den Akt der Malerei einer Neubetrachtung und erschloss neue Räume, etwa Notizen, Graffiti und Wände, und machte auf diese Weise die Schnittstelle, an der sich ihre persönliche Geschichte mit der türkischen Kunst und Kultur verband, für alle sichtbar. Berksoy, die wir sowohl in der Sammlung des İstanbul Modern als auch in unseren Wechselausstellungen regelmäßig zeigen, leistete mit ihrem unverwechselbaren und nonkonformen Stil einen unvergleichlichen Beitrag zur Welt der Kunst, wobei sie eine Sprache und ein künstlerisches Spektrum zum Einsatz brachte, die sie voll und ganz selbst entwickelt hatte und die weit über ihre akademische Ausbildung hinausweisen. Semiha Berksoys Vermächtnis offenbart ihre Wandlungsfähigkeit als Künstlerin und ihr herausragendes Können in verschiedenen künstlerischen Disziplinen. Sie fand einen einmaligen Weg, sich selbst auszudrücken, indem sie das breite Spektrum der menschlichen Gefühle mit Begebenheiten aus ihrem eigenen Leben verband. Dieser bedeutsame Brückenschlag zwischen der Oper, dem Theater und der Malerei ist das visuelle, kulturelle und emotionale Fundament von Berksoys Kunst. Ihr künstlerischer Ansatz involvierte nicht nur das Erschaffen von Werken, sondern basierte zudem auf der Erkenntnis der universellen Natur von Kunst und Künstler*in. Unser Interesse an ihrer Kunst und ihrem Vermächtnis ist daher mehr als nur ästhetische Wertschätzung; es reflektiert unser Bestreben, die Grenzen des menschlichen Geists und der menschlichen Kreativität zu erforschen.

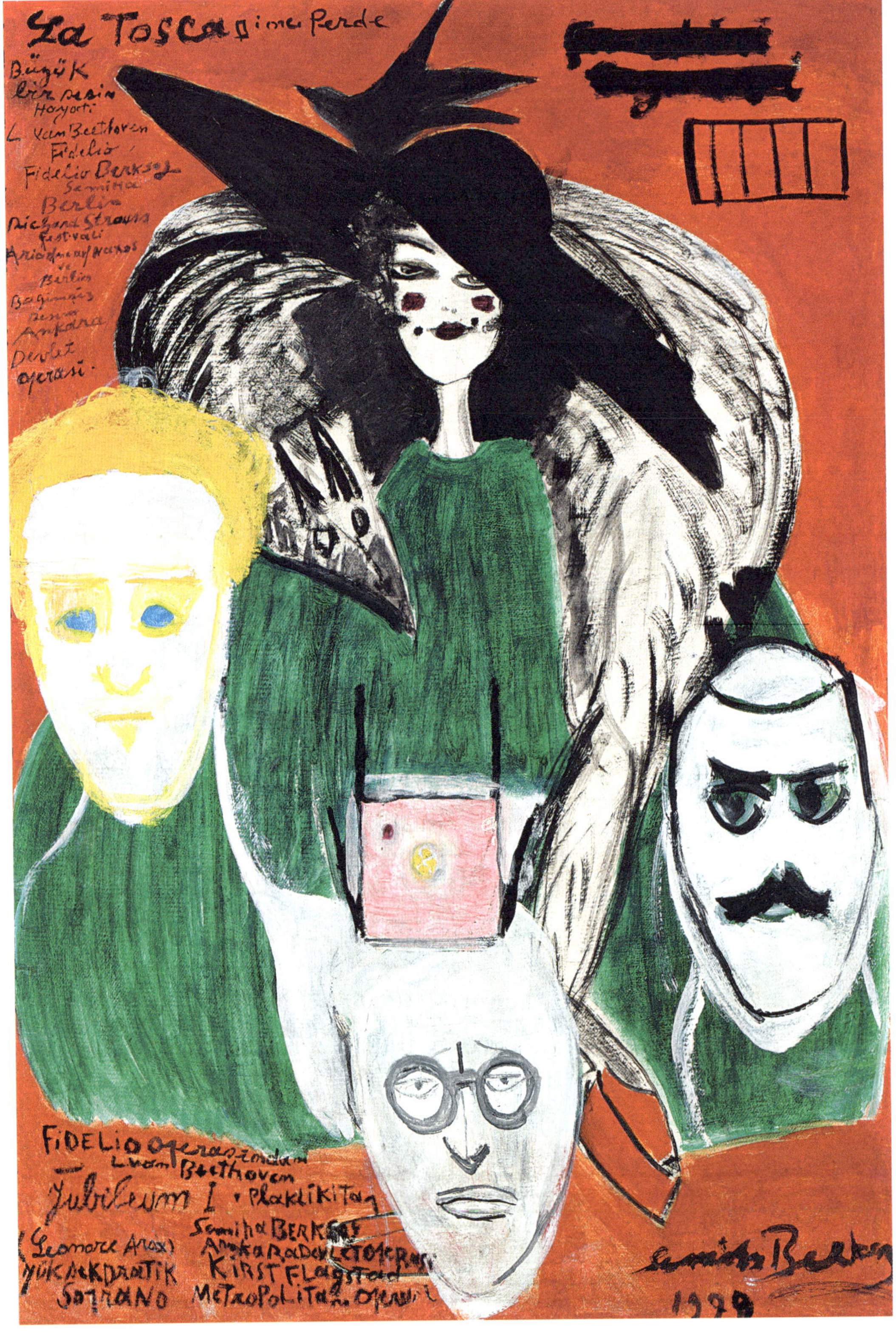
La Tosca 3imci Perde
Büyük
bir resin
Hayyoti.
L. van Beethoven
Fidelio
Fidelio Berkso
Semiha
Berlin
Richard Strauss
Festivali
Ariadne auf Naxos
ve
Berlin
Bağımsız
resim
Ankara
Devlet
operası.
FIDELIO operasından
L. van Beethoven
Jubileum I · Plaklıkıtap
Semiha BERKSOY
Leonore Arası
Ankara Devlet Operası
YÜKSEK DRAMTİK
KIRST FLAGSTAD
SOPRANO
Metropolitan operası
Semiha Berksoy
1990

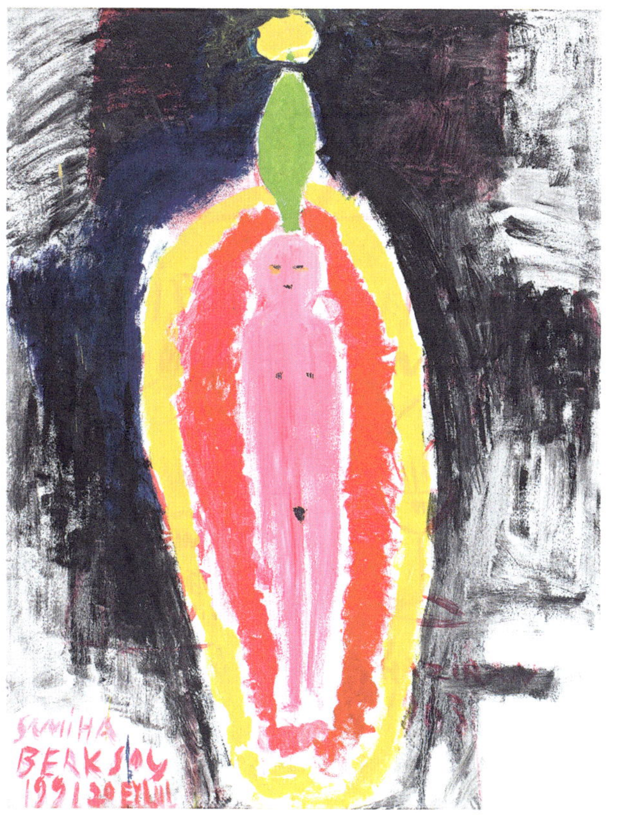

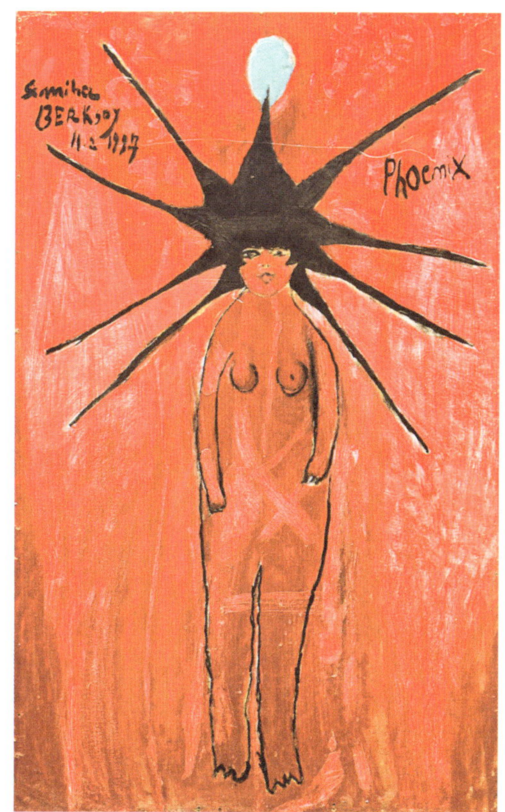

2

3

1   *Mezarda* (Im Grab / In the Grave), 1991,
    Öl auf Leinwand / oil on canvas, 116 × 89 cm,
    Sammlung / collection of Dr. Nejat F.
    Eczacıbaşı Foundation / Dauerleihgabe /
    long term loan, Istanbul Museum of
    Modern Art, Istanbul

2   *"Zümrüdüanka": Otoportre* ("Phönix":
    Selbstporträt / "Phoenix": Self-Portrait),
    1997, Öl auf Faserplatte / oil on fiberboard,
    130 × 80 cm, Sammlung / collection of
    Dr. Nejat F. Eczacıbaşı Foundation /
    Dauerleihgabe / long term loan, Istanbul
    Museum of Modern Art, Istanbul

3   *Hapishanede Ziyafet* (Fest im Gefängnis /
    Feast at the Prison), 1999 / Öl auf Karton,
    auf Faserplatte montiert, 99 × 69 cm,
    Sammlung / collection of Dr. Nejat F.
    Eczacıbaşı Foundation / Dauerleihgabe/
    long term loan, Istanbul Museum of
    Modern Art, Istanbul

Deutsch ab Seite 62

A Person of Passion and Art:
Semiha Berksoy

Deniz Pehlivaner Gündüz (İstanbul Modern)

Semiha Berksoy embodied voice, painting, acting, and various arts in one body—in the most general terms, her existence—and possessed an avant-garde spirit far beyond the passion, idealism, boldness, and perseverance of the period she lived in. In keeping with her versatile and decisive character, Berksoy broke new ground in Türkiye and Europe. We are delighted, therefore, to contribute to the cultural and artistic relations between Germany and Türkiye through her unifying spirit by hosting a comprehensive retrospective of her work first at Hamburger Bahnhof in Berlin and then at İstanbul Modern.

Born in Istanbul in 1910, during the tumultuous final period of the Ottoman Empire, Semiha Berksoy experienced directly or indirectly the First World War (1914–1918), which profoundly reshaped the world she lived in, the Turkish War of Independence (1919–1923), the death of her beloved mother Fatma Saime Hanım (1918), and the birth of the Republic of Türkiye (1923) in the early years of her life. The seeds of her interest in the arts were sown by the inevitable influence of her mother's calling as a painter. Berksoy's bonds with various branches of the arts were strengthened by theater plays she attended and the poetry of her father, Ziya Bey, a civil servant. In 1928, she received painting instruction from Namık İsmail, who taught at the Academy of Fine Arts, then went on to study ceramics and sculpture under Refik Epikman and İsmail Hakkı Toygar. She got her start in theater through Istanbul City Theaters Art Director Muhsin Ertuğrul, who visited Berlin multiple times and did film acting there, even starting the film production company Istanbul Film. Her first play was Shakespeare's *The Taming of the Shrew.* Her first film was the first sound film in Türkiye, *İstanbul Sokakları'nda* [*On the Streets of Istanbul*] (1931). And Berksoy's first role on the operatic stage was also Türkiye's first opera, *Özsoy* (1934). Türkiye's founder and first president Mustafa Kemal Atatürk commissioned the opera and attended the first performance, in which Berksoy played the character Ayşim. Semiha Berksoy realized all these achievements before the age of 25. Thus far, her life had focused on sound and music, but in the years ahead her relationship with the arts expanded into performing and visual arts as well.

Art in Türkiye and the Art of Semiha Berksoy

While opera, theater, cinema, poetry, and short stories occupied a significant place in her life, Semiha Berksoy never quit painting. In the 1960s, her interest in painting became keener. Her painting instruction under the Academy's professors had emphasized figures, but there are few traces of this teaching in Berksoy's original style. This is not because she opposed art history or academia; more likely, it is the subjective interpretation through which Berksoy projected her world of imagery. Art historian Ayla Ödekan provides the following understanding of this matter: "Semiha Berksoy released freely and boldly all her thoughts and emotions through lines and colors, without any traces of any art style or without any rules whatsoever. Indeed, this must be one of the objectives of the art."[1]

The Academy's artistic tendencies oscillated between impressionism, constructivism, and cubism in the period 1920–1940. The 1950s saw the rise of abstract art and, in parallel, of social realism, in which depictions of local figures come to the fore; the 1970s and 1980s brought new expressionism followed by a growing trend towards interdisciplinary works. In short, until the 1960s, art largely reflected both the Academy's and the new Republic's cultural policies; as the state's influence over art lessened, artistic autonomy gained traction, and artists showed a greater tendency towards individualization.

Semiha Berksoy faced many challenging situations as a female in the art world: the relative scarcity of women artists; efforts to 'modernize' the female image in art by shifting its representative role from 'beauty' and 'desire' to the ideal 'republican woman;' difficulties associated with a Muslim woman appearing in theater or opera—the expectation that she not be seen with another man, even if married or engaged; tensions between the new image of the modern woman she was helping to create and concerns that she would degenerate if she herself exceeded the real-life boundaries of women.

From this perspective, it is possible to see in Berksoy's portraits of both herself and others the strong influence of the individuality she began to develop at a young age—self-confidence, awareness of her womanhood, her avant-garde spirit—and the social transformation that took place with the demise of the Ottoman Empire and establishment of the Republic of Türkiye. In 2011, scholar Fatmagül

1   Ayla Ödekan, "The Transformation of the Image" in: *Dream and Reality: Modern and Contemporary Women Artists from Turkey,* exh. cat. İstanbul Modern (Istanbul: self-publishing, 2011), p. 63.

Deniz Pehlivaner Gündüz

2   Fatmagül Berktay, "Dream and Reality or The Endless Journey to the Reality of Dream(s)": in *Dream and Reality*, p. 39.

3   Beral Madra, "The Artist Semiha Berksoy" in: Derya Yücel (ed.), *Semiha Berksoy: Catalogue Raisonné*, Berlin: Revolver Publishing, 2017, p. 57.

4   Hans Ulrich Obrist, "Interview with Semiha Berksoy" in: *RES 6* (May 2003), pp. 22–32.

5   Rosa Martínez, "Semiha Berksoy: Life as a Work of Art" in: Mine Haydaroğlu (ed.), *Semiha Berksoy: I Lived on Art, I Lived on Love*, exh. cat. Yapı Kredi Kazım Taşkent Gallery, Istanbul (self-publishing, 2010), p. 13.

Berktay, whose essay was included in the catalog for the exhibition *Dream and Reality* at İstanbul Modern, described Berksoy's courage as follows: "Still, the existence of women artists who dared to 'be themselves' both in their lives and in their works (Hale Asaf, Semiha Berksoy, and Aliye Berger are the first that come to mind) bears witness to the tradition of challenging limits inherited by the Republic from Ottoman women and heralds the courageous positions contemporary female artists have attained today."[2]

Semiha Berksoy is an artist whose journey starts with her passion, who does not need prescribed directives, who does not get stuck on obstacles of her own making, who is spontaneous, who cannot hold herself back, who lets herself go, who goes her own way, and whose passion overflows from within. Curator Beral Madra describes her relationship with the period she lived in as follows: "From the standpoint of modernist painting, these paintings reflect a spontaneous and expressive figuration, embody symbolic and subjective tendencies. They also contribute to Turkish painting with an interesting and rich iconography. Moreover, their importance lies in the fact that they have been painted by a woman determined to transform herself from a non-individual living in a conservative society to a creative individual, to represent the image of the modern woman at an international level and to contribute to the progress of her country with a 'total art' concept."[3] As Berksoy stated in an interview with curator Hans Ulrich Obrist in 2003, she has no role model; for her, art cannot be learned—it comes from within, and is all about emotions. She does and paints as she feels and tells her own stories.[4]

Berksoy concerns herself with essence and emotion, and every painting of hers carries with it an emotion: love, happiness, success, enthusiasm, longing, pain, fear, anger, sadness, grief, frustration, and anxiety, among others. Berksoy's paintings deal with important figures and events in her life without being influenced by a specific art movement. To Curator Rosa Martínez, "Her creations are nourished by a vital impulse that transforms the personal experience into a passionate and impassioned narrative, capable of creating, as our dear Harald Szeemann would say, a splendid 'individual mythology.'"[5] Harald Szeemann's personal visit to Istanbul in 2002 to meet Berksoy and discuss her work in his book *Blood and Honey: The Future's in the Balkans* and Rosa Martínez's inclusion of her work in the 51st Venice Biennale (2005) based on Szeemann's discovery, can be attributed to the fact that Berksoy is an impressive creator of mythology.

Berksoy, who creates her own mythology in her paintings, lived in a way that united diverse branches of the arts, such as opera, cinema, theater, poetry, short stories, and performance in a single life. While studying in Germany, Berksoy was introduced to the concept of *Gesamtkunstwerk* coined by Richard Wagner (1813–1883), which translates in English to "all-embracing art form." Interested as she was in all branches of the arts, she shaped her passion for creation around this principle throughout her life. Dieter Ronte, Director of the Bonn Museum of Fine Arts, who likens Berksoy's

6   Dieter Ronte, "Berksoy-Space: A Life's Work as Chaos or an Art Historian's Declaration of Her Six Loves" in: *Semiha Berksoy*, Istanbul: İşbank Cultural Publications, 2010, p. 24.

passion and existence to magma, compares her very essence to a *Gesamtkunstwerk*: "At the core of her own humanity, Semiha Berksoy has created what Richard Wagner called a 'Gesamtkunstwerk'—a complete, unified, and total work of art. If the concept of a total work of art has any meaning today, the best representative of this inspired and epic approach to art is Semiha Berksoy. That is because a 'Gesamtkunstwerk' is effectively conceived of by a single person and created of its own accord."[6]

Semiha Berksoy, who consciously or unconsciously internalized the concept of total art, projects her individual mythology into her paintings not only by making the people she loves and are important to her the subjects of her paintings but also by referring to other branches of the arts she participates in and is passionate about. She juxtaposes the names of operas and plays she has performed with poems, the names of her characters, and excerpts from plays in a way that enables us to clearly see the relationship between image and text. These paintings, in which content rather than the technique comes to the fore, bear the name of operas in which she acted and enabled her to project her passion for art: Puccini's *Tosca*, Beethoven's *Fidelio*, Wagner's *Der fliegende Holländer* and *Tristan und Isolde*, and Strauss's *Salome* and *Ariadne auf Naxos*. The themes of these operas have a commonality: They all revolve around love and passion. As viewers of her paintings, we're not at all surprised to encounter these operas, which feature protagonists she identified with.

İstanbul Modern's Semiha Berksoy exhibition will not only present works jointly selected with Hamburger Bahnhof but also three works from our museum collection that reflect Berksoy's relationship with various art circles: *Mezarda* [In the Grave] (1991), *'Zümrüdüanka': Otoportre* ['Phoenix': Self-Portrait] (1997), and *Hapishanede Ziyafet* [Feast at the Prison] (1999). These paintings also illustrate the artist's tendencies through themes of life, death, rebirth, portraits of loved ones, and depictions of the operas in which she performed. While opening up her inner world to the outside, Berksoy shapes the act of painting by creating new spaces such as notes, graffiti, and walls, this way revealing to all the intersection of both her personal history and Turkish culture and art. Berksoy, whom we frequently include in İstanbul Modern's collection and temporary exhibitions, contributes to the art world with a unique and contrarian style using a language and scope she has developed herself and transcends her academic instruction.

Semiha Berksoy's legacy reveals her versatility as an artist and mastery of various art branches. She found a unique way to express herself by blending the great diversity of emotions with anecdotes from her life. This meaningful bridge between opera, theater, and painting gives her art a visual, cultural, and emotional grounding. Berksoy's approach to art is not just about creating works but also about gaining perspective on the universality of art and the artist. Our interest in her art and legacy, therefore, is more than aesthetic appreciation; it reflects our effort to explore the limits of the human spirit and creativity.

Die Wiederaneignung privater Mythen:

Semiha Berksoys Kunst
zur Zeit der Entstehung der
modernen Türkei

Ayşe Güngör

Reclaiming Personal Myths:

Semiha Berksoy at the
Crossroads of Artistic
Expression and the Formation
of Modern Türkiye

English from page 80

Als Tochter einer Malerin und eines Dichters war das Leben der noch im Osmanischen Reich geborenen Semiha Berksoy stark geprägt von der Kulturpolitik der frühen Republik Türkei. Im Gründungsjahr der Republik war Berksoy dreizehn Jahre alt und begeisterte sich für die von Aufbruchsstimmung geprägte Kunst dieser transformativen Zeit. In der im Umbruch befindlichen kulturellen Landschaft spiegelte ihre Karriere als Opernsängerin die Bemühungen der jungen Republik wider, die türkische Hochkultur an westliche Standards heranzuführen. Im Rahmen des Prozesses der Nationsbildung erhielt Berksoy ein staatliches Stipendium, das es ihr ermöglichte, Oper und Gesang an der Berliner Hochschule für Musik zu studieren, eine wichtige Station im Leben der Künstlerin.

Dass sie im Ausland studieren durfte, weist auf die Bestrebungen der jungen Republik hin, die Hochkultur und hier insbesondere die Kunstgattung Oper im eigenen Land voranzutreiben. Die Erwartungen, die im Rahmen des türkischen Modernisierungsprojekts an Frauen gestellt wurden, finden ihren Widerhall im künstlerischen Leben von Semiha Berksoy. In der Frühphase der Republik galten die gesetzlichen Neuerungen für Frauen als substanzieller Fortschritt. Hauptsächlich betrafen sie die Rolle, die Frauen im Modernisierungsprozess spielen sollten, mit dem Fokus auf einer Verbesserung ihrer Ausbildung und ihrer beruflichen Karrieren, wobei die gesamtgesellschaftliche über die persönliche Entwicklung gestellt wurde. Einer der Hauptpunkte des westlich orientierten Modernisierungsprozesses war die Neudefinition von „Mensch" und „Bürger", die nun erstmals auch Frauen einschloss.[1] Obwohl die Rolle der Frau auch in dem neuen System auf etablierte Ideale von Ehrbarkeit und Tugendhaftigkeit reduziert wurde, lässt sich im malerischen Werk von Berksoy eine reichhaltige gegenteilige Vorstellungswelt finden. In ihren Gemälden bringt sie weibliche Erotik kraftvoll zum Ausdruck, zelebriert Individualität und Sinnlichkeit, bricht die Grenzen der gesellschaftlichen Erwartungen an Frauen auf und erobert sich die weibliche Erotik auf mehreren Ebenen zurück.

1   Fatmagül Berktay, „Doğu ile Batı'nın Birleştiği Yer: Kadın İmgesinin Kurgulanışı" in: Tanıl Bora & Murat Gültekingil (Hg.), *Modern Türkiye'de Siyasi Düşünce: Modernleşme ve Batıcılık,* Istanbul: İletişim, 2001, S. 275–286, hier S. 277.

Berksoy kann als ein Sinnbild für den historischen Transformationsprozess, den die Republik nach der Gründung durchlief und der Bürokratisierung und Institutionalisierung zur Folge hatte, verstanden werden. Wegen ihrer engen Freundschaften mit wichtigen kulturellen Akteur*innen – wie Cemal und Ekrem Reşit Rey, Nâzım Hikmet, Ruhi Su, Turgut Zaim, Fikret Mualla oder Cahide Sonku – befand sie sich im Zentrum verschiedener künstlerischer und intellektueller Strömungen, wodurch ihre Arbeiten das rein Private hinter sich ließen und Teil des soziopolitischen Narrativs der modernen Türkei wurden. In ihrer Kunst fanden all die genannten Persönlichkeiten ihren Platz, was sich in den kraftvollen Symbolen und der anspielungsreichen Bilderwelt zeigt, während ihre Arbeiten gleichzeitig als eine Chronik der sich herausbildenden Identität des türkischen Staates gelesen werden können.

Unter den genannten Intellektuellen sticht vor allem Nâzım Hikmet hervor, mit dem Berksoy zunächst eine Liebesgeschichte verband, aus der sich später eine enge Freundschaft entwickelte. Sie bezeichnete Hikmets Mutter Celile Hanim gern als „ihre" Mutter, was die starke Verbundenheit der beiden Frauen bezeugt. Bevor Berksoy zum Gesangsstudium nach Berlin ging, schrieb Hikmet ihr einen Brief, der die damalige politische Situation gut einfängt: „Auf dass Dir alle Wege offenstehen, nicht in Hitlers, sondern in Beethovens Heimatland; ich wünsche dir Siege, an denen kein Blut klebt, sondern die vor Leben strotzen."[2] Weder die räumliche Distanz nach Berksoys Wegzug noch die langen Gefängnisaufenthalte Hikmets aus politischen Gründen konnten ihrer Freundschaft etwas anhaben, wurzelte sie doch in dem Solidaritätsgefühl, das in der aufgewühlten soziopolitischen Landschaft zwischen türkischen Künstler*innen herrschte. In ihren Gemälden hat Berksoy Hikmet immer wieder dargestellt, ein Hinweis auf den großen Einfluss, den der Dichter auf ihr Leben und ihre künstlerische Praxis hatte.

Auch Berksoys eigentliche Mutter taucht als wiederkehrende Figur in den Gemälden auf, ein Symbol für die tiefe Verbundenheit Berksoys mit der Abwesenden. Der frühe Verlust der Mutter prägte Berksoy nachhaltig, immer wieder hat sie sich in ihrer Kunst mit dem komplexen Gefühl von Trauer auseinandergesetzt und das Verhältnis von Leben und Tod auf seine Sinnhaftigkeit hin untersucht. Ihre Porträts und Selbstporträts, die Symbole und Inschriften in ihren Gemälden fangen das Wechselspiel von Leben und Tod ein und stellen der einsamen Kindheit die daraus resultierende Resilienz gegenüber. In den Gemälden wird die Symbolwelt um eine musikalische Präsenz erweitert, die die Arbeiten näher an Berksoys Lebenswirklichkeit heranführt und ihnen zusätzliche Tiefe verleiht.

Während ihr als „erster türkischen Opernsängerin" eine Vorreiterrolle in der Kulturgeschichte ihres Landes zukam, beschränkten sich ihre künstlerischen Ausdrucksformen nicht allein auf die Bühnenkarriere. Die eigenwillige Bildersprache in den Gemälden, die sich über zeittypische und stilistische Konventionen hinwegsetzt, verleiht Berksoys innerer Welt etwas Zeitloses. Die Bilder sind nicht länger reine Repräsentation, sie dienen als eine Art Zuflucht, in der sich quasi als Spiegel für die inneren Kämpfe die psychologischen

2   Semiha Berksoy, *Nâzım Hikmet ve „Tosca"sı. Semiha Berksoy: mektuplaşmalar,* Bd. 1091, Istanbul: Kırmızı Kedi Yayınevi, 2019, S. 137.

Untiefen auftun. In ihren Arbeiten lässt Berksoy die Grenze zwischen Realität und Kunst verschwimmen und benutzt ihr Leben als Bühne, auf der sich die Ränder ihrer Existenz auflösen. Ihre Kunst macht aus alltäglichen Erfahrungen einen dramatischen Hintergrund, vor dem die aus echtem Leben und Vorstellungskraft zusammengefügte innere Welt zum Ausdruck kommt.

Berksoys tatsächlicher Zufluchtsort, ihr mit Gemälden und Erinnerungsstücken angefülltes Schlafzimmer, steht symbolhaft für ihre Sicht auf das ihrem Leben zugrundeliegende dramatische Narrativ. Aus dem intimen Raum bezog Berksoy ihre Inspiration, weil dort die Grenzen zwischen Realität und Inszenierung aufgehoben waren und ihre Theatermentalität zur vollen Entfaltung kam. Das inzwischen zu einer Museumssammlung gehörende Schlafzimmer stellte bereits zu Berksoys Lebzeiten eine Art Privatmuseum dar, mit den Puppen ihrer Kindheit, Briefen, Schmuck, Theaterkostümen, Partituren und einem Klavier als Ausstellungsstücken. Durch die eklektische Sammlung entsteht ein vielschichtiger Raum, der dazu einlädt, sich mit Erinnerungen auseinanderzusetzen und die eigene Identität zu erkunden. Wie bei einer Kollage ist der Raum angefüllt mit ausgewählten Objekten, die „die Festigkeit jeder Oberfläche unterminieren" und eine „kindhafte Neugier und Entdeckungslust"[3] wecken, indem sie normative Strukturen deterritorialisieren und uns gleichzeitig dazu einladen, uns mit den unterschiedlichen Elementen zu befassen und „überraschende Zusammenhänge zwischen den vielfältigen Komponenten dieser angeblichen Unordnung"[4] herzustellen. Das Schlafzimmer wird so zu einem Raum, der die Dynamiken von Lust als generative Kraft verkörpert und konventionelle Grenzen kontinuierlich verschiebt und auflöst.

Im Zentrum des Berksoyschen Œuvres steht eine zutiefst private Mythologie, die sich in einer Vielzahl von Symbolen und Narrativen äußert, die wiederum ständig neue Türen zu ihrer inneren Welt öffnen. Die Gemälde werden zu einer Bühne, auf der sich die allegoriereichen Mythen entfalten können. Die reichhaltige Symbolik sorgt dafür, dass die Gemälde mehr sind als reine Repräsentation, laden sie doch zu einer kontemplativen Betrachtung der menschlichen Psyche ein. Offenbar war es Berksoys Intention, ihre auf der Opernbühne so kraftvolle Stimme in die Malerei zu überführen und die Wucht und Emotionalität ihres Gesangs visuell darzustellen.

Im Hinblick auf den kunstgeschichtlichen Kanon fand Berksoys Malerei von der türkischen Kunstszene über viele Jahre wenig Beachtung und wurde keiner wichtigen Richtung zugeordnet. Erheblich dazu beigetragen, die zeitgenössische Kunstszene auf die Arbeiten Berksoys aufmerksam zu machen, hat Kutluğ Atamans Videoarbeit *semiha b. unplugged,* die zum ersten Mal 1997 auf der von Rosa Martínez kuratierten *5. Istanbul Biennale* gezeigt wurde. In der Form einer narrativen Erinnerung gehalten und in Berksoys Schlafzimmer gefilmt, bietet das Videointerview der Künstlerin einen Raum, private Mythen zu erzählen und Wünsche, Sehnsüchte, Wirklichkeiten und Unwirklichkeiten offenzulegen. Nachdem Berksoys Gemälde zu ihren Lebzeiten nicht die ihnen gebührende Anerkennung erfahren haben, werden sie von der zeitgenössischen, sich immer mehr in

3   Gülsüm Baydar, „Bedrooms in Excess: Feminist Strategies Used by Tracey Emin and Semiha Berksoy" in: *Woman's Art Journal* 33:2 (Herbst/Winter 2012), S. 28–34, hier S. 32.

4   Ebd.

Richtung Diversität öffnenden Kunstwelt nun endlich gesehen und geschätzt. Gerade wegen ihrer komplexen Symbolik und der starken Expressivität gelingt es ihnen bis heute, Berksoys Geschichten immer wieder neu zu erzählen.

Das künstlerische Konzept, vor allem im Hinblick auf ihre Malerei, bildet einen starken Kontrast zum rigiden System der damaligen Hochkunst. Während die Kunstgattung Oper etablierten Normen folgt, hat Berksoys Malerei ihren Ursprung im Innenleben der Künstlerin und dient als Spiegel ihrer psychischen und emotionalen Verfasstheit. Es entsteht so eine Spannung zwischen Berksoys öffentlicher Rolle als Repräsentantin der kulturellen Ideale der türkischen Republik und der zutiefst persönlichen Welt ihrer Gemälde, die sich den ästhetischen oder ideologischen Zwängen der Hochkultur nicht unterwerfen, sondern in denen die privaten Mythen der Künstlerin zum Ausdruck kommen. Ihre Malerei ist nicht etwa ein Kommentar zu dem äußerlichen Wandlungsprozess, vielmehr lassen sich die Bilder als Zeugnisse ihrer privaten Lebensreise verstehen.

Im Zentrum von Berksoys Kunst steht das eigene Leben, stehen die inneren Kämpfe, die sie mit der äußeren Welt und den Untiefen ihrer Psyche ausfocht. Das Urmaterial der Arbeiten ist Berksoy selbst, und das schließt ihre Beziehungen zu anderen Menschen und persönliche Erfahrungen mit ein. Daher kann ihre Kunst als Fenster zu ihrer eigenen Geschichte und dem sie umgebenden gesamtgesellschaftlichen Wandel gelesen werden. In der durch Nationsbildung geprägten kulturellen Atmosphäre ihrer Zeit bewahrte sie sich ihre grenzenlose Vorstellungskraft, die sich am deutlichsten in ihrer mit zutiefst symbolischen Narrativen aufgeladenen Malerei zeigt. Trotz aller gesellschaftlichen und künstlerischen Konventionen bricht sich in Berksoys Bildern eine kraftvolle Innenwelt Bahn, die keine Grenzen kennt.

Übersetzt aus dem Englischen von Harriet Fricke

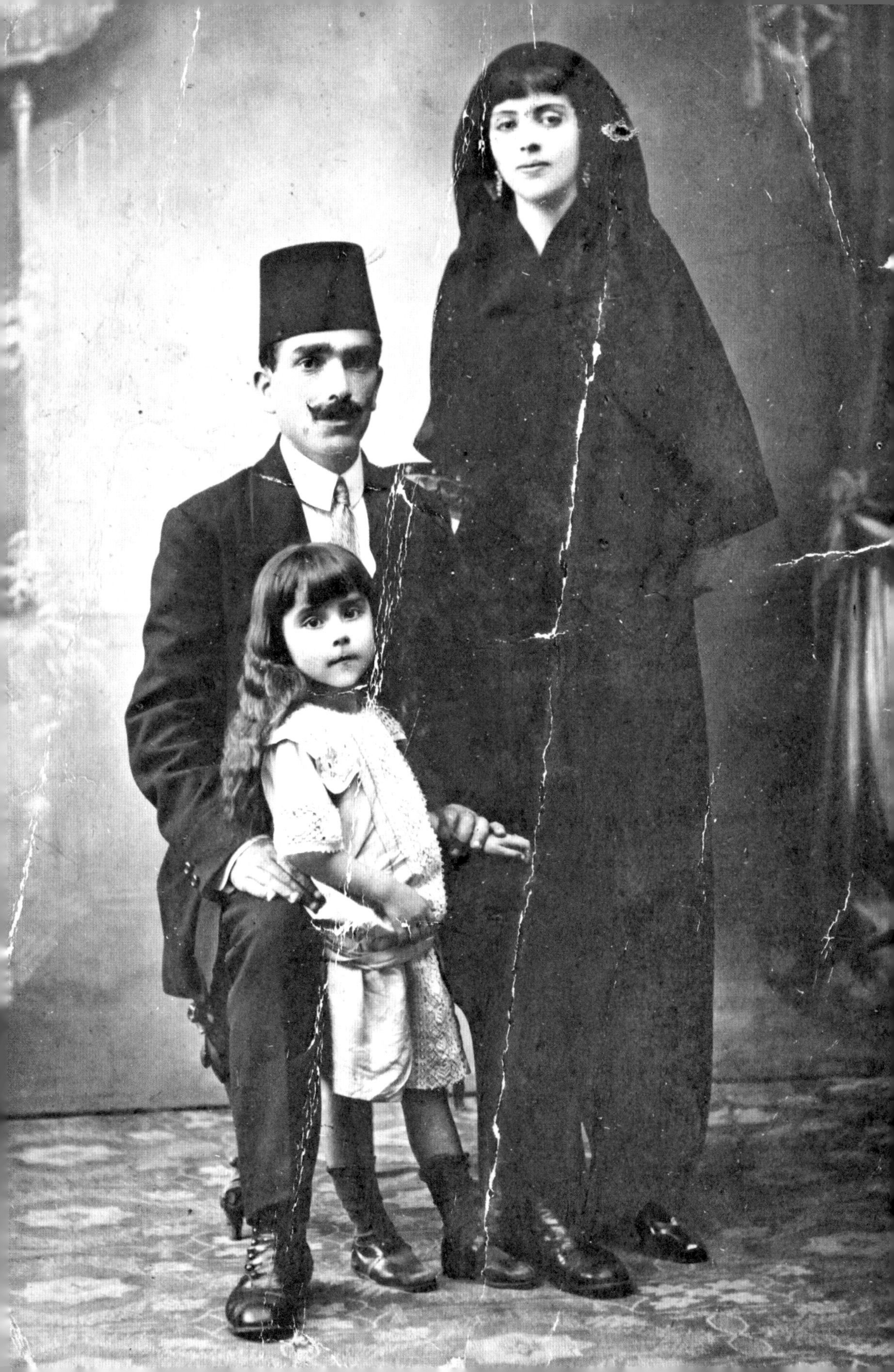

Deutsch ab Seite 74

Reclaiming Personal Myths: Semiha Berksoy at the Crossroads of Artistic Expression and the Formation of Modern Türkiye

Ayse Güngör

Born into a modern Ottoman family as the daughter of a painter and a poet, Semiha Berksoy's life was deeply shaped by the cultural policies of the Republican Era of Türkiye. Born during the emergence of the newly established Republic, Berksoy was just thirteen at its founding and embraced the vibrant high art and cultural values that characterized this transformative period. Positioned at the crossroads of a shifting cultural landscape, her opera career resonated with the Republic's commitment to high culture aligned with Western standards. As part of nation-building efforts, she received a state scholarship to attend singing and opera classes at the Hochschule für Musik [Music Academy] in Berlin, marking a significant chapter in her life history.

Her international training was also an indication of the Republic's dedication to cultivating high culture, particularly in the field of opera. The expectations placed on women as part of the Republic's modernization project are particularly reflected in Semiha Berksoy's life history, specifically in her opera career. Initially,

1   Fatmagül Berktay, "Doğu ile Batı'nın Birleştiği Yer: Kadın İmgesinin Kurgulanışı" in: Tanıl Bora & Murat Gültekingil (eds.), *Modern Türkiye'de Siyasi Düşünce: Modernleşme ve Batıcılık,* Istanbul: İletişim, 2001, pp. 275–286; 277.

2   Semiha Berksoy, *Nâzım Hikmet ve "Tosca"sı. Semiha Berksoy: mektuplaşmalar,* vol. 1091, Istanbul: Kırmızı Kedi Yayınevi, 2019, p. 137.

the policies enacted for women during the early Republic were seen as substantial advancements. The main concern was the role assigned to women within the modernization framework, which often focused on advancing professional careers and education, while emphasizing societal values over individual ones. One of the most contentious aspects of this Western modernization process was the redefinition of 'human' and 'citizen' to include women, addressing and overcoming previous exclusions of the feminine dimension.[1] While this framework sought to confine women's roles to prescribed ideals of respectability and virtue, it is possible to find a contrasting reflection in Berksoy's paintings. In those paintings, female eroticism finds a powerful form of expression while embracing individuality and sensuality, pushing the boundaries of societal expectations on women, and reclaiming female eroticism in various ways.

Berksoy stands as a profound testament to the historical transformations of her time, weaving the bureaucratic and institutional shifts of the Republic into its very core. Her close connections with cultural actors of her time—such as Cemal and Ekrem Reşit Rey, Nâzım Hikmet, Ruhi Su, Turgut Zaim, Fikret Mualla, or Cahide Sonku—positioned her at the crossroads of artistic and intellectual currents, imbuing her work with a resonance that transcended the personal and engaged with the larger sociopolitical narrative of modern Türkiye. All of these figures find their place in her art, with potent symbols and evocative iconography, while reflecting a chronicle of the evolving identity of the Turkish state.

Among these figures, Nâzım Hikmet stands out, not just as an intellectual connection but as a close friend whose relationship with Berksoy changed from a romantic involvement into a deep friendship. Berksoy referred to Hikmet's mother, Celile Hanim as "her" mother, reflecting the strong bond that formed between them. Before Berksoy left for Berlin for her opera education, Hikmet wrote a heartfelt letter that captured their connection and the political situation: "May your path be open; not in Hitler's, but in Beethoven's homeland; I wish you victories that are not bloodstained, but full of life."[2] Despite the distance created by her relocation and Hikmet's years in prison for political reasons, their bond remained resilient, grounded in a deep sense of solidarity within Türkiye's turbulent sociopolitical landscape. Depictions of Hikmet appear as a recurring theme throughout her paintings, reflecting a deep-rooted influence and admiration that resonated throughout her life and artistic expression.

Berksoy's own mother was also a frequent character in her paintings, symbolizing an enduring connection that persisted despite her absence. The early loss of her mother intensely influenced Berksoy, prompting her to seek meaning in the connection between life and death, as she navigated the complexities of grief through her art. Her portraits and self-portraits, along with the symbols and inscriptions in her paintings, capture the interplay between life and death, contrasting her solitary childhood with her resilience in the face of adversity. In her paintings, this exploration with symbols is further enriched by a musical presence, penetrating her work with depth that reproduces the essence of her life experiences.

While her pioneering role as Türkiye's "first opera artist" affirms her position in cultural history, her artistic expression extends far beyond her career on stage. Her paintings, with their distinctive iconography and defiance of temporal and stylistic boundaries, radiate her inner world with timelessness. They transcend mere artistic representation, serving as sanctuaries of healing charged with psychological depth that reflect her innermost struggles. In her work, Berksoy blurs the lines between reality and art, using her life as a stage where the boundaries of existence dissolve. Her art transforms everyday experiences into a dramatic background, merging the real and the imagination into an expression of her inner world.

Her personal sanctuary, a bedroom enriched with paintings and an assortment of treasured memory objects, serves as a testament to her perception of the dramatic narrative that shaped her life. This intimate space became a source of inspiration, where the boundaries between reality and drama dissolved, reflecting the theatrical essence at the core of her being. Today, indeed part of a museum collection, the bedroom was already a personal museum in its own right, adorned with childhood dolls, letters, jewelry, costumes, music scores, and her piano. This eclectic collection fostered a rich and evocative realm, inviting an exploration of memory and identity. Functioning as an assemblage, the room is filled with eclectic objects that „undermine the solidity of every surface" and evoke a „childlike sense of curiosity and discovery"[3] by deterritorializing normative structures, while inviting us to engage with its diverse elements, forming „unprecedented relationships between the various components of this seeming disorder."[4] Thus, the bedroom becomes a space, rich with complex flows, embodying a dynamic interplay of desires as a generative force, continuously reshaping and dissolving conventional boundaries.

At the center of Berksoy's oeuvre is a deeply personal mythology that infuses her work with many symbols and narratives, where each of them opens a new door to her inner world. These paintings become stages for the unfolding of her personal myth, rich in allegory and self-examination. This symbolic depth elevates her work beyond mere representation, offering a contemplative and layered reflection on the human psyche. Just as her voice resonated powerfully on the opera stage, one can sense her effort to channel that same force into her paintings—capturing the potency and emotion of sound through visual expression.

From a canonical perspective in art history, Berksoy's paintings have long been obscured within the Turkish art scene, often unrecognized as part of the major art movements. Kutlug Ataman's *semiha b. unplugged* video work has played a crucial role in introducing Berksoy to the contemporary art scene, first showcased at the *5th International Istanbul Biennial* in 1997 under the curatorship of Rosa Martínez. This video interview, framed as a narrative of memory set in Berksoy's room, allows her to narrate her personal myths while navigating the space between her desires, loves, realities, and unrealities. Despite not receiving adequate recognition for her paintings throughout most of her life, her paintings have

3　Gülsüm Baydar, "Bedrooms in Excess: Feminist Strategies Used by Tracey Emin and Semiha Berksoy" in: *Woman's Art Journal* 33:2 (Fall/Winter 2012), pp. 28–34; 32.

4　Ibid.

since risen to prominence, gathering acclaim in a contemporary art landscape that increasingly values diverse expressions. Rich in complex symbolism and expressive depth, they continue telling her stories today.

Berksoy's personal artistic conception, particularly in her paintings, stands in strong contrast to the rigid frameworks of high art. While the discipline of opera adheres to established norms, her paintings arise from her innermost desires, serving as a reflection of her psyche and emotional realities. This creates a tension between the public role she played as a representative of the Republic's cultural ideals and the intimate world of her paintings, which was much more an expression of personal myth, unbound by the aesthetic or ideological constraints of high culture. Her paintings transcend mere reflections of external transformations—they are strong personal witnesses to her own journey.

At the core of her art lies her own life, her inner struggles with both the world around her and the depths of her psyche. Berksoy herself is the primary material of her works, as are the people and experiences with whom she engaged, making her art a resonant window into both her personal history and the larger societal shifts she navigated. Within the bureaucratic and cultural atmosphere of her time, she protected her infinite imagination, which found its fullest expression in her paintings with deeply symbolic narratives. Despite the rigid frameworks surrounding her, these depictions remained a powerful expression of an inner world that has no boundaries.

When Naxos Burned No More — An Ode to Semiha Berksoy

Sam Bardaouil

"Es gibt ein Reich, wo alles rein ist,
da ruhe ich auch, wenn alles vergeht.
Da werde ich alles vergessen,
und du wirst mich befreien."

Ariadne auf Naxos, Richard Strauß

Overture

Semiha—
her face slashed across the light,
her eyes wild with the hunger of a thousand lives not lived,
her mouth open, gaping,
a scream stuck somewhere between her throat and the world,
caught between the applause and the silence.

Semiha—
Semiha never stops.
She is always there, hovering,
her voice clawing at the edges of your mind,
rising from the cracks, the shadows,
the forgotten corners of history.

How do you hold that?
How do you contain a madness that refuses to be tamed,
a woman who burned so bright she scorched everything she touched.

Act I (The Antechamber)

Step inside.
The first room is dark.
Too dark.
It presses in on you,
the silence thick, suffocating.
A screen flickers,
Semiha's image sharp, blurred, sharp again—
caught between worlds,
never fully here, never fully gone.
Her face,
her voice,
whispers that turn into howls,
howls that turn back into silence.

You can't escape Semiha.

The vitrines hover,
floating in the dim light—
drawings, sketches, pieces of Semiha scattered across time.
They vibrate,
they hum,
they hum with a life that never lets go.
This is not a gallery—
it's a mausoleum,
a tomb built to house the fragments of her soul.

But you can't bury her.
Semiha won't stay buried.
She refuses.

Her life twists through the space,
a timeline that bends and breaks and snaps back again.
Sketches, scribbles, words scratched into paper,
as if she were trying to claw her way out of her own body.
Nothing is still here.
Everything moves,
everything trembles.

Act II (The Grand Theater)

Step forward.
The curtain rips open,
and the light—
the light is blinding,
too bright, too sharp,
it cuts through you like glass.

This is her stage.
This is her mind,
her world,
her chaos.

The proscenium arches high above,
the walls sliced like the wings of a dying bird,
feathers falling,
dripping blood.
Her characters—
Ariadne,
Salome,
Tosca—
they stare at you,
their eyes too wide, too hollow,
their bodies too stiff, too alive.
They watch you.
They judge you.
They know you don't belong here.

You walk the line between them,
a path that stretches thin,
The paintings float,
untethered,
dangerous.

Faces emerge—
her mother,
her father,
her husband—
each one a ghost,
each one a voice trapped inside her head,
inside your head now.

You stop at her mother.
Her eyes—
They see everything.
They see too much.
They know.

The black line runs through it all,
a crack,
a fault line,
splitting the world in two—
life on one side,
death on the other,
and Semiha walking the razor's edge between them.

Deeper, deeper still.
You feel Semiha's voice now,
not hear it—
feel it.
It's inside you,
inside your bones,
vibrating,
shaking,
a scream that has nowhere to go.

You sit among her paintings,
on steps that rise like a theatre of the damned,
and you realize—
you are not watching her.
She is watching you.
You are the one on stage now.
She's in the audience,
her eyes never leaving you.

You feel her breath on your neck,
her voice curling around your spine,
her laughter,
her pain.
It's all here.
It's all inside you now.

You turn,
but the stage keeps shifting.
The back of the walls—
they open up,
they reveal the truth,
they reveal the madness.

Letters.
Photographs.
Drawings.
Pieces of her,
scattered,
broken.
Not the diva,
not the star.
Just Semiha.
Just a woman,
falling apart,
trying to hold herself together with paper and ink,
with words that never came out right.

Act III (The Intimate Stage)

And then—
at the far end of the gallery,
you see her.
Semiha.
Ariadne.
1939.
Berlin.
Her face too big, too bright,
her presence too much for the room to hold.
This is her moment.
This is when it all came crashing down.

You walk toward her,
but the image warps,
it bends,
it cracks.
The wall is not a wall—
it's a shroud,
a thin veil hiding something more.

A film plays behind it,
flickering,
distorted,
her voice rising, falling, breaking apart.

She is there,
but not there,
always on the edge of disappearing.

Deeper still,
you see him.
Nâzım Hikmet.
The poet.
The ghost.
The man she loved,
the man who haunted her,
the man who never fully was.
His face—
half-formed,
fading,
a shadow she could never catch,
a dream that never came true.

You turn to leave,
but she won't let you go.
She follows you,
she clings to you,
her voice still there,
still scratching at the back of your mind.

You see her—
on that stage in Berlin, still,
her breath like fire,
her heart pounding in her chest,
her veins burning with the need to be heard,
to be seen.
The lights are too bright,
too hot,
they scorch her skin,
the sweat dripping down her face,
her pulse too fast, too wild.
She sings,
but it's not just singing—
it's survival.
It's a fight.
It's a war.

And then—
Semiha,
Ariadne—
they both haunt you,
their voices twisted into one,
their hearts too full of grief,
pounding,
pounding against the walls of a world that no longer listens.

The stage lights burn like fire,
her skin scorched under their heat,
her breath heavy,
wild,
broken.
But there she is,
on that island—
no, in Berlin,
no, in the hell between the two,
waiting, always waiting.
Ariadne waits for Bacchus—
Semiha waits for a dream—
but what comes?
Nothing.
Nothing but the hollow sound of applause that fades too fast,
turns into something more violent,
a crack, a gunshot,
a promise shattered into dust.
The island of Naxos is an illusion,
Berlin is the nightmare.
There is no Bacchus,
no redemption,
no god who descends from the heavens to transform her.
Instead, the gods laugh,
they laugh as the bombs fall,
as the world turns black,
as the stage crumbles beneath her feet.
Her voice rises,
a plea ripped from the depths of her lungs.
Semiha's heart bursts—
her veins burn—
the island becomes a prison,
Berlin becomes the grave.
And Ariadne—
Ariadne's madness spills into the world,
her blood, her tears, her endless scream of abandonment.
Bacchus never comes.
He watches from the shadows,
laughing,
as Semiha falls to her knees,
her body cracking open,
her voice breaking into pieces,
scattered like glass across the floor.
The lights burn out,
the applause is gone,
and all that's left is silence.

The island sinks,
Berlin fades,
and Semiha—
her voice still lingers,
mad, broken,
twisted in the darkness,
waiting for a dream that will never come.
But still, she sings,
still, she waits.

She goes back.
Not to safety,
not to the comfort of applause,
but to where the call to prayer rings out across the morning sky,
where the sea and city divide her heart.
Where the Bosporus winds its way through history and myth,
and the voices rise,
but not like before—
they rise like fire,
like worship,
like the screams of a star too bright to touch.
She is too big now,
too large for the stage,
for the world around her.
The star that swallows itself whole,
devouring everything in its wake.
Her voice—
it echoes across the sea,
but it's not a song anymore,
it's a scream,
a cry that fills the void.
She burns bright,
brighter than ever before,
a flame too wild to control,
too big to extinguish.
Her light blinds,
her heat sears,
and the world cannot contain her,
cannot hold her.
There is no escape from the fire she carries—
it consumes her,
it consumes the cities,
the stages,
the silence.
And it consumes you,
burning through your skin and bones,
through your dreams and nightmares,
until there is nothing left
but her voice,
her scream,
her fire.

Coda

And Berlin—
Berlin never leaves her.
It's still there,
the scar,
the city that promised too much,
gave too little,
and still demands everything.
She keeps coming back,
keeps standing on stages that crumble beneath her feet,
searching for what was lost,
for what she could never have.

And now—
now what is left?

This city,
this place—
it is not streets and stones,
it is not the weight of history pressing down on your chest.
It is blood and breath and broken dreams,
it is the space between light and darkness,
the place where hope comes to die,
the place where hope comes to live again.
It is the wound that never heals,
the scream that never stops,
the dream that never dies.

Berlin—
Berlin is a city of ghosts,
a place where everything is too much and never enough.
It is where you come to break,
where you come to burn,
where you come to howl into the void.

And yet—
and yet you stay.
You stay because there is nowhere else to go.
You stay because the dream,
the scream,
the fire—
it pulls you in,
it pulls you down,
and it never lets go.
This is not an ending.
It is a wound that bleeds and bleeds,
a scream that cracks the sky,
a heart that breaks,
and breaks,
and never stops breaking.

And Semiha—
Semiha stays with you.
She clings to your skin,
to your heart,
to your breath.
You are haunted by Semiha—
her face slashed across the light,
her eyes wild with the hunger of a thousand lives not lived,
her mouth open, gaping,
a scream stuck somewhere between her throat and the world,
caught between the applause and the silence.

Semiha—
She is still there,
she is still here,
always here,
on that stage,
singing,
burning,
her voice the only thing left,
too broken to hold,
too raw to forget,
and you—
you cannot look away.

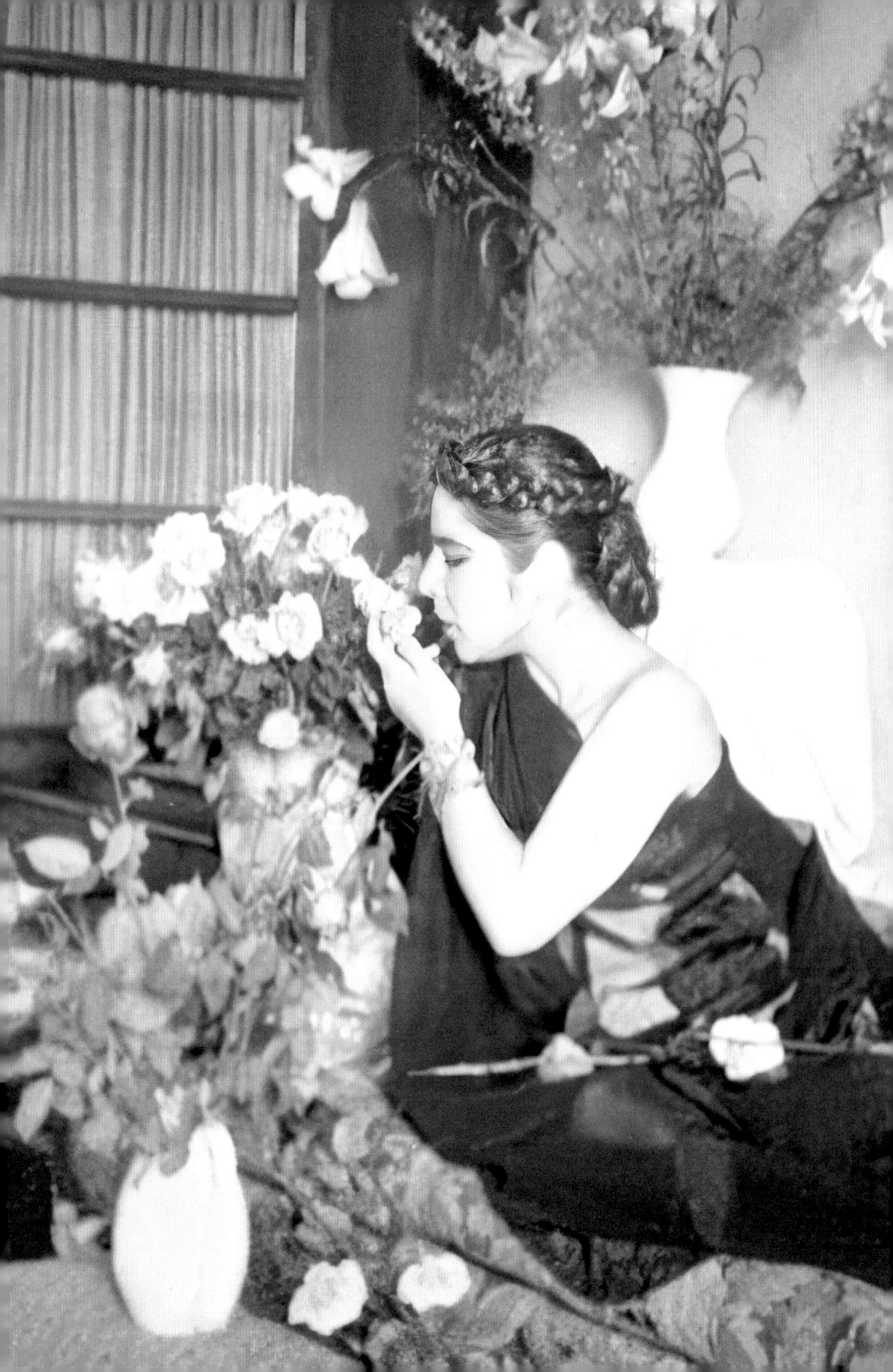

Werke in der Ausstellung
Works in the Exhibition

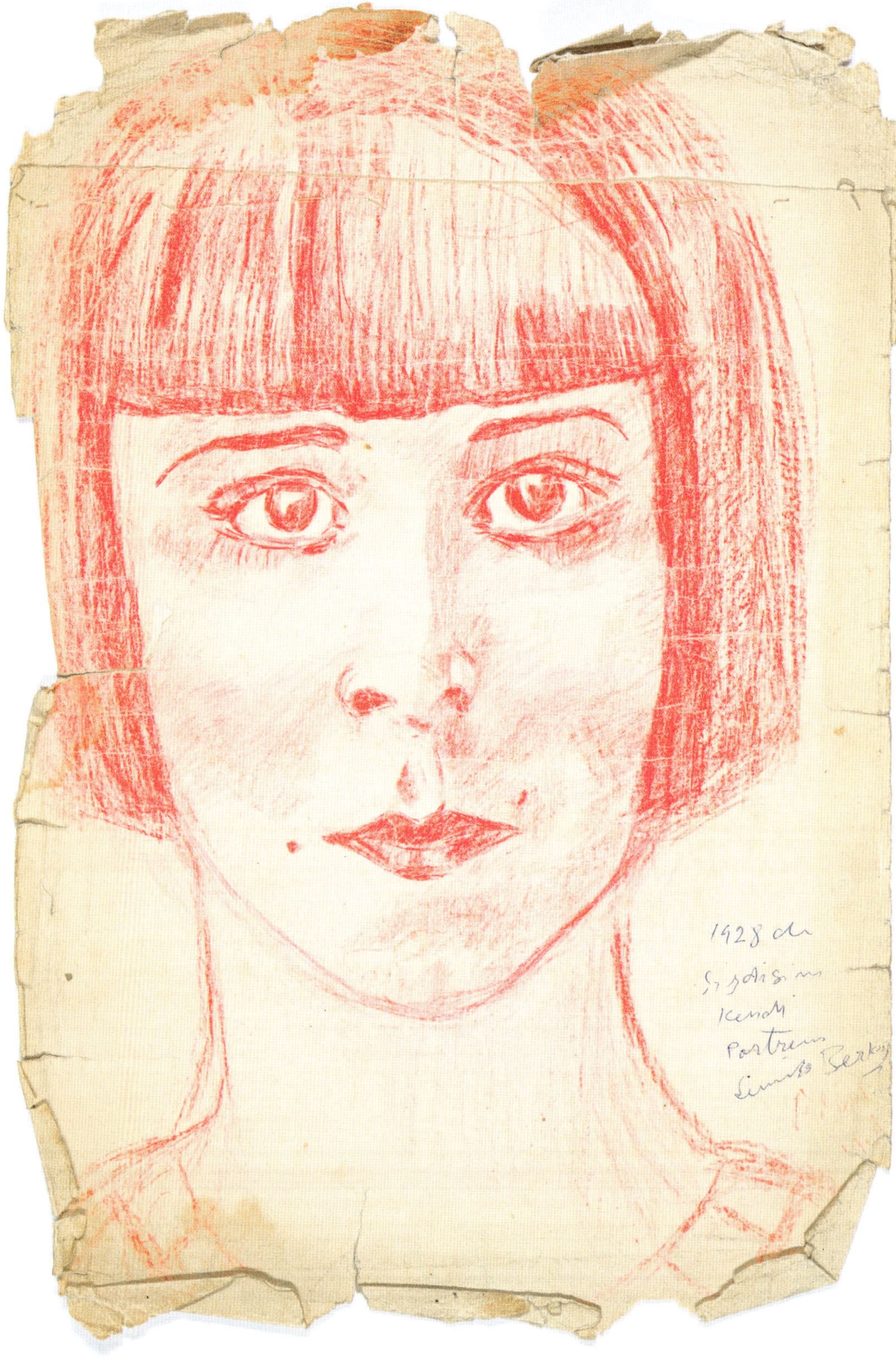

1928 de
19 yasinda
kendi
portrem
Semiha Berksoy

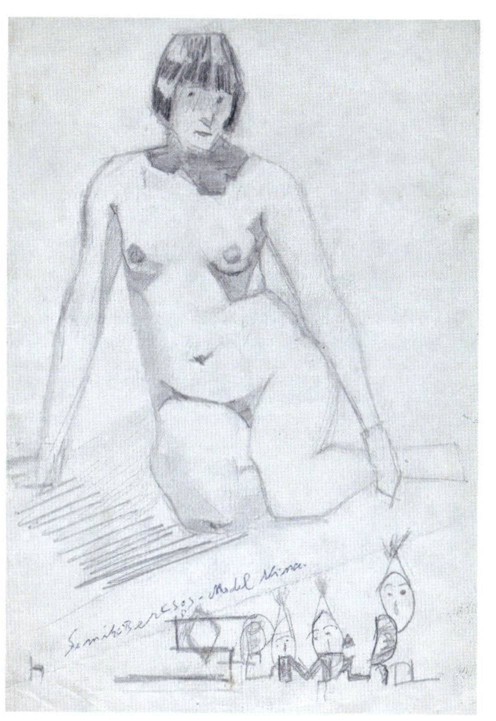
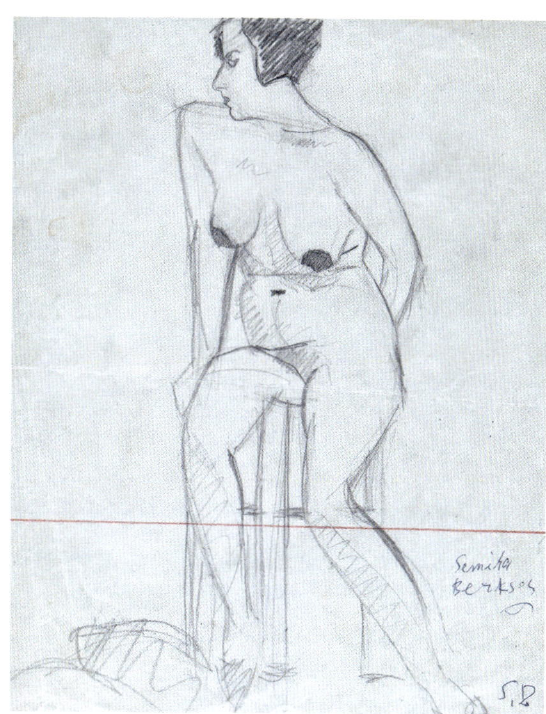

2

3

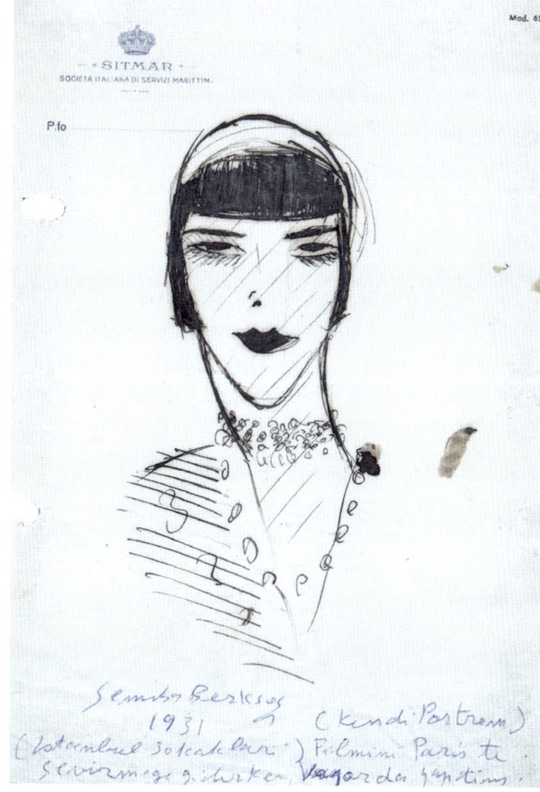

4

1   *Otoportre* (Selbstporträt / Self-Portrait),
    1928, Buntstift auf Papier / colored pencil
    on paper, 43,5 × 27 cm, Courtesy of the
    Estate of Semiha Berksoy and Galerist

2   Skizzen aus ihrer Studienzeit im Atelier
    Namık İsmail / Sketches from the time
    of her studies at the Namık İsmail studio,
    1929 – 1930, 26 × 17,5 cm, Bleistift auf
    Papier / pencil on paper, Courtesy of the
    Estate of Semiha Berksoy and Galerist

3   Skizzen aus ihrer Studienzeit im Atelier
    Namık İsmail / Sketches from the time of her
    studies at the Namık İsmail studio, 1929 – 1930,
    22,5 × 17,5 cm, Bleistift auf Papier / pencil
    on paper, Courtesy of the Estate of Semiha
    Berksoy and Galerist

4   Skizzen aus ihrer Studienzeit im Atelier
    Namık İsmail / Sketches from the time of her
    studies at the Namık İsmail studio, 1931,
    21 × 15 cm, Bleistift auf Papier / pencil
    on paper, Courtesy of the Estate of Semiha
    Berksoy and Galerista

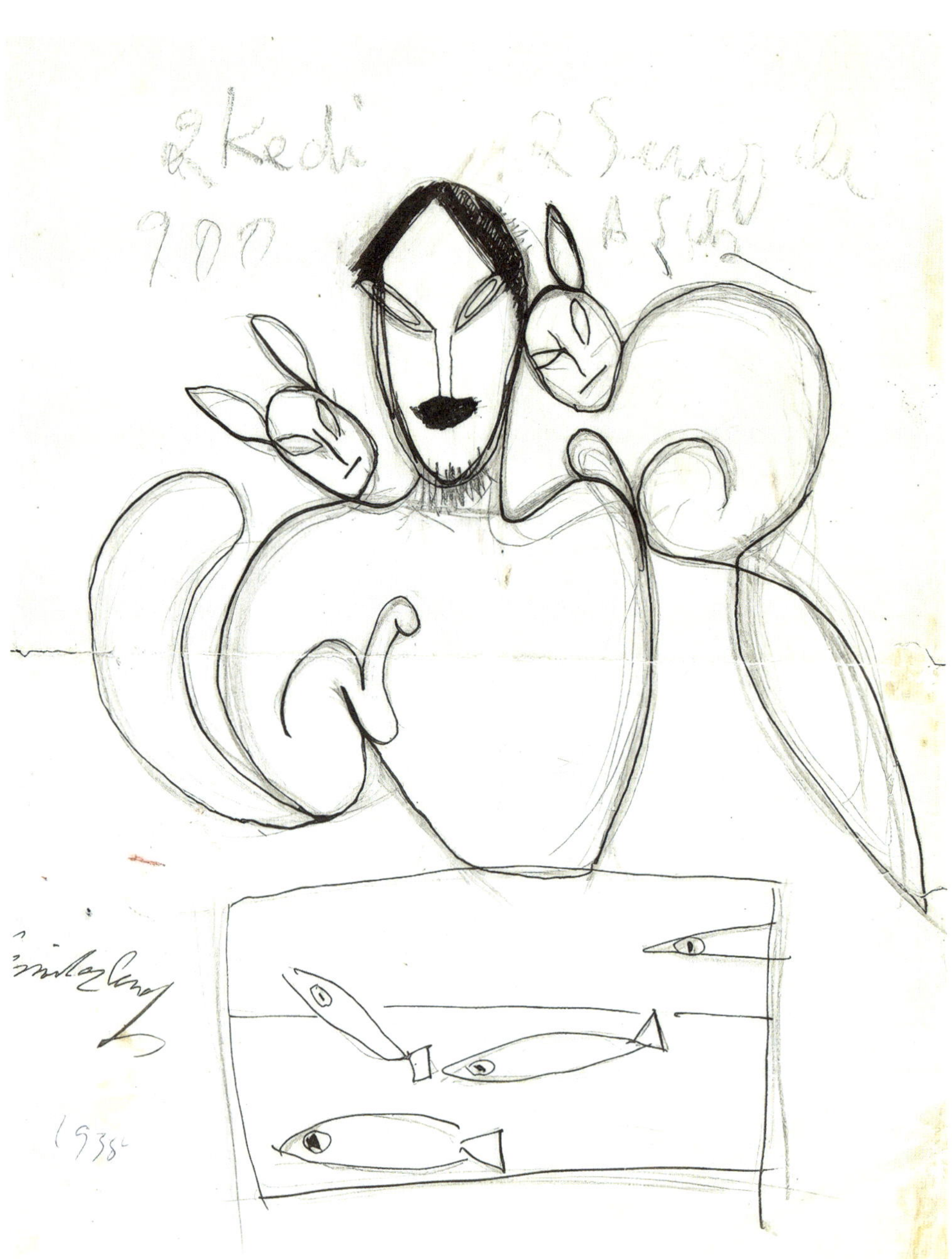

İsimsiz [2 Kedi 2 Sevgili] (ohne Titel [2 Katzen 2 Liebende] / untitled [2 Cats 2 Lovers]), 1938, Tinte auf Papier / ink on paper, 29,5 × 22,5 cm, Courtesy of the Estate of Semiha Berksoy and Galerist

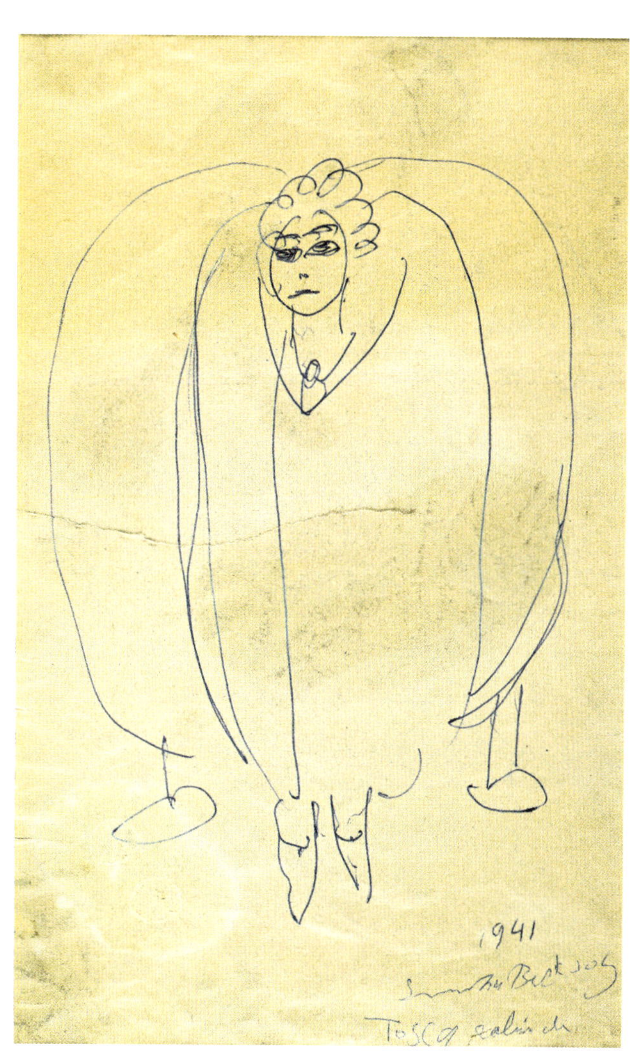

Tosca, 1941, Kugelschreiber auf Papier /
pen on paper, 25 × 35 cm, Courtesy of the
Estate of Semiha Berksoy and Galerist

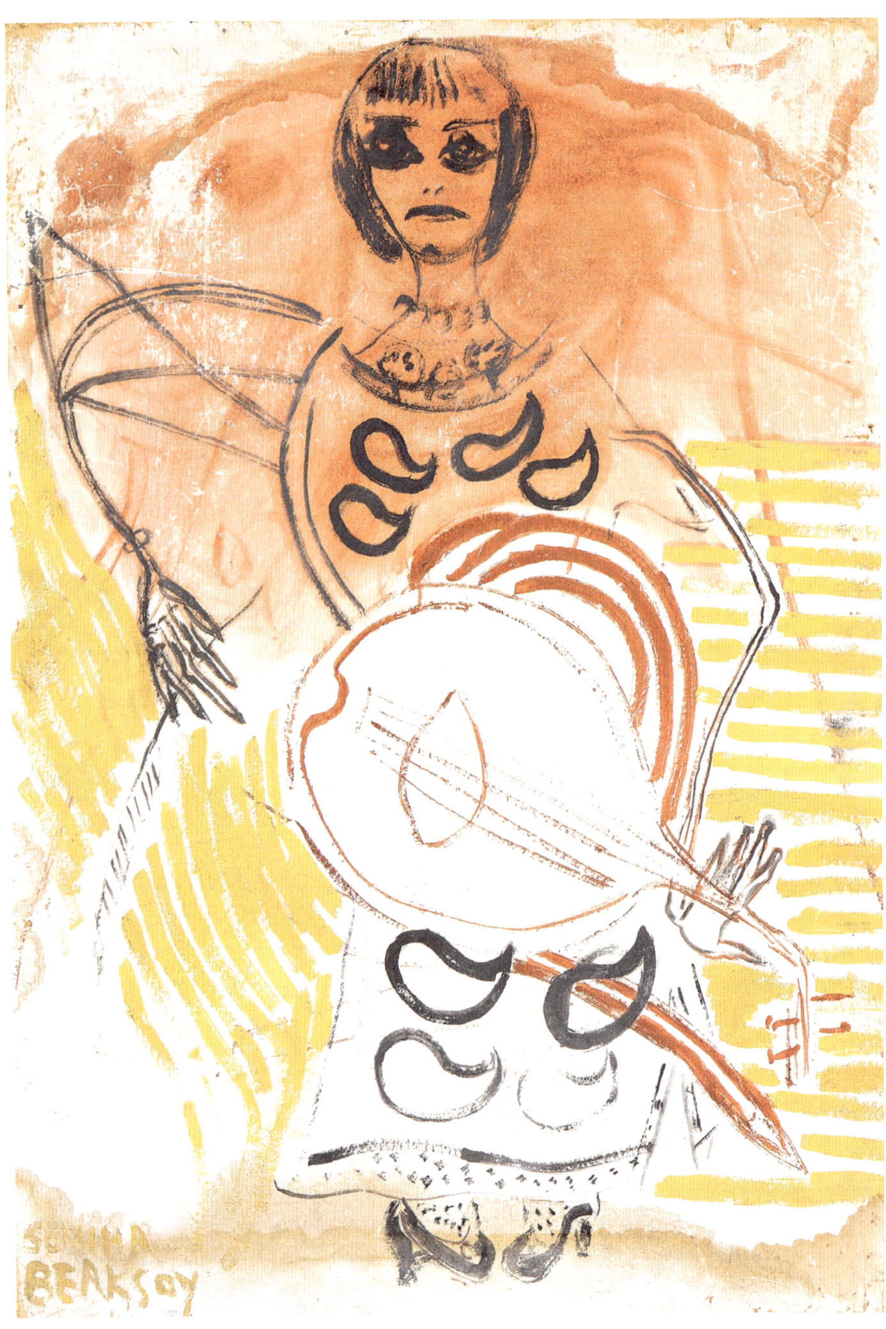

Annem Ud Çalarken (Meine Mutter auf der Ud spielend / My Mother Playing the Oud), 1958, Öl auf Hartfaserplatte / oil on hardboard, 99 × 69 cm, Courtesy of the Estate of Semiha Berksoy and Galerist

Fatma Saime (1891 – 1918) war die Mutter von Berksoy. Sie war ebenfalls Malerin und verstarb, als Berksoy erst acht Jahre alt war. Berksoy hatte eine sehr enge Beziehung zu ihr, und sie ist ein wiederkehrendes Motiv in den Gemälden und Zeichnungen der Künstlerin. /
Fatma Saime (1891 – 1918) was Berksoy's mother. She was also a painter and passed away when Berksoy was only eight years old. Berksoy had a very close relationship to her and she appears often in the artist's paintings and drawings.

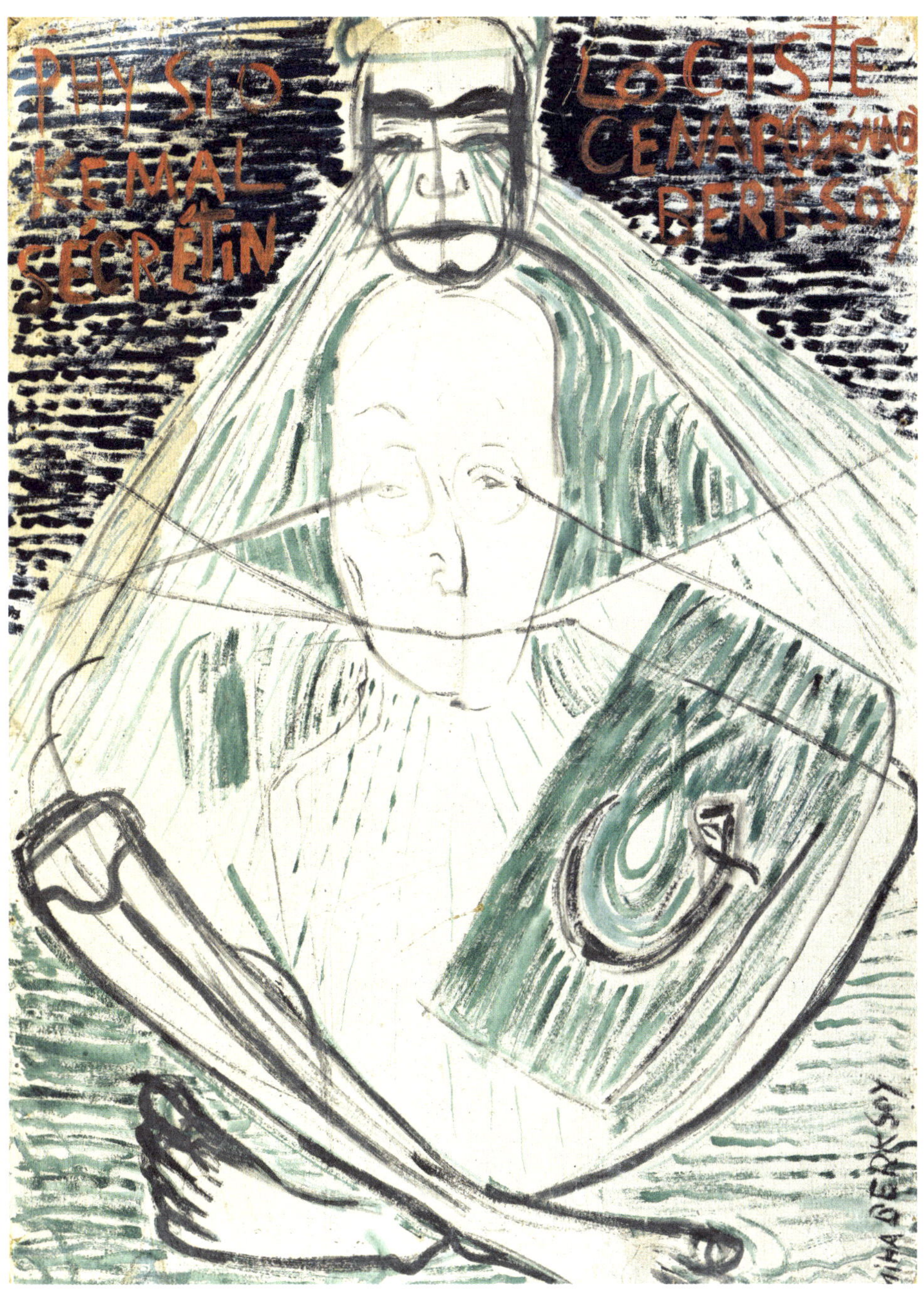

Kemal Cenap Berksoy ve Kardeşi Ziya Cenap Berksoy (Kemal Cenap Berksoy und sein Bruder Ziya Cenap Berksoy / Kemal Cenap Berksoy and His Brother Ziya Cenap Berksoy), 1950, Öl auf Hartfaserplatte / oil on hardboard, 99 × 69 cm, Courtesy of the Estate of Semiha Berksoy and Galerist

Ziya Cenap Berksoy (1882 – 1955) war der Vater von Berksoy. Er war Bankangestellter und Dichter. Sein Bruder Kemal Cenap Berksoy (1875 – 1949) war Professor für Medizin und Physiologie und für den Nobelpreis nominiert. Er unterstützte Berksoys Ausbildung und besuchte sie während ihres Studiums in Berlin. / Ziya Cenap Berksoy (1882 – 1955) was Berksoy's father, a bank clerk and a poet. His brother Kemal Cenap Berksoy (1875 – 1949) was a professor of medicine and physiology and was nominated for the Nobel Prize. He supported Berksoy's education and visited her during her studies in Berlin.

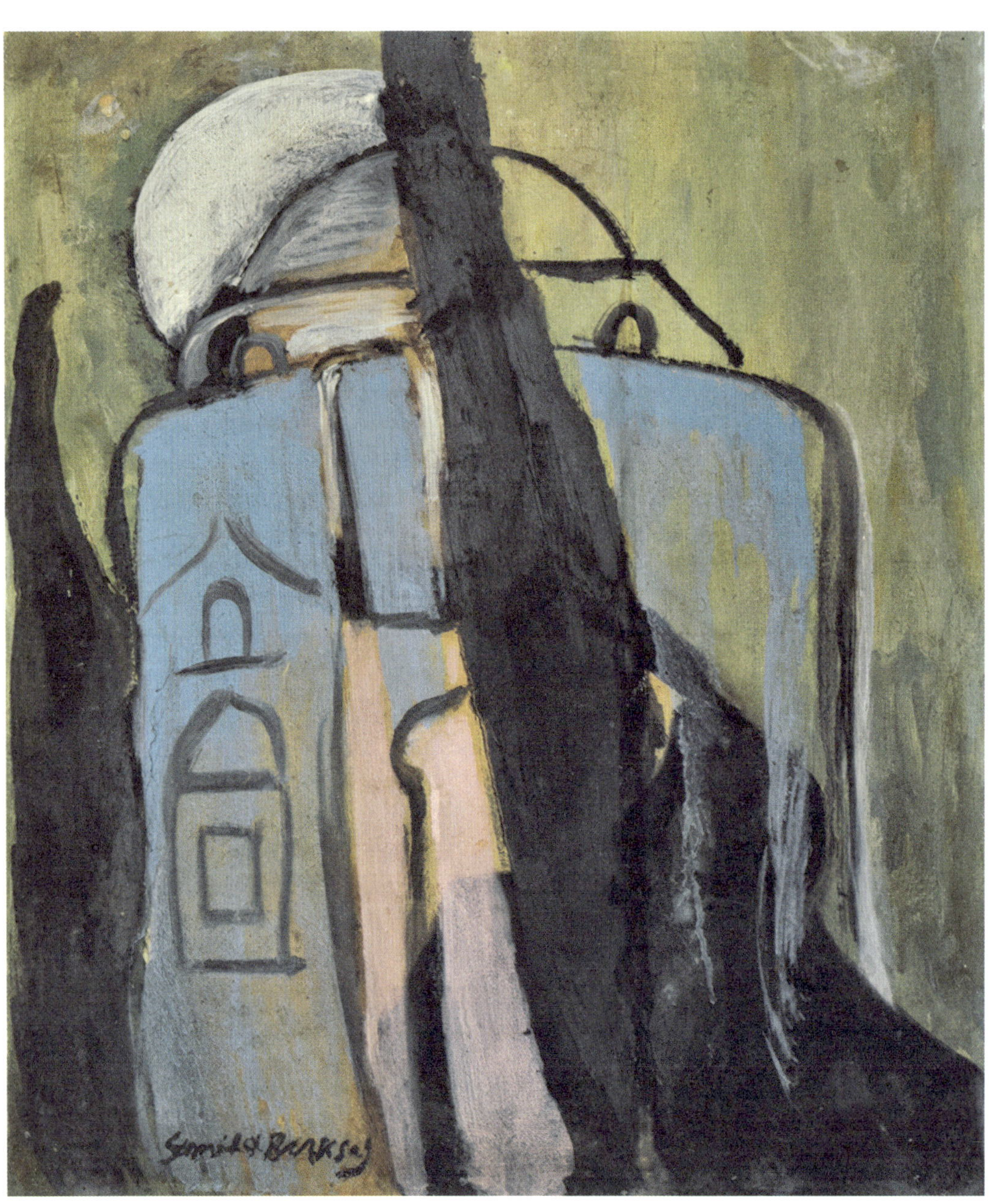

Bursa – Yeşil Türbe (Grünes Grab / Green Tomb), 1957, Öl auf Hartfaserplatte / oil on hardboard, 70 × 50 cm, Courtesy of the Estate of Semiha Berksoy and Galerist

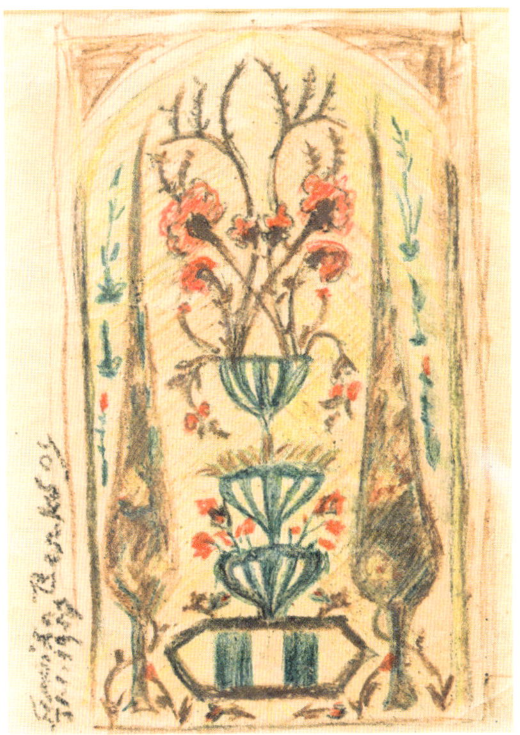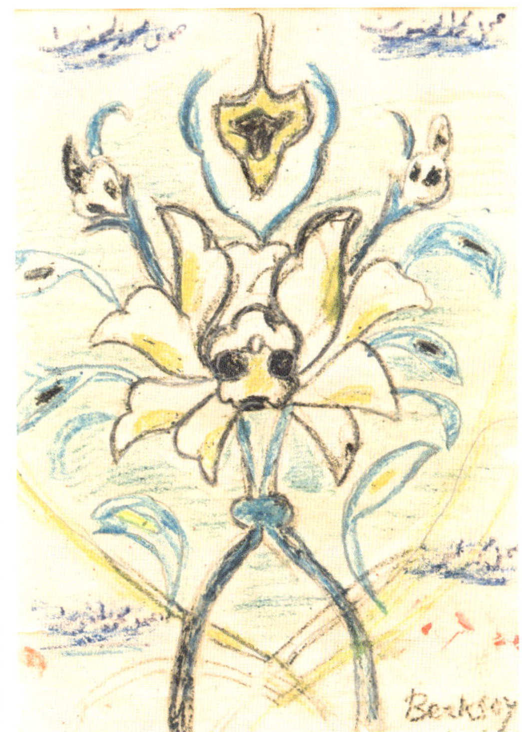

1

2

1 *Bursa – Fatih'in Doğduğu Evdeki Dolap Kapısı* (Schranktür des Hauses, in dem Fatih [Mehmet II] geboren wurde / Cupboard Door in the House Where Fatih [Mehmet II] Was Born), **1957, Buntstift auf Karton** / crayon on cardboard, **35 × 25 cm, Courtesy of the Estate of Semiha Berksoy and Galerist**

2 *Cem Sultan Türbesi İçinde Çini Motifi* (Fliesenmuster im Grab von Cem Sultan / Tile Pattern Inside the Tomb of Cem Sultan), **1957, Pastellkreide auf Karton** / pastel on cardboard, **35 × 25 cm, Courtesy of the Estate of Semiha Berksoy and Galerist**

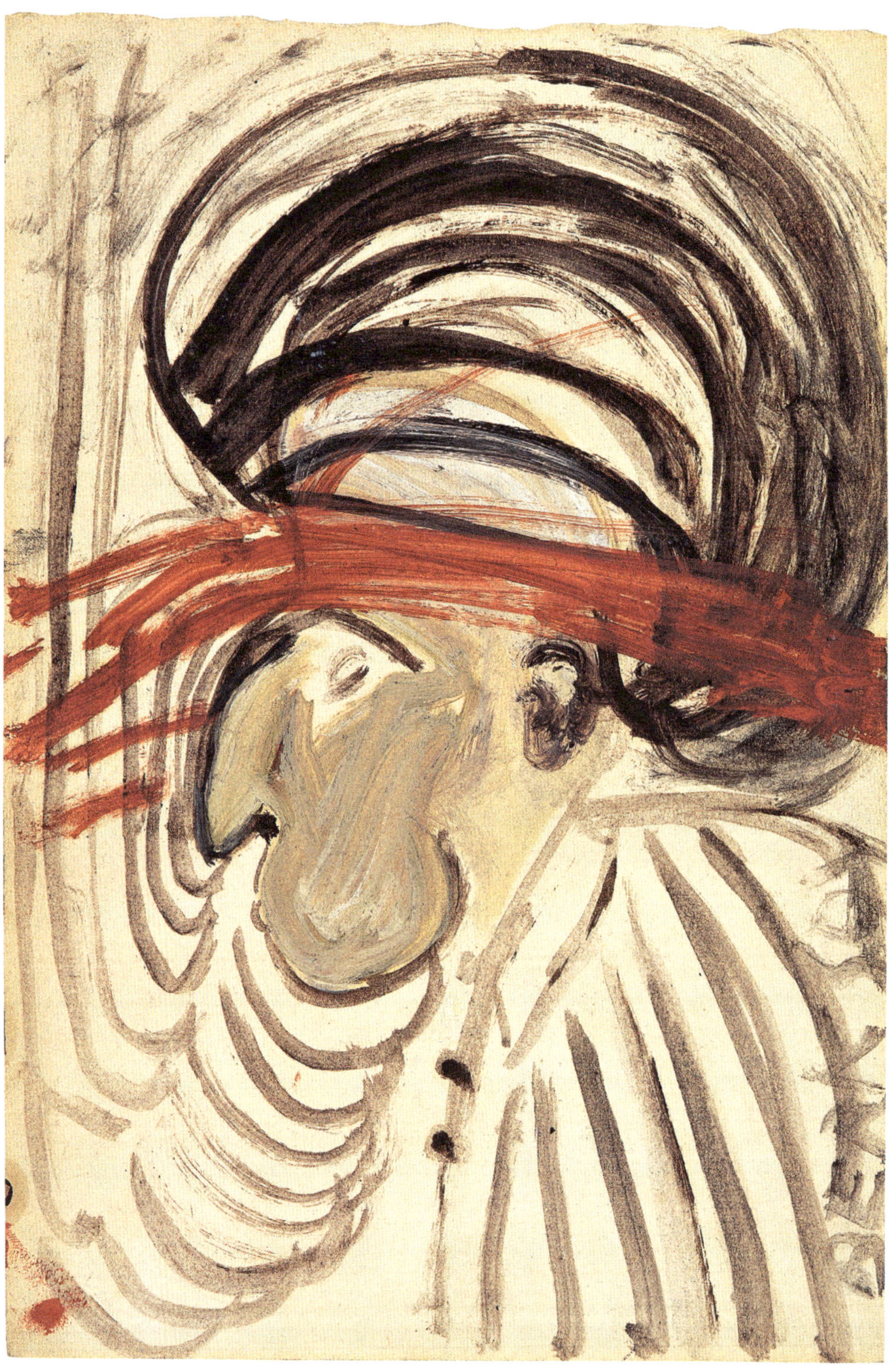

Behice Siyavuşoğlu, 1957, Öl auf Papier /
oil on paper, 24 × 17 cm (ohne Rahmen /
unframed) 49 × 41 cm (mit Rahmen / framed),
**Courtesy of the Estate of Semiha Berksoy
and Galerist**

Behice Siyavusoğlu (1878 – 1972) war die Mutter von Ercüment
Siyavusoğlu, den Berksoy 1943 geheiratet hatte. /
Behice Siyavusoğlu (1878 – 1972) was the mother of Ercüment
Siyavusoğlu, who Berksoy married in 1943.

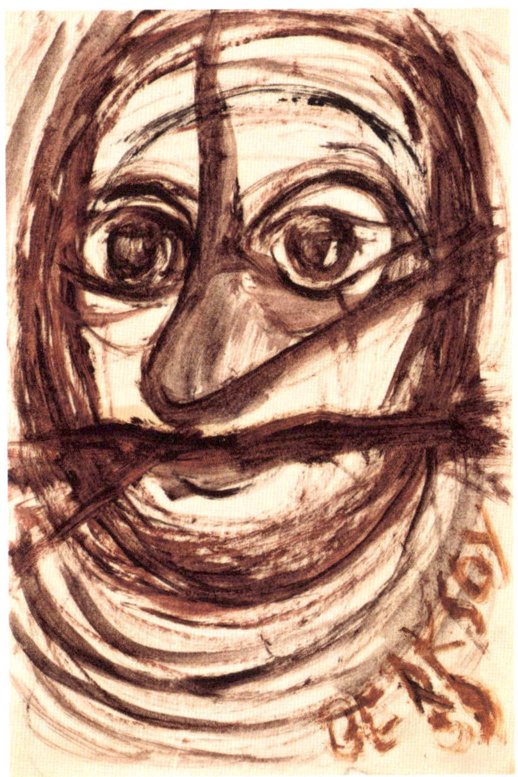

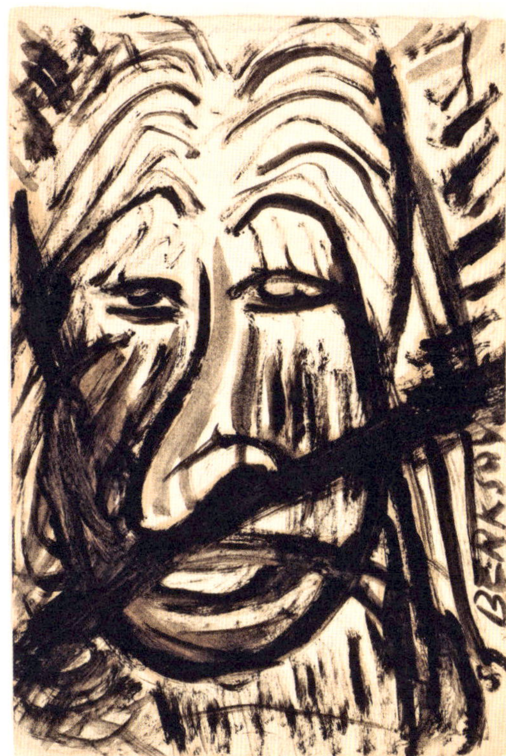

1

2

1   *Süleyman Nazif*, 1959, Öl auf Papier /
    oil on paper, 24 × 16,5 cm (ohne Rahmen /
    unframed), 49 × 41 cm (mit Rahmen /
    framed), Courtesy of the Estate of Semiha
    Berksoy and Galerist

2   *Süleyman Nazif*, 1959, Öl auf Papier /
    oil on paper, 24 × 17 cm (ohne Rahmen /
    unframed), 49 × 41 cm (mit Rahmen /
    framed), Courtesy of the Estate of Semiha
    Berksoy and Galerist

Süleyman Nazif (1870 – 1927) war ein Journalist und Schriftsteller.
Er und Berksoy nahmen oft an Treffen im Haus von Celâl Esat und
Leman Arseven teil, an denen Künstler*innen, Schriftsteller*in-
nen, Philosoph*innen und Historiker*innen anwesend waren. /
Süleyman Nazif (1870 – 1927) was a journalist and writer. He and
Berksoy often joined gatherings at the house of Celâl Esat and
Leman Arseven that were attended by artists, writers, philosophers,
and historians.

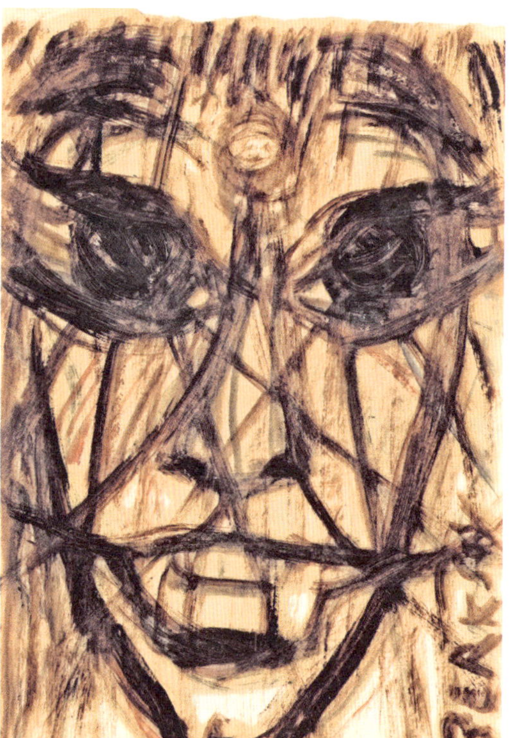

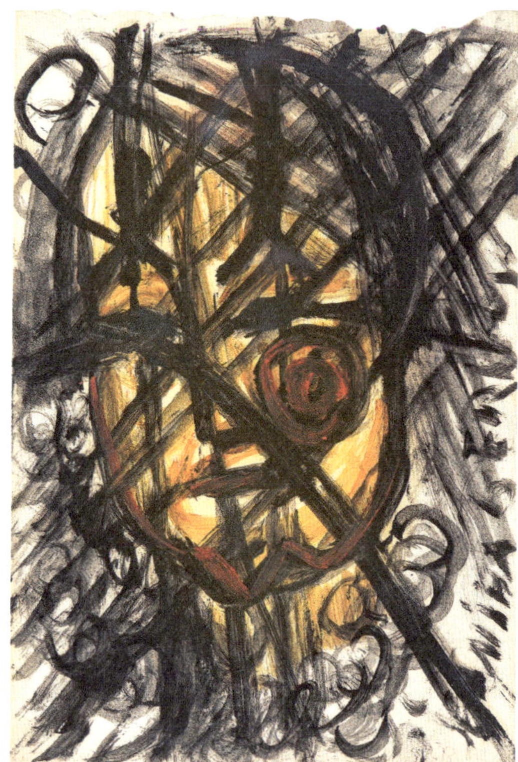

1

2

1   *Semiha Berksoy*, 1958, Öl auf Papier /
    oil on paper, 24 × 17 cm (ohne Rahmen /
    unframed), 49 × 41 cm (mit Rahmen /
    framed), Courtesy of the Estate of Semiha
    Berksoy and Galerist

2   *Daime Koray*, 1959, Öl auf Papier /
    oil on paper, 23 × 16 cm (ohne Rahmen /
    unframed), 49 × 41 cm (mit Rahmen /
    framed), Courtesy of the Estate of Semiha
    Berksoy and Galerist

Daime Koray (1904 – 1993) war eine Tante von Berksoy, allerdings
nur fünf Jahre älter. Die beiden Frauen organisierten oft Essen
für Nâzım Hikmet, das ihm ins Gefängnis gebracht wurde. /
Daime Koray (1904 – 1993) was Berksoy's aunt, who was only five
years older than Berksoy. The two women often organised food
to be brought to Nâzım Hikmet when he was imprisoned.

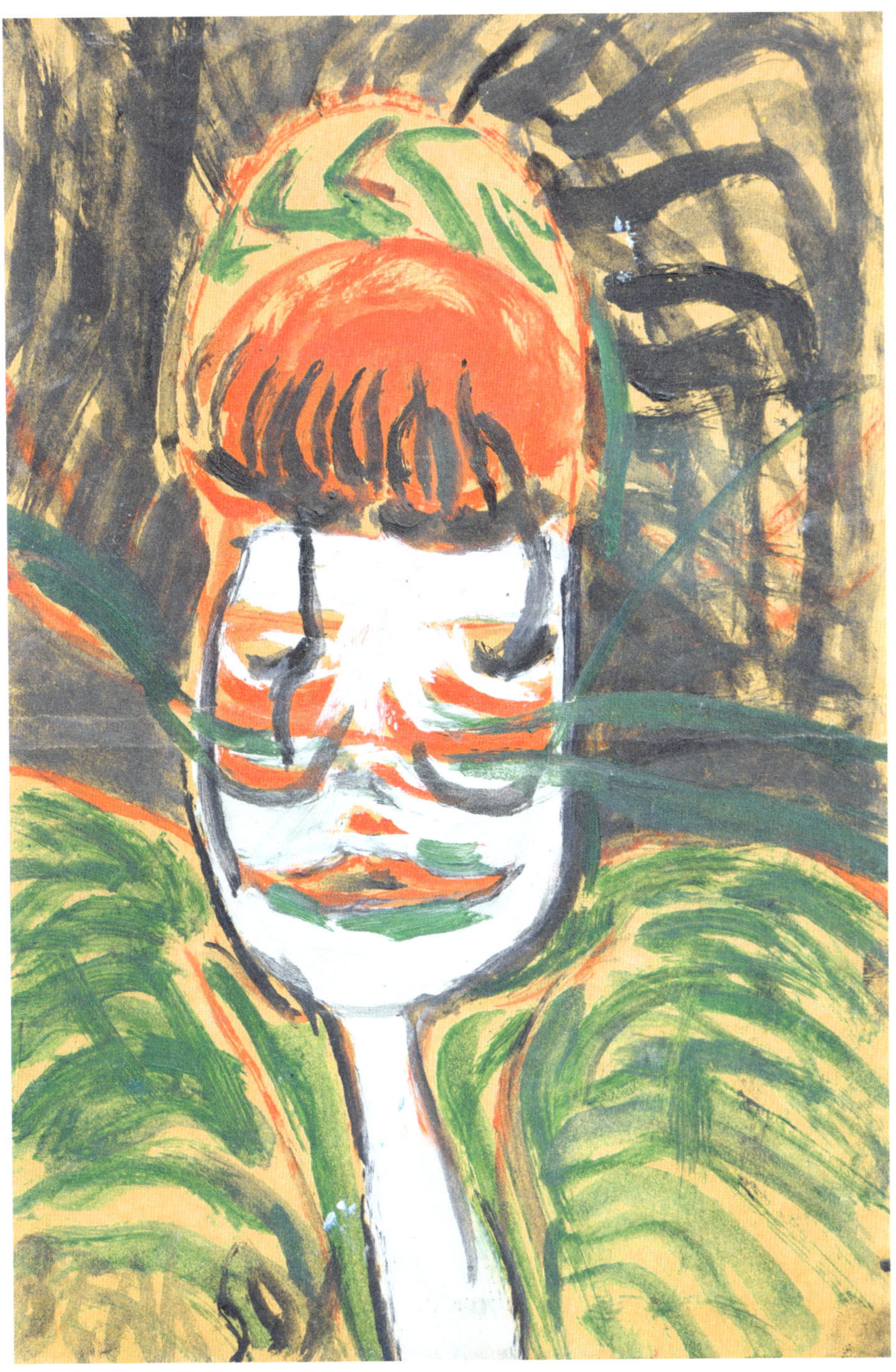

Vahdet Nuri Esmen, 1959, Öl auf Papier / oil on
paper 24 × 15,5 cm (ohne Rahmen / unframed),
49 × 41 cm (mit Rahmen / framed), Courtesy
of the Estate of Semiha Berksoy and Galerist

Vahdet Nuri Esmen (1908 – 1991) war eine Opernsängerin, die
in Wien studiert hatte und dann nach Ankara zurückkehrte,
wo sie in ihrem Haus Versammlungen für die Kunstgemeinde
der Stadt veranstaltete. Auch Berksoy war bei diesen Treffen
oft anwesend. /
Vahdet Nuri Esmen (1908 – 1991) was a vocalist who studied opera
in Vienna and later returned to Ankara, where she hosted gatherings for the city's art community in her home. Berksoy was often
present at these meetings.

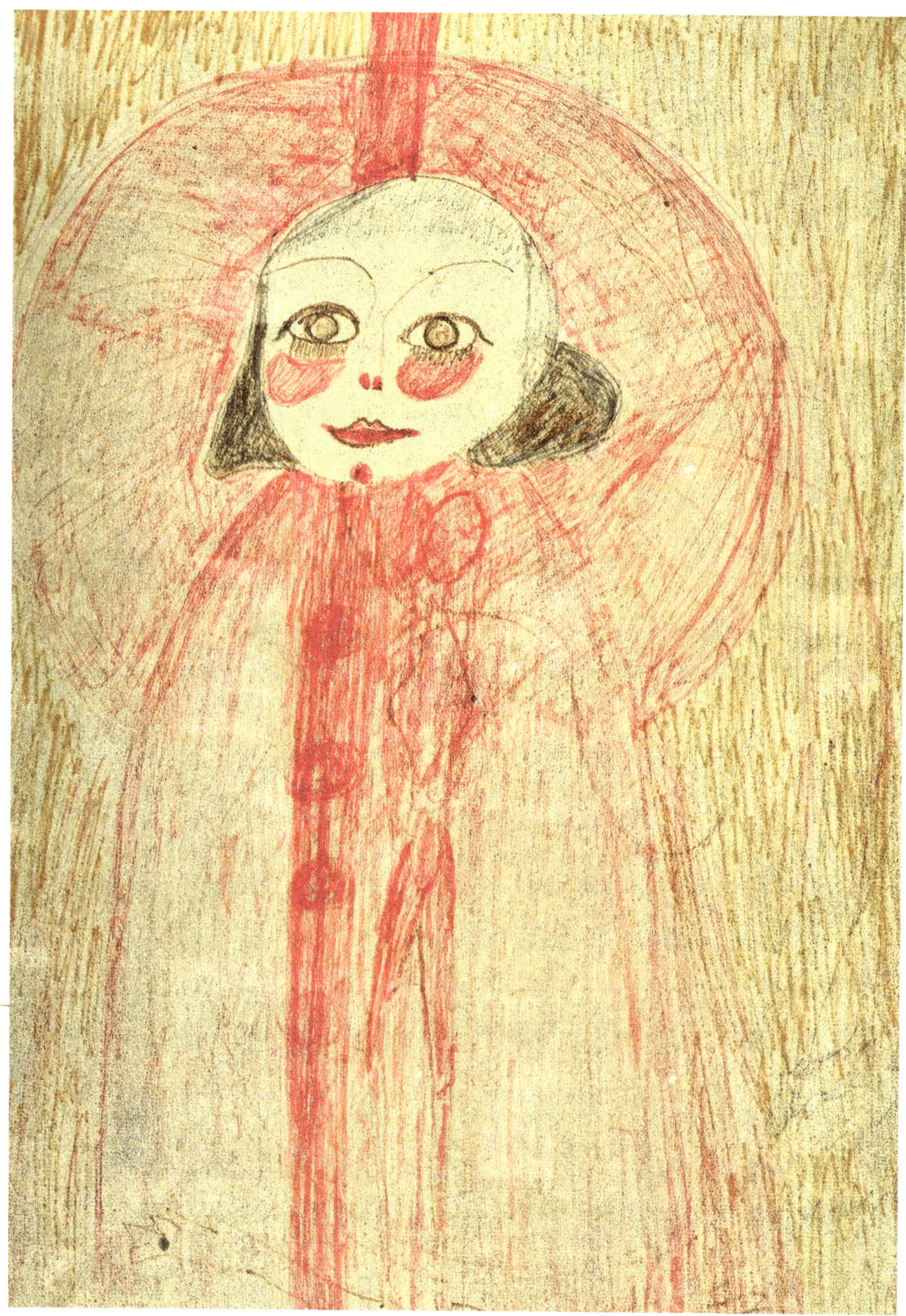

Leman Arseven, 1959, Buntstift auf Papier /
colored pencil on paper, 35 × 25 cm, Courtesy
of the Estate of Semiha Berksoy and Galerist

Leman Arseven (1912 – 1973) war eine Malerin und Pianistin und
eine Freundin von Berksoy. Sie war mit dem Maler und Kunst-
historiker Celâl Esat Arseven verheiratet. Das Paar veranstaltete
viele Abende mit der Istanbuler Kunstgemeinde, an denen
auch Berksoy teilnahm. /
Leman Arseven (1912 – 1973) was a painter and a pianist and a friend
of Berksoy's. She was married to the painter and art historian
Celâl Esat Arseven. They hosted many nights with the Istanbul art-
community in their house, which also Berksoy attended.

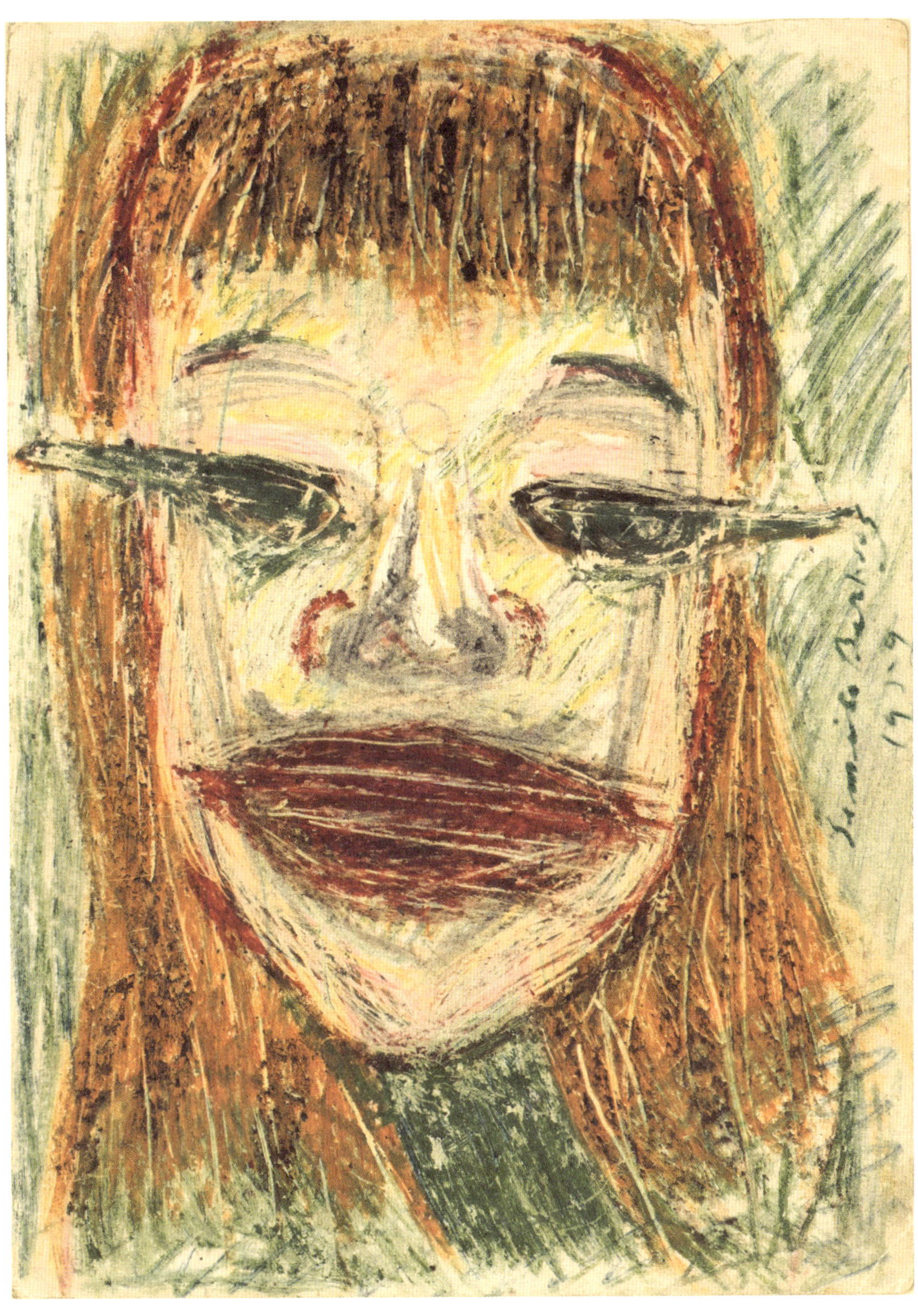

Zeliha Berksoy, 1959, Pastellkreide auf Papier / pastel on paper, 24 × 15 cm (ohne Rahmen / unframed), 63 × 52,5 cm (mit Rahmen / framed), Courtesy of the Estate of Semiha Berksoy and Galerist

Zeliha Berksoy (*1946) ist die Tochter von Berksoy. Sie ist Film- und Theaterschauspielerin und Universitätsprofessorin für Theater. Zeliha studierte an der Theaterabteilung des Staatlichen Konservatoriums in Ankara und arbeitete später an Theatern in Berlin. Sie verwaltet auch den Nachlass ihrer Mutter. / Zeliha Berksoy (*1946) is Berksoy's daughter. She is an actress in film and theater and a university professor. Zeliha studied at the theater department of the Ankara State Conservatory, and later worked in theaters in Berlin. She also manages the estate of her late mother.

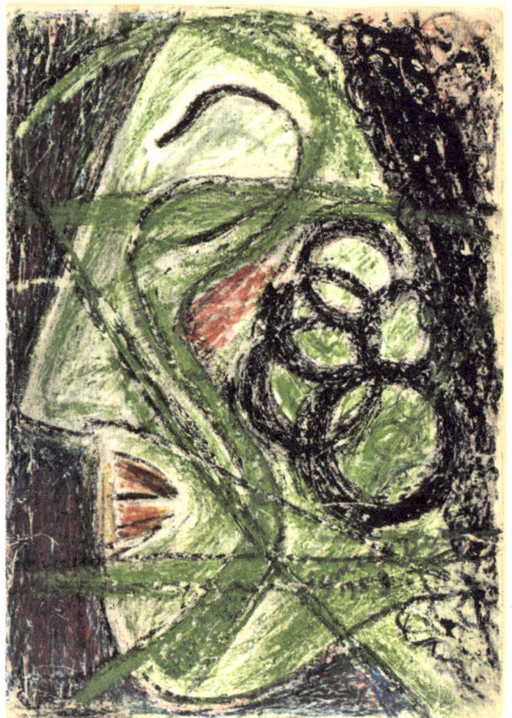

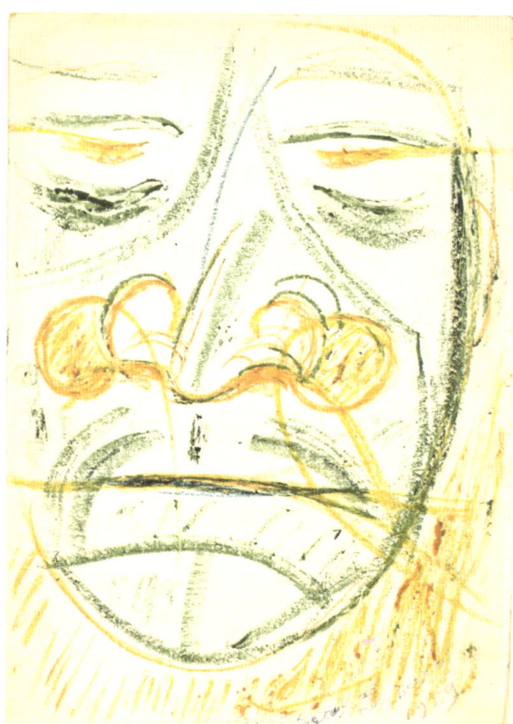

1

2

Melek Kobra (1915 – 1939) war eine Schauspielerin am Istanbuler
Stadttheater und eine Freundin von Berksoy. Sie starb an
Tuberkulose, als sie erst 24 Jahre alt war. /
Melek Kobra (1915 – 1939) was an actress in the Istanbul City
Theater and a friend of Berksoy's. She died of tuberculosis at the
age of 24.

Muhsin Ertuğrul (1892 – 1979) war ein Schauspieler und Regisseur und eine zentrale Figur des frühen türkischen Kinos. Er war
der Regisseur von İstanbul Sokakları (1931), dem ersten türkischen Tonfilm, in dem Berksoy eine Rolle hatte. /
Muhsin Ertuğrul (1892 – 1979) was an actor, director, and central
figure of early Turkish cinema. He was the director of İstanbul
Sokakları (1931), the first Turkish sound film, which Berksoy acted in.

1   *Melek Kobra*, 1959, Pastellkreide auf
    Papier / pastel on paper, 36 × 25 cm
    (ohne Rahmen / unframed), 63 × 52,5 cm
    (mit Rahmen / framed), Courtesy of the
    Estate of Semiha Berksoy and Galerist

2   *Muhsin Ertuğrul*, 1959, Pastellkreide auf
    Papier / pastel on paper, 35 × 25 cm
    (ohne Rahmen / unframed), 63 × 52,5 cm
    (mit Rahmen / framed), Courtesy of the
    Estate of Semiha Berksoy and Galerist

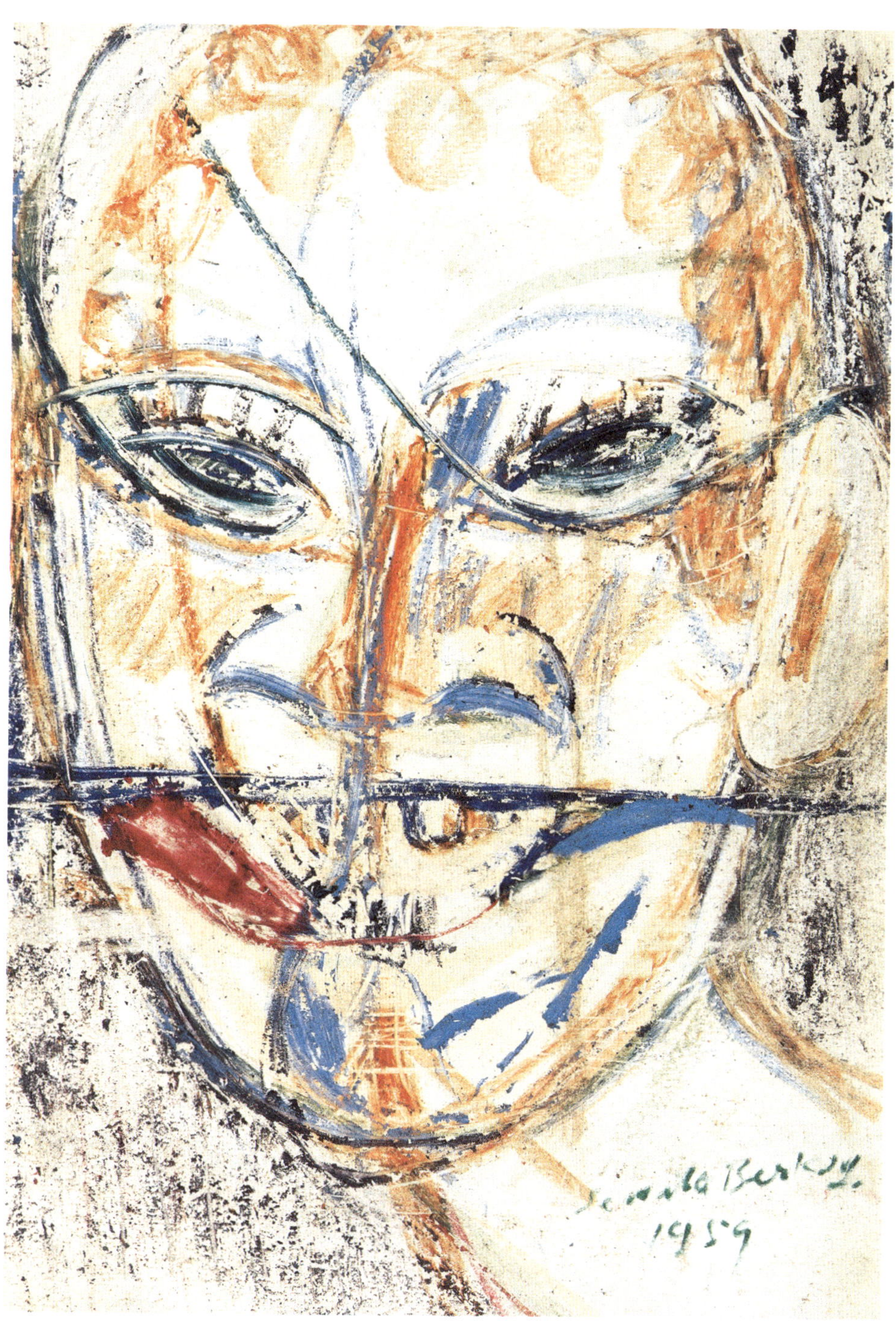

Elizabeth Schwarzkopf, 1959, Pastellkreide
auf Papier / pastel on paper, 35 × 25 cm
(ohne Rahmen / unframed), 63 × 52,5 cm
(mit Rahmen / framed), Courtesy of the
Estate of Semiha Berksoy and Galerist

Elizabeth Schwarzkopf (1915–2006) war eine deutsch-britische
Opernsängerin und eine der führenden Sopranistinnen ihrer
Zeit. Sie studierte an der Hochschule für Musik in Berlin, wo sie
Berksoy kennenlernte. Schwarzkopf war Mitglied der NSDAP. /
Elizabeth Schwarzkopf (1915–2006) was a German-British opera
singer and one of the leading sopranos of her time. She studied
at the Hochschule für Musik in Berlin, where she met Berksoy.
Schwarzkopf was a member of the NSDAP.

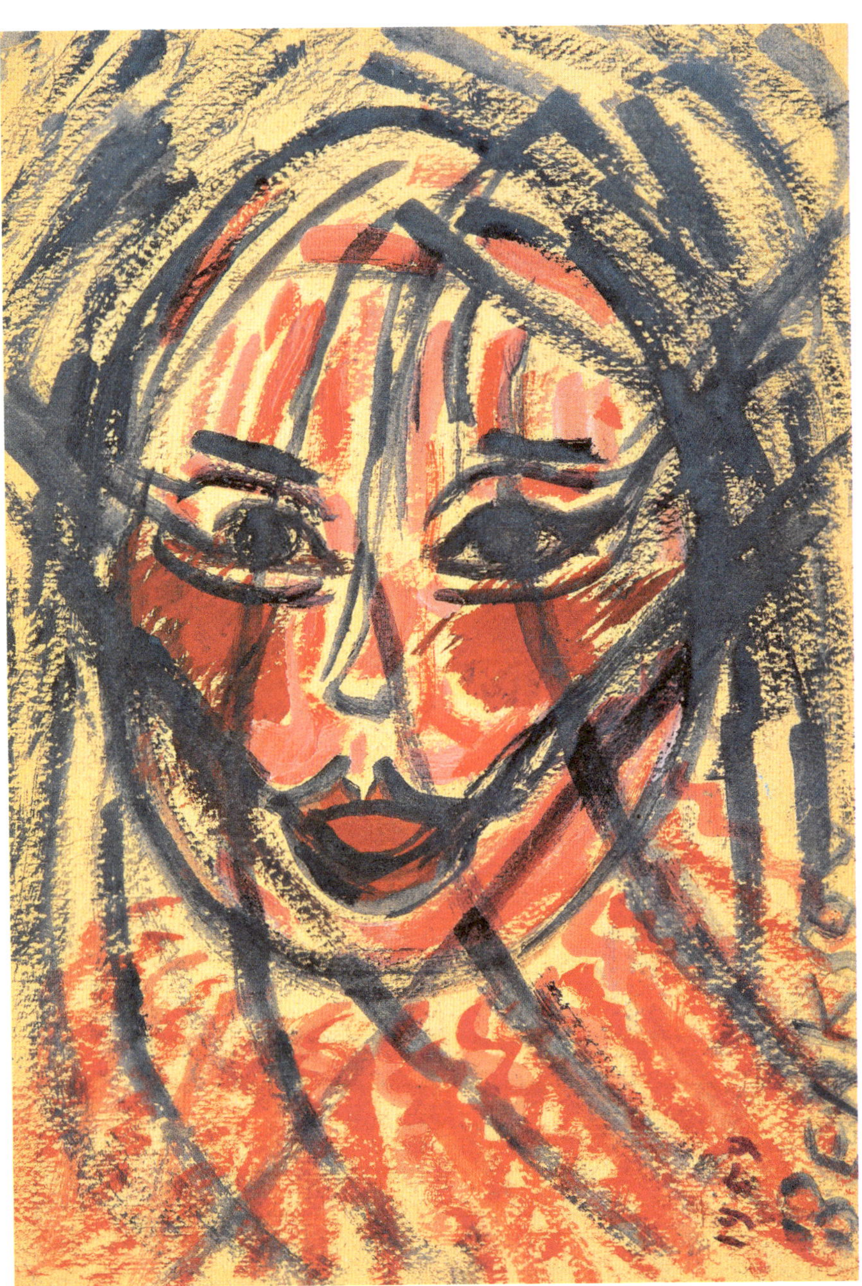

Hanneli'nin Kızı (Hannelis Tocher / Hanneli's
Daughter), 1959, Öl auf Papier / oil on paper,
33 × 23 cm (ohne Rahmen / unframed),
63 × 52,5 cm (mit Rahmen / framed), Courtesy
of the Estate of Semiha Berksoy and Galerist

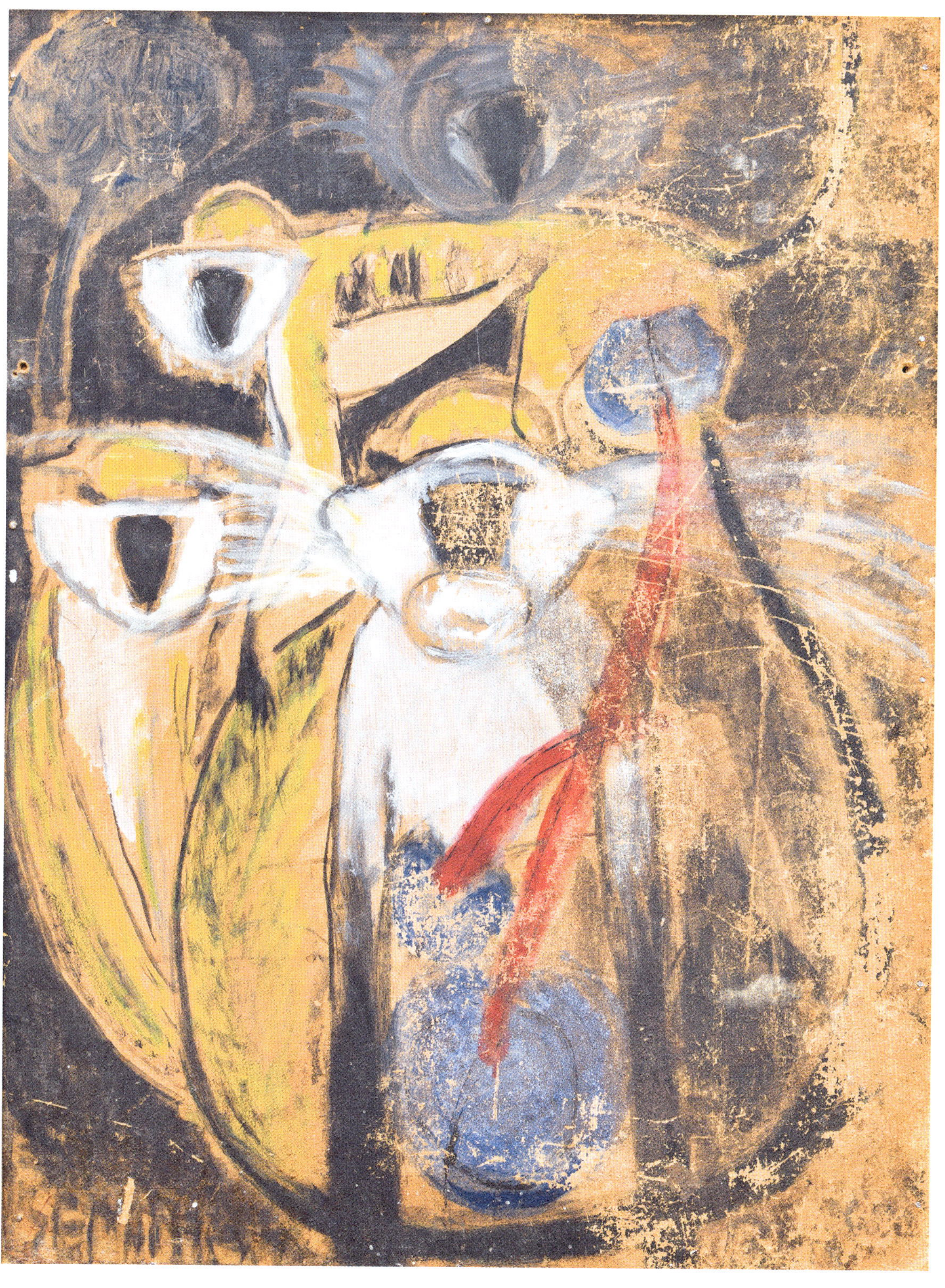

Maymunlar (Affen / Monkeys), 1961, Öl auf
Hartfaserplatte / oil on hardboard, 59 × 45 cm,
Courtesy of the Estate of Semiha Berksoy
and Galerist

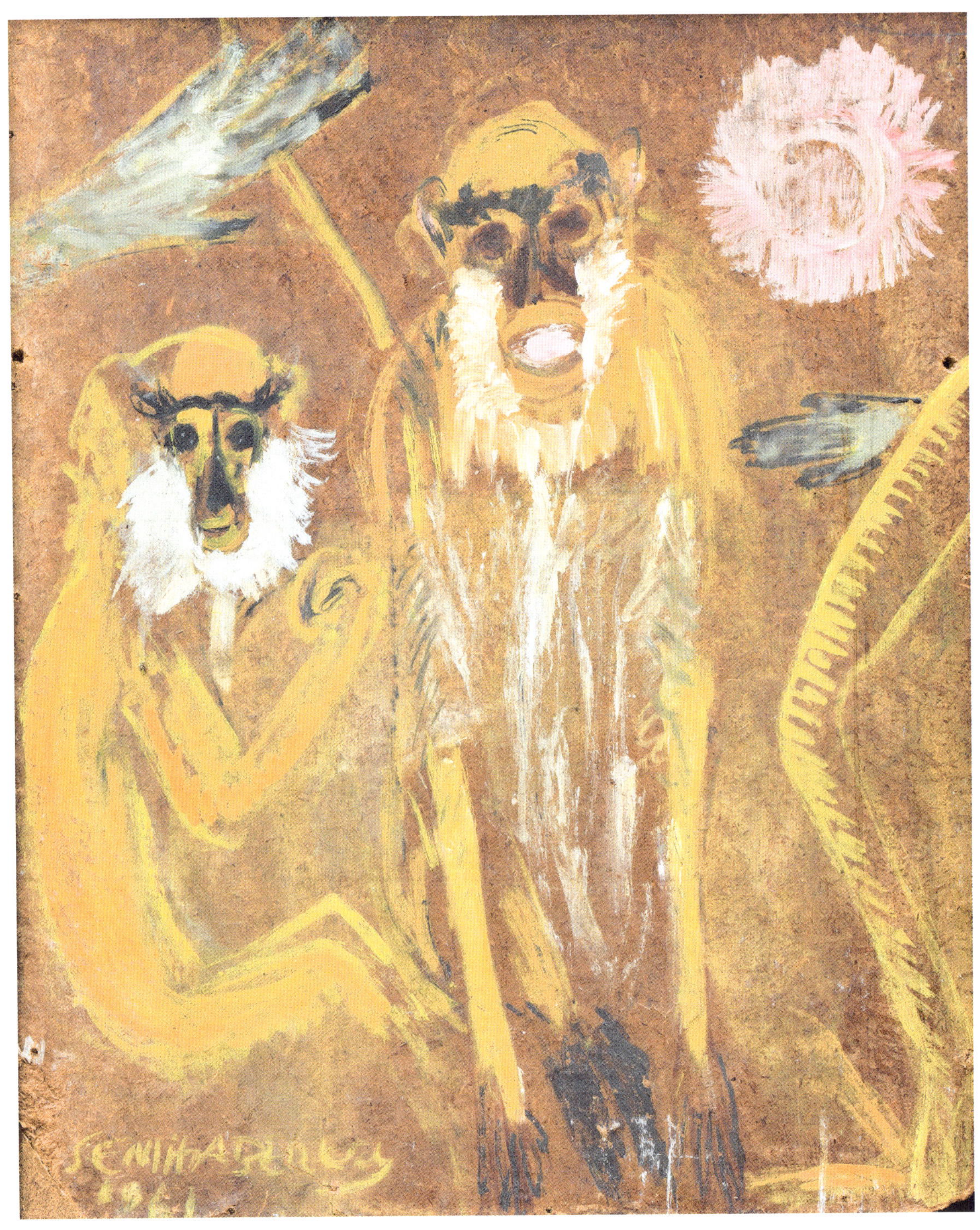

Maymunlar (Affen / Monkeys), 1961, Öl auf
Hartfaserplatte / oil on hardboard, 57 × 47 cm,
Courtesy of the Estate of Semiha Berksoy
and Galerist

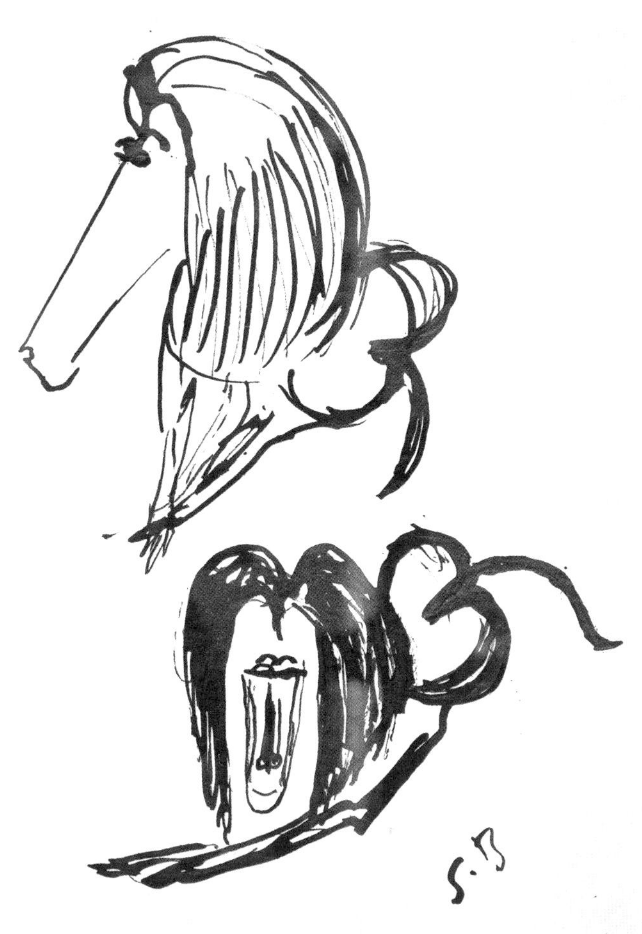

Maymunlar (Affen / Monkeys), 1961, Tinte auf
Papier / ink on paper, 29 × 22,5 cm, Courtesy
of the Estate of Semiha Berksoy and Galerist

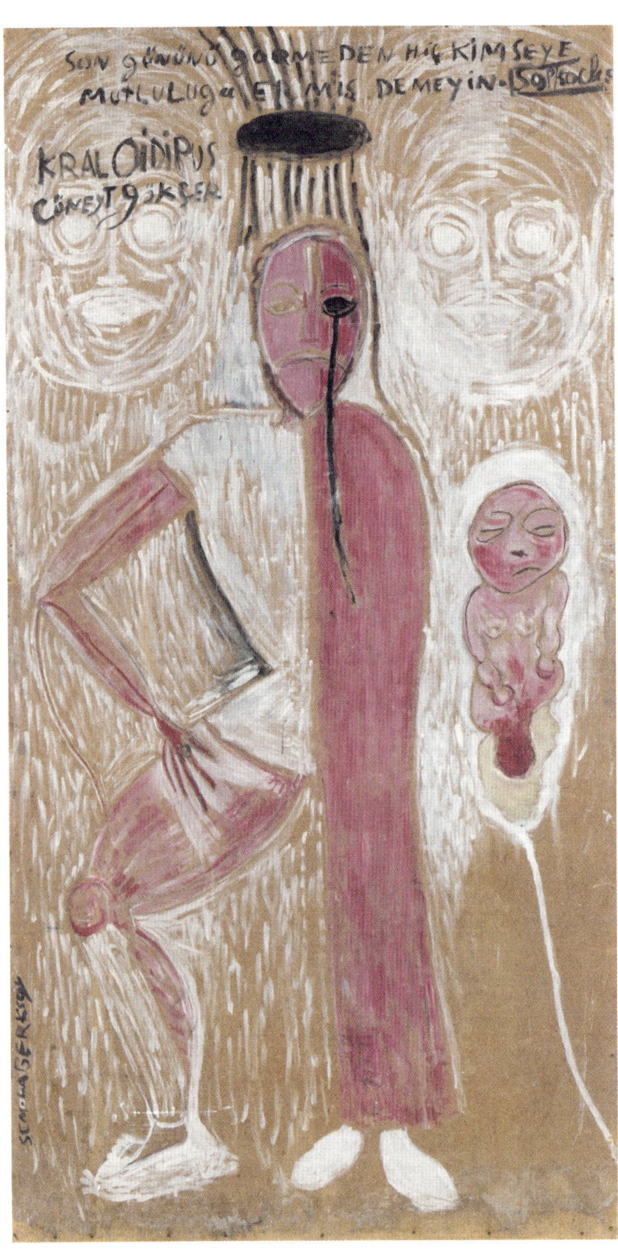

Kral Oedipus'ta Cüneyt Gökçer (Cüneyt Gökçer
in König Oedipus / Cüneyt Gökçer in King
Oedipus), 1961, Öl auf Hartfaserplatte / oil on
hardboard, 236 × 122 cm, Courtesy of the
Estate of Semiha Berksoy and Galerist

Oedipus rex
(komponiert von / composed by Igor Stravinsky, 1927)

Theben leidet unter einer schrecklichen Seuche und Ödipus, der
König der Stadt, verspricht, seine Stadt zu retten. Ein Orakel
offenbart, dass Theben den Mord am vorherigen König verleugnet
und so die Seuche verursacht hat. Die Wahrheit wird aufgedeckt:
Ödipus, ein Findelkind, ist der Mörder seines Vaters und der
Ehemann seiner Mutter. Er verlässt Theben für immer. /
Thebes is suffering from a terrible plague and Oedipus, its king,
promises to save his city. An oracle reveals that Thebes is harboring
the murderer of the previous king, causing the plague. The truth is
discovered: Oedipus, a foundling, is the killer of his father and the
husband of his mother. He departs Thebes forever.

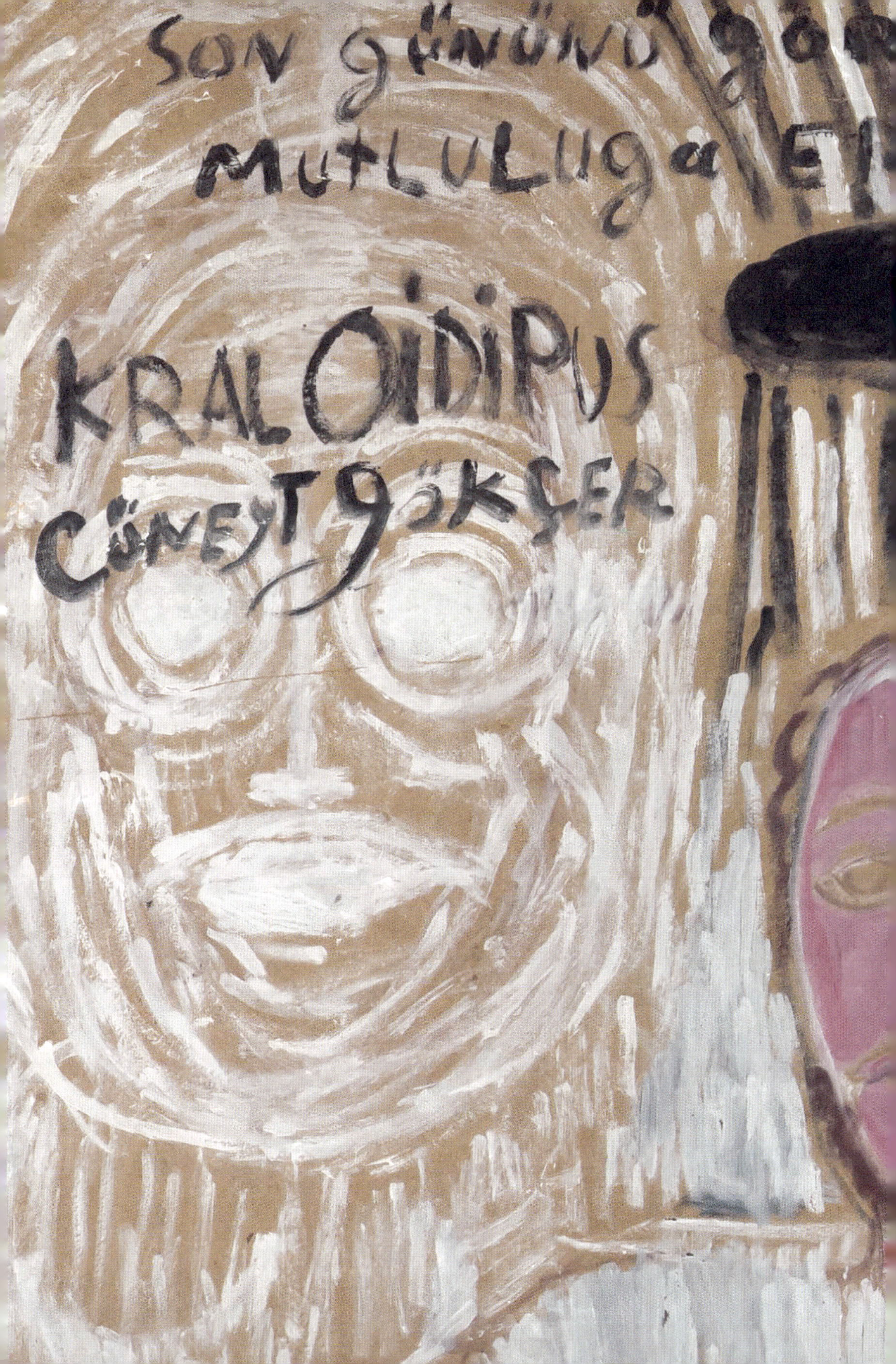

Son gününü gün
Mutluluğa Er
KRAL OİDİPUS
Cüneyt Gökçer

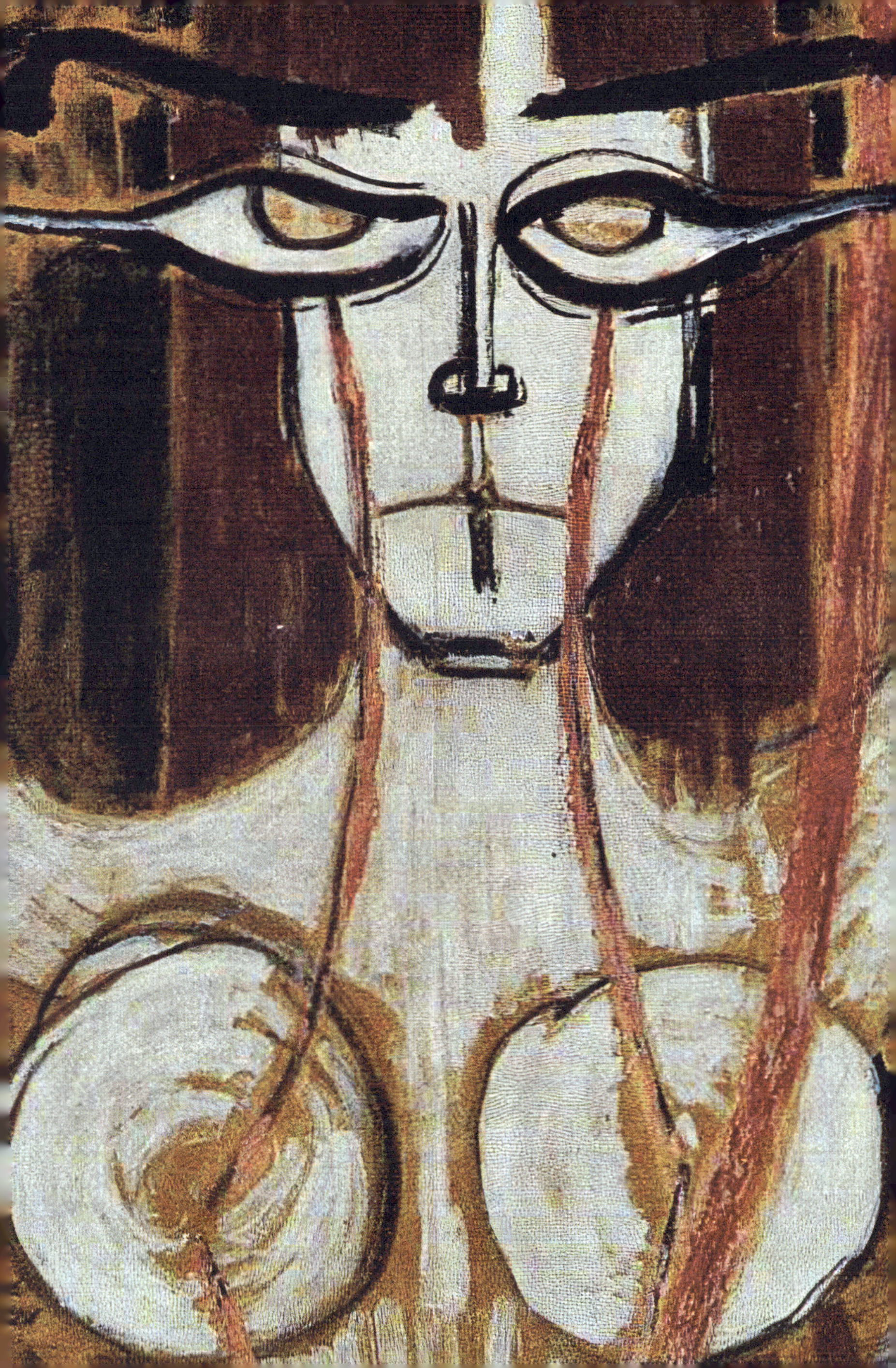

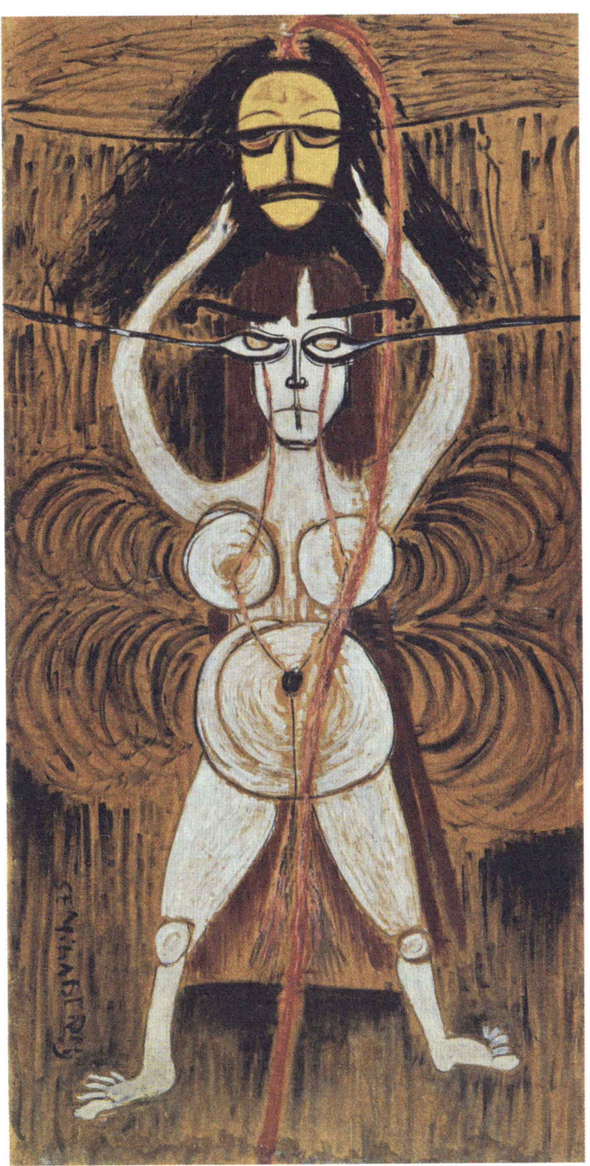

Salome, 1962, Öl auf Hartfaserplatte /
oil on hardboard, 240 × 122 cm, Courtesy of
the Estate of Semiha Berksoy and Galerist

Salome
(komponiert von / composed by Richard Strauss, 1905)

Herodes, Herrscher von Judäa, heiratet die Frau seines Bruders
und verfällt zunehmend seiner Stieftochter Salome. Als sie
Jochanaan, einen inhaftierten Propheten, trifft, ist Salome ver-
zaubert und verlangt seinen Kopf, nachdem sie für Herodes
den Tanz der sieben Schleier aufgeführt hat. Trotz seines Entset-
zens erfüllt Herodes Salomes Wunsch und befiehlt dann
ihren Tod. /
Herod, ruler of Judaea, marries his brother's wife, and becomes
increasingly obsessed with his stepdaughter, Salome. When
she meets Jokanaan, an imprisoned prophet, Salome is entranced.
After he rejects her, she demands his head. Salome dances
for Herod and despite his horror he fulfills Salome's wish and then
orders her death.

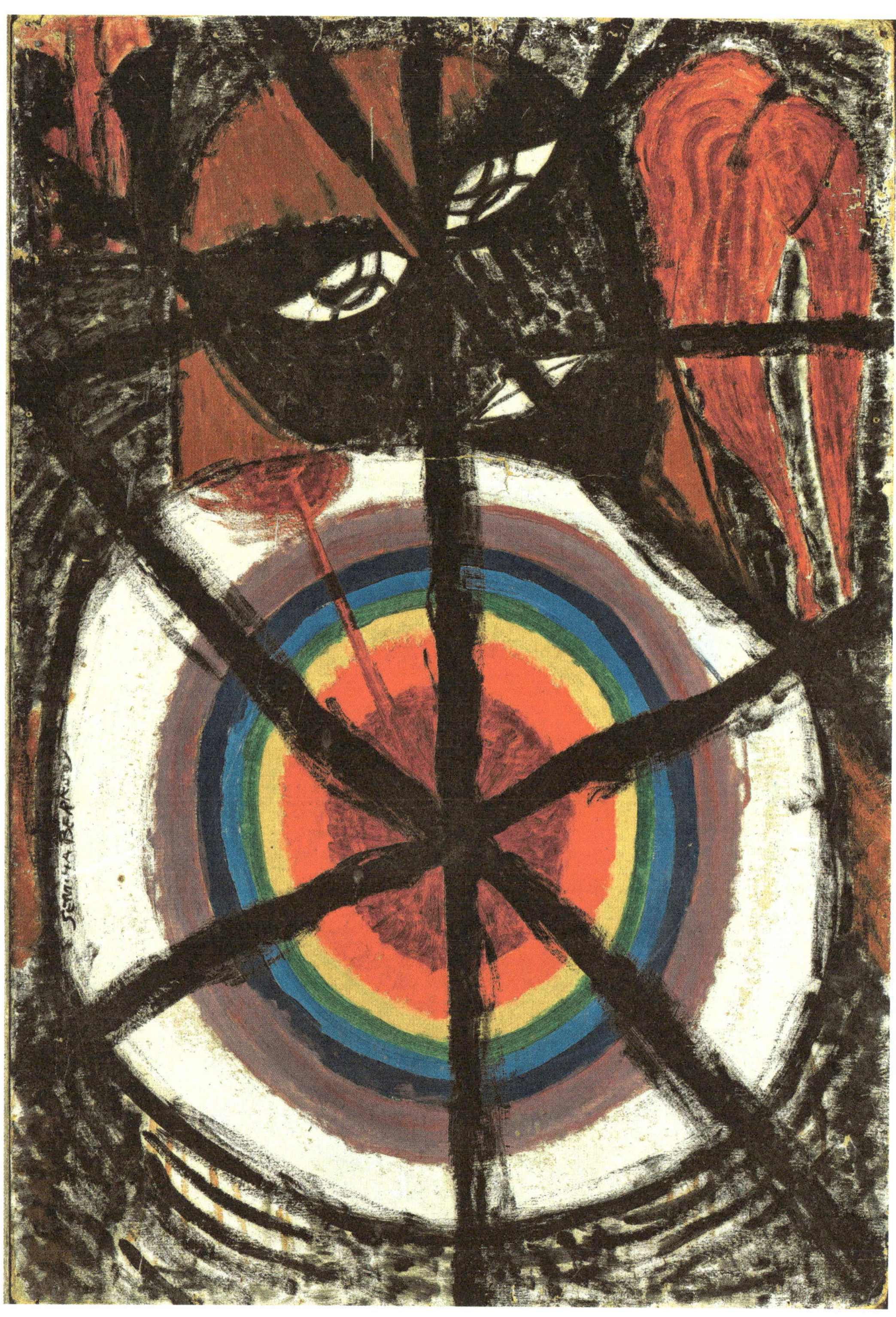

Do Sesi (Der "C"-Klang / The "C" Sound), 1964,
Öl auf Hartfaserplatte / oil on hardboard,
99 × 69 cm, Courtesy of the Estate of Semiha
Berksoy and Galerist

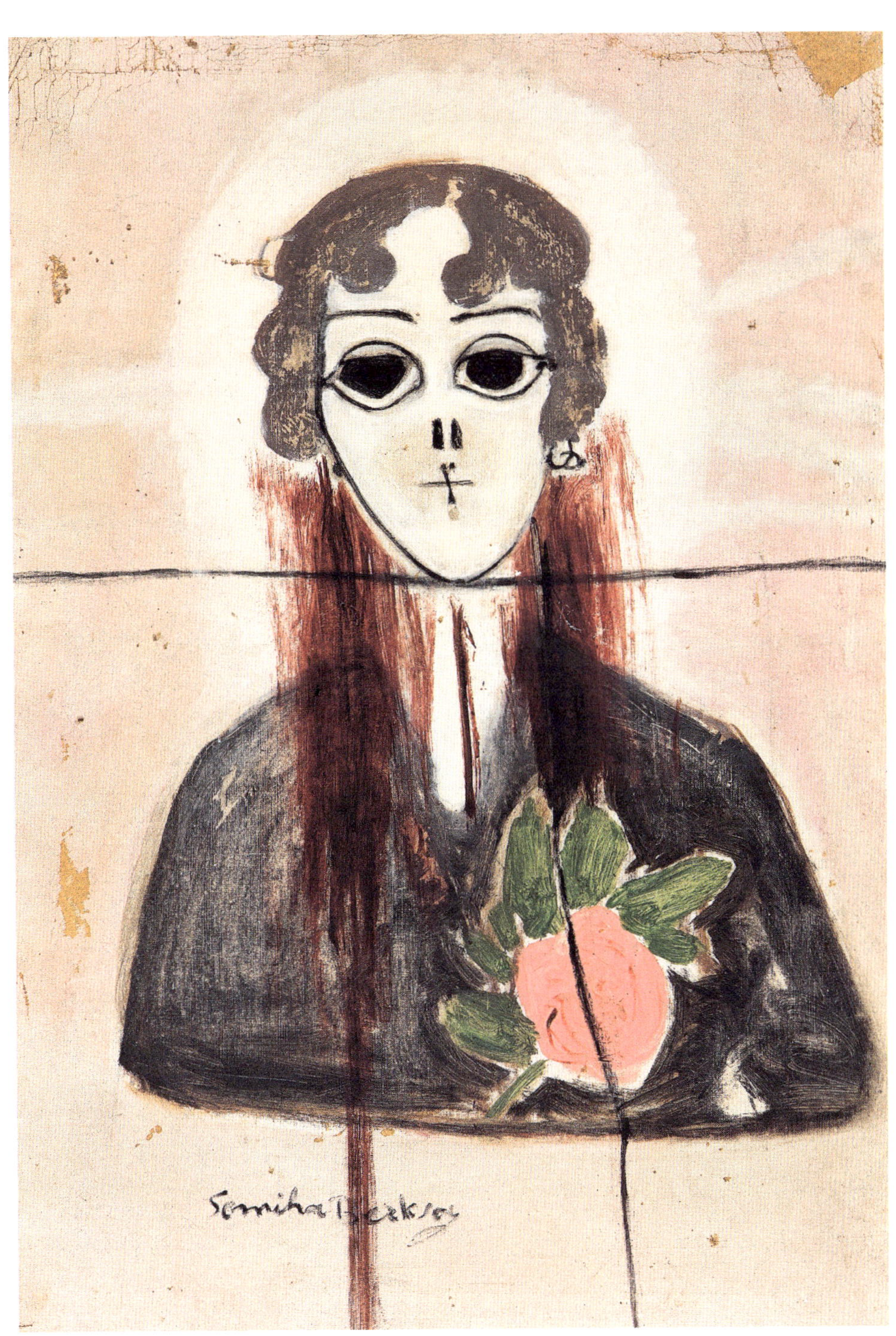

Annem Ressam Fatma Saime (Meine Mutter,
die Malerin Fatma Saime / My Mother the
Painter Fatma Saime), 1965, Öl auf Hartfaserplatte / oil on hardboard, 93 × 65 cm,
Courtesy of the Estate of Semiha Berksoy
and Galerist

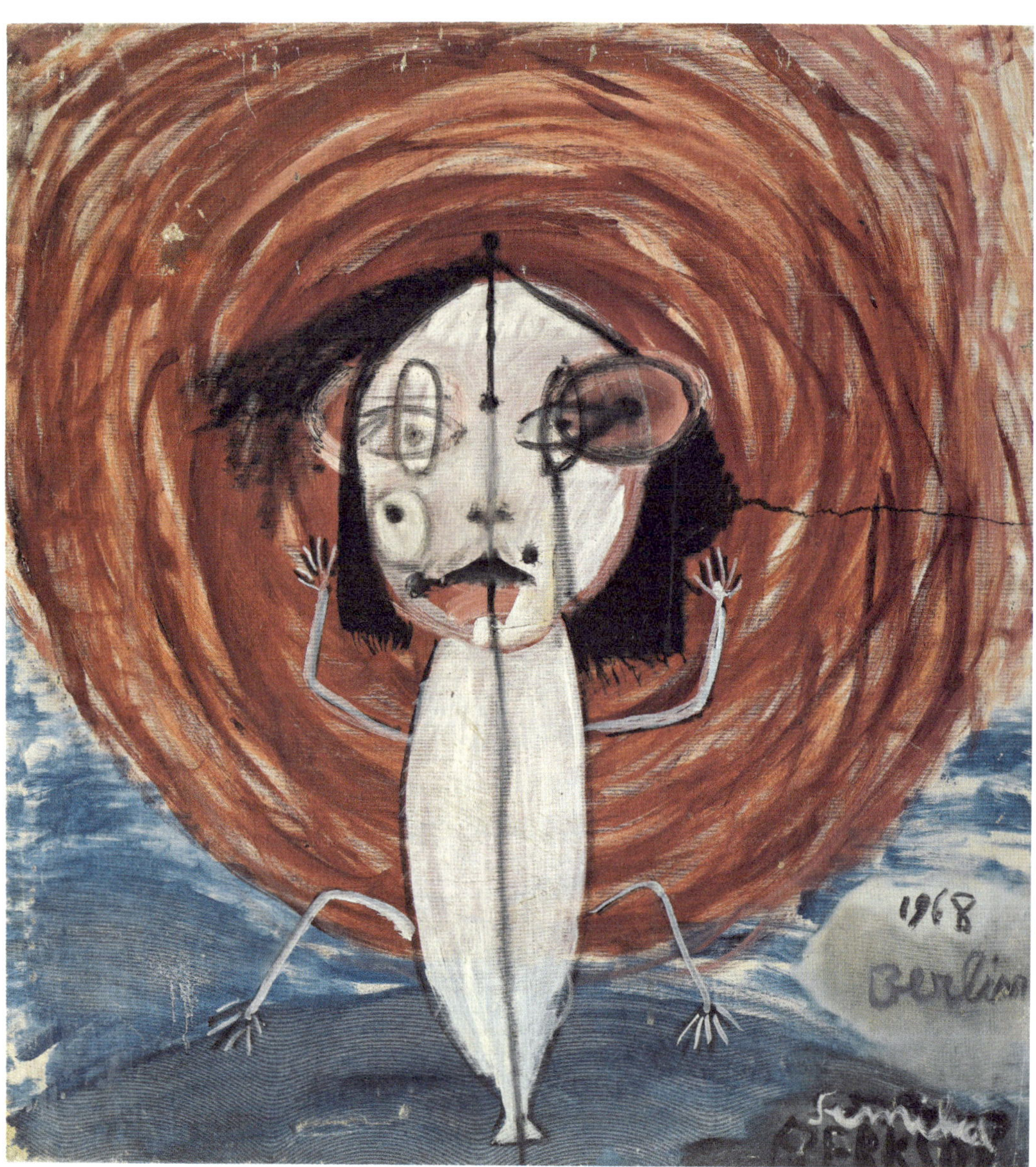

Tirmanan [Otoportre] (Kletternd [Selbstportät] /
Climbing [Self-Portrait]), 1968, Öl auf Leinwand /
oil on canvas, 100 × 70 cm, Courtesy of the
Estate of Semiha Berksoy and Galerist

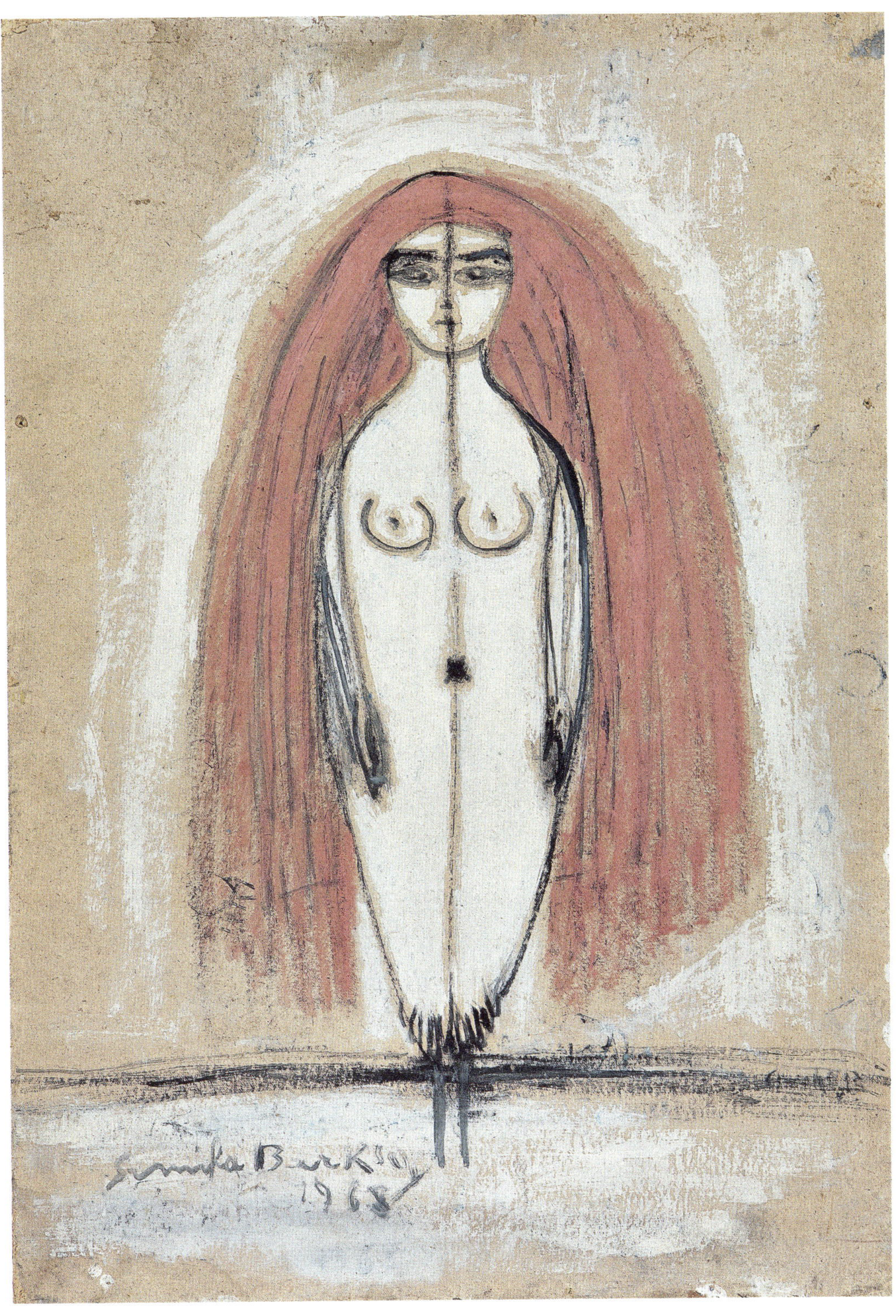

Duran [Otoportre] (Stehend [Selbstporträt] /
Standing [Self-Portrait]), 1968, Öl auf Hartfaserplatte / oil on hardboard, 100 × 69 cm, Courtesy
of the Estate of Semiha Berksoy and Galerist

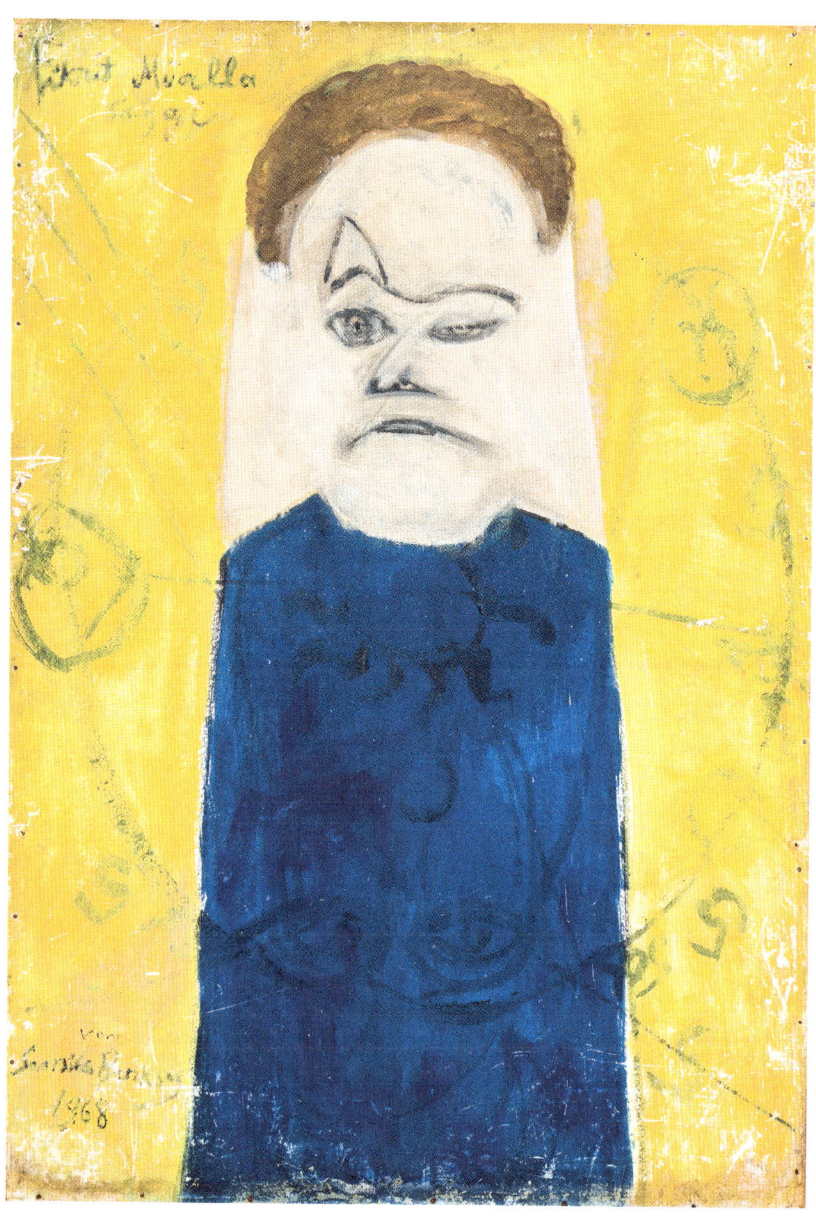

Fikret Mualla, 1968, Öl auf Karton / oil on
hardboard, 98 × 69 cm, Courtesy of the Estate
of Semiha Berksoy and Galerist

Fikret Mualla (1903 – 1967) war ein Maler. Er zeichnete Kostüme
für Opern in der Türkei und illustrierte Gedichte für Nâzım Hikmet.
Er lebte auch in Paris, wo er hauptsächlich das Nachtleben
malte und sich unglücklich in die Malerin Hale Asaf verliebte. /
Fikret Mualla (1903 – 1967) was a painter. He designed costumes
for operas in Türkiye and illustrated poems for Nâzım Hikmet.
He also lived in Paris, where he painted local nightlife and had
an unlucky love affair with fellow painter Hale Asaf.

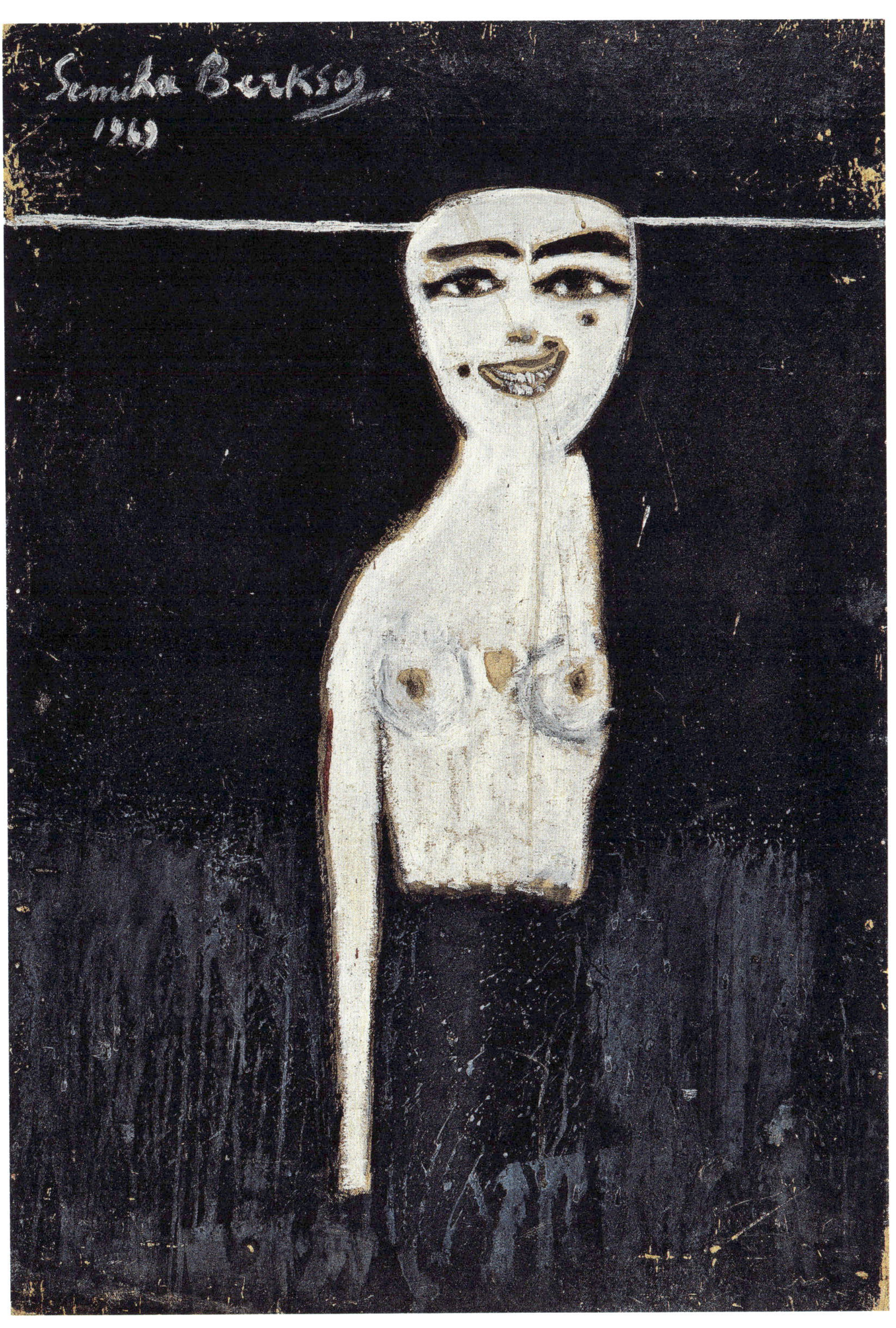

Gülen [Otoportre] (Lächelnd [Selbstporträt] /
Smiling [Self-Portrait]), 1969, Öl auf Hartfaserplatte / oil on hardboard, 98 × 69 cm, Sammlung /
collection of Mina Gürsel Tabanlıoğlu

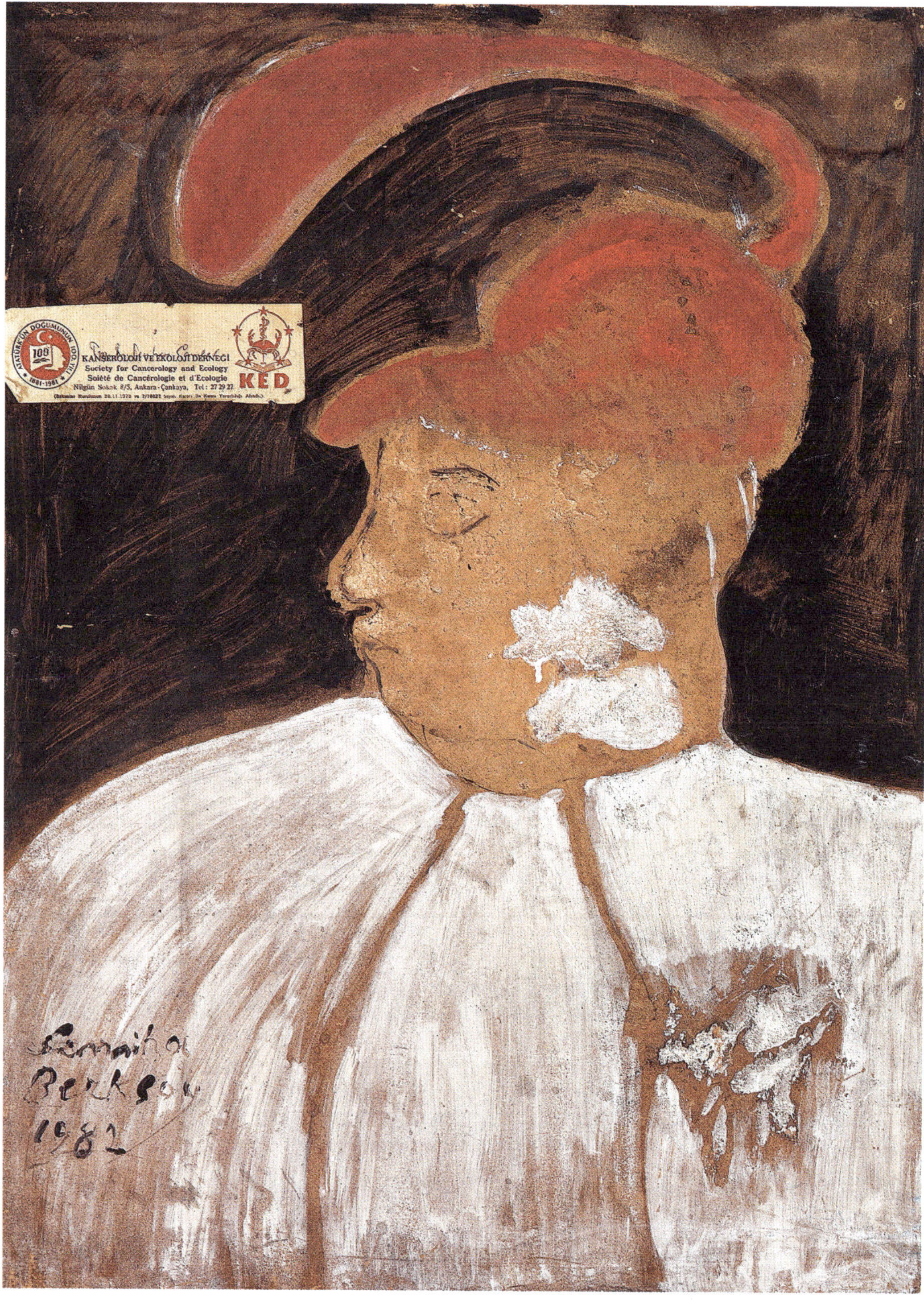

Prof. Perihan Çambel, 1982, Öl auf Hartfaserplatte / oil on hardboard, 60 × 45 cm, Courtesy
of the Estate of Semiha Berksoy and Galerist

Perihan Çambel (1909 – 1987) war eine Ärztin, die wichtige Bei-
träge zur Krebsforschung leistete. Sie veröffentlichte auch
Schriften über Musik und Oper und schrieb in verschiedenen
Zeitungen Artikel über Berksoy. /
Perihan Çambel (1909 – 1987) was a doctor who made important
contributions to cancer research. She also published on music and
opera, and wrote articles about Berksoy in various newspaper.

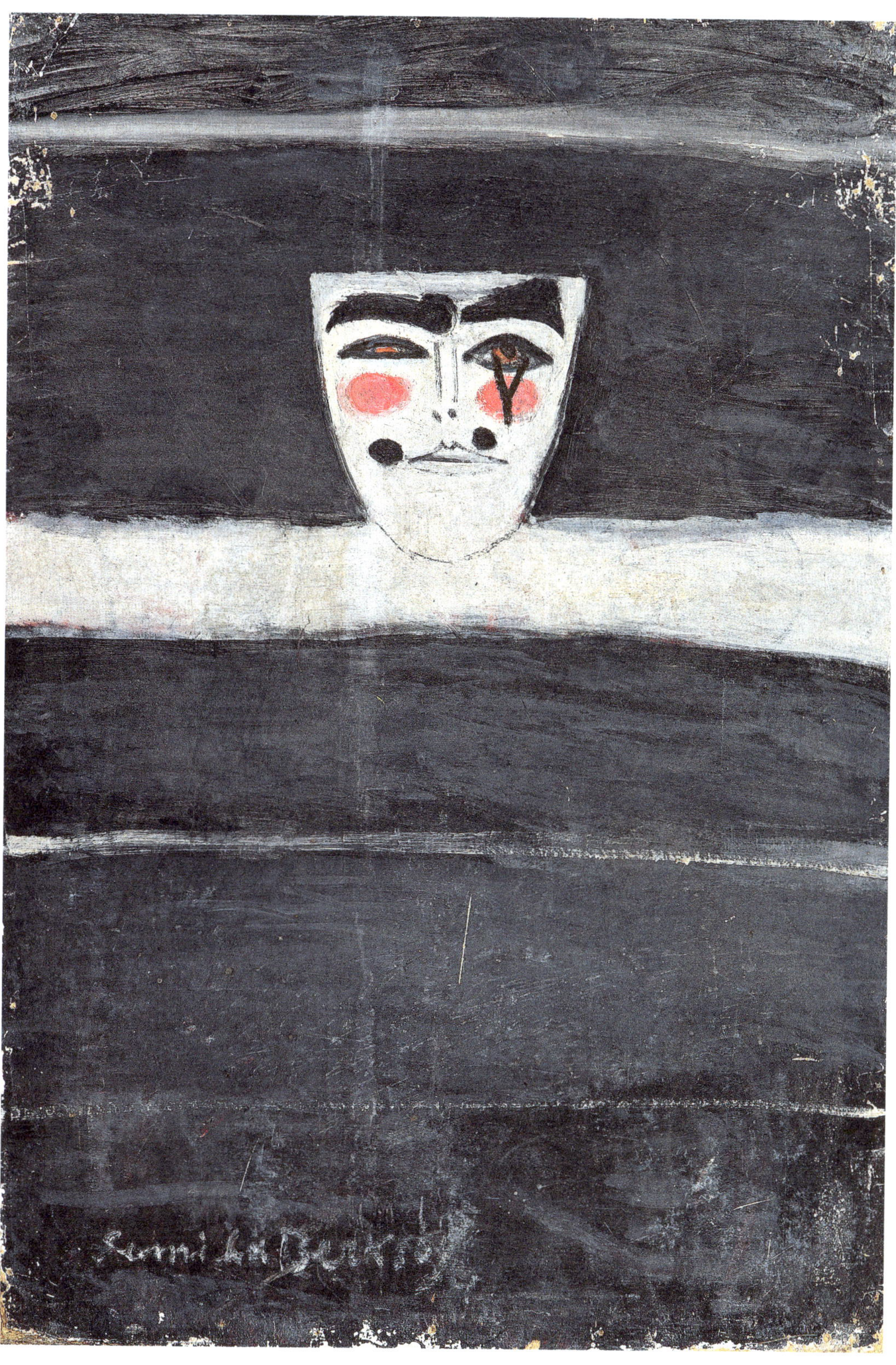

Gören [Otoportre] (Sehend [Selbstporträt] /
Seeing [Self-Portrait]), 1969, Öl auf Hartfaserplatte / oil on hardboard, 99 × 69 cm, Sammlung /
collection of Mina Gürsel Tabanlıoğlu

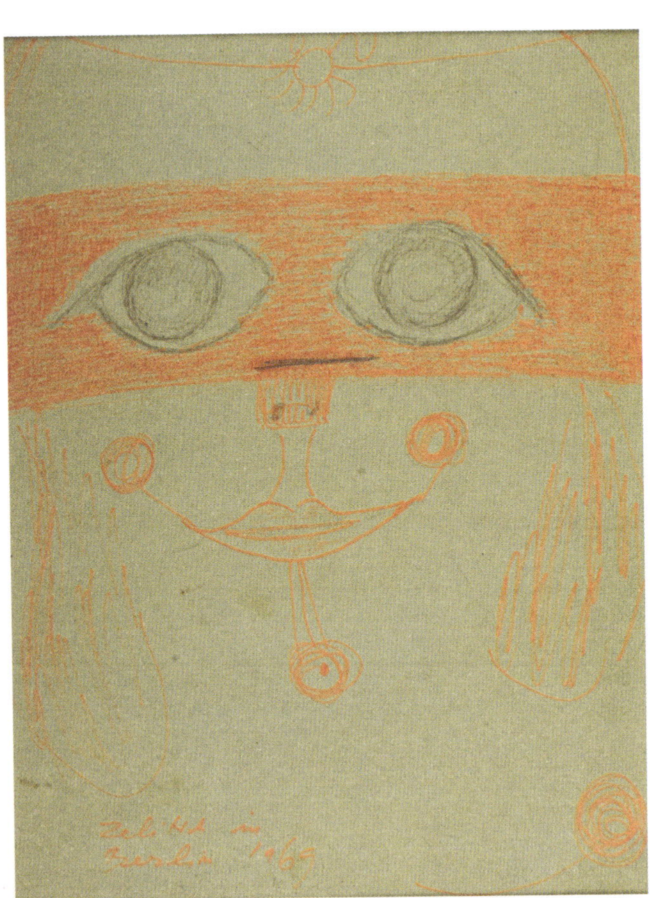

Zeliha Berksoy, Buntstift auf Karton / colored
pencil on cardboard, 35 × 25 cm, Courtesy
of the Estate of Semiha Berksoy and Galerist

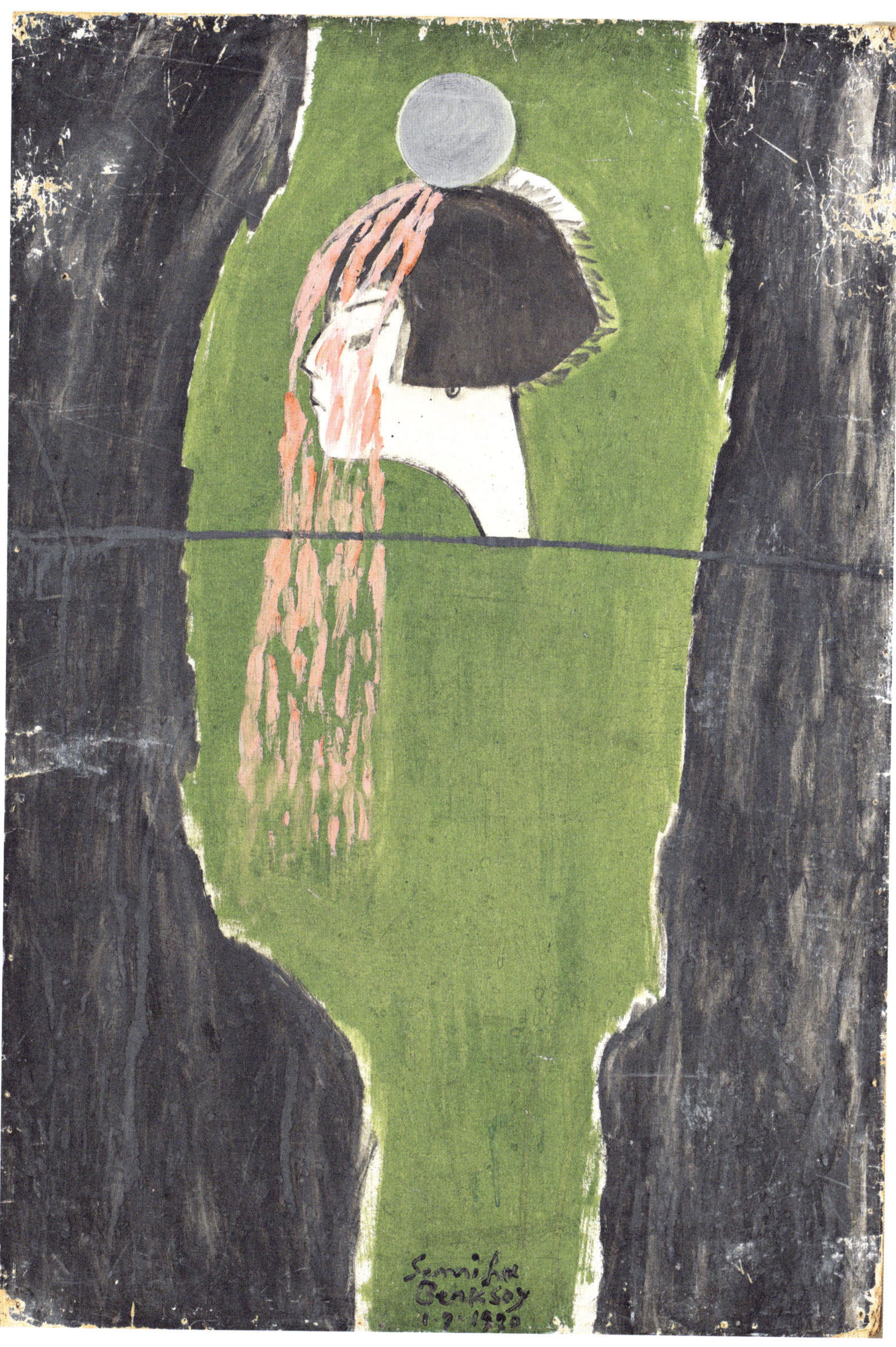

Otoportre (Selbstporträt / Self-Portrait), 1970,
Öl auf Hartfaserplatte / oil on hardboard,
100 × 70 cm, Arter Collection, Istanbul

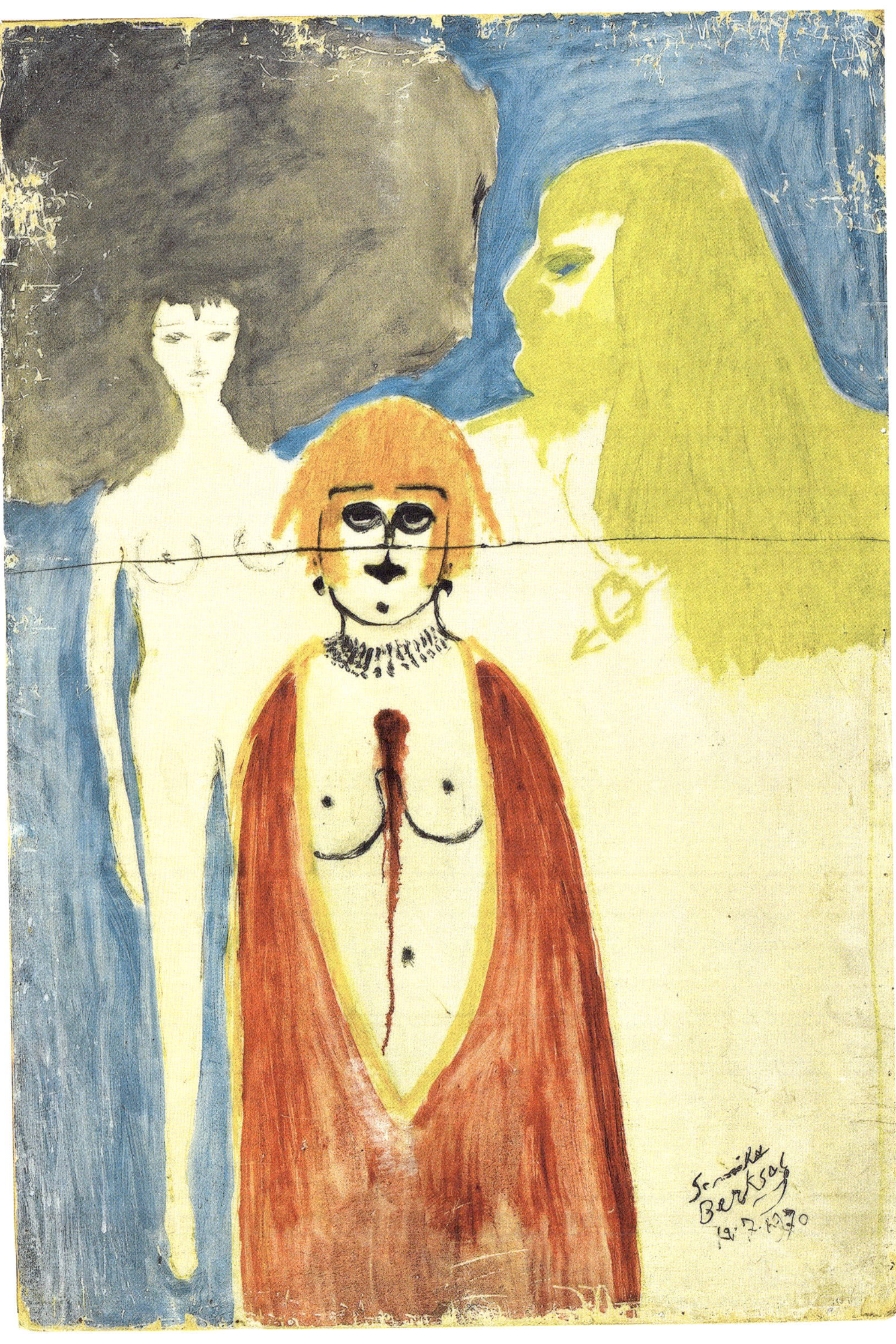

Kıbrıs [Otoportre] (Zypern [Selbstporträt] /
Cyprus [Self-Portrait]), 1970, Öl auf Hartfaser-
platte / oil on hardboard, 99 × 69,5 cm,
Sammlung / collection of **Kemal Servi**

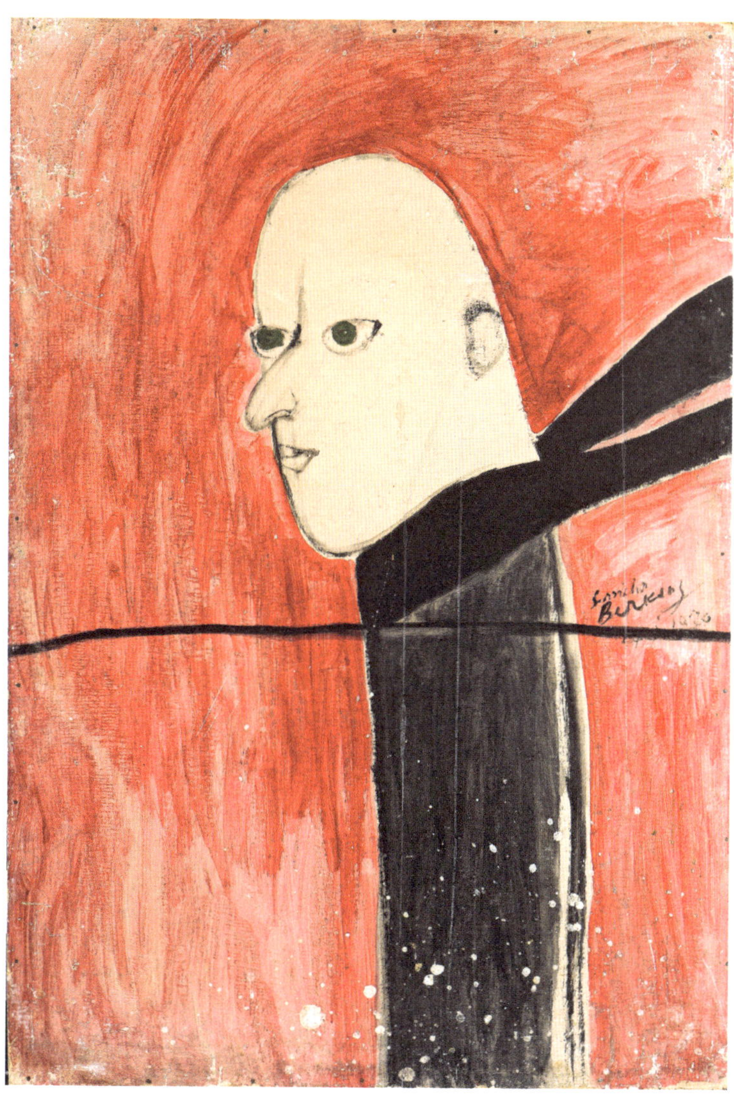

Ercüment Siyavuşoğlu, 1970, Öl auf Hartfaserplatte / oil on hardboard, 100 × 69 cm, Courtesy
of the Estate of Semiha Berksoy and Galerist

Ercüment Siyavuşoğlu (1909 – 1975) war ein Pianist und der
Ehemann von Berksoy. Sie heirateten 1943, ihre Tochter Zeliha
wurde 1946 geboren. /
Ercüment Siyavuşoğlu (1909 – 1975) was a pianist and Berksoy's
husband. They married in 1943 and their daughter Zeliha was born
in 1946.

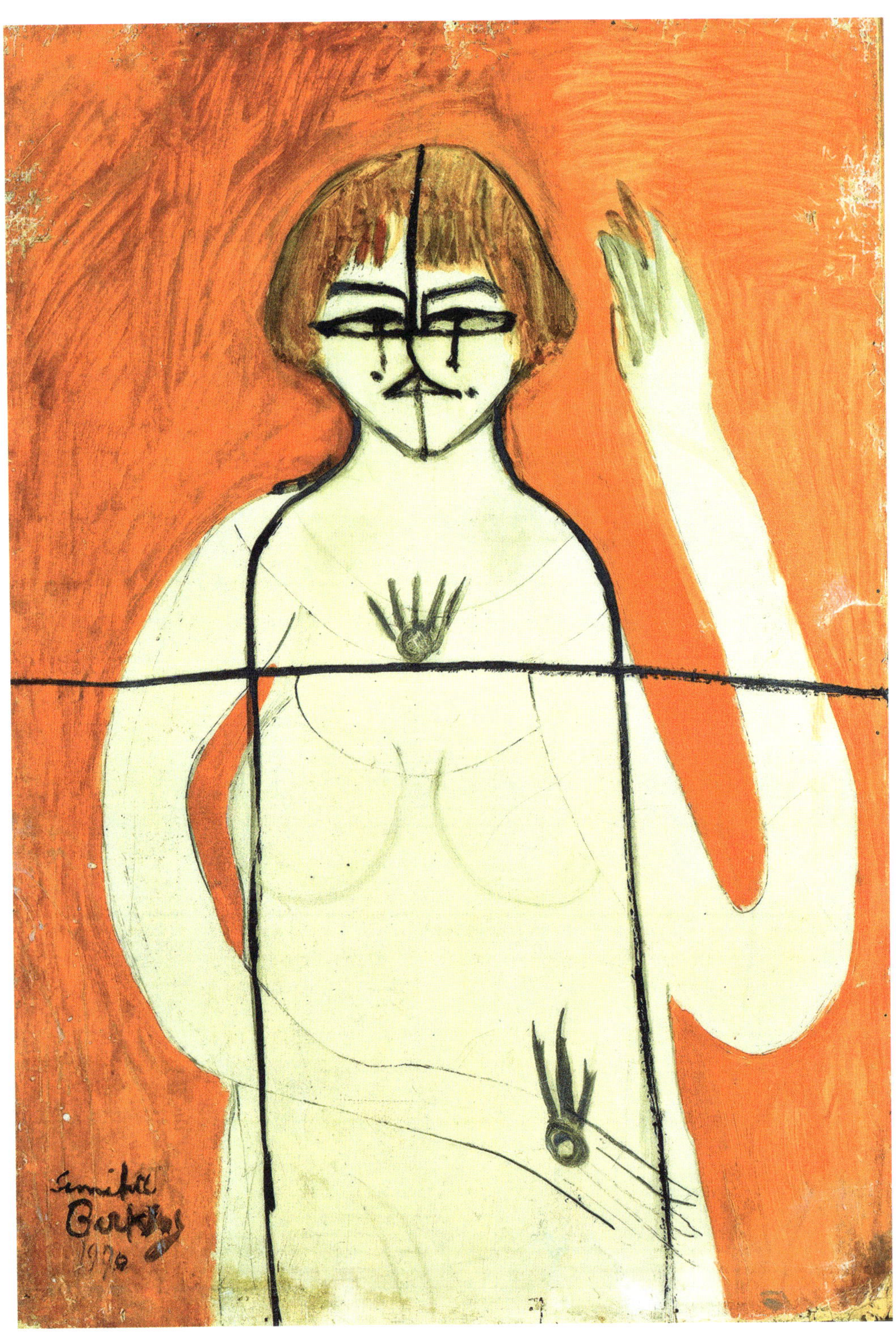

Sanat Davası [Otoportre] (Die Kunstkiste
[Selbstporträt] / The Art Crate [Self-Portrait]),
1970, Öl auf Hartfaserplatte / oil on hardboard,
100 × 70 cm, Privatsammlung / private
collection, **Courtesy of Mendes Wood DM,
São Paulo, Brussels, Paris, New York**

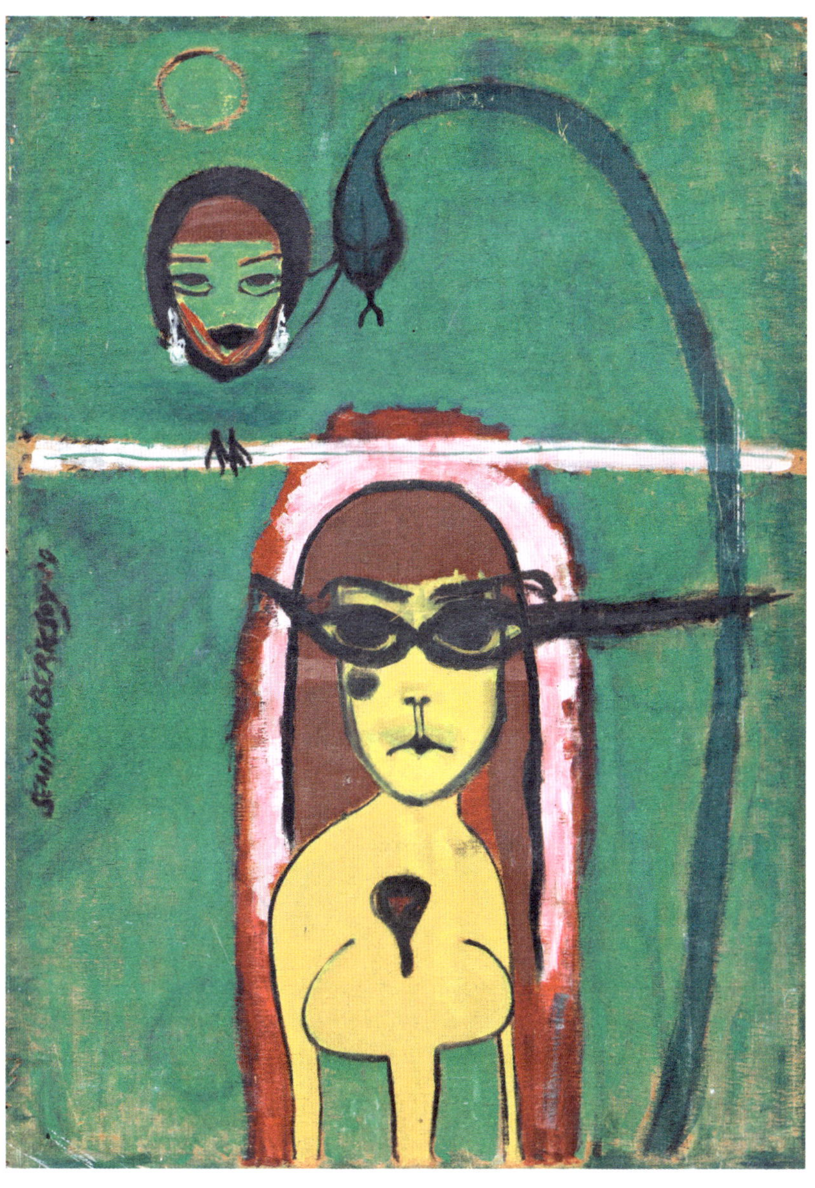

Annesi Tarafından Kötülükten Korunan Kız
(Das Mädchen, das von ihrer Mutter vor dem
Bösen beschützt wird / The Girl Protected
from Evil by Her Mother), 1970, Öl auf Hartfaserplatte / oil on hardboard, 106 × 76 cm, Courtesy
of the Estate of Semiha Berksoy and Galerist

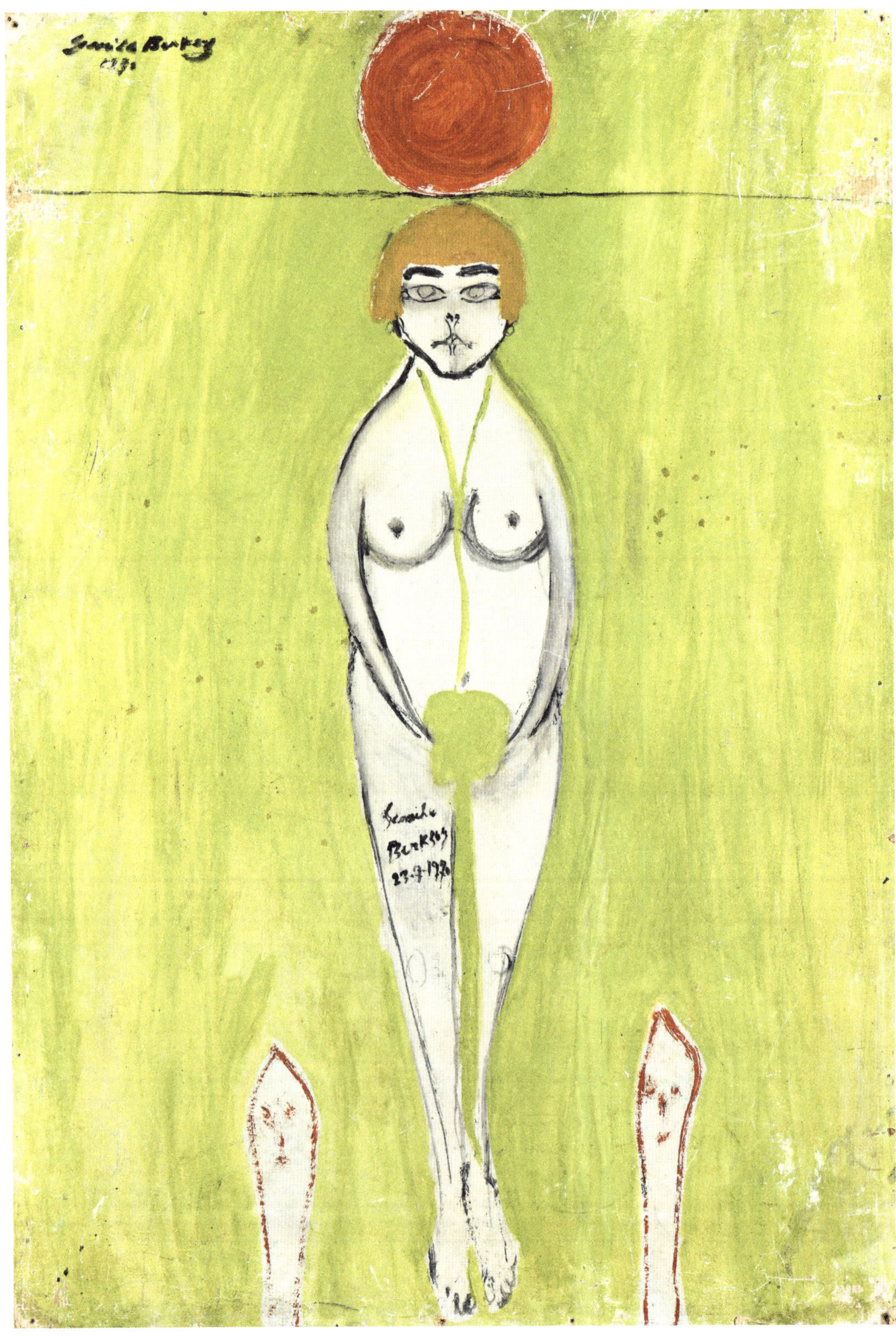

Başında Güneş Bulunan Kadın [Otoportre]
(Frau mit der Sonne auf dem Kopf / Woman
with the Sun on Her Head [Self-Portrait]),
1970, Öl auf Hartfaserplatte / oil on hardboard,
100 × 70 cm, İstanbul Resim ve Heykel
Müzesi, Istanbul

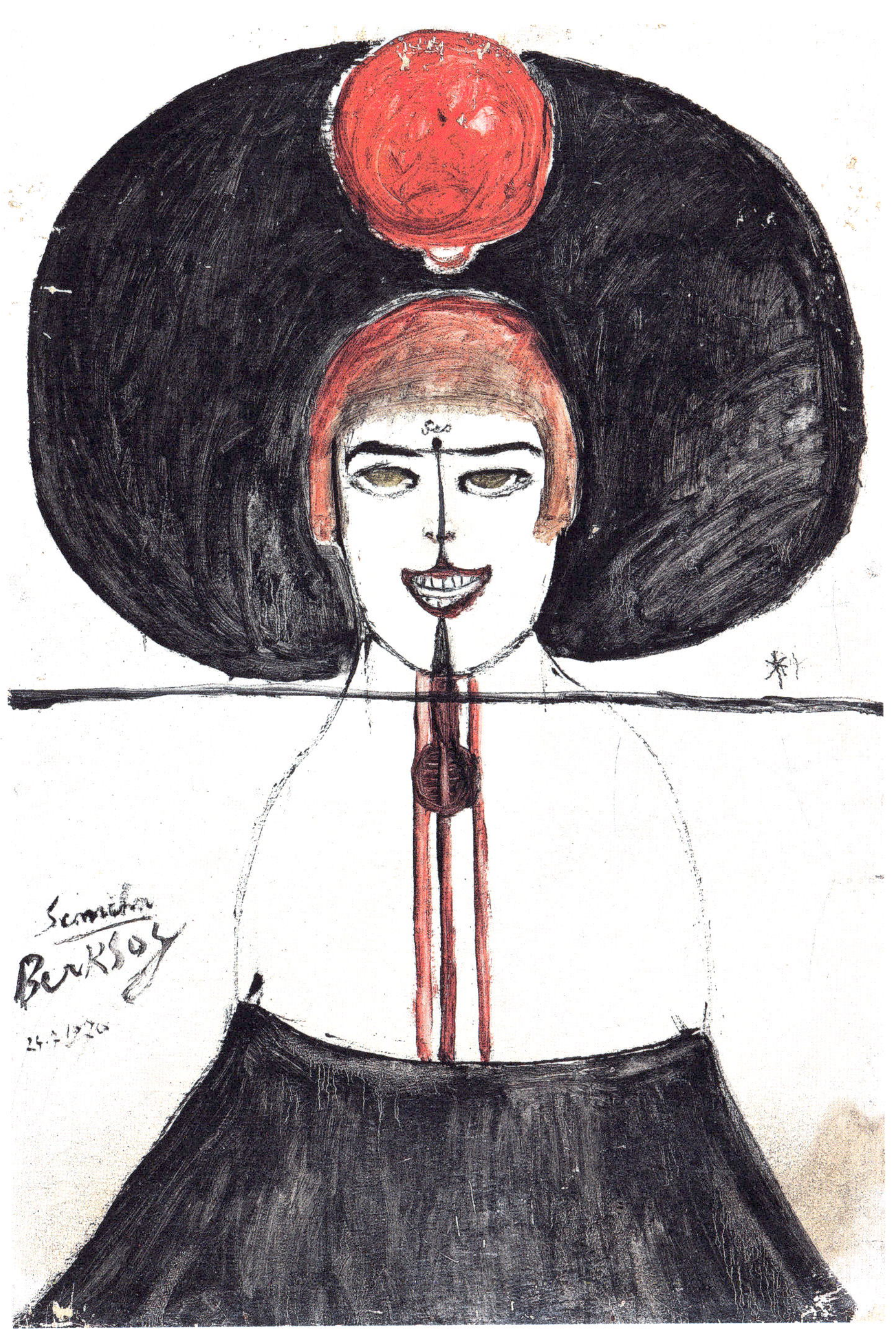

Ses (Klang / Sound), 1970, Öl auf Hartfaser-
platte / oil on hardboard, 100 × 70 cm,
Sammlung / collection of Mina Gürsel
Tabanlıoğlu

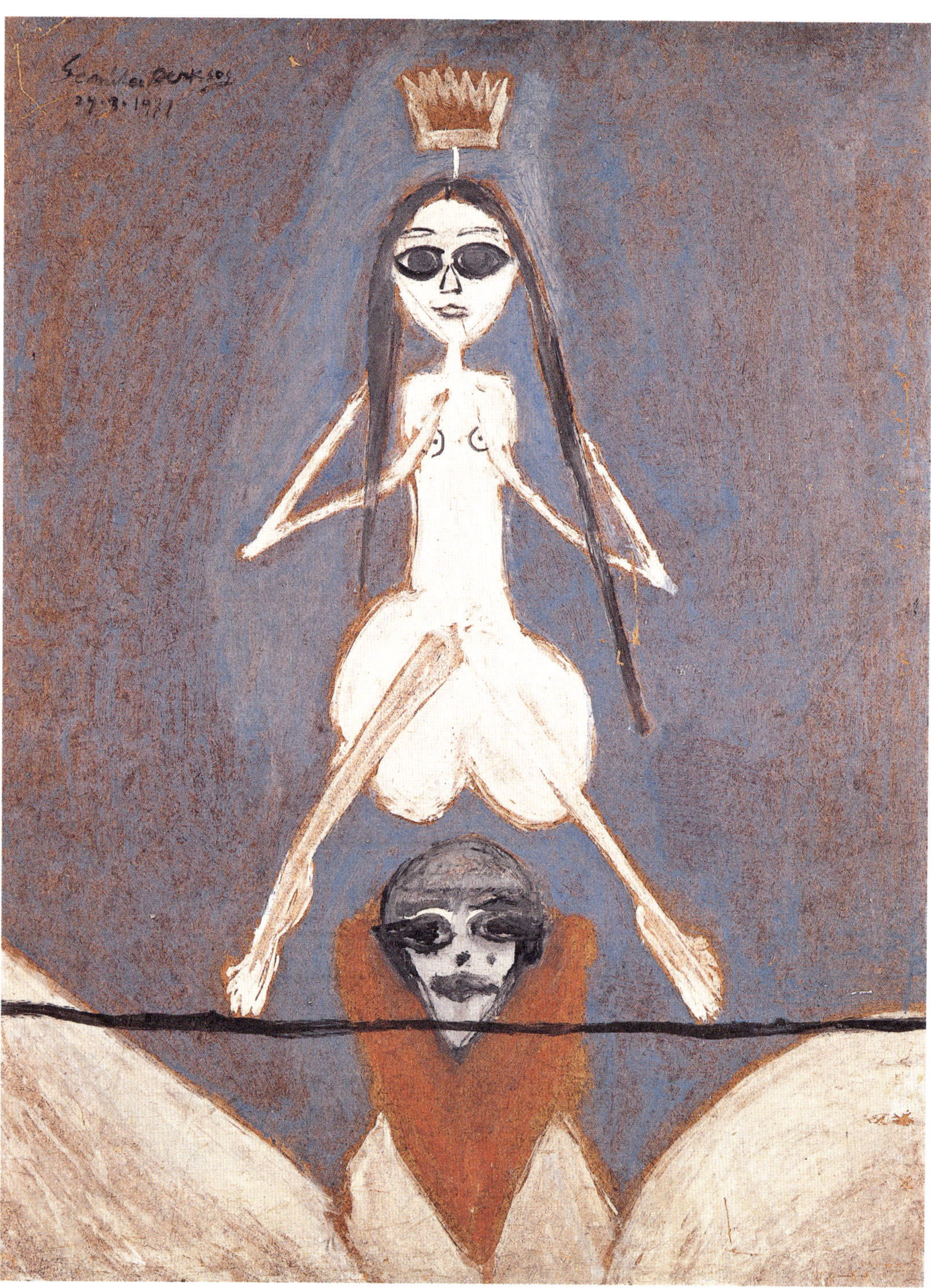

Korku (Angst / Fear), 1971, Öl auf Hartfaserplatte / oil on hardboard, 100 × 70 cm, Courtesy
of the Estate of Semiha Berksoy and Galerist

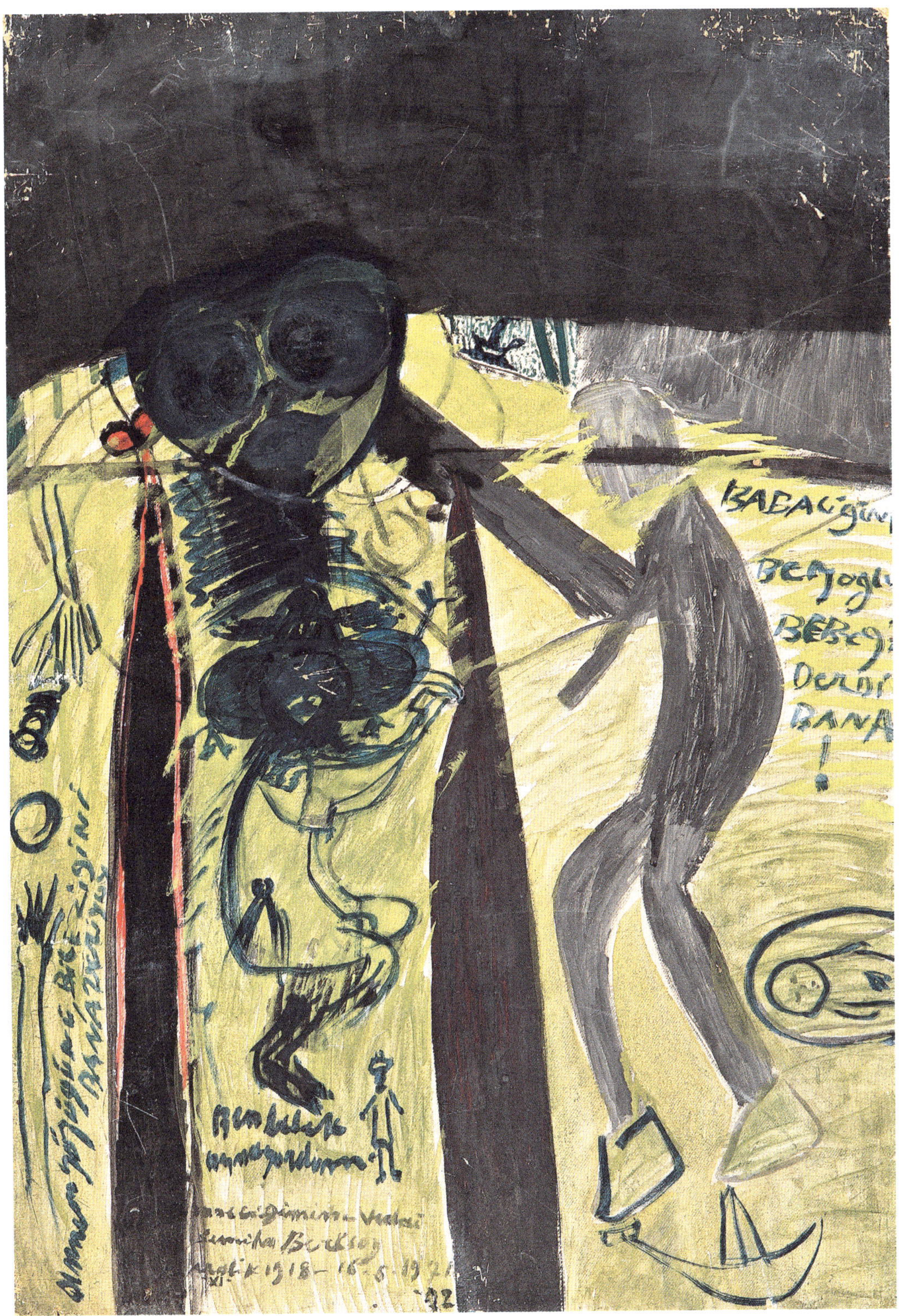

Annem Yüzüğünü Bileziğini Bana Veriyor
(Meine Mutter gibt mir ihren Ring und ihr Arm-
band / My Mother Gives Me Her Ring and Her
Bracelet), 1972, Öl auf Hartfaserplatte/ oil on
hardboard, 99 × 69 cm, Courtesy of the Estate
of Semiha Berksoy and Galerist

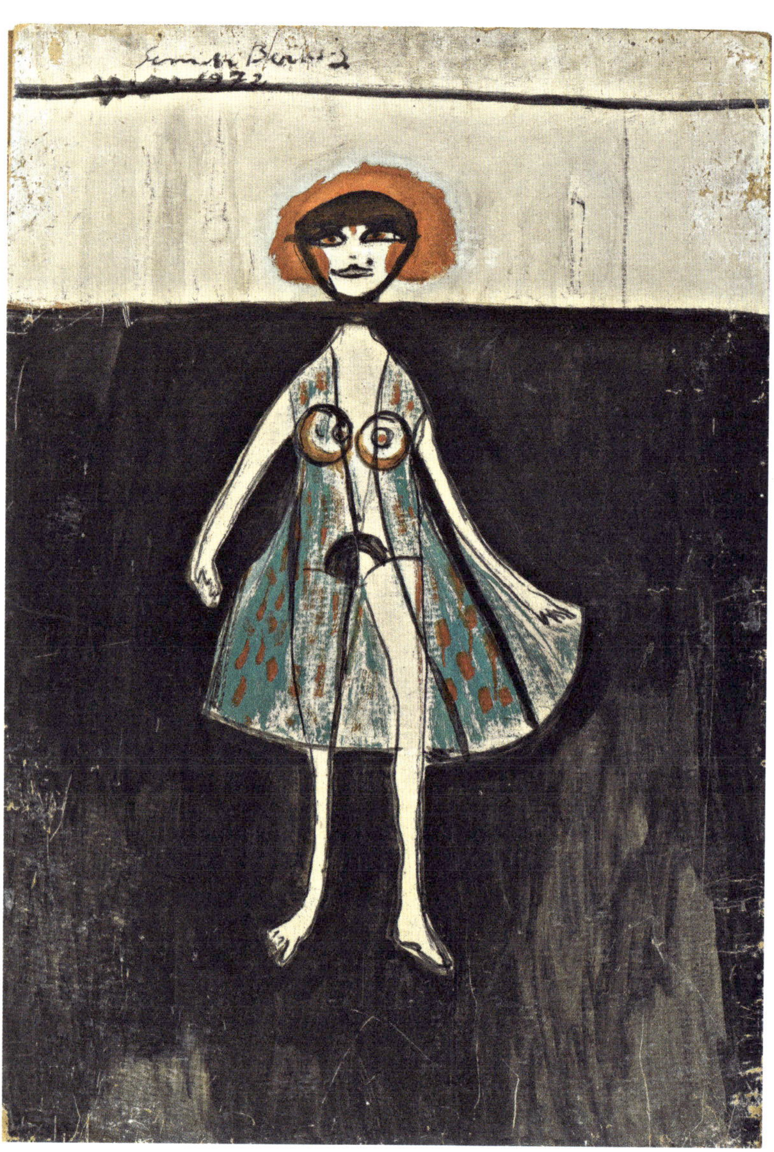

Otoportre (Selbstporträt / Self-Portrait), 1972,
Öl auf Hartfaserplatte / oil on hardboard,
100 × 70 cm, Sammlung / collection of Beth
Rudin DeWoody

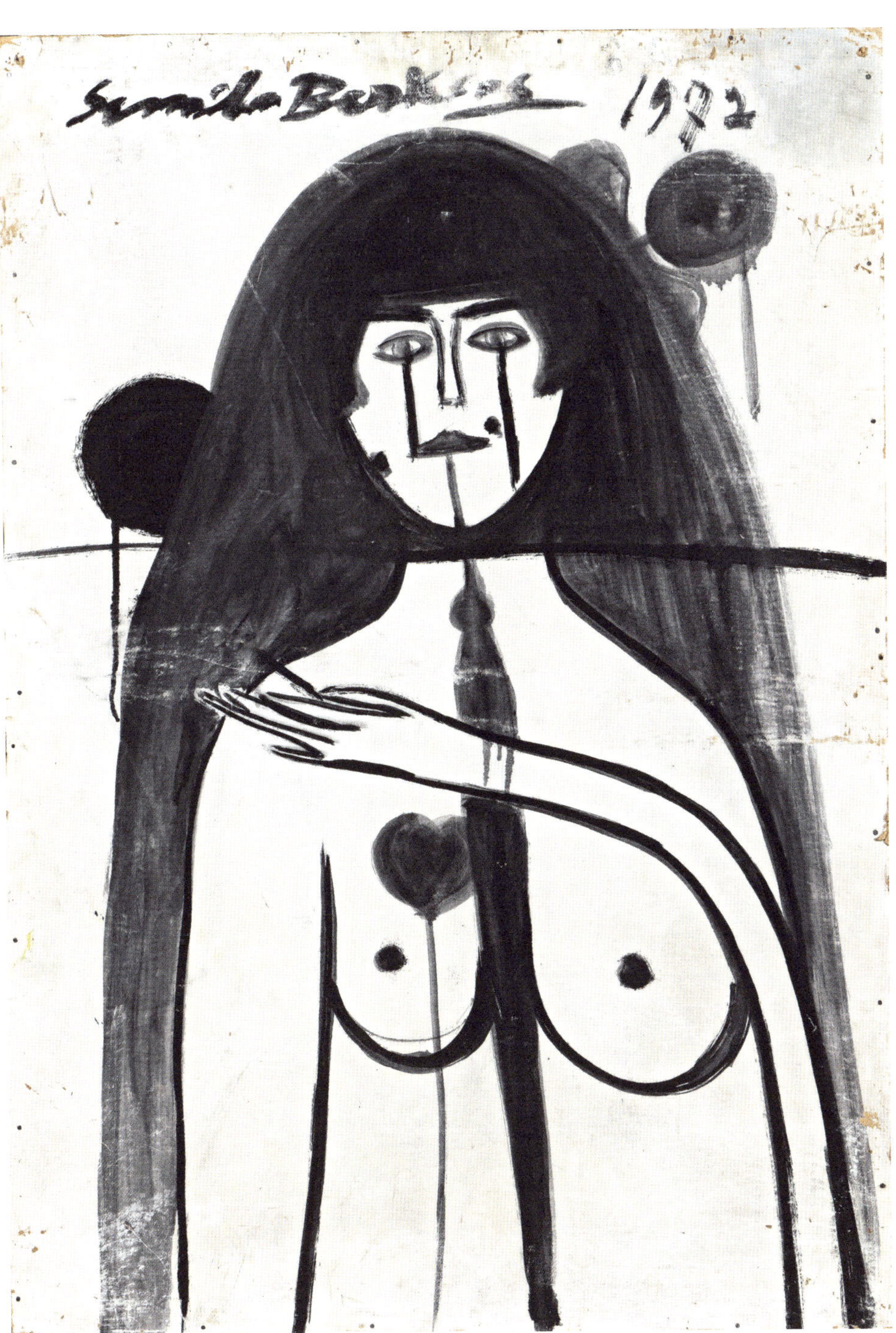

Keder [Otoportre] (Kummer [Selbstporträt] /
Sorrow [Self-Portrait]), 1972, Öl auf Hartfaser-
platte / oil on hardboard, 99 × 69 cm, İstanbul
Resim ve Heykel Müzesi, Istanbul

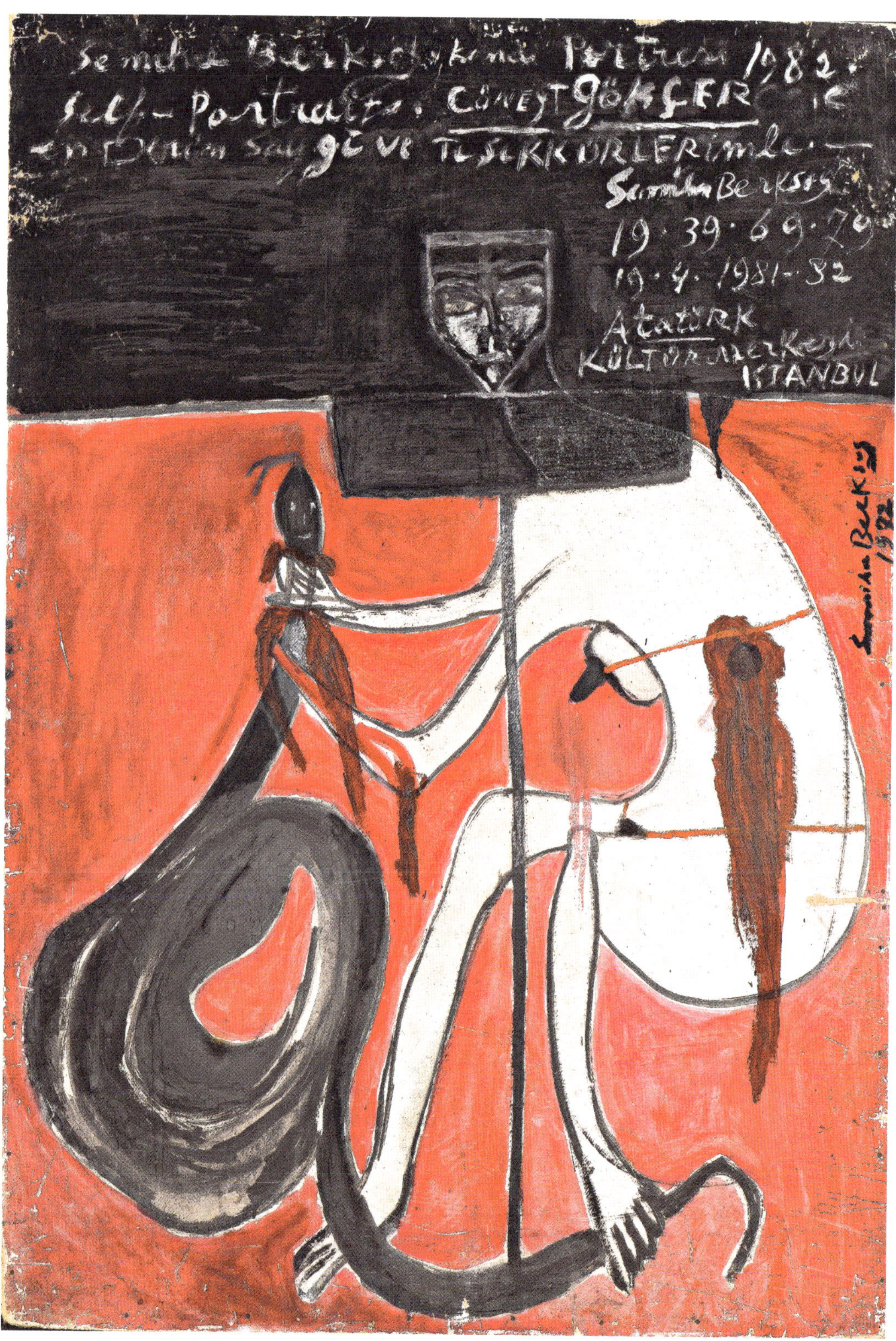

Sanatın Zaferi [Otoportre] (Der Sieg der Kunst
[Selbstporträt] / The Victory of Art [Self-Portrait]),
1972, Öl auf Hartfaserplatte / oil on hardboard,
99,5 × 69,5 cm, Courtesy of the Estate of
Semiha Berksoy and Galerist

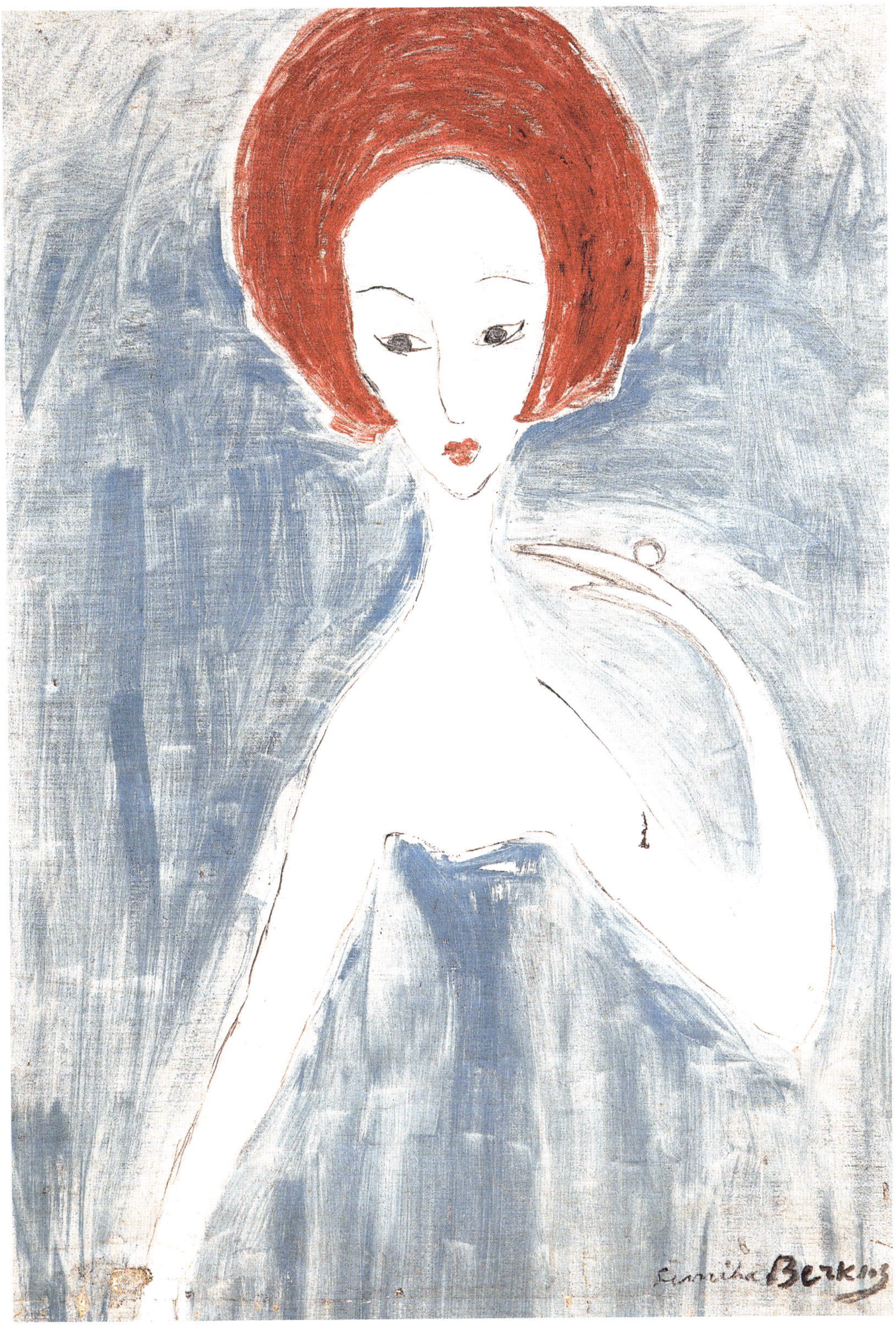

Güner Pembecioğlu, 1973, Öl auf Leinwand /
oil on canvas, 89 × 62 cm, Courtesy of the
Estate of Semiha Berksoy and Galerist

Güner Pembecioğlu (1924? – 1987) war die Halbschwester von
Berksoy. Ihr Vater war Ziya Berksoy und der Name ihrer Mutter
war Bedriye. /
Guner Pembecioğlu (1924? – 1987) was Berksoy's half-sister. Her
father was Ziya Berksoy and her mother's name was Bedriye.

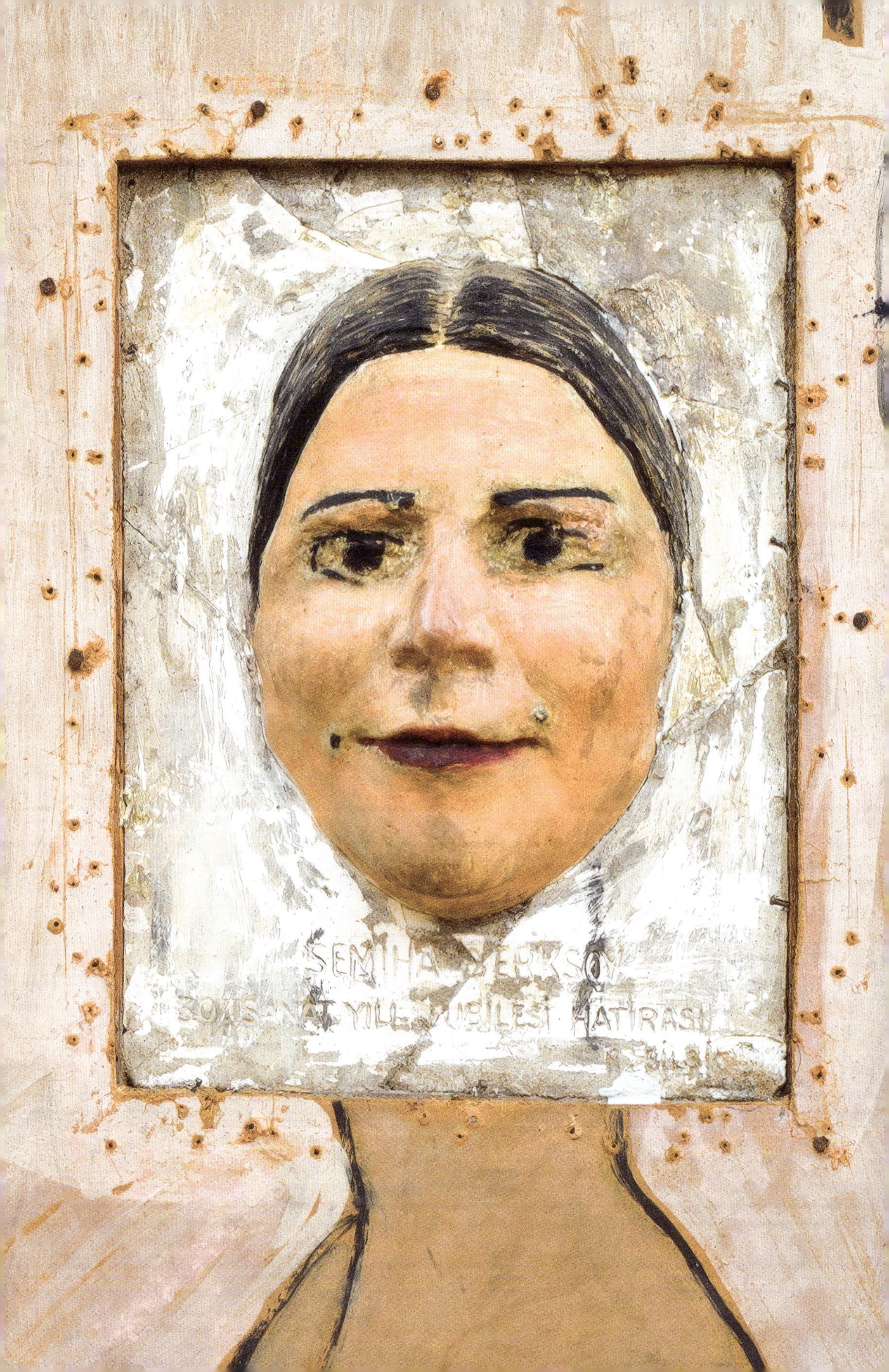

SEMİHA BERKSOY
SANAT YILI JUBİLESİ HATIRASI

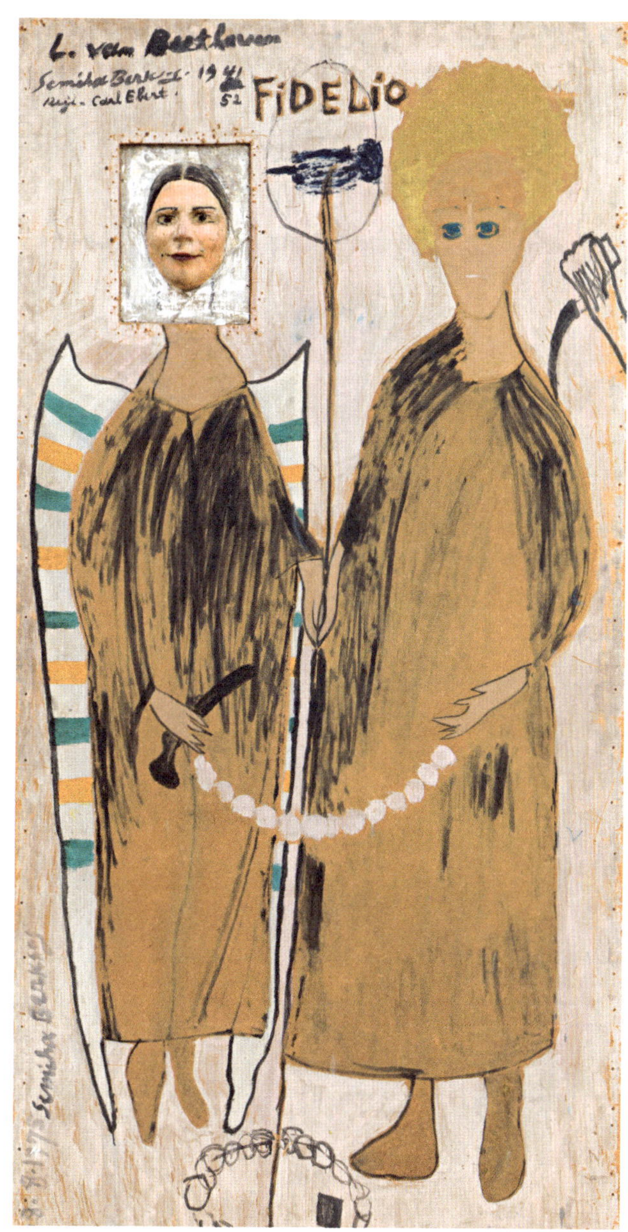

Fidelio, 1975, Öl auf Hartfaserplatte / oil
on hardboard, 244 × 122 cm, Courtesy of the
Estate of Semiha Berksoy and Galerist

Fidelio
(komponiert von / composed by Ludwig van Beethoven, 1805)

Leonore, verkleidet als Junge namens „Fidelio", lässt sich in
einem Gefängnis in Sevilla anstellen, um ihren Ehemann Florestan,
einen politischen Gefangenen, zu befreien. Sie verschafft sich
Zugang zu seiner Zelle, wo sie sich wiedersehen. Als der tyranni-
sche Gouverneur Pizarro versucht, Florestan zu töten, greift
Leonore ein und die Gerechtigkeit siegt, als Pizarro verhaftet wird. /
Leonore, disguised as a boy named "Fidelio", gets herself employed
at a Seville prison to rescue her husband, Florestan, a political
prisoner. She gains access to his cell, where they reunite. When the
tyrannical governor, Pizarro, tries to kill Florestan, Leonore inter-
venes, and justice prevails as Pizarro is arrested.

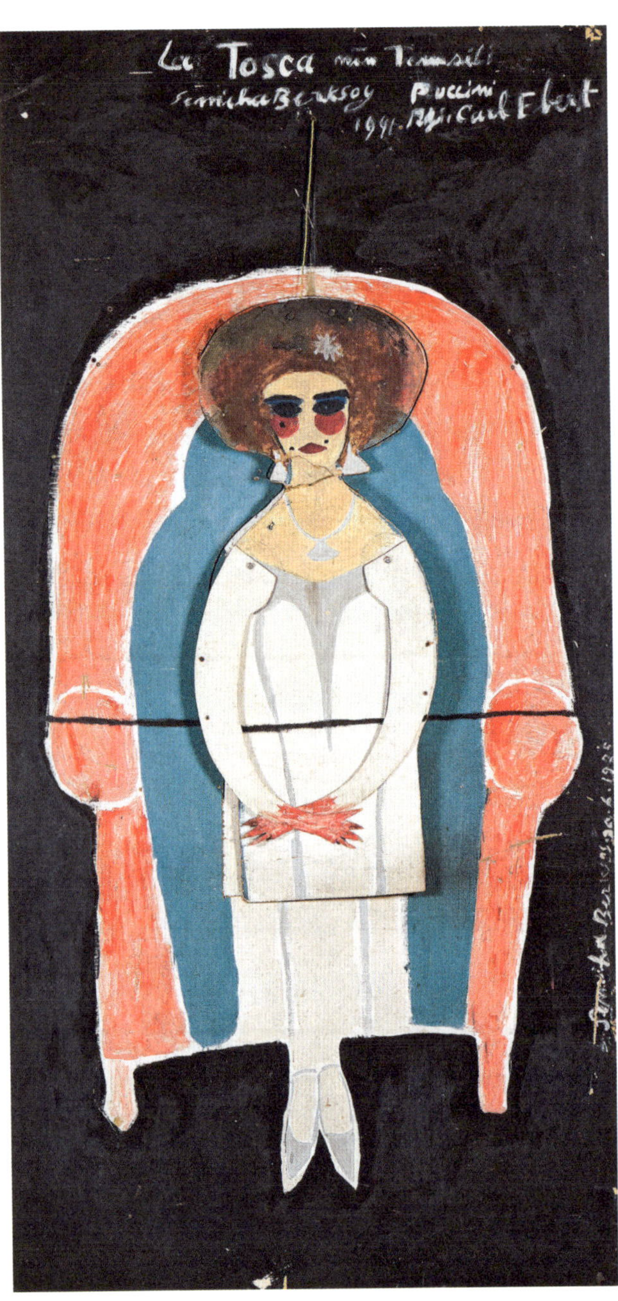

La Tosca'nın Temsili (La Tosca Auftritt /
La Tosca Performance), 1975, Öl auf Hartfaserplatte / oil on hardboard, 250 × 124 cm,
Courtesy of the Estate of Semiha Berksoy
and Galerist

Tosca
(komponiert von / composed by Giacomo Puccini, 1900)

In Rom kämpfen der Maler Cavaradossi und die Sängerin Tosca
gegen den skrupellosen Polizeichef Scarpia. Cavaradossi hilft
einem geflohenen Häftling und wird daraufhin gefangen genom-
men. Scarpia verlangt Toscas Liebe als Gegenleistung für das
Leben ihres Geliebten. Tosca tötet Scarpia, kommt aber zu spät,
um Cavaradossi zu retten, und stürzt sich dann in den Tod. /
In Rome, the painter Cavaradossi and the singer Tosca struggle
against the ruthless chief of police, Scarpia. After aiding an escaped
prisoner, Cavaradossi is captured. Scarpia demands Tosca's
affection in exchange for her lover's life. She kills Scarpia but arrives
too late to save Cavaradossi, then leaps to her death.

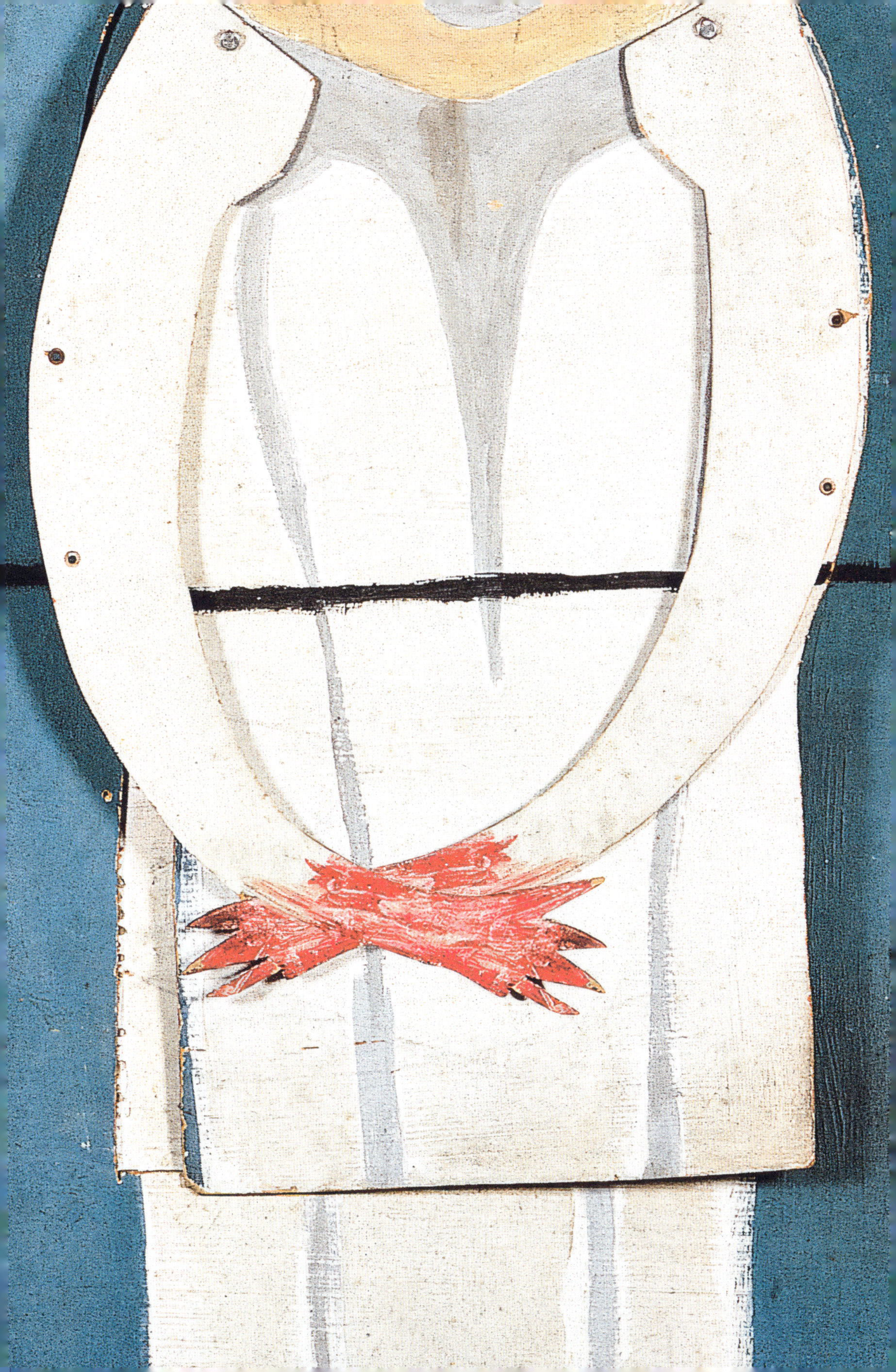

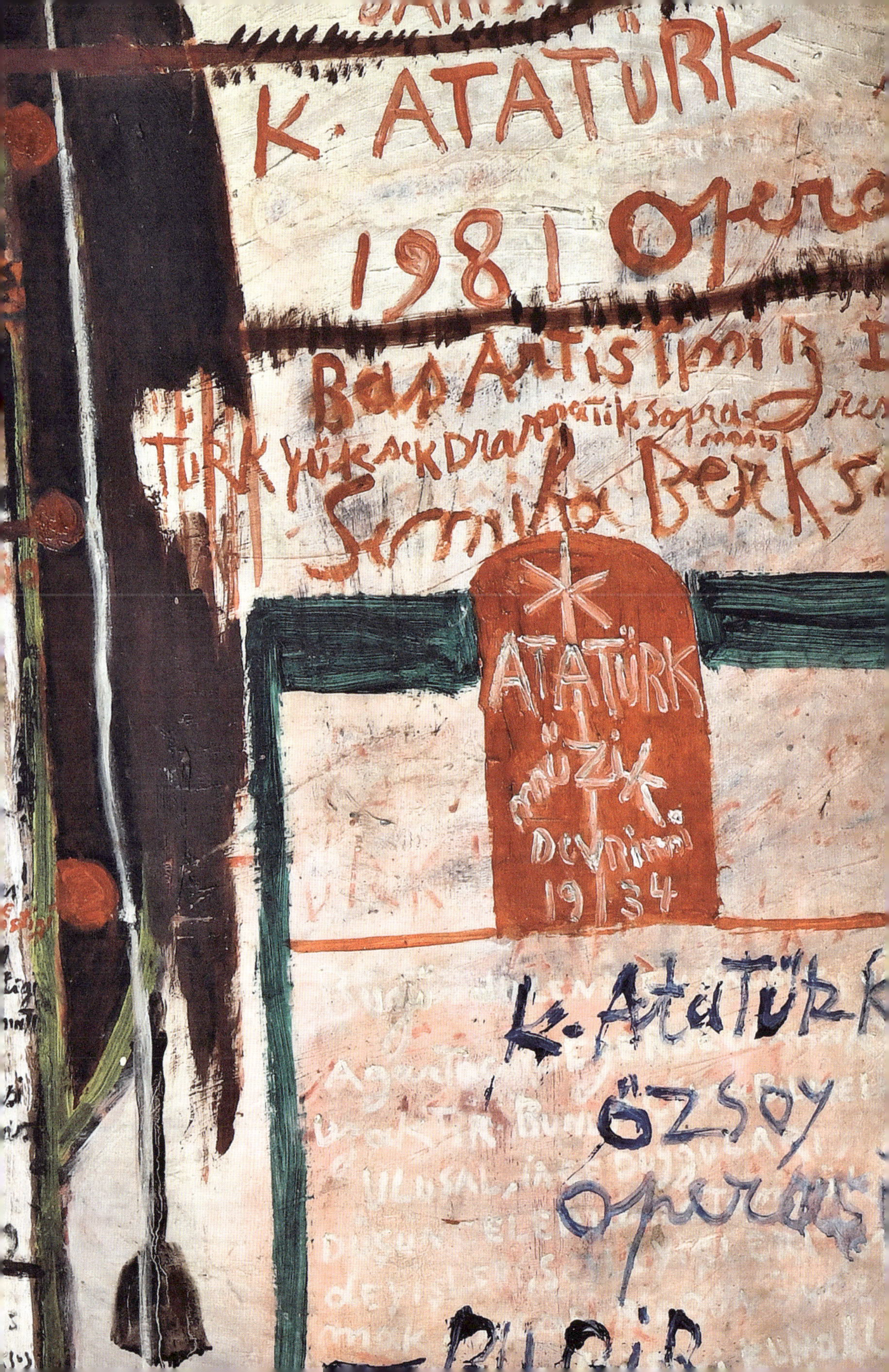
K. ATATÜRK
1981 Opera
Baş Artistimiz
türk yüksek dramatik soprano
Semiha Berks
ATATÜRK
müzik
Devrimi
1934
K. Atatürk
Özsoy
Operası

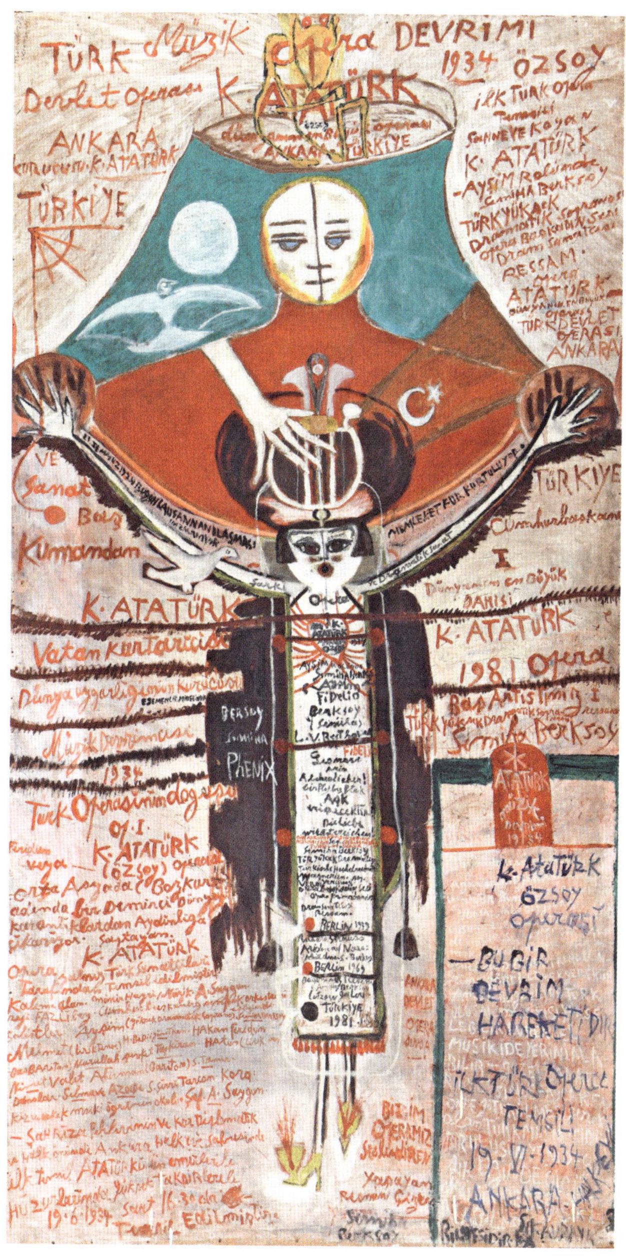

Özsoy Operası (Die Oper Özsoy / The Opera Özsoy), 1981, Öl auf Hartfaserplatte / oil on hardboard, 250 × 131 cm, İstanbul Resim ve Heykel Müzesi, Istanbul

Özsoy
(komponiert von / composed by Ahmed Adnan Saygun, 1934)

Özsoy, die erste Oper der Türkei, wurde von Mustafa Kemal anlässlich des Besuchs des Schahs von Persien, Reza Pahlavi, in der Türkei in Auftrag gegeben. Sie erzählt die Geschichte der Zwillingsbrüder Tur (Wolf) und İraj (Löwe), die bei der Geburt durch den Zorn des Teufels getrennt werden. Jahrhunderte später treffen sie sich wieder und erkennen, dass sie Brüder sind. / *Özsoy*, Türkiye's first opera, was commissioned by Mustafa Kemal for a visit of the Shah of Iran, Reza Pahlavi, to Türkiye. It tells the story of twin brothers, Tur (Wolf) and İraj (Lion), who are separated at birth by the wrath of the devil. Centuries later, they meet again and realize that they are brothers.

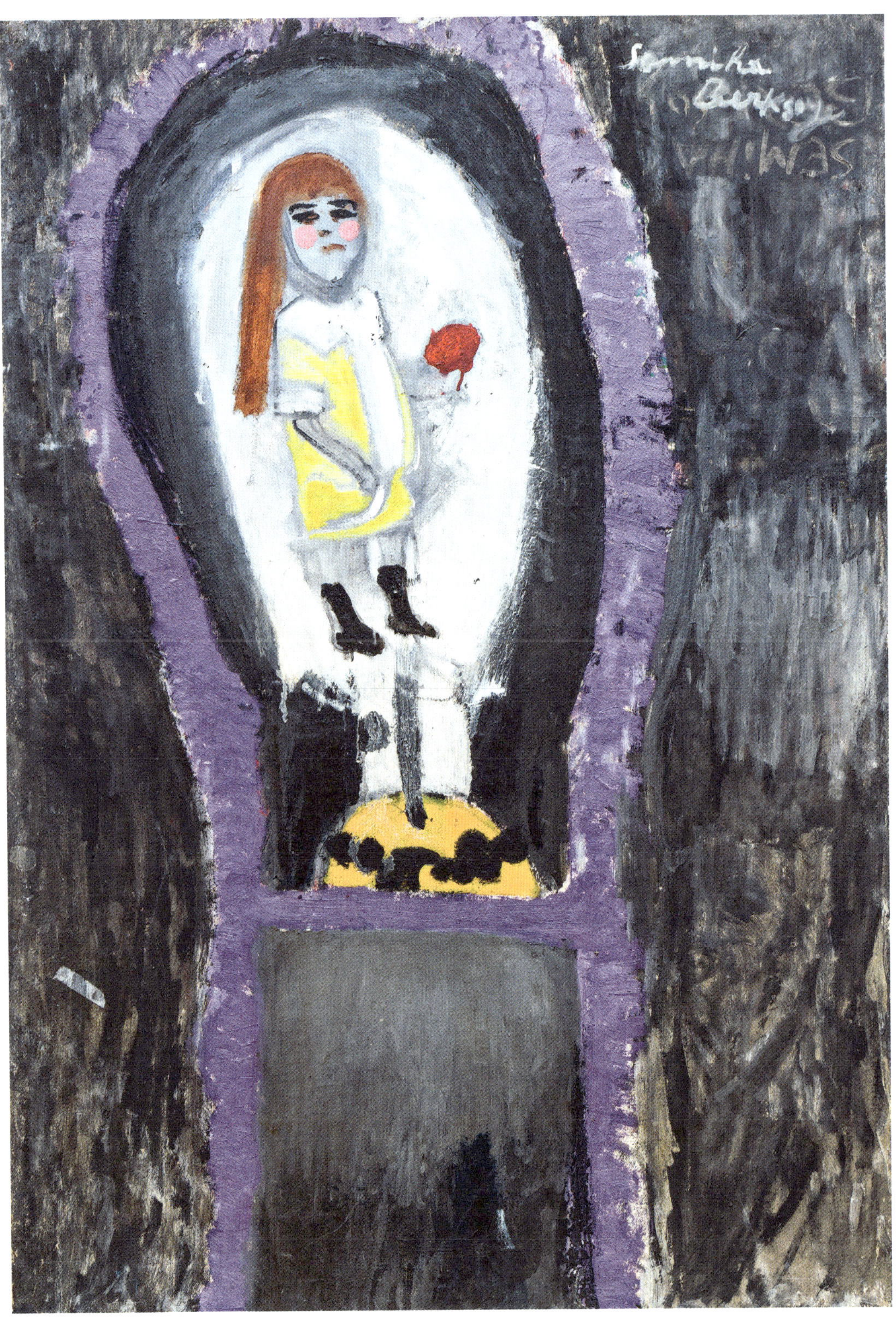

Karanfilli Kız [Otoportre] (Mädchen mit Nelke
[Selbstporträt] / Girl with Carnation [Self-
Portrait]), 1976, Öl auf Hartfaserplatte / oil on
hardboard, 99 × 69 cm, Sammlung / collection
of Zafer Yıldırım

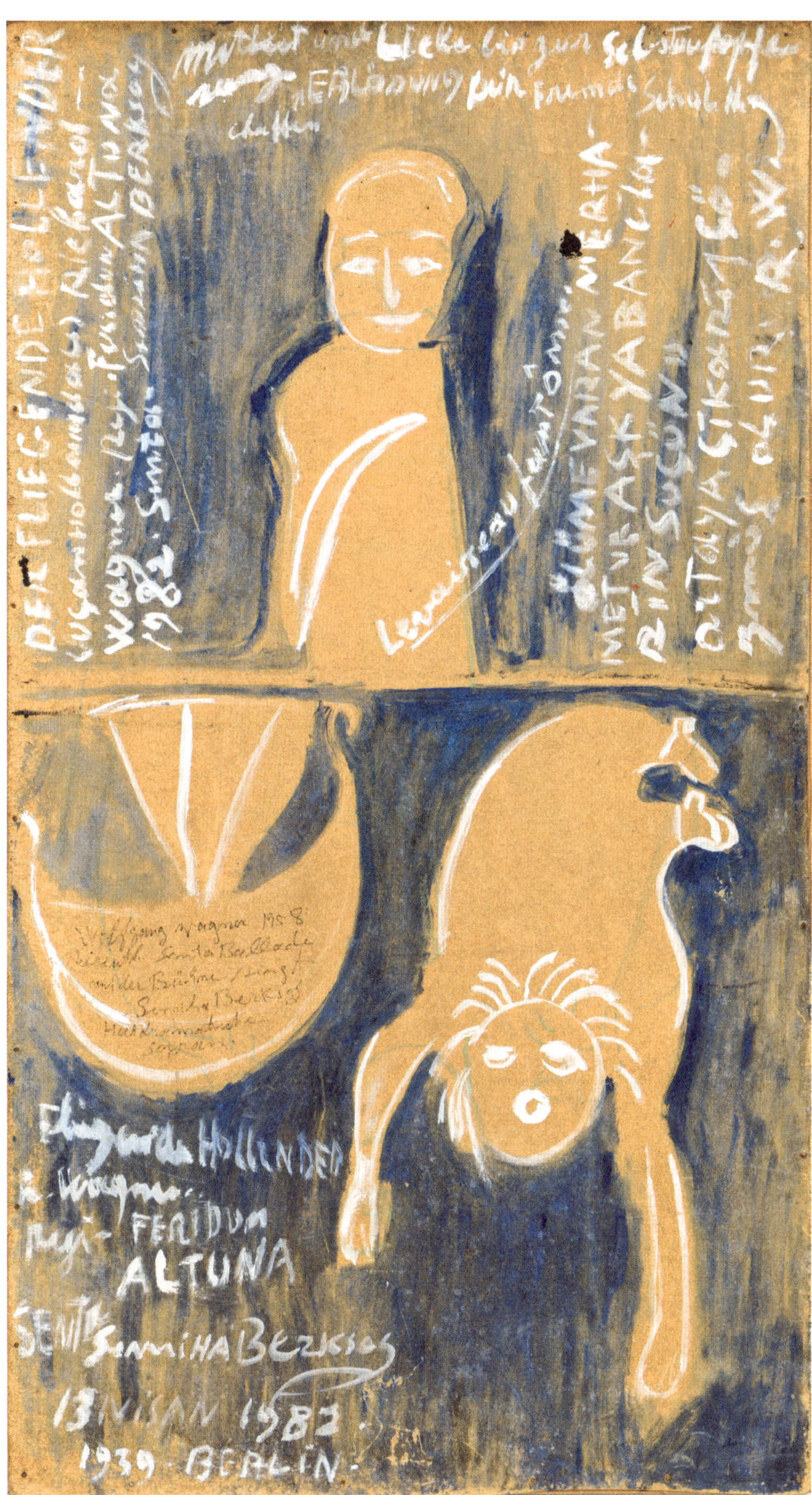

Feridun Altuna ve Uçan Hollandalı (Feridun
Altuna und der Fliegende Holläner /
Feridun Altuna and the Flying Dutchman), 1982,
Öl auf Leinwand / oil on canvas, 108 × 61 cm,
Courtesy of the Estate of Semiha Berksoy
and Galerist

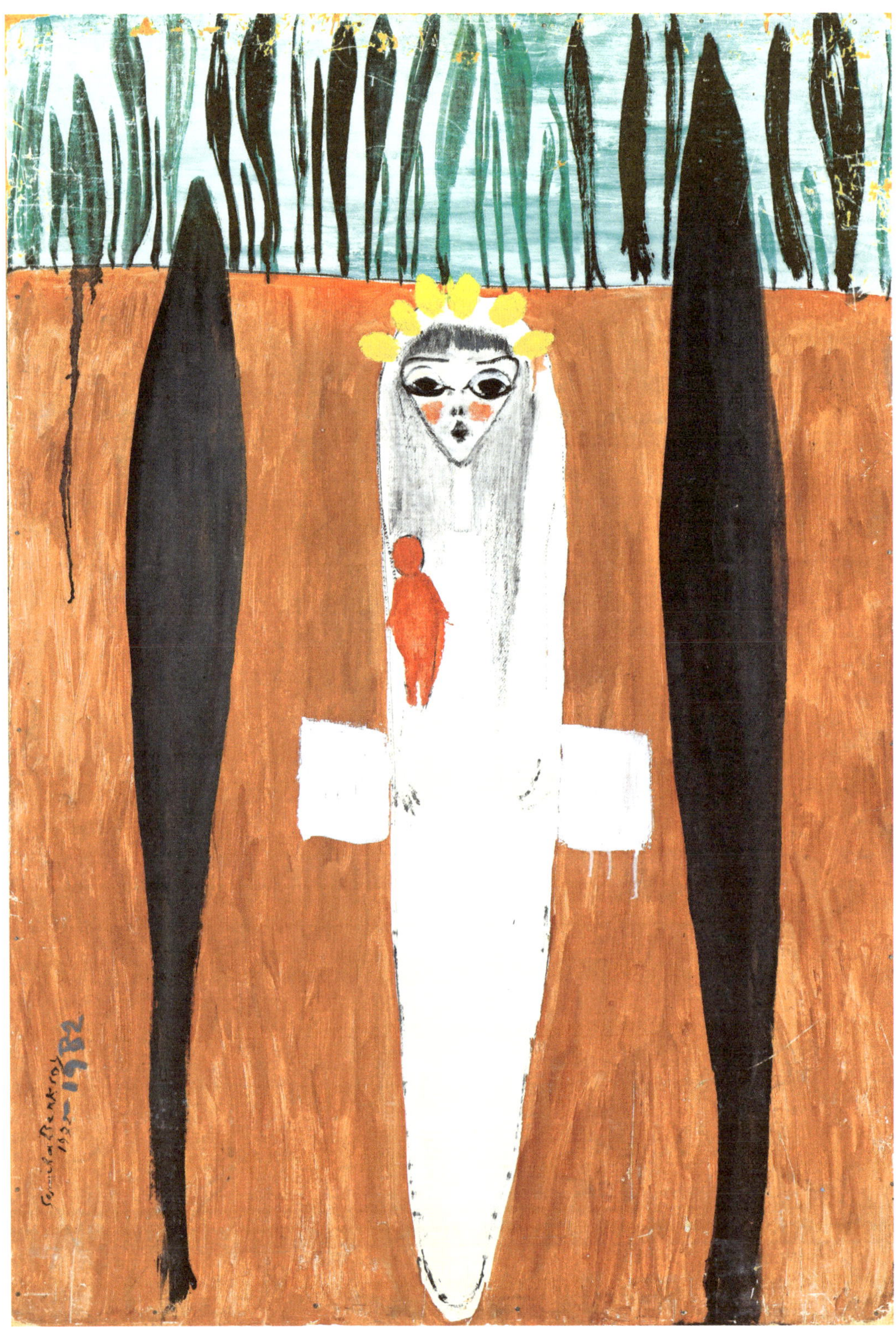

Annem Ressam Fatma Saime'nin Mezarı
(Das Grab meiner Mutter, der Malerin Fatma
Saime / The Grave of My Mother the Painter
Fatma Saime), 1982, Öl auf Hartfaserplatte /
oil on hardboard, 90 × 70 cm, İstanbul Resim ve
Heykel Müzesi, Istanbul

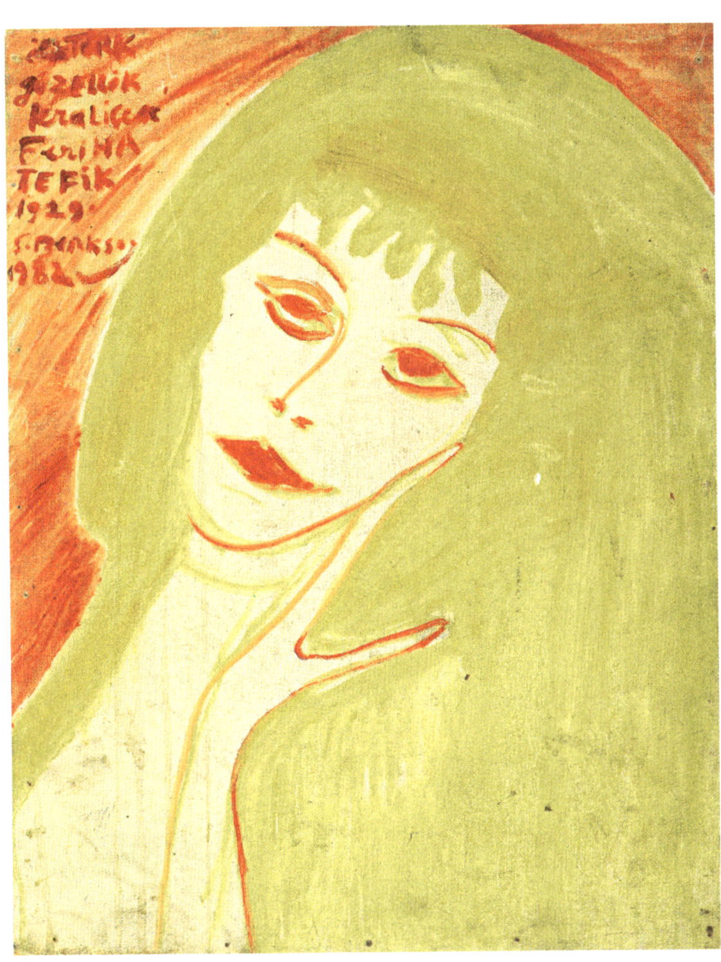

Feriha Tevfik, 1982, Öl auf Leinwand / oil
on canvas, 30 × 25 cm, Courtesy of the Estate
of Semiha Berksoy and Galerist

Feriha Tevfik (1910 – 1991) war eine Schauspielerin, die
zusammen mit Berksoy in *İstanbul Sokakları* (1931) spielte. Sie
war auch die Gewinnerin des Schönheitswettbewerbs
Miss Türkei im Jahr 1929. /
Feriha Tevfik (1910 – 1991) was an actress, who starred together
with Berksoy in *İstanbul Sokakları* (1931). She also was the winner
of the Miss Turkey beauty contest in 1929.

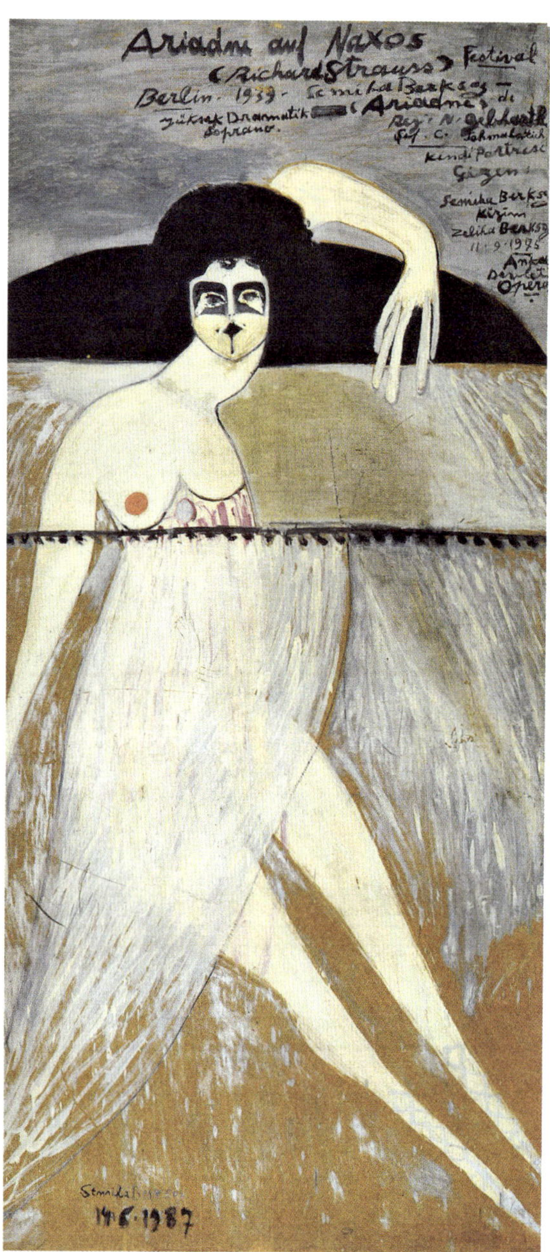

Ariadne auf Naxos (Ariadne on Naxos),
1987, Öl auf Hartfaserplatte / oil on hardboard,
244 × 122 cm, Sammlung / collection of
Beth Rudin DeWoody

Ariadne auf Naxos
(komponiert von / composed by Richard Strauss, 1912/1916)

In einem wohlhabenden Wiener Haus soll *Ariadne auf Naxos* –
eine tragische Oper über die todessehnsüchtige Ariadne –
zusammen mit einer komischen Burleske aufgeführt werden.
Der Komponist stimmt widerwillig zu, die beiden Stücke gleichzeitig aufzuführen. Auf der Bühne verwandelt sich Ariadnes
Verzweiflung in Liebe, als der Gott Bacchus erscheint. /
At a wealthy Viennese home, *Ariadne auf Naxos*—a tragic opera
about the heartbroken Ariadne awaiting death—is scheduled
alongside a comic burlesque. Ordered to perform simultaneously,
the Composer reluctantly agrees. Onstage, Ariadne's despair
transforms into love when the god Bacchus arrives.

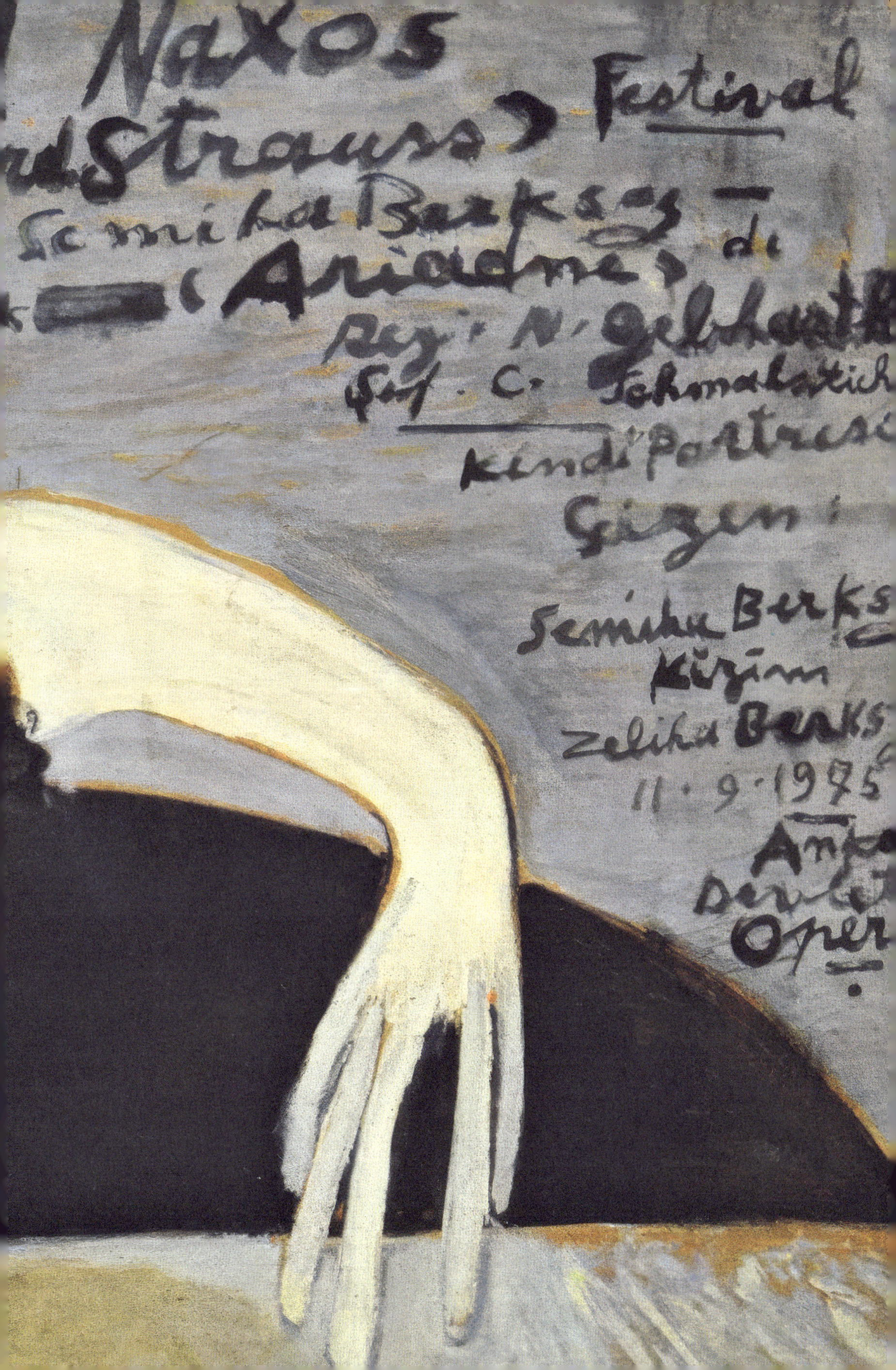

Naxos
rd Strauss > Festival
Semiha Berksoy —
< Ariadne > de
Rej. N. Gebhardt
Sef. C. Schmalstich
kendi Portresi
Gizem:

Semiha Berksoy
Kızım
Zeliha Berksoy
11 . 9 . 1975
Ankara
Devlet
Operası
!

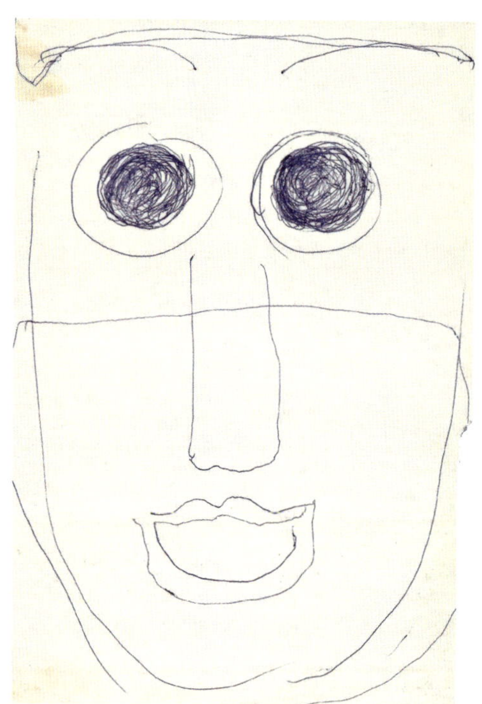

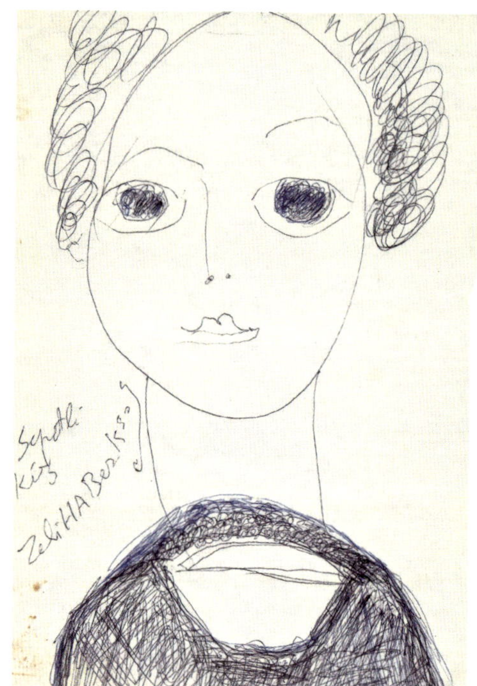

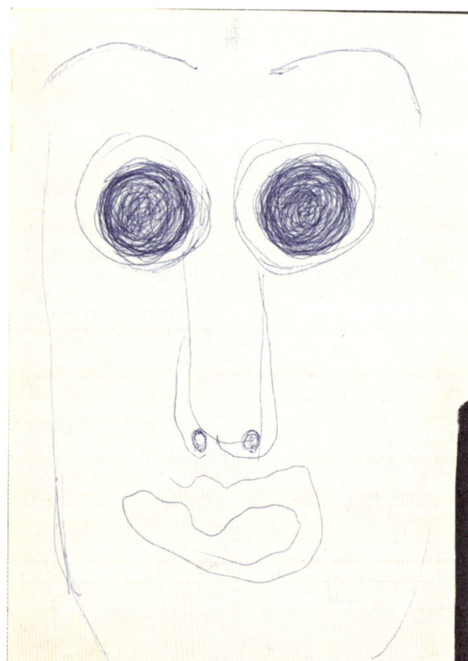

Ohne Titel / Untitled, 1988, Kugelschreiber auf
Papier / pen on paper, 33 × 39 cm, Courtesy
of the Estate of Semiha Berksoy and Galerist

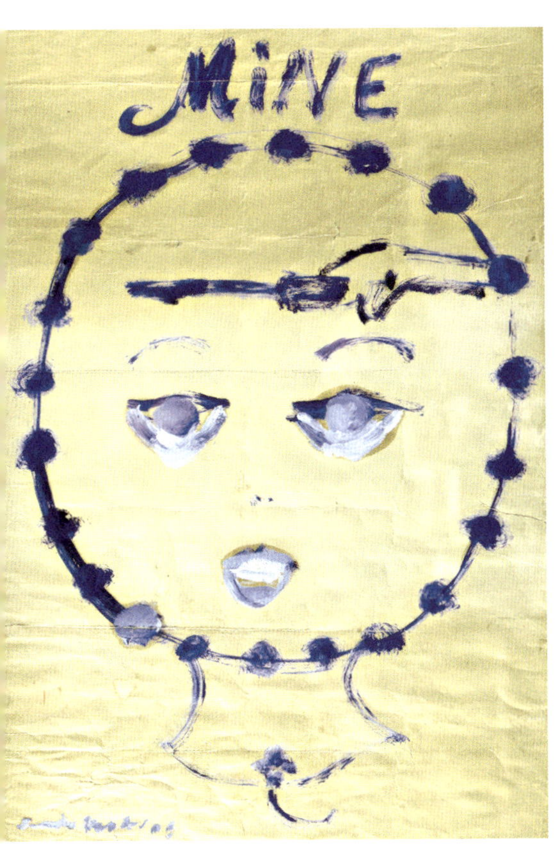

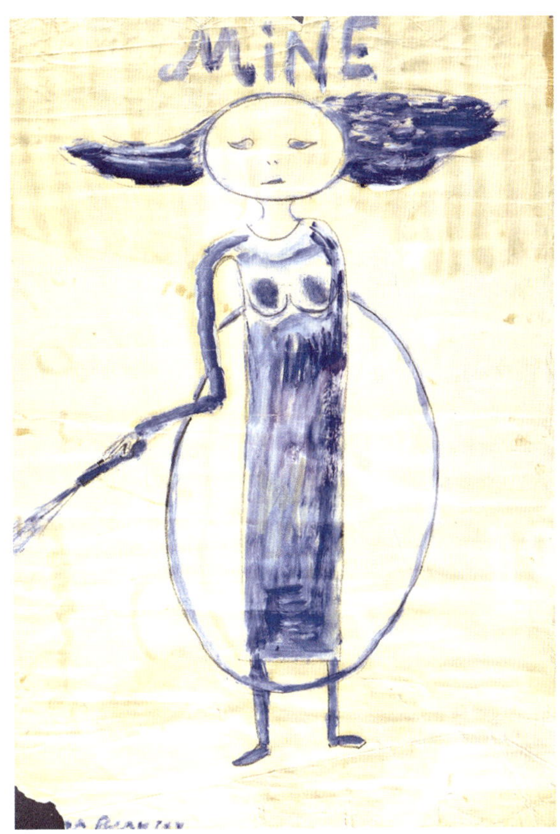

Mine, 1991, Öl auf Papier / oil on paper,
50 × 70 cm, Courtesy of the Estate of
Semiha Berksoy and Galerist

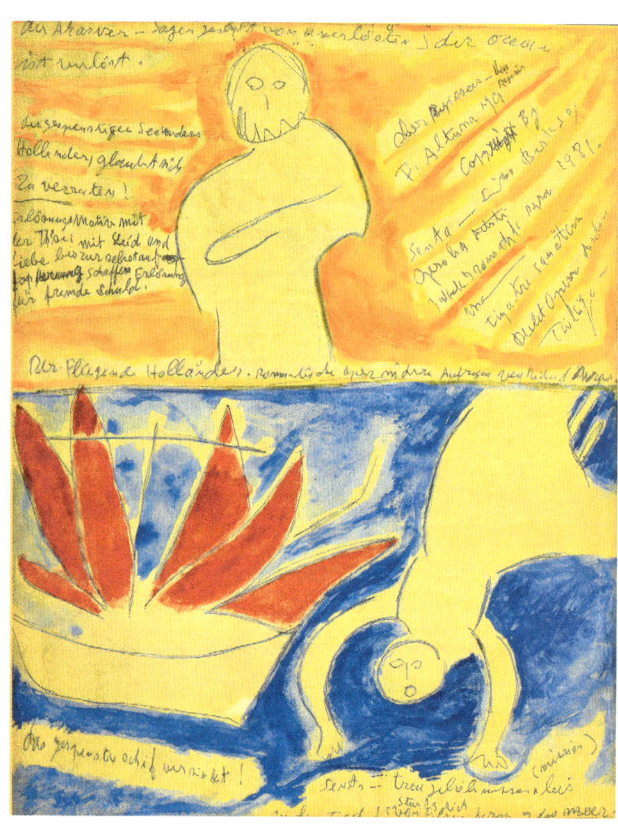

Uçan Hollandalı (Der fliegende Holländer /
The Flying Dutchman), 1987, Wasserfarbe und
Kugelschreiber auf Papier / watercolor and pen
on paper, 35 × 25 cm, Courtesy of the Estate
of Semiha Berksoy and Galerist

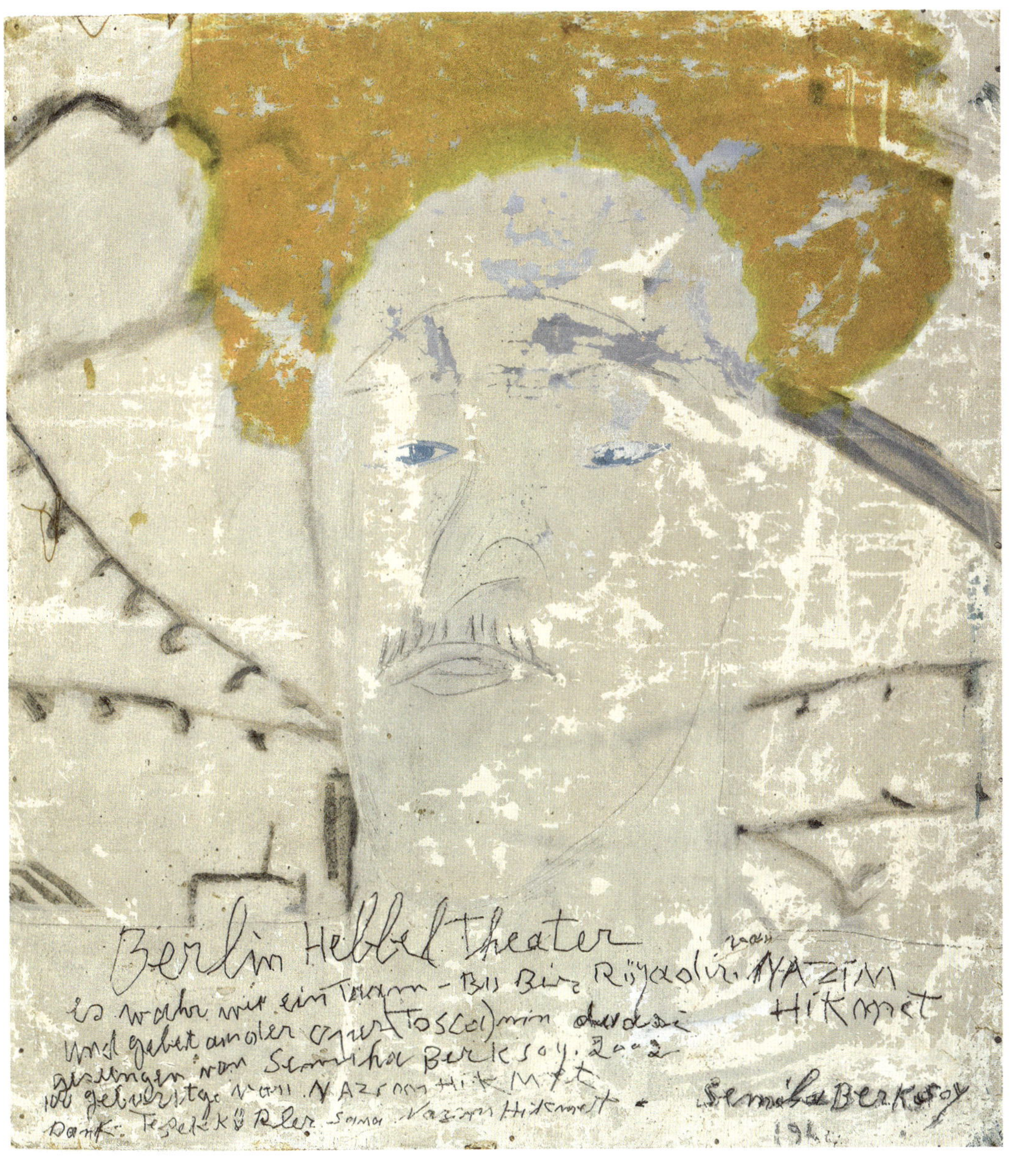

Nazım Hikmet, 1990, Öl auf Leinwand auf Hartfaserplatte / oil on canvas mounted on hardboard, 50 × 50 cm, Courtesy of the Estate of Semiha Berksoy and Galerist

Nâzım Hikmet (1902 – 1963) ist einer der berühmtesten türkischen Dichter. In den 1930er-Jahren wurde er aus politischen Gründen – er war Kommunist – in Bursa inhaftiert. Nach seiner Entlassung aus dem Gefängnis ging er 1951 nach Moskau. Obwohl er verheiratet war, hatte er seit Anfang der 1930er-Jahre eine Affäre mit Berksoy, die zeitweise dramatisch war. Dennoch behielt Berksoy ihn bis an ihr Lebensende als Liebhaber in Erinnerung. /
Nâzım Hikmet (1902 – 1963) was one of Türkiye's most famous poets. In the 1930s he was imprisoned in Bursa because of his Communist beliefs. In 1951, after being released from jail, he migrated to Moscow. Despite being married, he had an on-off affair with Berksoy, which began in the early 1930s and was at times unrequited. However, Berksoy would remember him as her lover until the end of her life.

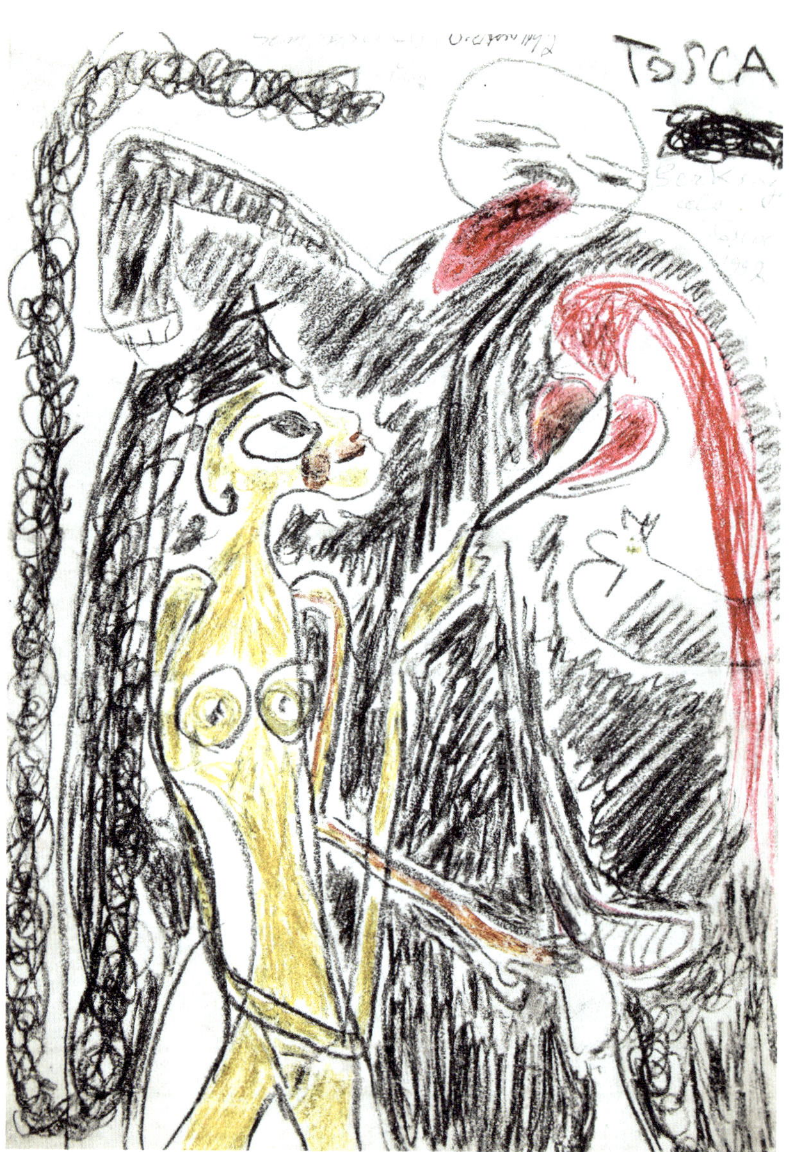

Tosca, 1990, Wachsstift auf Papier / wax crayon
on paper, 30 × 45 cm, Vorderseite links,
Rückseite rechts / front on the left, back on the
right, Courtesy of the Estate of Semiha
Berksoy and Galerist

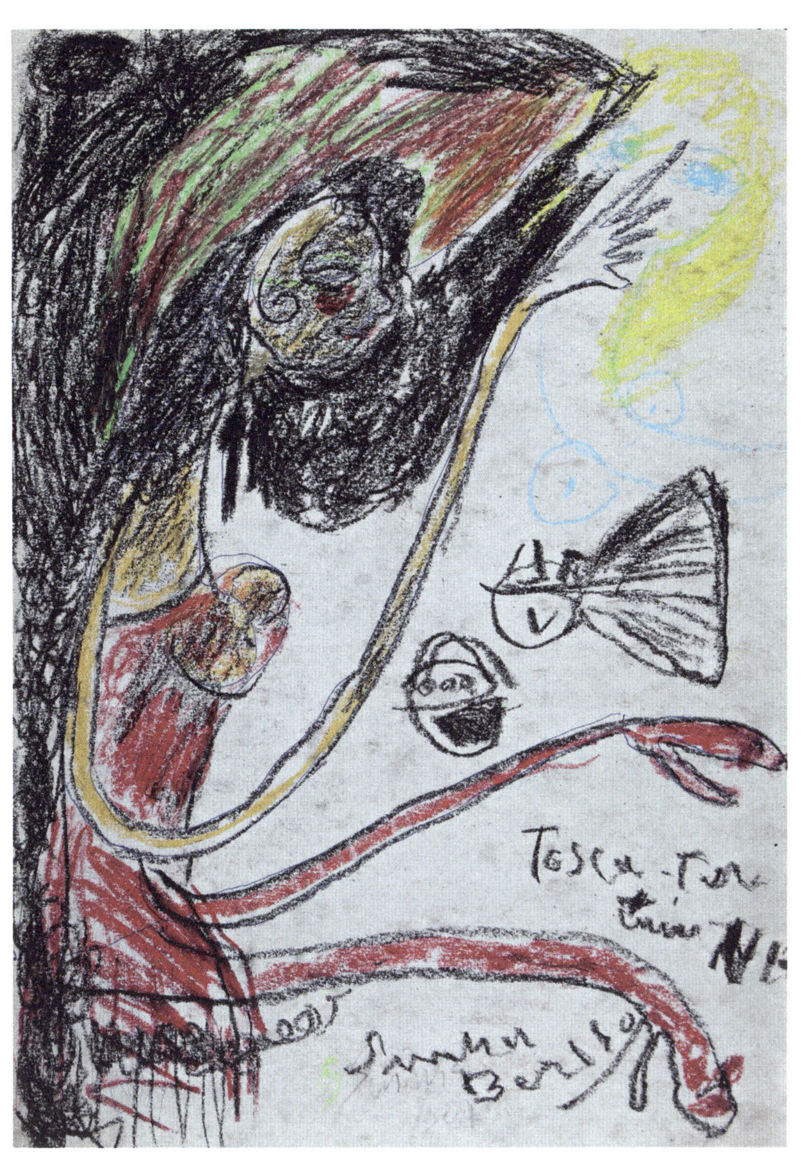
Tosca
Berlin

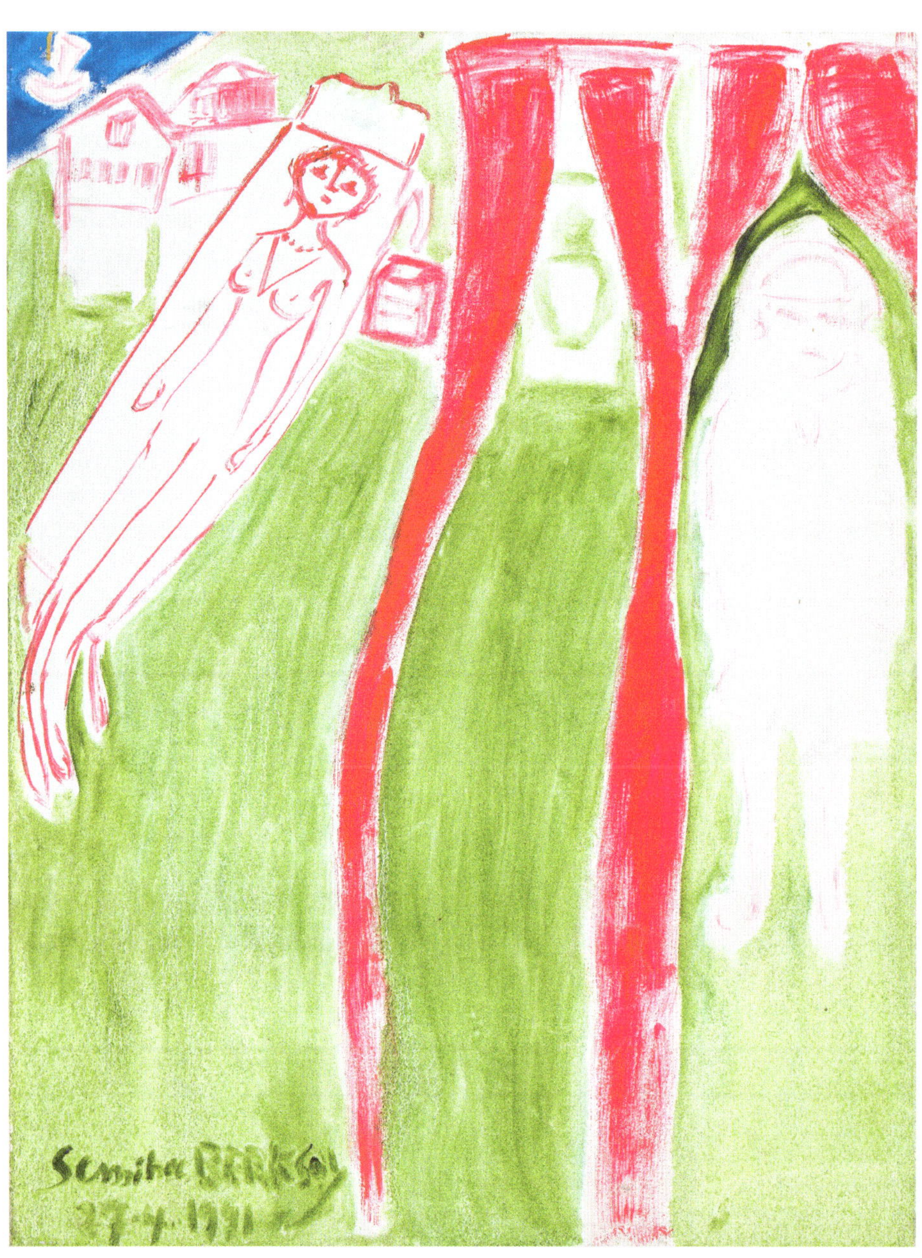

Semiha ve Annesi Doğduğu Evde (Semiha
und ihre Mutter in Semihas Geburtshaus /
Semiha and Her Mother in the House Semiha
Was Born in), 1991, Öl auf Leinand / oil on
canvas, 116 × 89 cm, Courtesy of the Estate
of Semiha Berksoy and Galerist

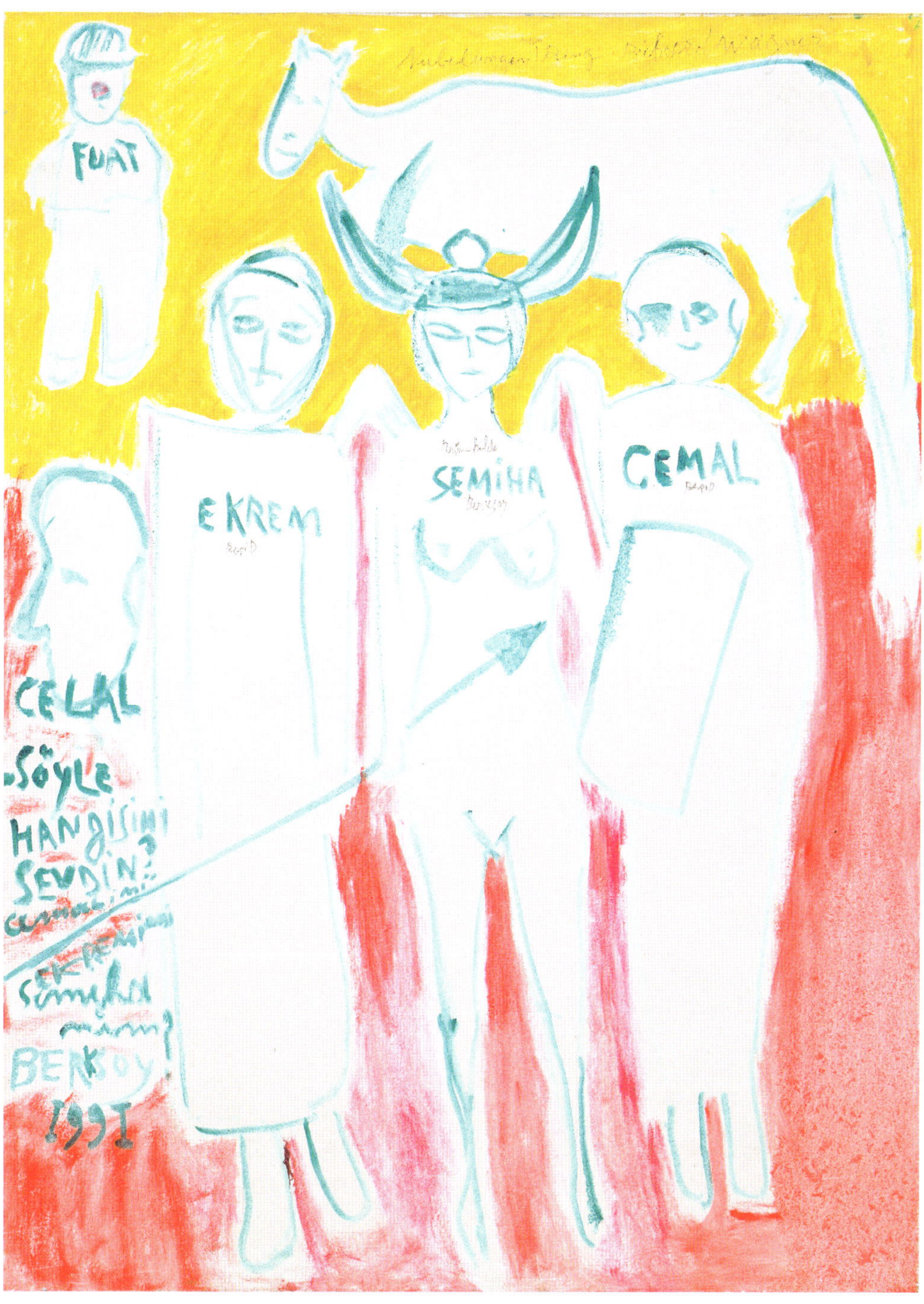

Rey Kardeşler ve Semiha (Die Rey-Brüder und Semiha / The Rey Brothers and Semiha), 1991, Öl auf Hartfaserplatte / oil on hardboard, 130 × 97 cm, Sammlung / collection of Mina Gürsel Tabanlıoğlu

Der Komponist Cemal Reşit Rey (1904 – 1985) und sein Bruder, der Dramatiker Ekrem Reşit Rey (1900 – 1959), arbeiteten wiederholt mit Berksoy in der Türkei zusammen, zum Beispiel in der Operette *Lüküs Hayat* (1933) und dem Bühnenstück Saz Caz (1935), in dem sie die Hauptrollen spielte. /

The composer Cemal Reşit Rey (1904 – 1985) and his brother the playwright Ekrem Reşit Rey (1900 – 1959) worked repeatedly with Berksoy in Türkiye, for example in the operetta *Lüküs Hayat* (1933) and the stage piece Saz Caz (1935), which she starred in.

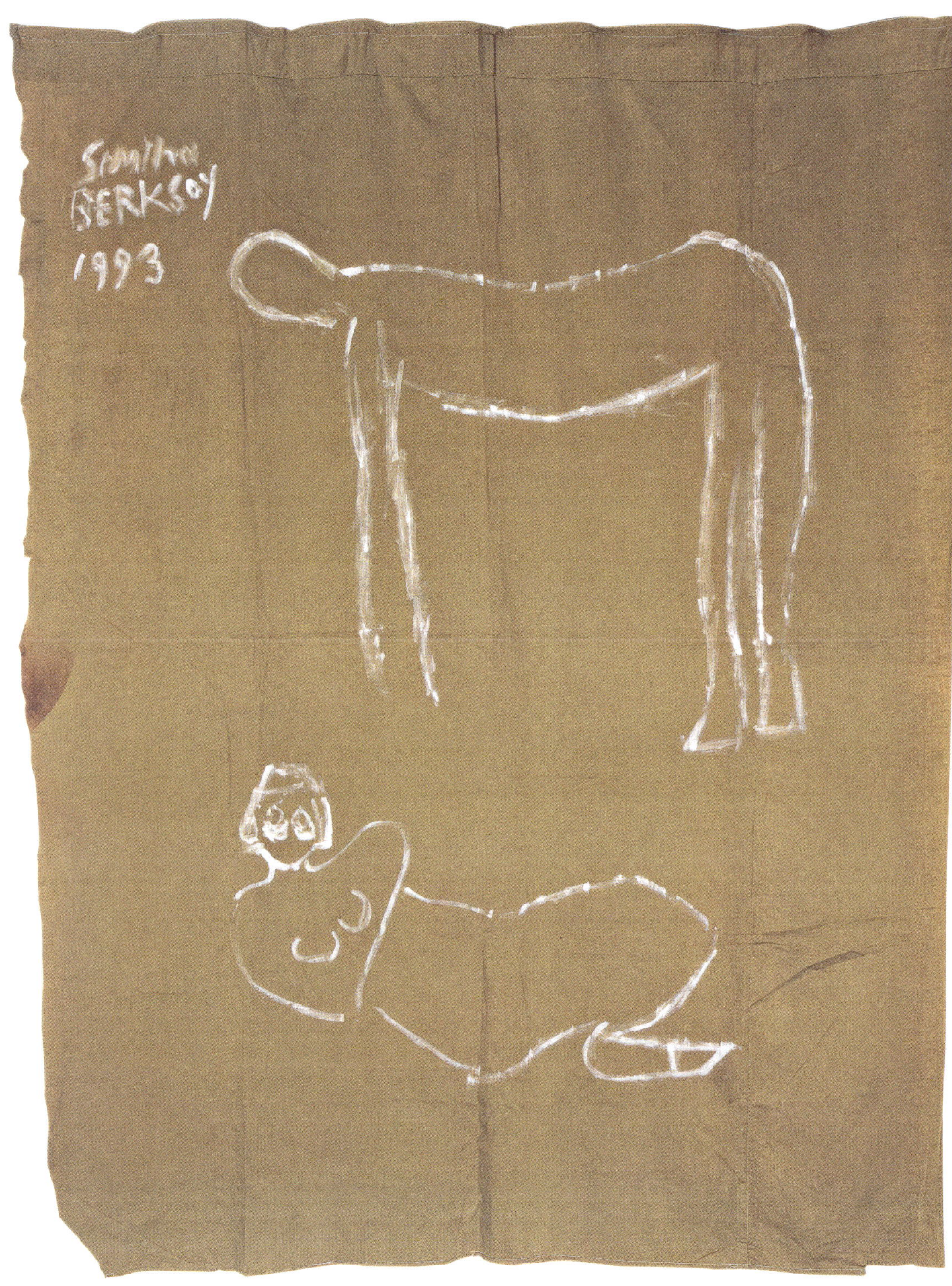

Ariadne ve Bacchus (Ariadne und Bacchus /
Ariadne and Bacchus), 1994, Öl auf Tuch /
oil on cloth, 217 × 170 cm, Courtesy of the Estate
of Semiha Berksoy and Galerist

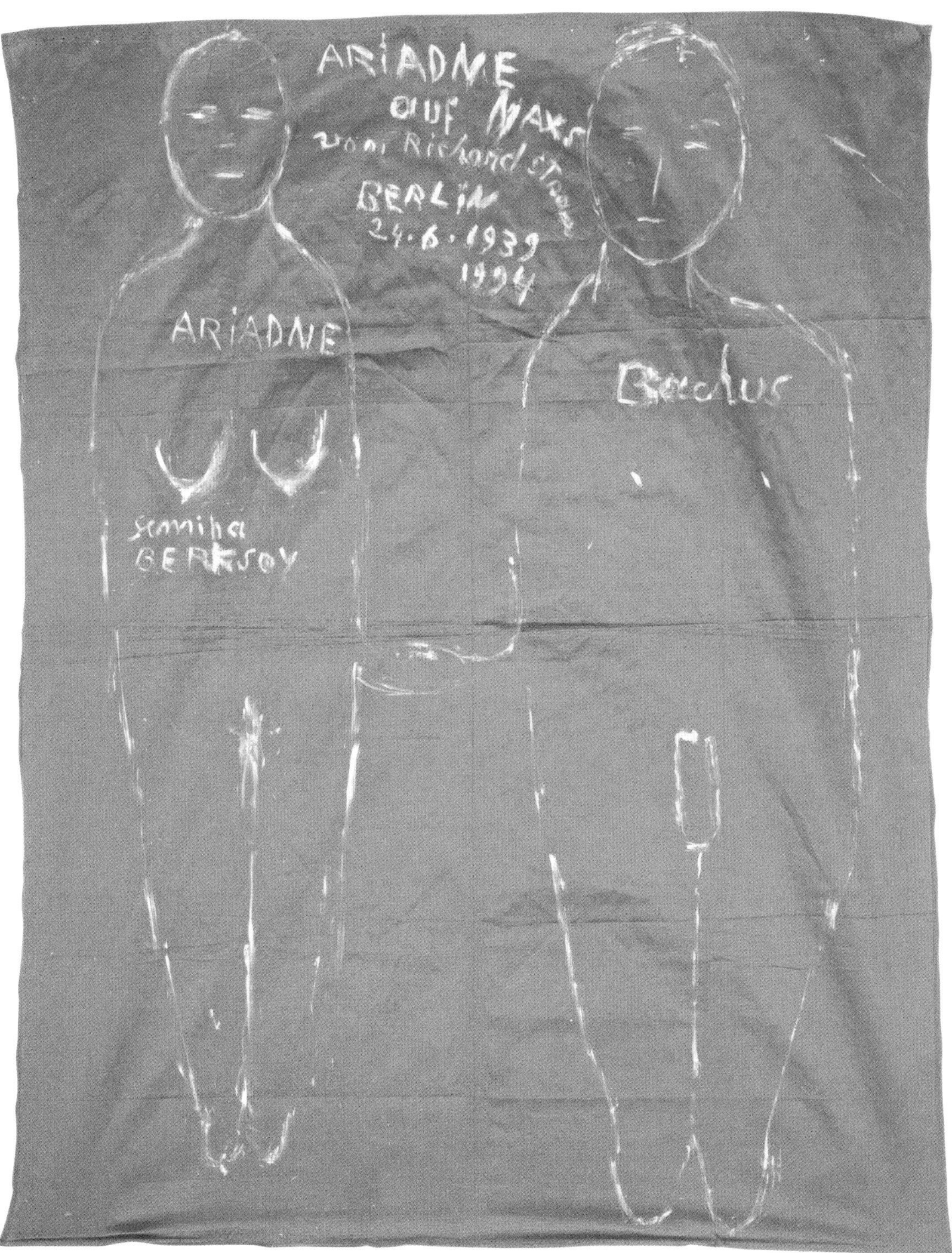

Ariadne ve Bacchus (Ariadne und Bacchus /
Ariadne and Bacchus), 1994, Öl auf Tuch /
oil on cloth, 217 × 170 cm, Courtesy of the Estate
of Semiha Berksoy and Galerist

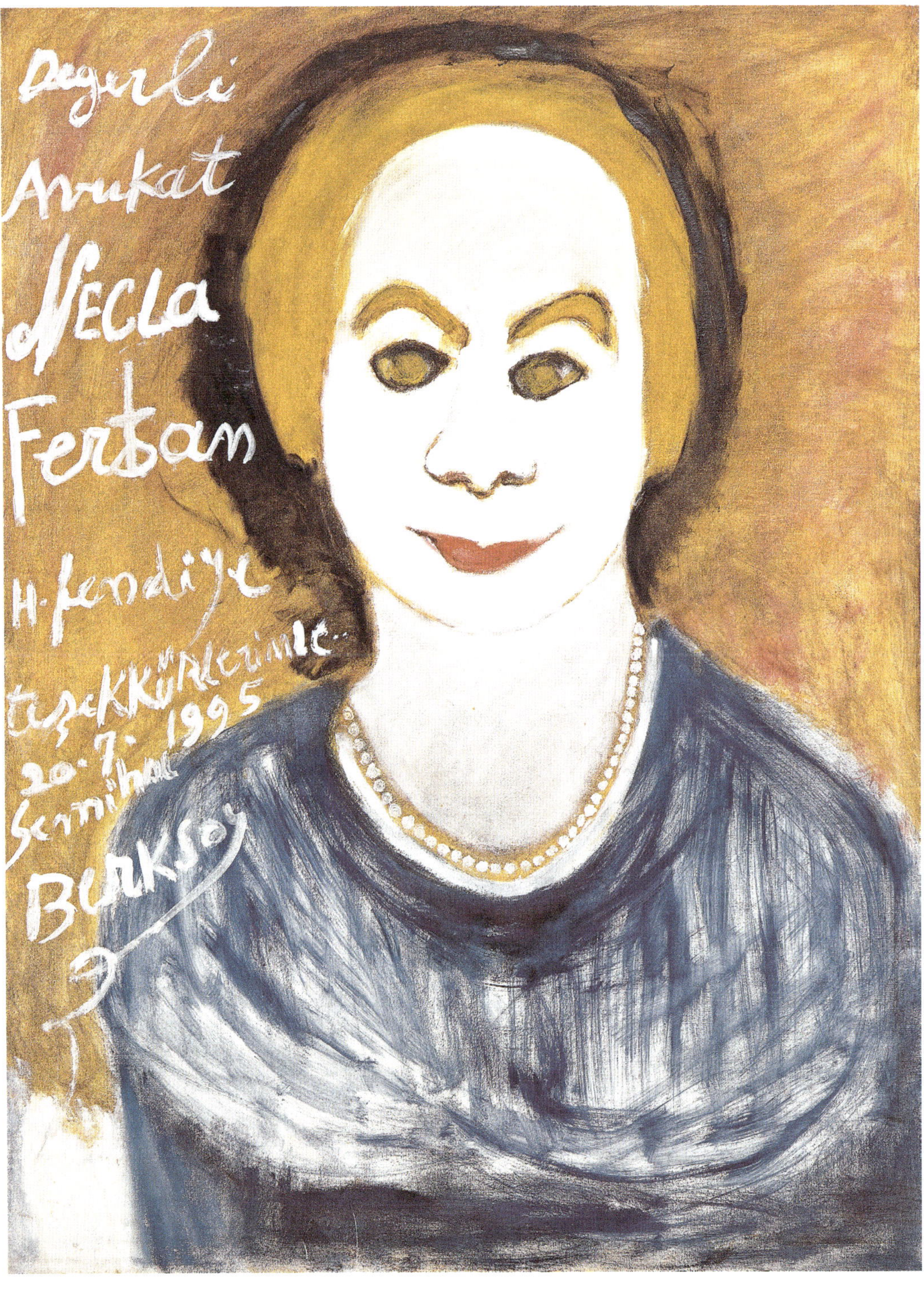

Necla Fertan, 1995, Öl auf Leinwand /
oil on canvas, 79 × 59 cm, Courtesy of the
Estate of Semiha Berksoy and Galerist

Necla Fertan (1926 – 2000) war eine politisch linke Aktivistin und
Anwältin. Sie war eine Freundin von Berksoy und gründete die
Berksoy-Opern-Stiftung. /
Necla Fertan (1926 – 2000) was a leftist political activist and
lawyer. She was a friend of Berksoy's and established the Berksoy
Opera Foundation.

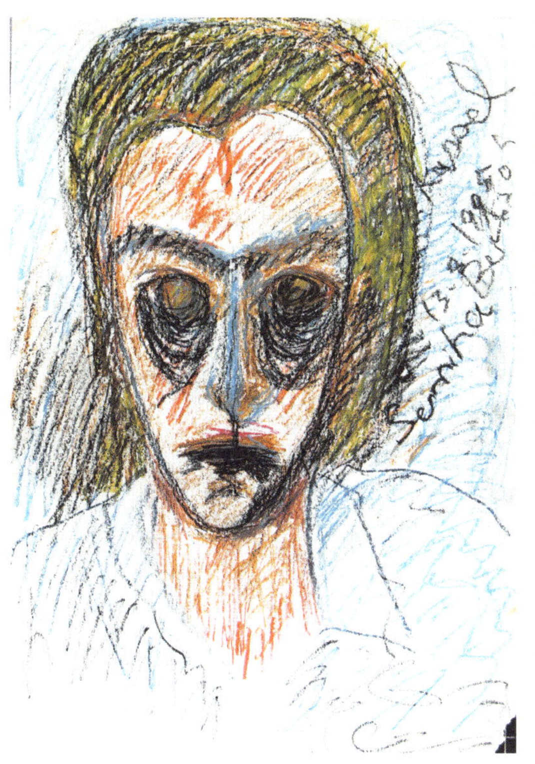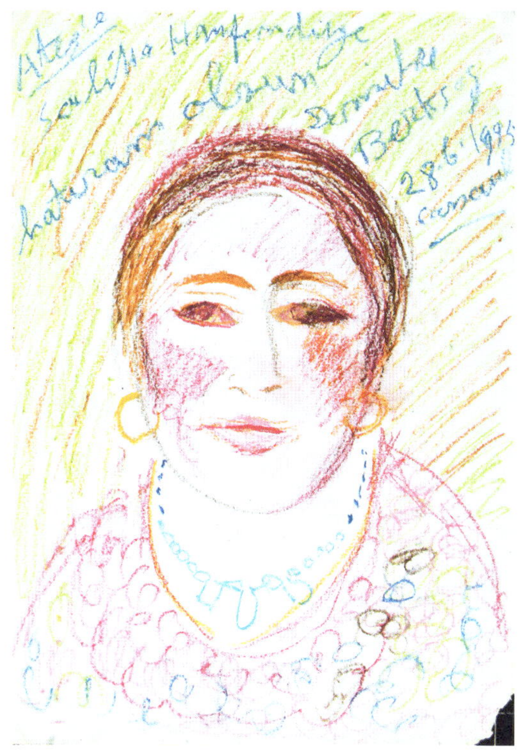

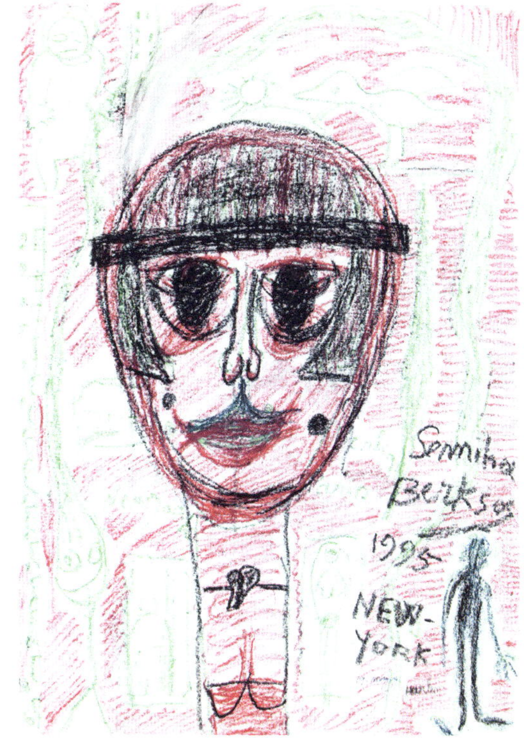

1   *Kassel*, 1995, Wachsstift auf Papier /
wax crayon on paper, 43,5 × 32,5 cm,
Courtesy of the Estate of Semiha Berksoy
and Galerist

2   *New York*, 1995, Wachsstift auf Papier /
wax crayon on paper, 47,5 × 33,5 cm,
Courtesy of the Estate of Semiha Berksoy
and Galerist

3   *Saliha*, 1995, Wachsstift auf Papier /
wax crayon on paper, 43,5 × 32,5 cm,
Courtesy of the Estate of Semiha Berksoy
and Galerist

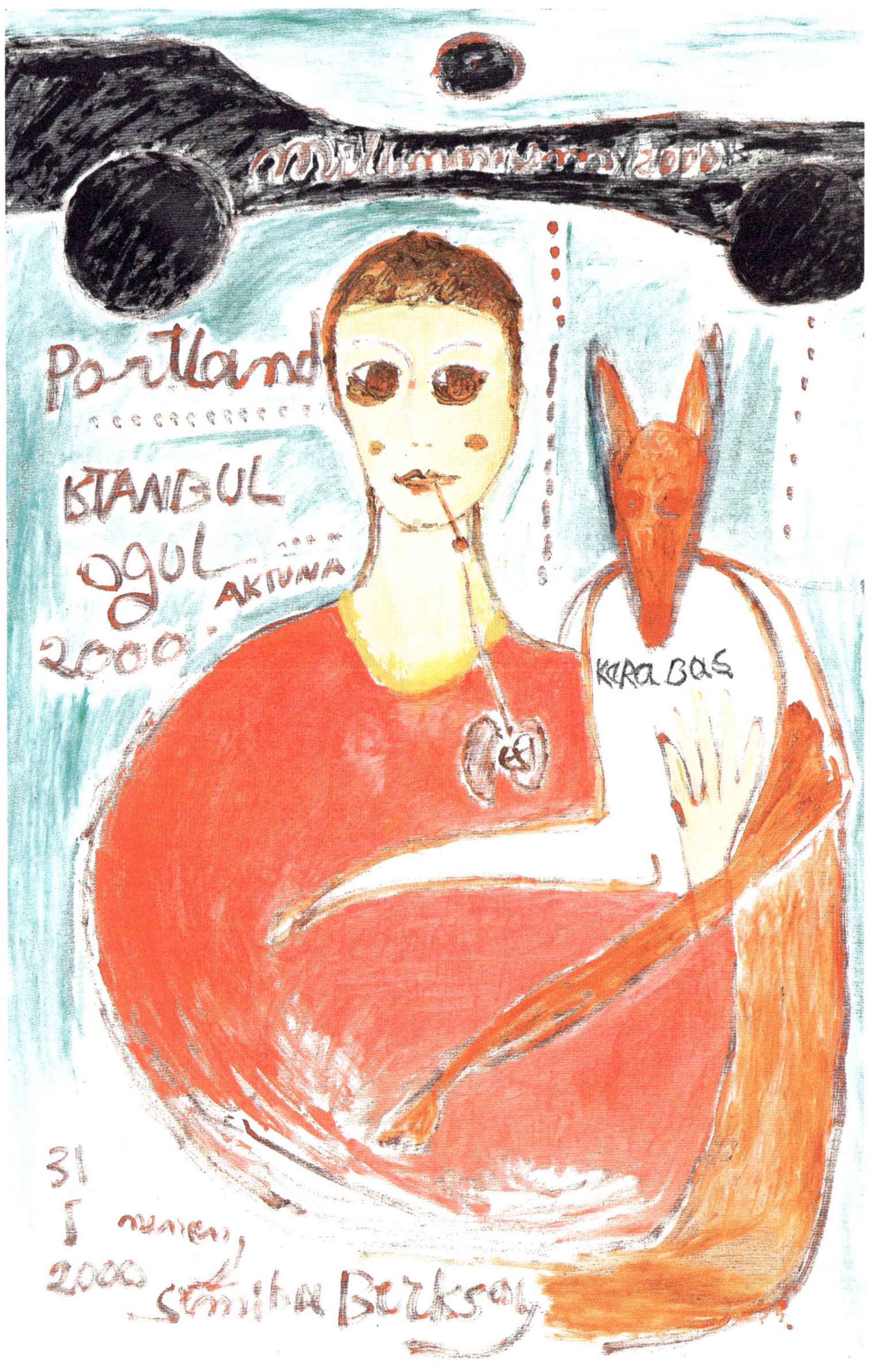

Oğul Aktuna ve Köpeği Karabaş (Oğul Aktuna
und sein Hund Karabaş / Oğul Aktuna and
His Dog Karabaş), 2000, Öl auf Leinwand /
oil on canvas, 119 × 79,5 cm, Courtesy of the
Estate of Semiha Berksoy and Galerist

Oğul Aktuna (*1971) ist der Sohn von Yıldırım Aktuna und
Berksoys Tochter Zeliha. Er ist Wirtschaftswissenschaftler und
lebt in der Türkei. /
Oğul Aktuna (*1971) is the son of Yıldırım Aktuna and Berksoy's
daughter Zeliha. He is an economist and lives in Türkiye.

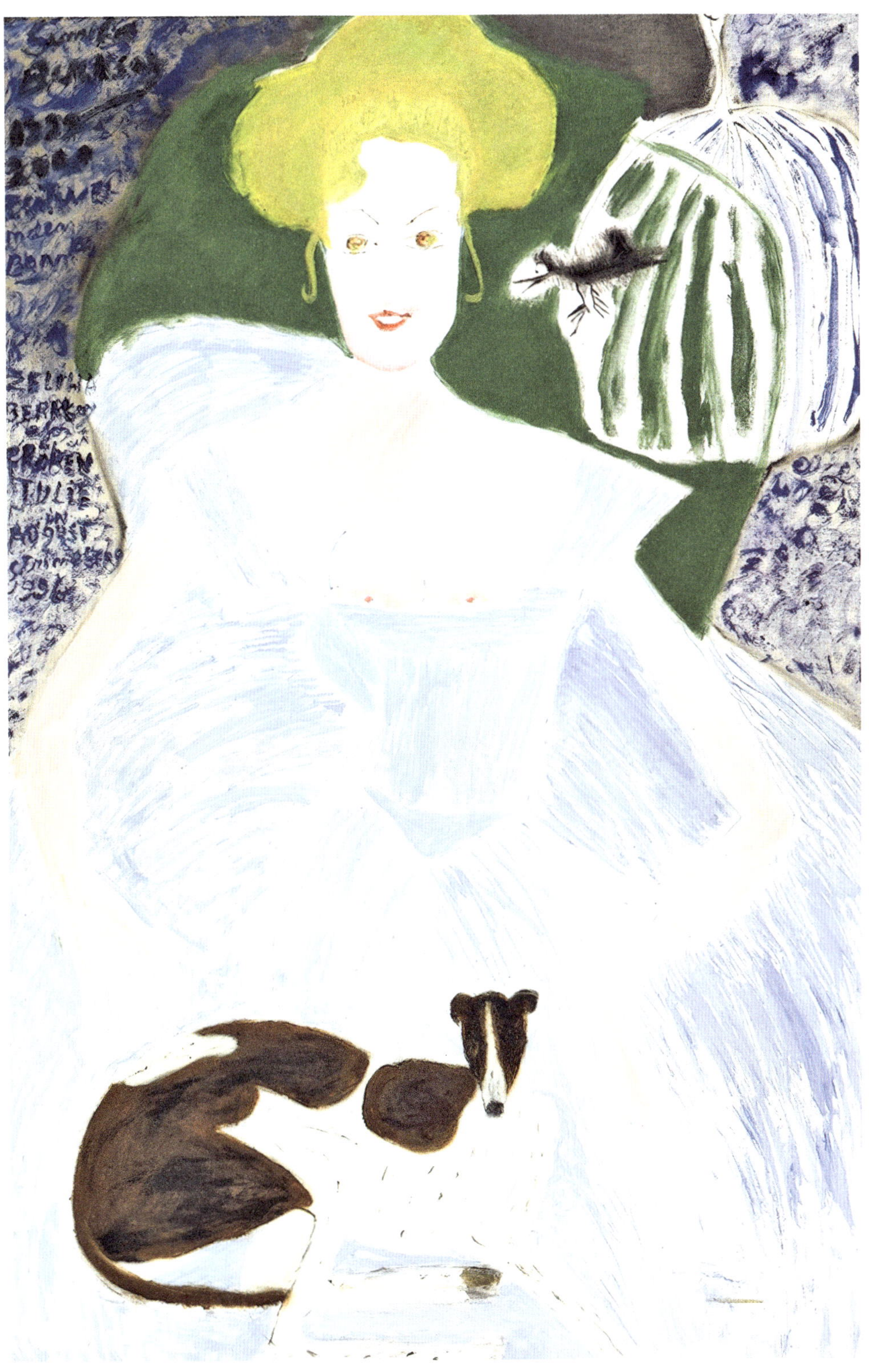

Matmazel Julie Rolünde Semiha Berksoy
(Zeliha Berksoy als Mademoiselle Julie /
Zeliha Berksoy as Mademoiselle Julie), 1996,
Öl auf Leinwand / oil on canvas, 119 × 79 cm,
Courtesy of the Estate of Semiha Berksoy
and Galerist

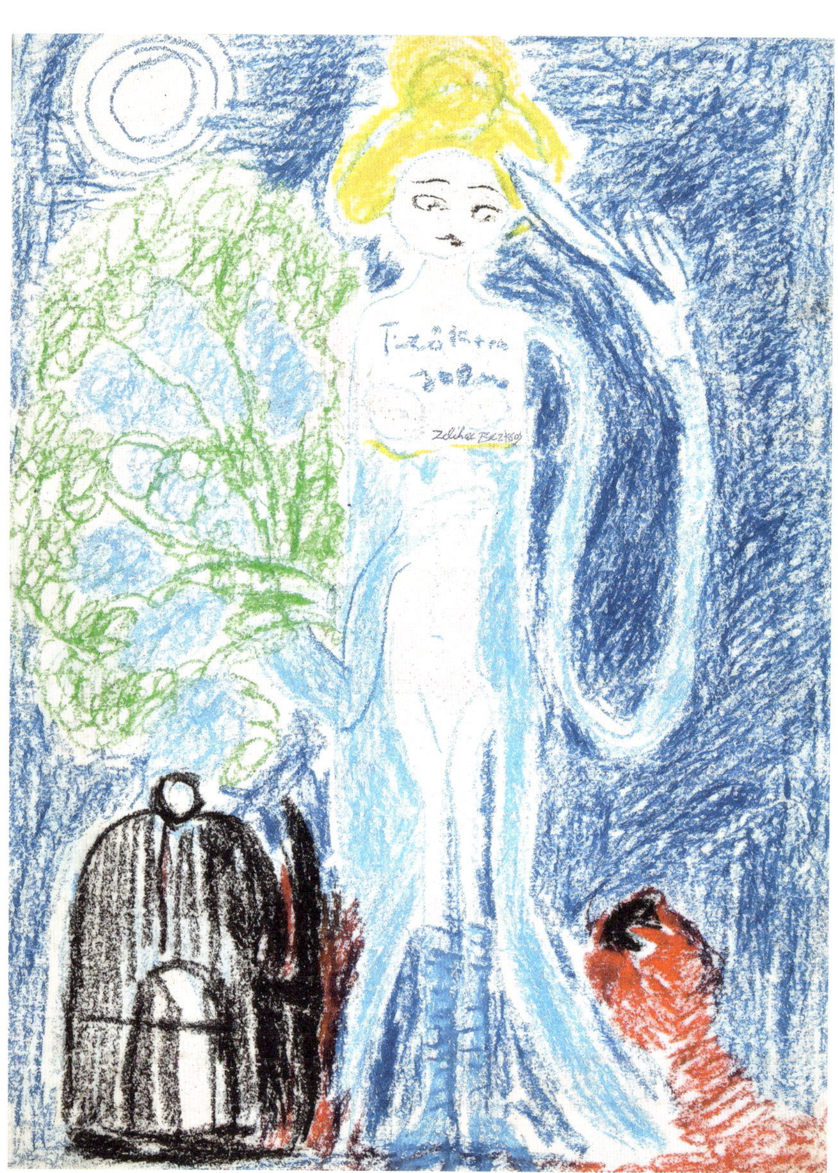

Fröken Julie (Fräulein Julie / Miss Julie), 1996,
Wachstift auf Papier / wax crayon on paper,
45 × 30 cm, Courtesy of the Estate of Semiha
Berksoy and Galerist

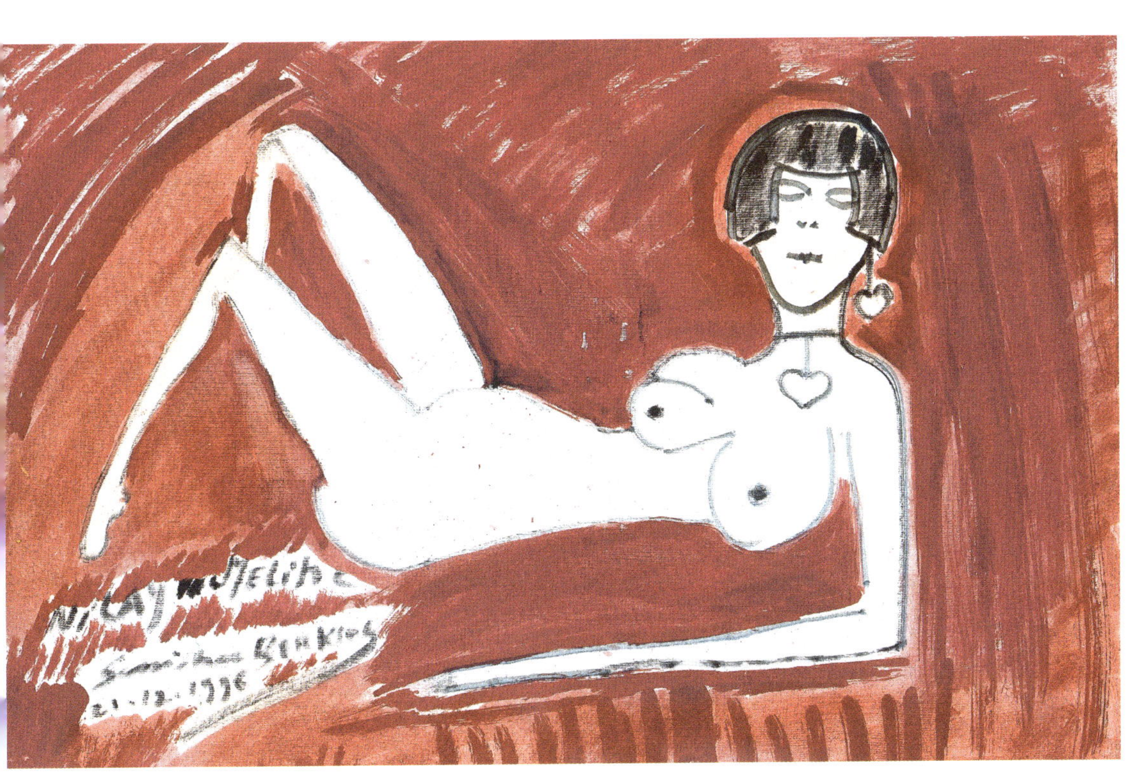

Nü [Otoportre] (Akt [Selbstporträt]) / Nude
[Self-Portrait]), 1996, Öl auf Leinwand / oil
on canvas, 50 × 70 cm, Sammlung / collection
of Melih Güneş

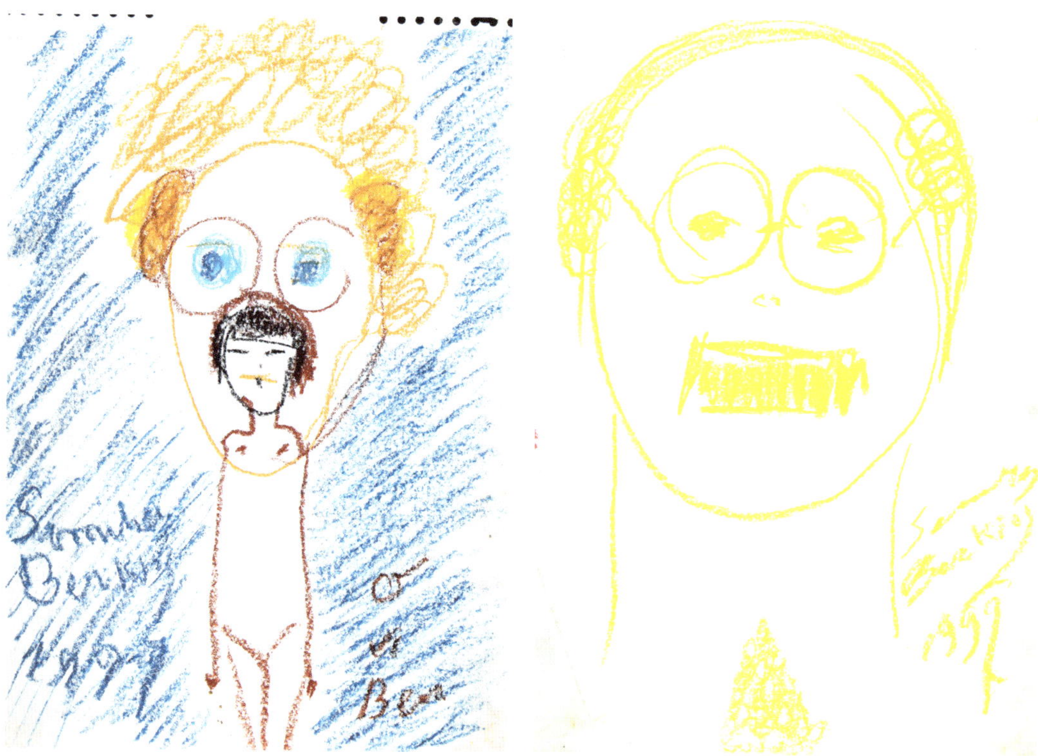

1

2

1   *O ve Ben* (Er und ich / Him and I), 1997,
    Wachsstift auf Papier / wax crayon on
    paper, 45 × 30 cm, Courtesy of the Estate
    of Semiha Berksoy and Galerist

2   *Dr. Bingür Sönmez*, 1997, Wachsstift auf
    Papier / wax crayon on paper, 45 × 30 cm,
    Courtesy of the Estate of Semiha Berksoy
    and Galerist

3   *Anjiyo* (Angio), 1997, Wachsstift auf Papier /
    wax crayon on paper, 30 × 45 cm,
    Courtesy of the Estate of Semiha Berksoy
    and Galerist

4   *Muayene* (Untersuchung / Examination),
    1997, Wachsstift auf Papier / wax crayon
    on paper, 30 × 45 cm, Courtesy of the
    Estate of Semiha Berksoy and Galerist

Bingür Sönmez (*1952) war einer von Semihas Ärzten im
Florence Nightingale Hospital in Istanbul. Er ist spezialisiert
auf kardiovaskuläre Operationen. /
Bingür Sönmez (*1952) was one of Semiha's doctors in the
Florence Nightingale Hospital in Istanbul. He is specialized
in cardiovascular surgeries.

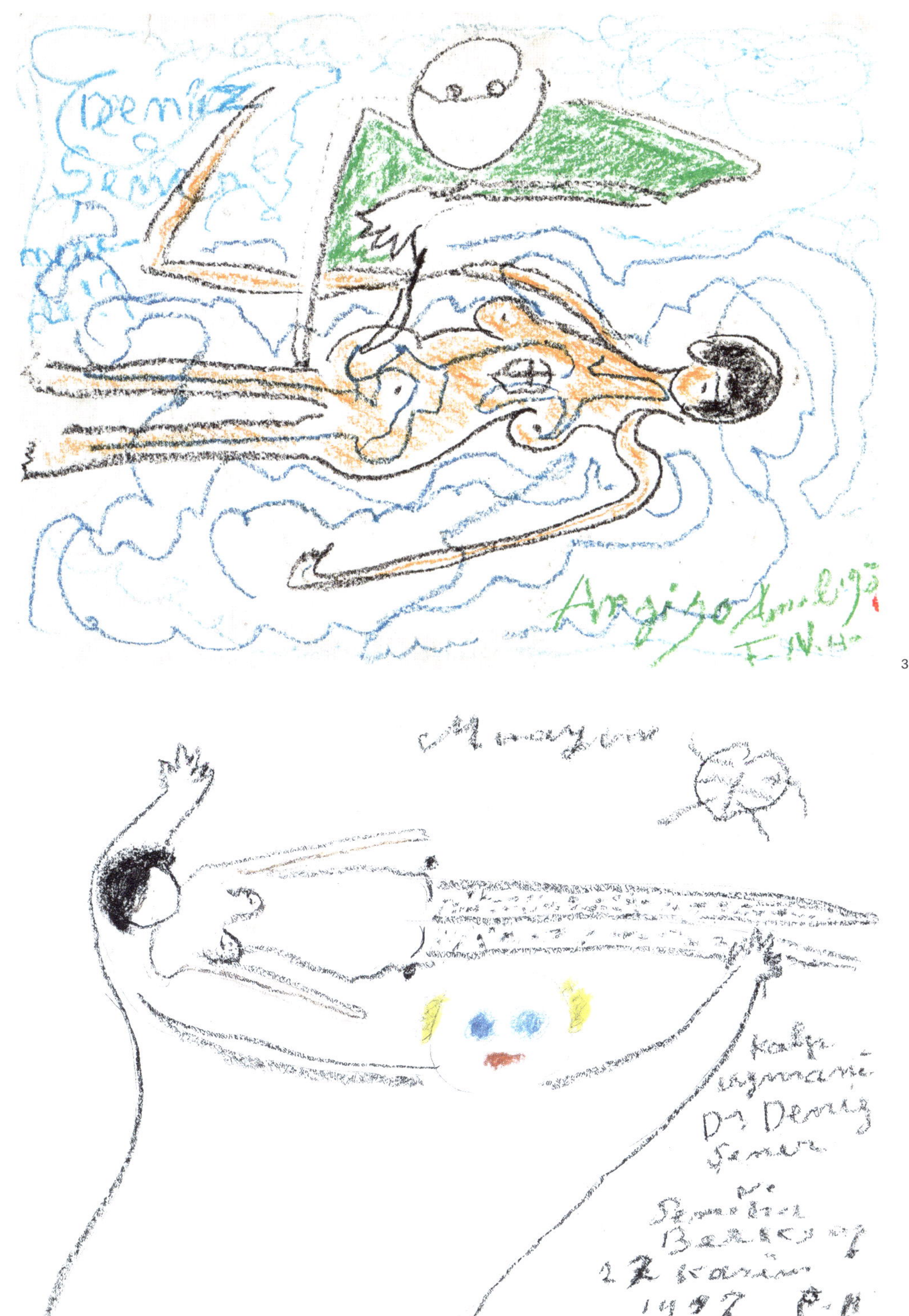

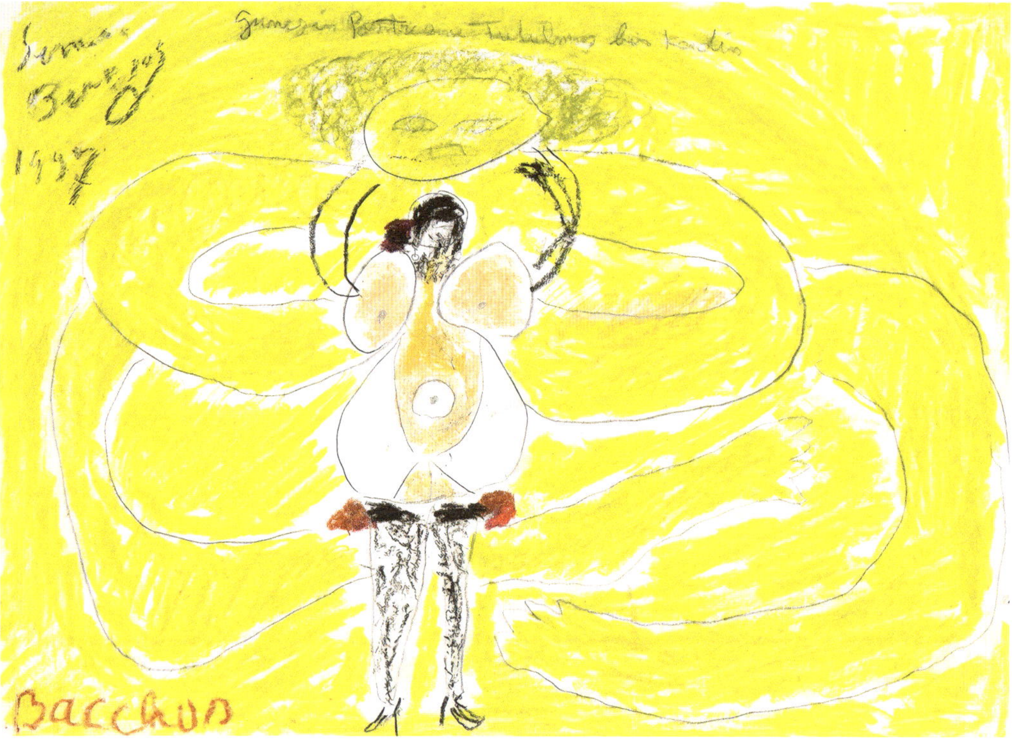

1

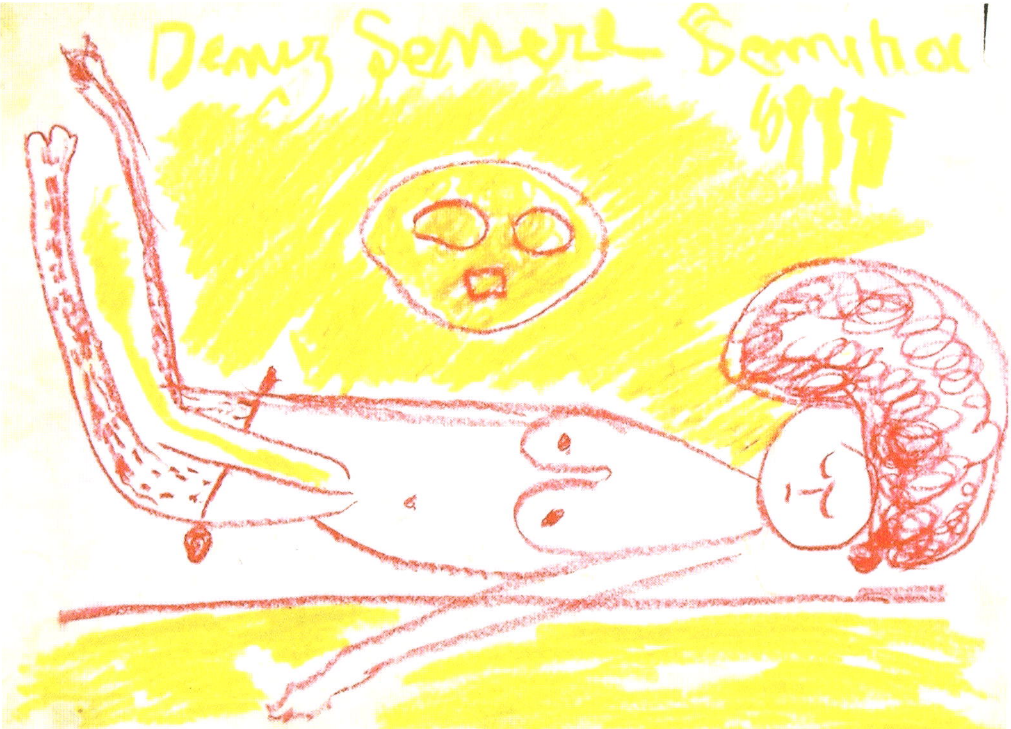

2

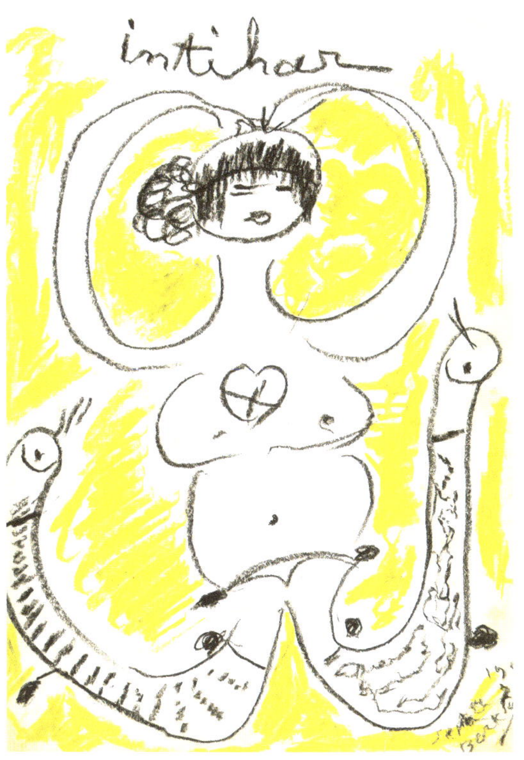

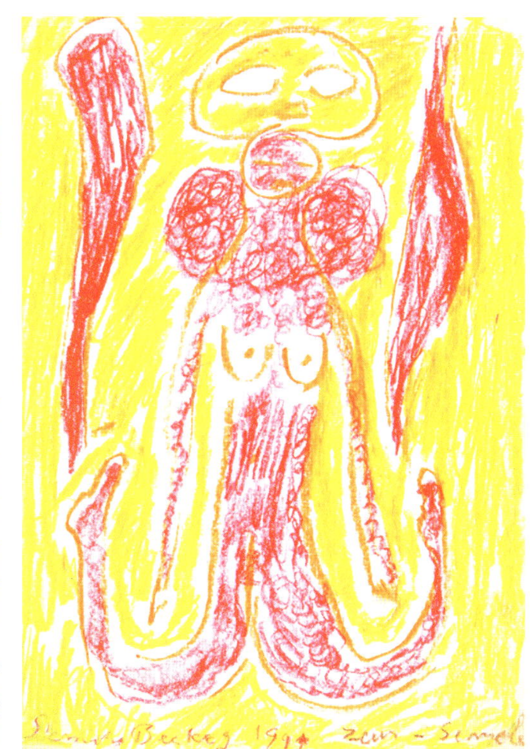

3

4

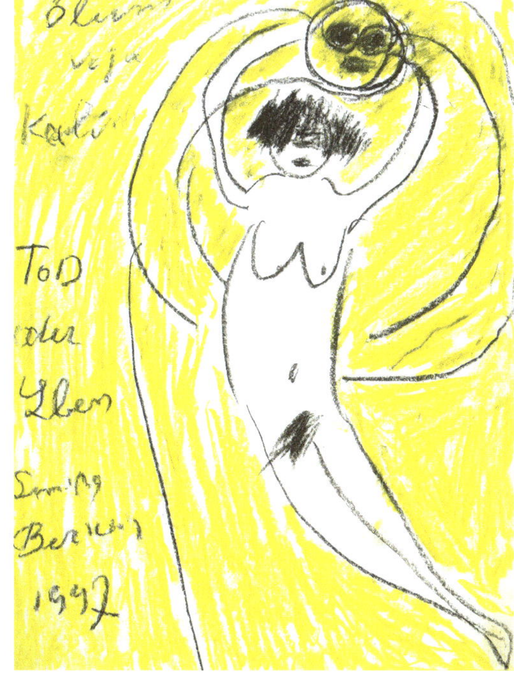

5

1   *Güneşin Portresine Tutulmuş Kadın* (Frau
    im Porträt der Sonne gefangen / Woman
    in Love with the Portrait of the Sun), 1998,
    Wachsstift auf Papier / wax crayon on
    paper, 30 × 45 cm, Courtesy of the Estate
    of Semiha Berksoy and Galerist

2   *Hastane* (Krankenhaus / Hospital), 1998,
    Wachsstift auf Papier / wax crayon on
    paper, 30 × 45 cm, Courtesy of the Estate
    of Semiha Berksoy and Galerist

3   *İntihar* (Freitod / Suicide), 1997, Wachsstift
    auf Papier / wax crayon on paper, 45 × 30 cm,
    Courtesy of the Estate of Semiha Berksoy
    and Galerist

4   *Zeus – Semele*, 1997, Wachsstift auf Papier /
    wax crayon on paper, 34,5 × 24,5 cm,
    Courtesy of the Estate of Semiha Berksoy
    and Galerist

5   *Ölüm veya Kalım* (Tod oder Überleben /
    Death or Survival), 1997, Wachsstift auf
    Papier / wax crayon on paper, 24,5 × 34,5 cm,
    Courtesy of the Estate of Semiha Berksoy
    and Galerist

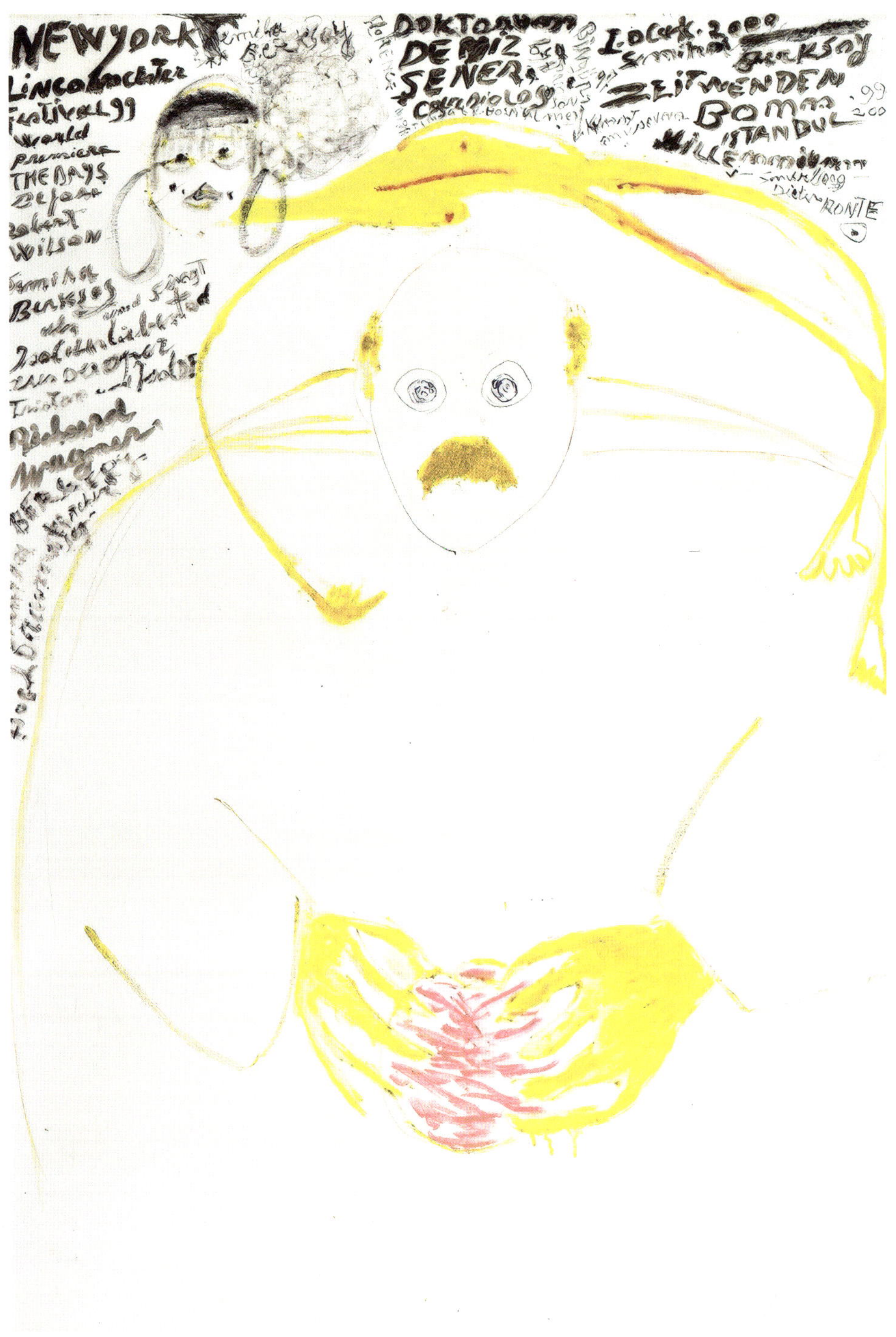

Güneşin Portresine Tutulmuş Kadın (Frau
im Porträt der Sonne gefangen / Woman in Love
with the Portrait of the Sun), 1998, Wachsstift
auf Papier / wax crayon on paper, 30 × 45 cm,
Courtesy of the Estate of Semiha Berksoy
and Galerist

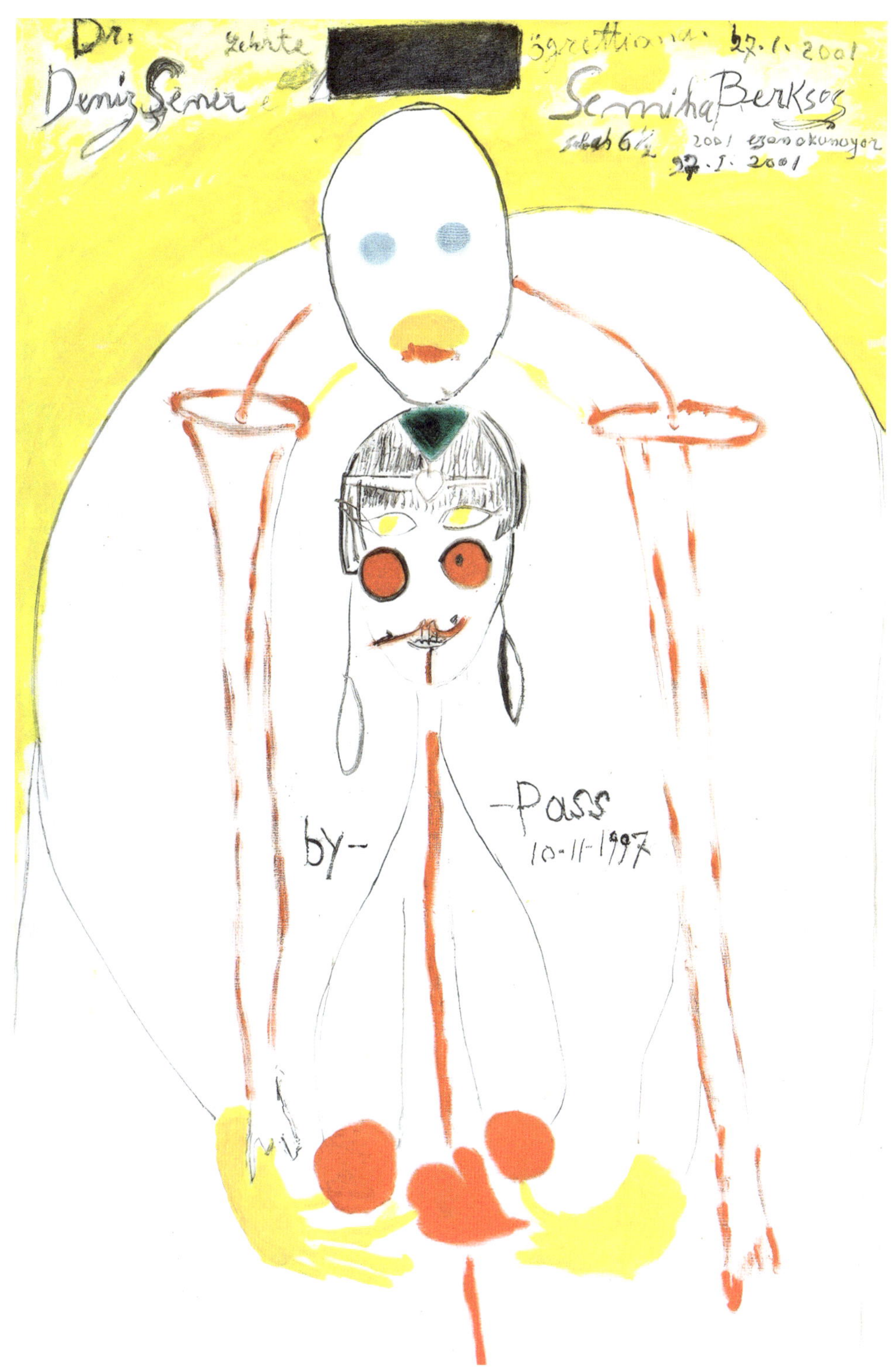

Dr. Deniz Şener Portresi ve Semiha Berksoy
(Das Porträt von Dr. Deniz Şener und Semiha
Berksoy / The Portrait of Dr. Deniz Şener and
Semiha Berksoy), 2000, Öl auf Leinwand / oil on
canvas, 120 × 80 cm, Courtesy of the Estate
of Semiha Berksoy and Galerist

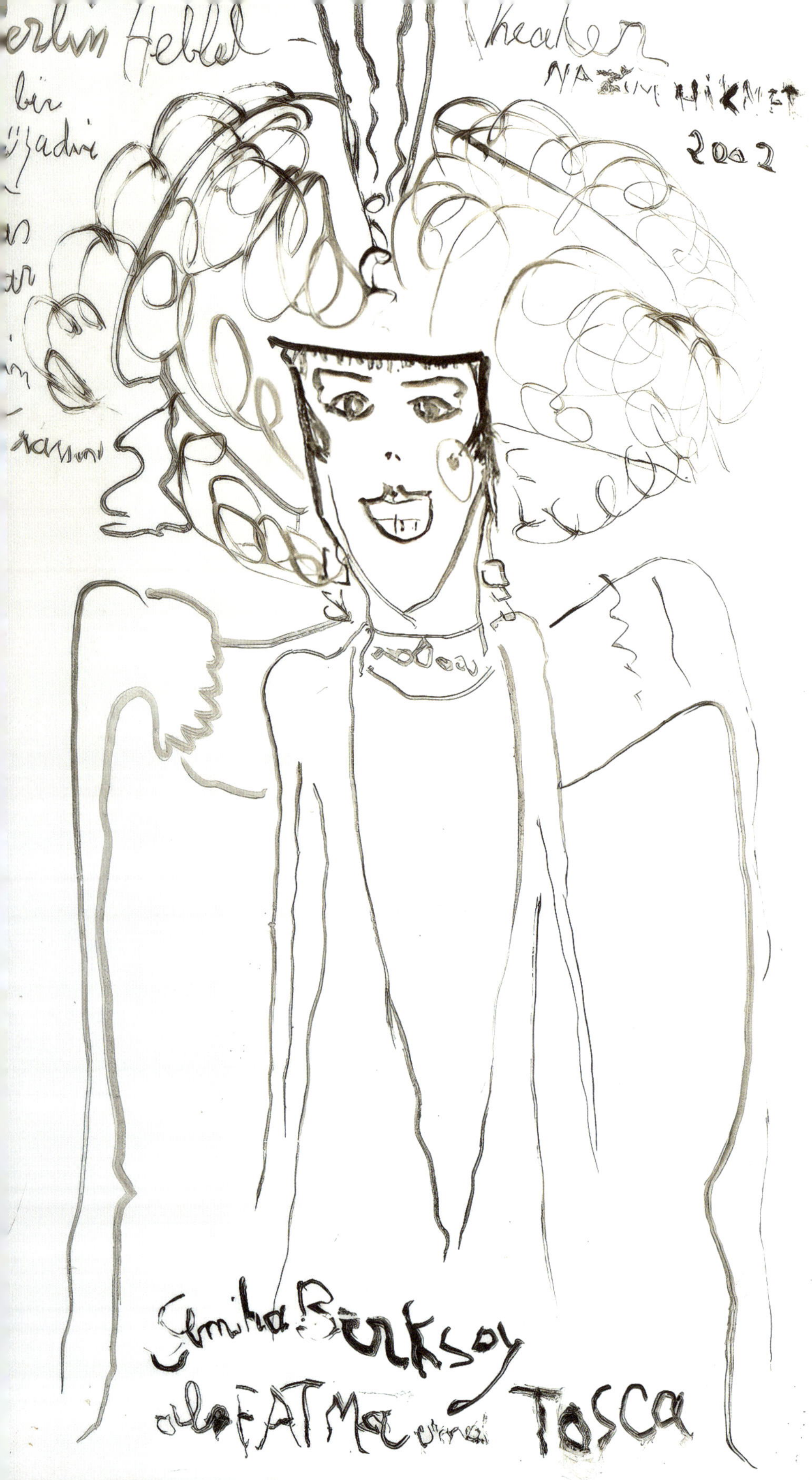

Berlin Hebbel - Theater

NAZIM HIKMET
2002

bir
Izadne

Emiha Berksoy
als FATMa und TOSCA

1

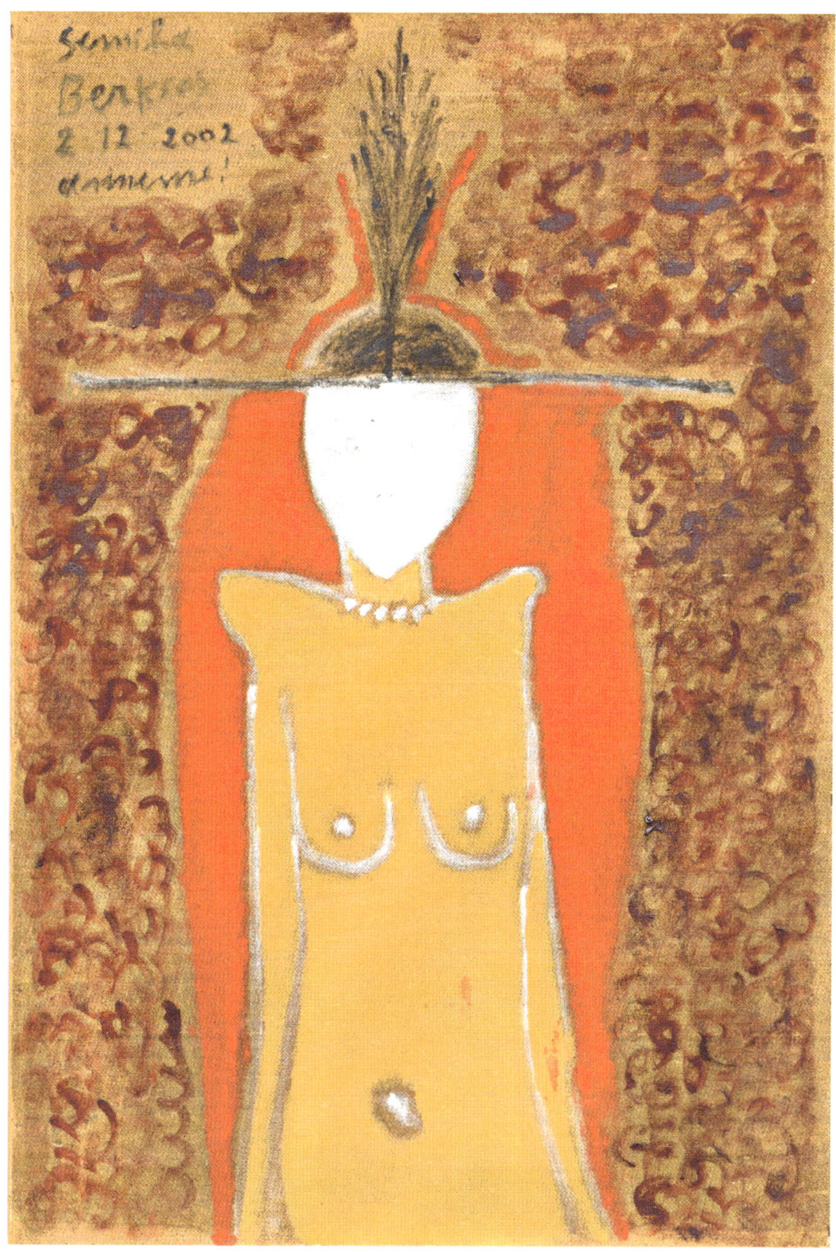

2

1   *"Bu Bir Rüyadır" Operetinden Fatma* (Fatma
    aus der Operette "Das ist ein Traum" /
    Fatma from the Operetta "This is a Dream"),
    2002, Öl auf Kühlschranktür / oil on refrig-
    erator door, 120 × 80 cm, Courtesy of the
    Estate of Semiha Berksoy and Galerist

2   *Annem'e Otoportre* (Selbstporträt für
    meine Mutter / Self-Portrait for My Mother),
    2002, Öl auf Holzfaserplatte / oil on hard-
    board, 112 × 76 cm, Courtesy of the Estate
    of Semiha Berksoy and Galerist

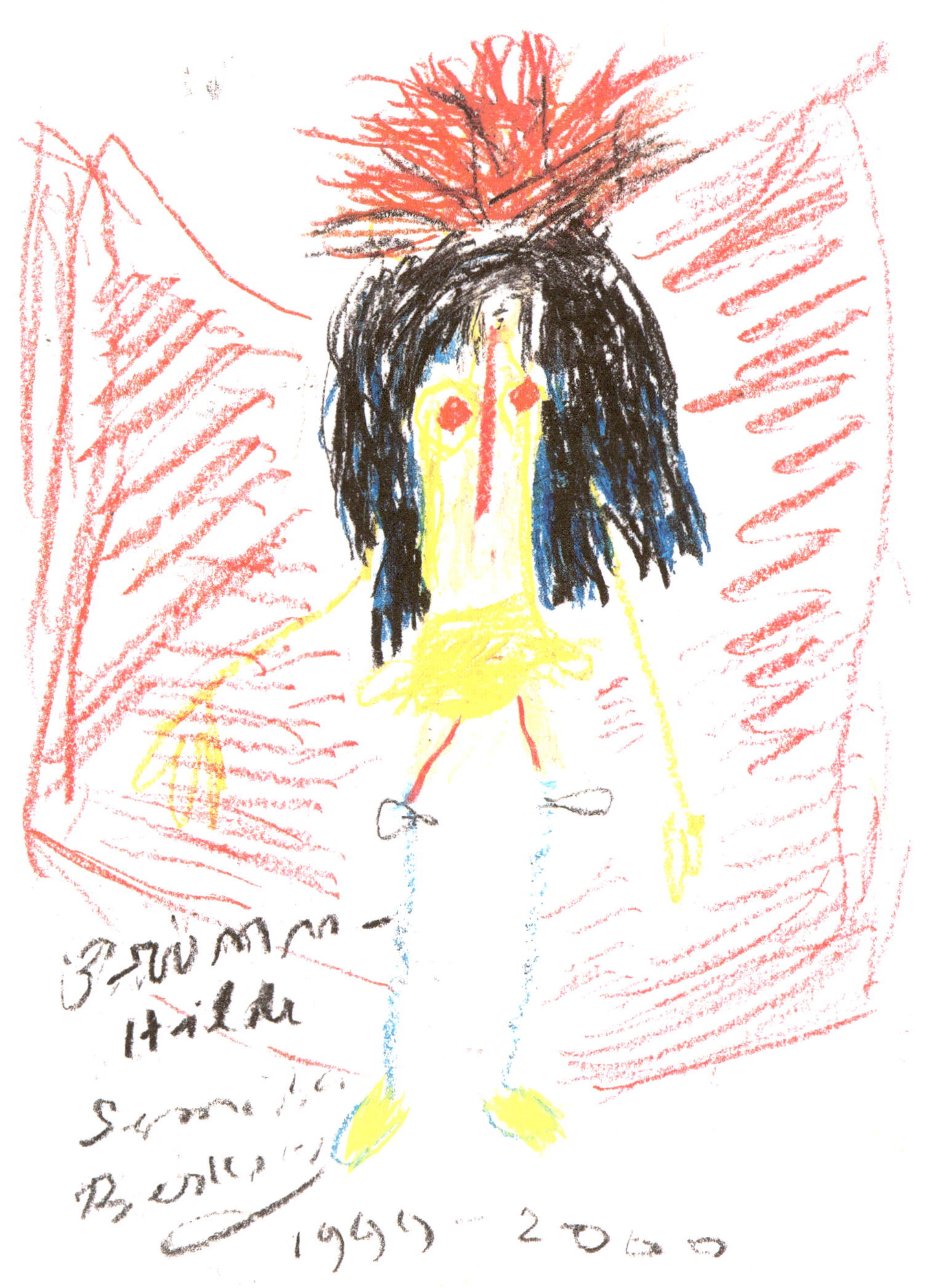

Brünnhilde, 1991 – 2000, Wachsstift auf Papier /
wax crayon on paper, 29,5 × 21 cm, Courtesy
of the Estate of Semiha Berksoy and Galerist

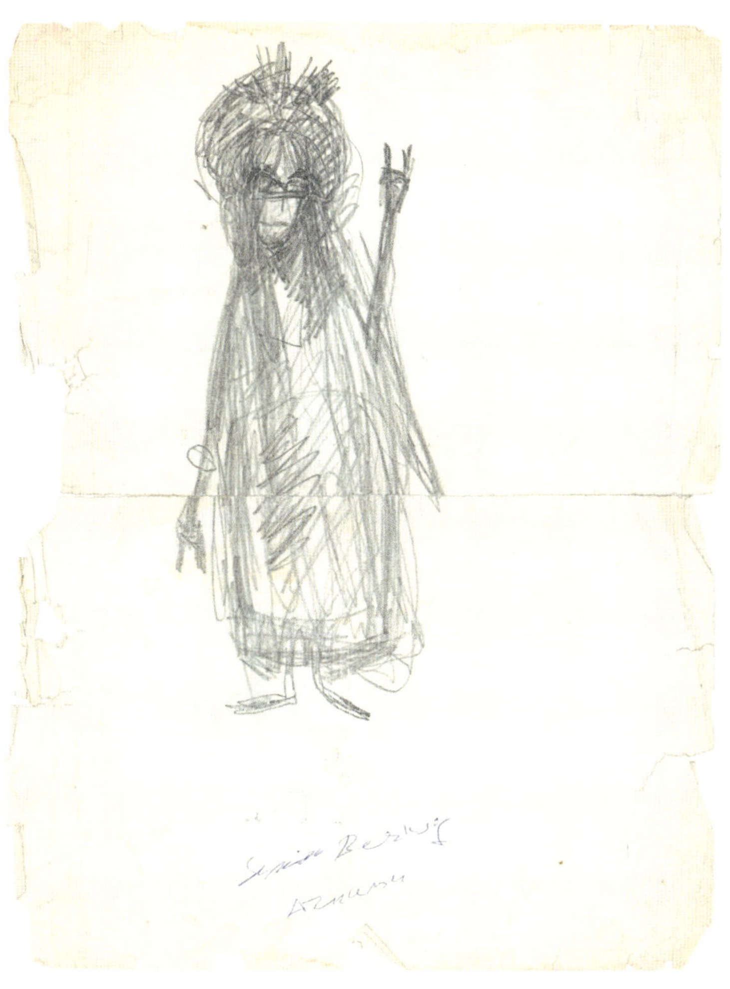

Ohne Titel / Untitled, 2000er-Jahre / 2000s,
Bleistift auf Papier / pencil on paper, 29 × 23 cm,
Courtesy of the Estate of Semiha Berksoy
and Galerist

Semiha Berksoys Zeit in Berlin 1936–1942: Dokumente und Fotografien

Semiha Berksoy's Time in Berlin 1936–1942: Documents and Photographs

Anmerkungen zusammengestellt von /
Annotations compiled by
Agnes Rameder

Berksoy kam 1936 nach Berlin, um an der Hochschule für Musik zu studieren.[1] Damals vergab die türkische Regierung Stipendien an Studierende für Ausbildungen im Ausland, immer mit dem Ziel, dass sie ihre neu erlernten Fähigkeiten danach in der Türkei anwenden würden. Berksoy sollte nach ihrer Rückkehr am Stadttheater Istanbul auftreten.[2]

Die türkischen Studierenden führten ein gutes Leben in Berlin. Sie nahmen am kulturellen Leben der Stadt teil und gingen häufig in die Opern und die Theater. Da die Naziregierung der jüdischen Bevölkerung verbot, ihre Immobilien an Deutsche zu vermieten, wohnten viele der jungen Türk*innen in gehobenen Wohnungen, die jüdischen Personen gehörten, vor allem rund um den Kurfürstendamm. Die Stipendien der türkischen Studierenden waren großzügig, und sie wurden von den Deutschen respektiert. Fotografien von Berksoy, die einen Pelzmantel und einen eleganten Hut trägt, zeugen von ihrem sozialen Status im Berlin der 1930er-Jahre. Sie studierte dort bis zum Sommer 1939, um dann, nachdem die türkische Regierung am 20. August alle Studierenden zurückgerufen hatte, nach Istanbul zurückzukehren.[3]

Berksoy arrived in Berlin in 1936 to study at the Hochschule für Musik [Music Academy].[1] At that time, the Turkish government provided students with scholarships for studying abroad, always with the aim that they would apply their newly learned skills in Türkiye. Berksoy was intended to perform at the City Theater of Istanbul upon her return.[2]

Life was good for these Turkish students in Berlin. They enjoyed the city's cultural facilities and often went to its operas and theaters. Because the Nazi government forbade the Jewish population to rent their property to Germans, many of these students lived in high-end flats that belonged to Jews, mostly around Kurfürstendamm. Their scholarships were generous, and they were respected by the Germans. Photographs of Berksoy, wearing a fur coat and an elegant hat, testify to her social status as a Turkish student in 1930s Berlin. She studied there until the summer of 1939, returning to Istanbul after the Turkish government called back all students on August 20th.[3]

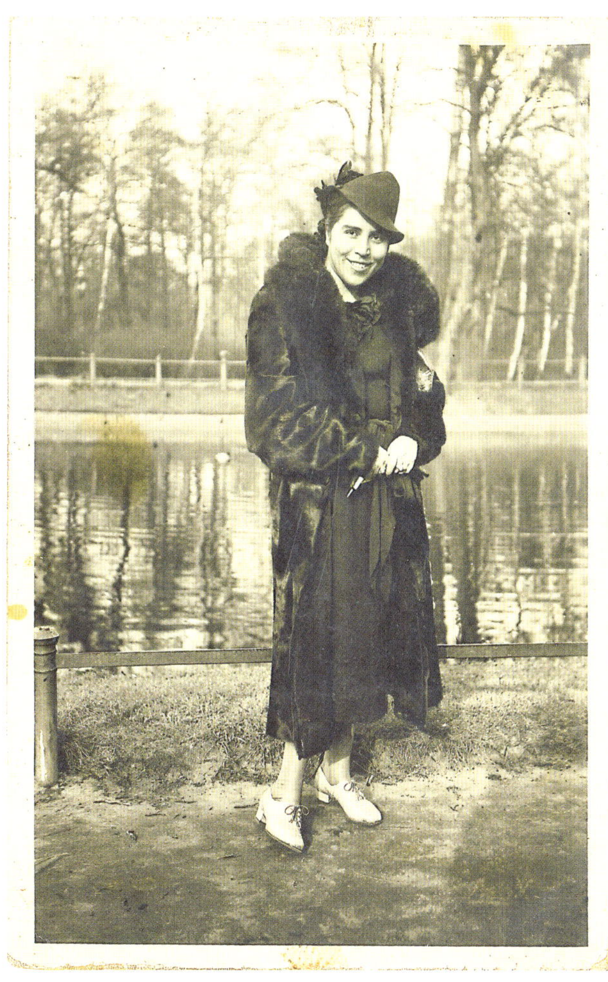

Semiha Berksoy in Berlin, späte 1930er-Jahre / late 1930s, **Nachlass** / Estate of **Semiha Berksoy & Galerist, Istanbul**

Berksoys Gesanglehrer an der Hochschule für Musik war Paul Lohmann.[4] In den 1930ern war er mehrmals in die Türkei gereist, da er im Auftrag der türkischen Regierung eine Gesangsklasse an der Staatlichen Musikschule in Ankara eingerichtet hatte.[5] Während einem dieser Aufenthalte sang Berksoy bei ihm vor, und Lohmann nahm sie in die Hochschule für Musik auf.[6] Im November 1936 trat sie in seine Gesangsklasse in Berlin ein. Aus einem schriftlichen Austausch zwischen Berksoys Onkel Kemal Cenap Berksoy und Fritz Stein, dem Direktor der Hochschule für Musik, vom Ende des Jahres 1937 geht hervor, dass Berksoy als Studentin Lohmanns hervorragende Fortschritte machte.

Berksoy's singing instructor at the Hochschule für Musik was Paul Lohmann.[4] He had travelled to Türkiye several times in the 1930s because the Turkish government had commissioned him to set up singing classes at the State Music School in Ankara.[5] During one of these stays, Berksoy auditioned for him, and Lohmann granted her admission to the Hochschule für Musik.[6] She entered his singing class in Berlin in November 1936. A written exchange from late 1937 between Berksoy's uncle Kemal Cenap Berksoy and Fritz Stein, the director of the Hochschule für Musik, suggests that the progress Berksoy made as a student of Lohmann was excellent.

Istanbul, den 21.XI 1937

Sehr verehrter Herr Direktor,

Ich habe die grosse Ehre, Ihnen diesen Brief richten zu dürfen, um Auskunft über meine Nichte, Semiha BERKSOY, aus Istanbul (Türkei), welche an Ihrer Hochschule seit einem Yahr [!] studiert. Ich währe [!] Ihnen sehr dankbar, wenn Sie, sehr geehrter Herr Direktor, die liebenswürdigkeit [!] erweisen würden, mitzuteilen, ob Sie und ihre Professoren von ihrer [!] Fleiss zufrieden sind und ob die Vortsetzung [!] ihres Studiums einen guten Erfolg verspricht oder nicht. Als Onkel von Semiha sah ich mich verpflichtet diese Auskunft seitens Ihrer Hochschule zu erbitten und hoffe eine baldige Nachricht zu erhalten und danke Ihnen voraus.

Hochachtungsvoll
Ihr ergebener Kemal Cenap Berksoy

Istanbul, XI. 21, 1937

Dear esteemed Director,

I have the great honor of being able to address this letter to you to inquire about my niece, Semiha BERKSOY, from Istanbul (Turkey), who has been studying at your university for a year. I would be most grateful if you, dear Director, would be so kind as to let me know whether you and your professors are satisfied with her diligence and whether the continuation of her studies promises to be a success or not.
As Semiha's uncle, I feel obliged to request such information from your university and hope to receive a swift response and I thank you in advance.

Yours respectfully,
your humble Kemal Cenap Berksoy

Akte / File **Semiha Berksoy 1-3621, Nr. / no. 10**, Brief von / letter from **Kemal Cenap Berksoy** an / to Fritz Stein, November 1937, Archiv Universität der Künste Berlin (UdK)

2. Dezember 1937

Sehr geehrter Herr Professor!

Auf Ihre Anfrage vom 21. XI. kann ich Ihnen zu meiner Freude mitteilen, daß Ihre Nichte, Semiha Berksoy, mit grossem Ernst und Fleiss ihre Studien bei uns betrieben hat. Sie hat ausgezeichnete Fortschritte gemacht und wir können ihr in jeder Beziehung das beste Zeugnis ausstellen. Auch ihr Hauptfachlehrer, Herr Prof. Paul Lohmann, äussert sich im gleichen Sinne und verspricht sich von der Fortsetzung ihres Studiums den besten Erfolg.

Mit ausgezeichneter Hochachtung
Ihr sehr ergebener
Fritz Stein

December 2, 1937

Dear Professor!

In response to your inquiry of XI. 21, I am delighted to inform you that your niece, Semiha Berksoy, has been pursuing her studies with us with great seriousness and diligence. She has made excellent progress and we have been able to issue her the best report in every respect. Her principal tutor, Prof. Paul Lohmann, has also expressed himself in a likewise manner and is expecting the greatest success from the continuation of her studies.

With my esteemed regards,
your very humble
Fritz Stein

Berksoy trat im Juli 1938 in die Opernklasse ein. Kurz darauf bat sie den Generalsekretär der türkischen Studierenden in Europa, ihren Lehrer zu wechseln. Ihr Wunsch wurde an Stein weitergeleitet. Stein antwortete, er habe mit Berksoy und Lohmann gesprochen, die beide von guten Fortschritten ihres Gesangs berichteten. Aufgrund von Berksoys Verhalten hatte Stein jedoch den Eindruck, dass das Vertrauen zwischen Lehrer und Schülerin von Berksoys Seite her gründlich gestört war. Deshalb wäre es, wie auch Lohmann beipflichtete, sinnlos, wenn die beiden weiter zusammenarbeiten würden. Aus diesem Grund stimmte Stein dem Wechsel ihres Lehrers zu.

In July 1938, Berksoy entered the opera school at the Hochschule für Musik. Shortly afterwards, she asked the secretary-general of Turkish students in Europe to assist her in changing her instructor; he conveyed her wish to Stein. Stein responded that he had spoken with Berksoy and Lohmann, both of whom reported that Berksoy's singing progress was good. However, due to Berksoy's behavior, Stein had the impression that the trust between teacher and pupil was thoroughly distorted. This is why, as Lohmann would also agree, it would be fruitless for the two to continue working together. For this reason, Stein approved the change of her teacher.

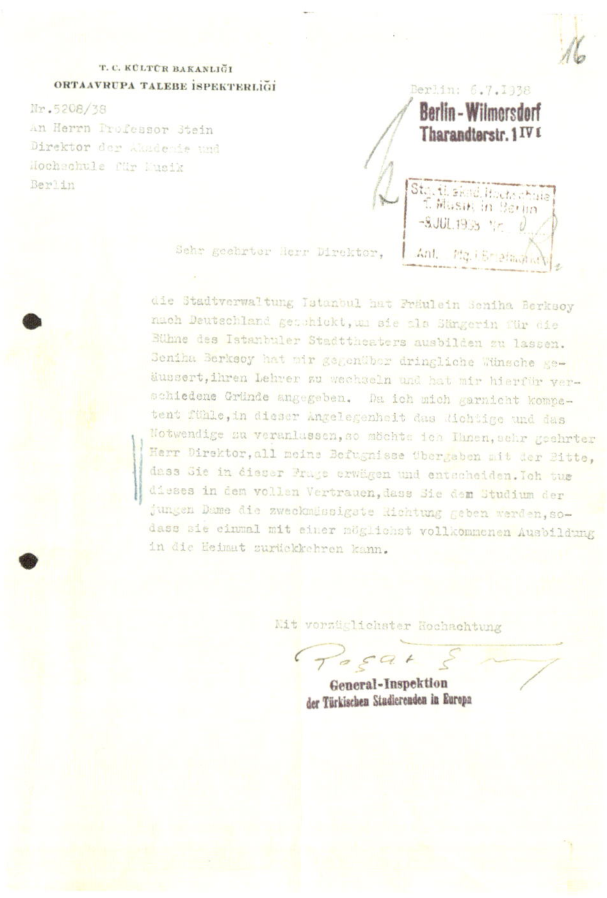

Sehr geehrter Herr Direktor,

die Stadtverwaltung Istanbul hat Fräulein Seniha [!] Berksoy nach Deutschland geschickt, um sie als Sängerin für die Bühne des Istanbuler Stadttheaters ausbilden zu lassen. Seniha [!] Berksoy hat mir gegenüber dringliche Wünsche geäussert, ihren Lehrer zu wechseln und hat mir hierfür verschiedene Gründe angegeben. Da ich mich garnicht kompetent fühle, in dieser Angelegenheit das Richtige und das Notwendige zu veranlassen, so möchte ich Ihnen, sehr geehrter Herr Direktor, all meine Befugnisse übergeben mit der Bitte, dass Sie in dieser Frage erwägen und entscheiden. Ich tue dieses in dem vollen Vertrauen, dass Sie dem Studium der jungen Dame die zweckmässigste Richtung geben werden, sodass sie einmal mit einer möglichst vollkommenen Ausbildung in die Heimat zurückkehren kann.
Mit vorzüglicher Hochachtung

General-Inspektion der Türkischen Studierenden in Europa

Dear Director,

The Istanbul municipality has sent Miss Seniha [!] Berksoy to Germany to be trained as a singer for the stage of the Istanbul city theater. Seniha [!] Berksoy has expressed to me her urgent desire to change her tutor and has provided me with various reasons. Since I do not feel at all competent to take the correct and necessary action in this matter, I would like to delegate all my authority to you, dear Director, and request that you undertake to consider and decide on this issue. I do so in the full confidence that you will provide the young lady's studies with the most appropriate direction, so that she can one day return home with the most complete training possible.

I remain respectfully yours,
General Inspector of Turkish Students in Europe

Akte / File Semiha Berksoy 1-3621, Nr. / no. 16, Brief vom Generaldirektor türkischer Studierender in Europa an / letter from the General Director of Turkish Students in Europe to Fritz Stein, 6. Juli 1938 / July 6, 1938, Archiv Universität der Künste Berlin (UdK)

Staatl. akad. Hochschule für Musik

11. Juli 1938

Zur Kenntnis am:
Ausgefertigt am:
Abgesandt mit
am:

An die
General-Inspektion der türkischen
Studierenden in Europa

Berlin-Wilmersdorf
Tharandter Strasse 1

Sehr geehrter Herr General-Inspekteur!

Auf Ihre freundlichen Zeilen vom 6.d. Ms. in der Angelegenheit der Studierenden Semiha Berksoy teile ich Ihnen mit, daß nach meinen Erkundigungen und nach meinem persönlichen Eindruck keinerlei stichhaltiger Grund für einen Lehrerwechsel vorhanden ist. Frl. Berksoy hat nach ihrer eigenen Angabe bei Herrn Prof. Lohmann während ihres bisherigen Studiums die besten Fortschritte gemacht und Herr Prof. Lohmann seinerseits bestätigt, daß er nach unendlicher Arbeit in der letzten Zeit gute Ergebnisse bei seiner Schülerin erzielt hat. Nach diesem Sachverhalt muss ich es im Interesse von Frl. Berksoy für das Beste halten, wenn sie bei ihrem Lehrer bliebe und die soeben jetzt angebahnte günstige Entwicklung weiterverfolgte. Jedoch habe ich leider aus den Äusserungen und aus dem Verhalten von Frl. Berksoy den bestimmten Eindruck gewinnen müssen, daß das unerlässliche Vertrauensverhältnis zwischen Lehrer und Schülerin von ihrer Seite als empfindlich gestört betrachtet wird. Unter diesen Umständen das Lehrerverhältnis künstlich aufrechterhalten zu wollen, würde, wie auch Herr Prof. Lohmann erklärt, zwecklos sein. Ich erkläre mich deshalb wohl oder übel auch mit dem gewünschten Lehrerwechsel einverstanden, von dem ich, obwohl ich ihn sachlich weder für gerechtfertigt noch für günstig halte, das Beste für Frl. Berksoys künstlerische Zukunft erhoffen möchte. Ich bitte Sie höflichst, Frl. Berksoy auch Ihrerseits davon verständigen zu wollen. Die Frage, zu welchem Lehrer Frl. Berksoy versetzt werden kann, wird erst Mitte September entschieden werden können, da bis dahin die in Betracht kommenden Persönlichkeiten in den Ferien sind.

Mit den besten Empfehlungen begrüsse ich Sie als Ihr hochachtungsvoll ergebener

11. Juli 1938

Sehr geehrter Herr General-Inspekteur!

Auf Ihre freundlichen Zeilen vom 6.d.Ms. in der Angelegenheit der Studierenden Semiha Berksoy teilte ich Ihnen mit, daß nach meinen Erkundigungen und nach meinem persönlichen Eindruck keinerlei stichhaltiger Grund für einen Lehrerwechsel vorhanden ist. Frl. Berksoy hat nach ihrer eigenen Angabe bei Herrn Prof. Lohmann während ihres bisherigen Studiums die besten Fortschritte gemacht und Herr Prof. Lohmann seinerseits bestätigt, daß er nach unendlicher Arbeit in der letzten Zeit gute Ergebnisse bei seiner Schülerin erzielt hat. Nach diesem Sachverhalt muss ich es im Interesse von Frl. Berksoy für das Beste halten, wenn sie bei ihrem Lehrer bliebe und die soeben jetzt angebahnte günstige Entwicklung weiterverfolgte. Jedoch habe ich leider aus den Äusserungen und aus dem Verhalten von Frl. Berksoy den bestimmten Eindruck gewinnen müssen, daß das unerlässliche Vertrauensverhältnis zwischen Lehrer und Schülerin von ihrer Seite als empfindlich gestört betrachtet wird. Unter diesen Umständen das Lehrerverhältnis künstlich aufrechterhalten zu wollen, würde, wie auch Herr Prof. Lohmann erklärt, zwecklos sein. Ich erkläre mich deshalb wohl oder übel auch mit dem gewünschten Lehrerwechsel einverstanden, von dem ich, obwohl ich ihn sachlich weder für gerechtfertigt noch für günstig halte, das Beste für Frl. Berksoys künstlerische Zukunft erhoffen möchte. Ich bitte Sie höflichst, Frl. Berksoy auch Ihrerseits davon verständigen zu wollen. Die Frage, zu welchem Lehrer Frl. Berksoy versetz werden kann, wird erst Mitte September entschieden werden können, da bis dahin die in Betracht kommenden Persönlichkeiten in den Ferien sind.

Mit den besten Empfehlungen begrüsse ich Sie als Ihr hochachtungsvoll ergebener
Fritz Stein

July 11, 1938

Dear General Inspector!

In response to your kind missive of the 6th of this month regarding the student Semiha Berksoy, I am writing to inform you that, according to my inquiries and my personal impression, there exists no valid reason for a change of tutor. According to her own submission, Miss Berksoy has made the best possible progress with Prof. Lohmann during her studies to date, and Prof. Lohmann, for his part, confirms that after endless work, he has recently achieved good results with this student. In view of the above, I must consider it best in Miss Berksoy's interests if she were to remain with her tutor and continue the favorable development which has recently become apparent. Unfortunately, however, I have gained the distinct impression from Miss Berksoy's comments and behavior that she considers the essential relationship of trust between tutor and student to have been seriously damaged. Under such circumstances, attempting to artificially maintain the relationship to the tutor would be pointless, as Professor Lohmann has also explained. I am therefore obliged to agree, whether I like it or not, to the change of tutor that you have requested. Although I consider it to be neither justified nor favorable, I hope that it will prove to be best solution in terms of Miss Berksoy's artistic future. I would most politely request that you inform Miss Berksoy of the above. The question of which tutor Miss Berksoy should be transferred to will not be resolved until mid-September, as those in question will be on vacation until then.

With best regards and greetings from your respectful servant
Fritz Stein

Akte / File Semiha Berksoy 1-3621, Nr. / no. 17, Brief von / letter from Fritz Stein an den Generaldirektor türkischer Studierender in Europa / to the General Director of Turkish Students in Europe, 11. Juli 1938 / July 11, 1938, Archiv Universität der Künste Berlin (UdK)

Aus Dokumenten von 1942 geht hervor, dass sich das Verhältnis zwischen Lohmann und Berksoy nicht wieder erholte. In diesem Jahr wollte Berksoy ihr Studium bei Lohmann an der Hochschule für Musik wiederaufnehmen. Ihr Wunsch wurde jedoch nicht erfüllt. Stattdessen teilte ihr der Fachvertreter für die Opernschule Franz Rühlmann mit, dass Lohmann sie aufgrund der einige Jahre zuvor erfolgten Trennung nicht wieder in seine Klasse aufnehmen wollte, und dass Rühlmann Lohmanns Entscheidung verstehen konnte. Er empfahl Berksoy, woanders zu studieren.

The relationship between Lohmann and Berksoy never recovered, which is confirmed by documents from 1942. In that year, Berksoy attempted to return to her studies with Lohmann at the Hochschule für Musik. However, her attempt was unsuccessful: she was informed by the representative of the opera school, Franz Rühlmann, that Lohmann did not want to take her back into his class due to their parting a few years earlier, and that Rühlmann could understand Lohmann's decision. He recommended that Berksoy study elsewhere.

8. September 1942

Sehr geehrter Herr Professor!

In diesen Tagen ist bei mir Frl. Semiha Berksoy wieder aufgetaucht mit dem Wunsche, bei uns und bei Ihnen weiterstudieren zu können. Sie möchte Ihnen im September vorsingen und hoff dann, in Gnaden wieder bei Ihnen aufgenommen zu werden. Ich möchte Ihnen davon Kenntnis geben und Sie um gelegentliche Mitteilung bitten, wie Sie darüber denken. Frl. Berksoy wohnt in Berlin-Klein-Machnow, Feldfichten 42 bei Läppché [!] (Tel. 84 6590).
Ferner hat mir Frl. Kupsch ihren Wunsch unterbreitet, Sprechunterricht zu nehmen, da sie sich sprachlich gehemmt fühlt. Sie hat mir dabei auch gesagt, daß Sie nicht sehr dafür seien. Würden Sie mir bitte gelegentlich sagen, welche gewichtigen Gründe dagegen sprechen oder ob Sie es für unbedenklich halten, daß man ihr die Erlaubnis gibt. Ich hoffe im übrigen, ja auch bald das Fach Sprecherziehung für unsere Gesangstudierenden einführen zu können, da ich von der Notwendigkeit überzeugt bin.

Mit besten Grüssen und Heil Hitler!
Ihr
Rühlmann

September 8, 1942

Dear Professor!

Miss Semiha Berksoy has recently once again paid me a call, bringing with her the wish to continue studying with us and with you. She would like to audition for you in September and hopes to be graciously accepted back into your ranks. I am taking this opportunity to both inform you of this matter and request that you to let me know your opinion. Miss Berksoy is living in Berlin-Klein-Machnow, Feldfichten 42 with the Läppché family (Tel. 84 6590).
In addition, Miss Kupsch has expressed her wish to take elocution lessons because she feels verbally inhibited. She also told me that you are not entirely in favor of such a course of action. Would you kindly let me know in due course what serious reasons would speak against it or whether you think it would be unproblematic to permit her to do so. I also hope to soon be able to introduce elocution training for our singing students because I am convinced that it is necessary.

With best regards and Heil Hitler!
yours
Rühlmann

Akte / File Paul Lohmann 1-5134, Nr. / no. 119, Brief von / letter from Franz Rühlmann an / to Paul Lohmann, 8. Juli 1942 / July 8, 1942, Archiv Universität der Künste Berlin (UdK)

28. September 1942

Sehr geehrtes Fräulein Berksoy!

Nachdem ich mit Herrn Prof. Lohmann, der erst in diesen Tagen aus dem Urlaub zurückgekehrt ist, über Ihre Ansuchen gesprochen habe, muß ich Ihnen leider mitteilen, daß er im Hinblick auf die seinerzeit zwischen Ihnen erfolgte Trennung nicht geneigt ist, Sie wieder in seine Klasse aufzunehmen. Ich kann diesen Standpunkt auch verstehen und muß Ihnen deshalb empfehlen, Ihr Studium an anderer Stelle fortzusetzen.

Mit bestem Gruss
Ihr sehr ergebener
Rühlmann

September 28, 1942

Dear Miss Berksoy!

After speaking about your request to Professor Lohmann, who has just returned from vacation, I regret to inform you that he is not inclined to accept you back into his class in view of your previous parting of ways. I can understand his point of view and must therefore recommend that you continue your studies elsewhere.

With best regards,
your very humble
Rühlmann

Akte / File Semiha Berksoy 1-3621, Nr. / no. 27, Brief von / letter from Franz Rühlmann an / to Semiha Berksoy, 28. September 1942 / September 28, 1942, Archiv Universität der Künste Berlin (UdK)

1939 wurde der 75. Geburtstag des deutschen Komponisten Richard Strauss in Berlin mit verschiedenen Veranstaltungen gefeiert. Einige dieser waren größer, wie eine Inszenierung an der Preußischen Akademie der Künste, die vor allem wegen der Sopranistin Tilla Briem große Beachtung in der Presse bekam.[7] Andere, wie die von Studierenden der Hochschule für Musik aufgeführte Ariadne auf Naxos, waren kleiner. Da es sich bei der Oper um ein Duodrama handelt – was bedeutet, dass viele der Figuren in zwei Darstellende aufgeteilt sind, eine Singrolle und eine Sprechrolle – gab es auch zwei Ariadnes: Berksoy als die singende Ariadne und ihre Klassenkameradin Käte Schröter als die sprechende Ariadne.[8] Während alle Rollen mit Studierenden der Opernschule besetzt waren, setzte sich das Orchester aus Studierenden der Instrumental und Dirigentenklassen unter der Leitung von Professor Clemens Schmalstich zusammen.[9] Zwei Studierende waren für die Spielleitung verantwortlich: Werner Steinadler (für das Vorspiel) und Hans Wöhler (für die Oper). Unterstützt wurden sie von ihren Mitstudierenden in der Klasse von Hanns Niedecken-Gebhard, der mit seiner Inszenierung der Eröffnungsfeier für die Olympischen Sommerspiele 1936 Bekanntheit erlangt hatte.[10] Da der Journalist Fritz Stege den beengten Raum der Inszenierung erwähnte, ist anzunehmen, dass die Opernaufführung an der Hochschule stattfand. Dennoch war er von der Oper sehr beeindruckt. Er lobte die exzellenten Darsteller*innen und erwähnte neben anderen Studierenden auch Berksoy und ihre „füllige Stimme", um dann fortzufahren: „Vor allem aber überraschte die Aufführung durch die Kultur der Ensemblekunst."[11]

In 1939, Berlin celebrated the German composer Richard Strauss's 75th birthday with various events. Some of these were bigger, such as a performance by the Preußischen Akademie der Künste [Prussian Academy of Arts] that gained remarkable attention in the press, particularly due to the soprano Tilla Briem.[7] Others were smaller, such as the staging of Ariadne auf Naxos [Ariadne on Naxos] by students of the Hochschule für Musik, including Berksoy. As the opera is a duodrama, meaning that many of the characters are split into a singing part and a speaking part, there were also two Ariadnes: Berksoy as the singing Ariadne and her classmate Käte Schröter as the speaking Ariadne.[8] While all the roles were performed by students of the opera class, the orchestra was composed of students of the instrumental and conducting classes, led by professor Clemens Schmalstich.[9] Two students were responsible for the stage-directing: Werner Steinadler (for the prelude) and Hans Wöhler (for the opera). They were supported by their peers from the class of Hanns Niedecken-Gebhard, who was well-known for directing the opening of the 1936 Summer Olympics.[10] The opera most likely took place at the Hochschule, as the journalist Fritz Stege noticed the limited space of the staging. However, he was quite impressed by the opera. According to him, all of the performers were excellent, and he mentioned, among other students, Berksoy and her "rich voice," continuing: "But above all, the performance surprised with the culture of the ensemble's togetherness."[11]

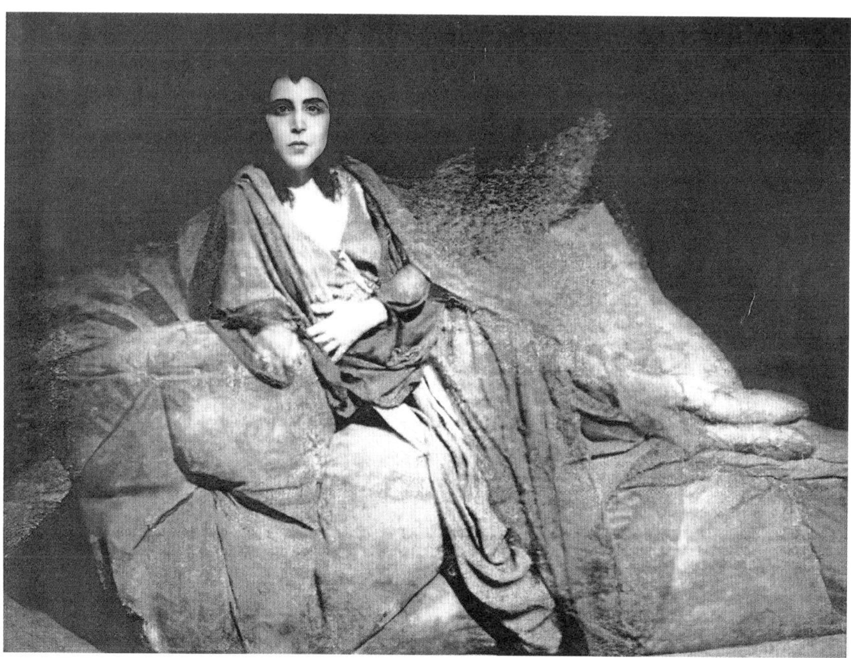

Semiha Berksoy als Gesangspart der / as the singing part of Ariadne in *Ariadne auf Naxos,* Juni / June 1939, Nachlass / Estate of Semiha Berksoy & Galerist, Istanbul

Am 22., 24. und 26. Juni 1939

Richard Strauß-Feier
zum 75. Geburtstag des Meisters

Ariadne auf Naxos

Personen des Vorspiels:

Der Haushofmeister ...... Friedrich Herberholz, Hans Wöhler
Ein Musiklehrer .... Erwin Deblitz
Der Komponist .... Elsa Giersch, Margot Spingies
Der Tenor (Bacchus) .... Helmut-Conrad Schindler, Friedrick Klee
Ein Offizier .... Günther Lipke
Ein Tanzmeister .... Gerhard Grenzdörfer
Ein Perückenmacher ..... Lothar Pecher
Ein Lakai .... Hans-Jochen Benzing
Zerbinetta .... Elisabeth Wilde, Marie-Luise Luedtke
Primadonna (Ariadne) ... Käte Schröter, Semiha Berksoy
Harlekin .... Herbert Gudschun
Scaramuccio .... Heinz Bierent
Truffaldin .... Jakob Keller
Brighella .... Kurt Reinhardt

Personen der Oper:

Ariadne .... Käte Schröter, Semiha Berksoy
Bacchus .... Helmut-Conrad Schindler, Friedrich Klee
Najade .... Elfriede Vollmer, Amalie Trimborn
Dryade .... Sieglinde Hopf
Echo .... Brunhild Lindholz, Gisela Behm
Zerbinetta .... Elisabeth Wilde, Marie-Luise Luedtke
Harlekin .... Herbert Gudschun
Scaramuccio .... Heinz Bierent
Truffaldin .... Jakob Keller
Brighella .... Kurt Reinhardt

Die Inszenierung ist eine Gemeinschaftsarbeit der Opernregieklasse von Prof. Dr. Hanns Niedecken-Gebhard. Die Spielleitung führt im Vorspiel *Werner Steinadler*, in der Oper *Hans Wöhler*. Musikalische Leitung: Prof. *Clemens Schmalstich*. Dekorationen nach Entwürfen von *Werner Steinadler*. Die Ausführenden sind *Studierende der Opernschule* und ein aus *Studierenden der Instrumental- und Dirigentenklassen* für diese Aufführung besonders zusammengestelltes Orchester.

*

Am 22., 24. Und 26. Juni 1939

Richard Strauß-Feier [!]
Zum 75. Geburtstag des Meisters
Ariadne auf Naxos
Personen des Vorspiels:

Der Haushofmeister: Friedrich Herberholz, Hans Wöhler
Ein Musiklehrer: Erwin Deblitz
Der Komponist: Elsa Giersch, Margot Spingies
Der Tenor (Bacchus): Helmut-Conrad Schindler, Friedrich Klee
Ein Offizier: Günther Lipke
Ein Tanzmeister: Gerhard Grenzdörfer
Ein Perückenmacher: Lothar Pecher
Ein Lakai: Hans-Jochen Benzing
Zerbinetta: Elisabeth Wilde, Marie-Luise Luedtke
Primadonna (Ariadne): Käte Schröter, Semiha Berksoy
Harlekin: Herbert Gudschun
Scaramuccio: Heinz Bierent
Truffaldin: Jakob Keller
Brighella: Kurt Reinhardt

Personen der Oper:
Ariadne: Käte Schröter, Semiha Berksoy
Bacchus: Helmut-Conrad Schindler, Friedrich Klee
Najade: Elfriede Vollmer, Amalie Trimborn
Dryade: Sieglinde Hopf
Echo: Brunhild Lindholz, Gisela Behm
Zerbinetta: Elisabeth Wilde, Marie-Luise Luedtke
Harlekin: Herbert Gudschun

Scaramuccio: Heinz Bierent
Truffaldin: Jakob Keller
Brighella: Kurt Reinhardt

Die Inszenierung ist eine Gemeinschaftsarbeit der Opernregieklasse von Prof. Dr. Hanns Niedecken-Gebhard. Die Spielleitung führt im Vorspiel Werner Steinadler und in der Oper Hans Wöhler. Musikalische Leitung: Prof. Clemens Schmalstich. Dekorationen nach Entwürfen von Werner Steinadler. Die Ausführenden sind Studierende der Opernschule und ein aus Studierenden der Instrumental- und Dirigentenklassen für diese Aufführung besonders zusammengestelltes Orchester.

June 22, 24, and 26, 1939

Richard Strauß [!] Festival
On the 75th Birthday of the Master
Ariadne auf Naxos (Ariadne on Naxos)
Cast for the prelude:

The chamberlain: Friedrich Herberholz, Hans Wöhler
A music teacher: Erwin Deblitz
The composer: Elsa Giersch, Margot Spingies
The tenor (Bacchus): Helmut-Conrad Schindler, Friedrich Klee
An officer: Günther Lipke
A ballet master: Gerhard Grenzdörfer
A wigmaker: Lothar Pecher
A lackey: Hans-Jochen Benzing
Zerbinetta: Elisabeth Wilde, Marie-Luise Luedtke
Prima donna (Ariadne): Käte Schröter, Semiha Berksoy
Harlequin: Herbert Gudschun
Scaramuccio: Heinz Bierent
Truffaldin: Jakob Keller
Brighella: Kurt Reinhardt

Opera cast:
Ariadne: Käte Schröter, Semiha Berksoy
Bacchus: Helmut-Conrad Schindler, Friedrich Klee
Najade: Elfriede Vollmer, Amalie Trimborn
Dryade: Sieglinde Hopf
Echo: Brunhild Lindholz, Gisela Behm
Zerbinetta: Elisabeth Wilde, Marie-Luise Luedtke
Harlequin: Herbert Gudschun
Scaramuccio: Heinz Bierent
Truffaldin: Jakob Keller
Brighella: Kurt Reinhardt

The production is a joint work by Prof. Dr. Hanns Niedecken-Gebhard's opera directing class. Werner Steinadler is the director of the prelude and Hans Wöhler of the opera. Musical director: Prof. Clemens Schmalstich. Stage set based on designs by Werner Steinadler. The performers are students from thc opera school and an orchestra, specially assembled for this performance from students in the instrumental and conducting classes.

Staatliche Hochschule für Musik in Berlin, *Jahresbericht für den Zeitraum vom 1. Oktober 1938 – 30. September 1941*, 1-D-19, S. / p. 41, Archiv Universität der Künste Berlin (UdK)

Berksoy bekam für ihre Rolle der ‚halben' Ariadne einige Aufmerksamkeit, aber es gibt keine Hinweise dafür, dass sie in den 1930er-Jahren je auf einer der großen Opernbühnen Berlins stand.[12] Stattdessen belegt ein Brief, dass ihre Bewerbung als unbezahlte Statistin im Chor vom Preußischen Staatstheater abgelehnt wurde.

Certainly, Berksoy got some attention for her role of the half-Ariadne, but there is no evidence that she was ever present on one of the big opera stages in Berlin in the 1930s.[12] Instead, a letter confirms that the Preußischen Staatstheater [Prussian State Theaters] rejected her application for the position of an unpaid extra in the chorus.

Berlin – Frohnau
Maximiliankorso 66 , am 13. September 1938.

Sehr geehrtes Fräulein Berksoy !

Mit Beziehung auf unser gestriges Ferngespräch ,erlaube ich mir, Ihnen den Wortlaut des Schreibens der Generalintendanz der Preußischen Staatstheater (Sekretariat) in Ihrer Angelegenheit zu übermitteln. Ich habe das fragliche Schriftstück erst heute gefunden ,sonst hätte ich es Ihnen noch gestern gesandt.

" Sehr verehrte gnädige Frau !
Ihrem Wunsche gemäß habe ich Herrn Generalintendanten die Bitte der Elevin Berksoy vorgetragen,als Statistin unentgeltlich im Chor mitwirken zu dürfen. Herr Generalintendant bedauert sehr, dem Ansuchen von Fräulein Berksoy nicht entsprechen zu können. Indem ich Ihnen sehr verehrte gnädige Frau einen guten Sommer wünsche ,bin ich mit verehrungsvollen Grüßen ,auch an Ihren verehrten Gatten   Ihre   Unterschrift. "

Ich wollte ,da ich seinerzeit vom Herrn Generalintendanten persönlich eine hoffnungsvollere Antwort ,allerdings nur gesprächsweise,erhalten hatte,Ihnen diesen abschlägigen Bescheid einstweilen nicht mitteilen ,da ich zu Beginn der neuen Saison hoffe,die Sache noch einmal vorzubringen.Da Sie aber gestern angerufen haben, setze ich Sie vom augenblicklichen Stande Ihrer Sache in Kenntnis. Wenn Sie irgendwelche Aufklärungen wünschen,stehe ich Ihnen - wie schon am Fernsprecher dargelegt -auch zu einer mündlichen Unterredung gerne zu Diensten.

Bis dahin begrüße ich Sie in vollster Hochachtung ,als Ihr ergebener

Dr. W. Reichenauer

P.S. Das obige Schreiben kam meiner Frau in Bayreuth zu und ist vom 4. Juli datiert.

Brief von / Letter from W. Reichenauer an / to Semiha Berksoy, 13. September 1938 / September 13, 1938, Nachlass / Estate of Semiha Berksoy & Galerist, Istanbul

Berlin-Frohnau Maximiliankorso 66,
am 13. September 1938

Sehr geehrtes Fräulein Berksoy!

Mit Beziehung auf unser gestriges Ferngespräch, erlaube ich mir Ihnen den Wortlaut des Schreibens der Generalintendanz der Preußischen Staatstheater (Sekretariat) in Ihrer Angelegenheit zu übermitteln. Ich habe das fragliche Schriftstück erst heute gefunden, sonst hätte ich es Ihnen noch gestern gesandt.
„Sehr verehrte gnädige Frau“
Ihrem Wunsche gemäß habe ich Herrn Generalintendanten die Bitte der Elevin Berksoy vorgetragen, als Statistin unentgeltlich im Chor mitwirken zu dürfen. Herr Generalintendant bedauert sehr, dem Ansuchen von Fräulein Berksoy nicht entsprechen zu können. Indem ich Ihnen sehr verehrte gnädige Frau einen guten Sommer wünsche, bin ich mit verehrungsvollen Grüßen, auch an Ihren verehrten Gatten Ihre Unterschrift.“
Ich wollte, da ich seinerzeit vom Herrn Generalintendanten persönlich eine hoffnungsvollere Antwort, allerdings nur gesprächsweise, erhalten hatte, Ihnen diesen abschlägigen Bescheid einstweilen nicht mitteilen, da ich zu Beginn der neuen Saison hoffe, die Sache noch einmal vorzubringen. Da Sie aber gestern angerufen haben, setze ich Sie vom augenblicklichen Stande Ihrer Sache in Kenntnis. Wenn Sie irgendwelche Aufklärungen wünschen, stehe ich Ihnen – wie schon am Fernsprecher dargelegt- auch zu einer mündlichen Unterredung gerne zu Diensten.

Bis dahin begrüße ich Sie in vollster Hochachtung, als Ihr ergebener
Dr. W. Reichenauer

P.S.: Das obige Schreiben kam meiner Frau in Bayreuth zu und ist vom 4. Juli datiert.

Berlin-Frohnau Maximiliankorso 66,
September 13, 1938

Dear Miss Berksoy!

With reference to our telephone conversation yesterday, I would like to send you the text of the letter from the General Intendant of the Prussian State Theaters (Secretariat) regarding your matter. I only found the document in question today, otherwise I would have sent it to you yesterday.
“My esteemed Madam,
In accordance with her wishes, I have presented the student Berksoy's request to be permitted to participate in the choir as a non-remunerated extra to the General Intendant. The General Intendant very much regrets that he is unable to grant Miss Berksoy's request. As I wish you, dear Madam, a pleasant summer, I am also sending my respectful greetings to your esteemed husband. Yours, signature.”
Since I had personally received a more hopeful response from the General Intendant, albeit only in conversation, I did not want to inform you too hastily of his negative response, as I had hoped to raise the matter again at the beginning of the new season. However, since you called yesterday, I am informing you now of the current status of your situation. If you require any further clarification, I would be happy to speak to you in person – as I explained on the telephone.

Until then, I am sending you my greetings with the highest regard, as your devoted
Dr. W. Reichenauer

P.S.: The above letter was sent to my wife in Bayreuth and is dated July 4.

Berksoy bewahrte bis an ihr Lebensende Briefe und Fotos von Menschen auf, zu denen sie offenbar enge persönliche Verbindungen in Berlin hatte. Insbesondere Elisabeth Schott, eine Freundin aus dem Viktoria-Studienhaus in Charlottenburg, wo Berksoy von 1938 bis 1939 wohnte, schrieb ihr während ihres Aufenthalts in Deutschland und auch nach ihrer Rückkehr in die Türkei zahlreiche Briefe. Diese geben Einblicke in Berksoys soziales Umfeld, ihre Freundschaften und ihre Liebe zur Musik.

Berksoy kept letters and photographs from people it appears she had strong personal connections to in Berlin. Elisabeth Schott in particular, a friend from the Viktoria Studienhaus, an apartment building for female students in Charlottenburg, where Berksoy lived from 1938 to 1939, wrote numerous letters to her while she was in Germany and also after Berksoy had returned to Türkiye. These writings give an impression of Berksoy's social surroundings, her female friendships, as well as her love for music.

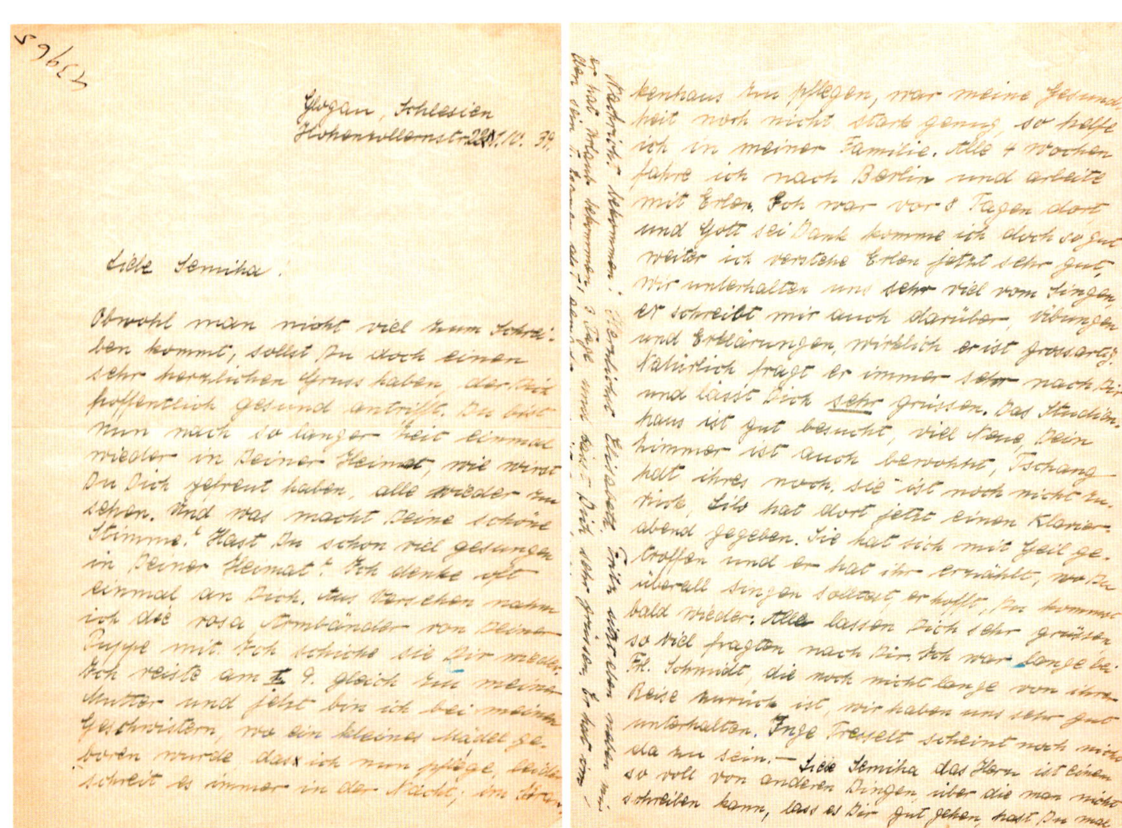

Brief von / Letter from Elisabeth Schott an / to Semiha Berksoy, 22. Oktober 1939 / October 22, 1939, Nachlass / Estate of Semiha Berksoy & Galerist, Istanbul

Glogau, Schlesien, Hohenzollernstraße 22.10.39

Liebe Semiha.

Obwohl man nicht viel zum Schreiben kommst, sollst Du doch einen sehr herzlichen Gruss haben, der Dich hoffentlich gesund antrifft. Du bist nun nach so langer Zeit einmal wieder in Deiner Heimat, wie wirst Du Dich gefreut haben, alle wieder zu sehen. Und was macht Deine schöne Stimme? Hast Du schon viel gesungen in Deiner Heimat? Ich denke oft einmal an Dich. Aus Versehen nahm ich die rosa Armbänder von deiner Puppe mit. Ich schicke sie Dir wieder. Ich reiste 9. Gleich zu meiner Mutter und jetzt bin ich bei meinen Geschwistern, wo ein kleines Mädel geboren wurde, das ich nun pflege, leider schreit es immer in der Nacht, im Krankenhaus zu pflegen war meine Gesundheit noch nicht stark genug, so helfe ich in meiner Familie. Alle 4 Wochen fahre ich nach Berlin und arbeite mit Erlen. Ich war vor 8 Tagen dort und Gott sei Dank komme ich doch so gut weiter ich verstehe Erlen jetzt sehr gut. Wir unterhalten uns sehr viel vom Singen, er schreibt mir auch darüber, Übungen und Erklärungen, wirklich er ist grossartig. Natürlich fragt er immer sehr nach Dir und lässt Dich sehr grüssen. Das Studienhaus ist gut besuchte, viele Neue, Dein Zimmer ist auch bewohnt, Tschang hat ihres noch, sie ist noch nicht zurück, Lilo hat dort jetzt einen Klavierabend gegeben. Sie hat sich mit Geil getroffen und er hat ihr erzählt, wo Du überall singen solltest, er hofft, Du kommst bald wieder: Alle lassen Dich sehr grüssen so viele fragten nach Dir. Ich war lange bei Frl. Schmidt, die noch nicht lange von ihrer Reise zurück ist, wir haben uns sehr gut unterhalten. Inge Tresselt scheint noch nicht da zu sein. – Liebe Semiha das herzt ist einem so voll anderen Dingen, über die man nicht schreiben kann, lass es Dir gut gehen, hast Du mal Nachricht bekommen? Herzlichst Elisabeth

Glogau, Silesia, Hohenzollernstraße, October 22, 39

Dear Semiha,

Although I don't get much time to write, I would like to send you my warmest greetings, which I hope will find you in good health. You are now back in your homeland after such a long time, how happy you must have been to see everyone again. And how is your beautiful voice? Have you sung much in your homeland? I often think of you. I accidentally took the pink bracelets from your doll, which I'm sending back to you. I traveled on the 9th, directly to my mother, and now I'm with my siblings, where a little girl has been born, who I'm looking after. Unfortunately, she always cries at night. My health wasn't strong enough to help in hospital, so now I'm helping in my family. Every 4 weeks I go to Berlin and work with Erlen. I was there 8 days ago and thank goodness I'm making so much progress, I understand Erlen very well now. We talk a lot about singing, he writes to me about it too with exercises and explanations, he really is marvelous. Of course, he always inquires about you and sends his best wishes. The dormitory is well used, there are lots of new people, your room is also occupied. Tschang still has hers, but she is not back yet, Lilo has just given a piano recital here. She met up with Geil and he told her all the places you should sing, he hopes you will come back soon: everyone sends you their best regards, so many people have asked about you. I spent a long time with Miss Schmidt, who's only recently returned from her trip, we had a wonderful chat. Inge Tresselt doesn't seem to be here yet. – Dear Semiha, my heart is so full of other things that I can't write about, take care, have you heard anything? Best wishes, Elisabeth

In zwei Briefen fragte Schott Berksoy, ob sie in Kleinmachnow gewesen sei.[13] Zwischen 1937 und 1938 hatte Berksoy eine Zeit lang in der Kleinstadt südöstlich von Berlin gelebt, und zwar im Haus der Familie von Herbert Laeppché, der Lehrer für „Körperertüchtigung" an der Hochschule für Musik war. Die Adresse war Feldfichten 42.[14] Fotografien lassen darauf schließen, dass Semiha insbesondere mit Inge, einer von Laeppchés Töchtern, eng befreundet war.[15]

In two letters, Schott asked Berksoy if she had spent time in Kleinmachnow, a little town southeast of Berlin.[13] Berksoy lived there for a period between 1937 and 1938, specifically in the house of the family of Herbert Laeppché, who was a teacher of physical education at the Hochschule für Musik. The address was Feldfichten 42.[14] Photographs suggest that Semiha was particularly close to Inge, one of Laeppché's daughters.[15]

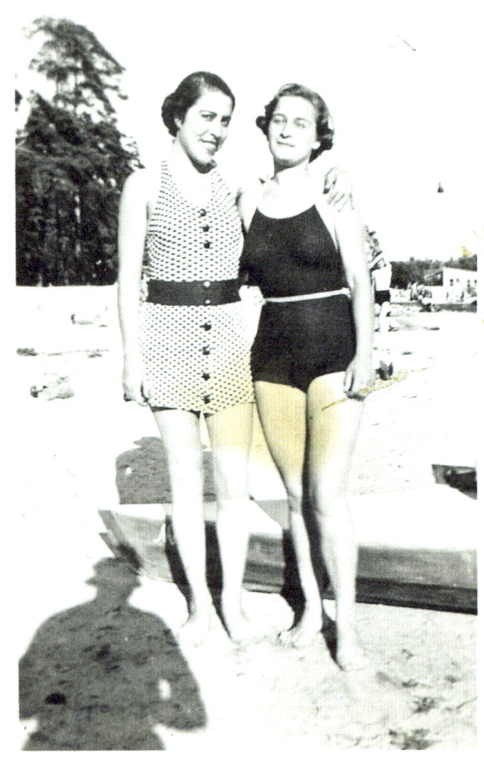

1

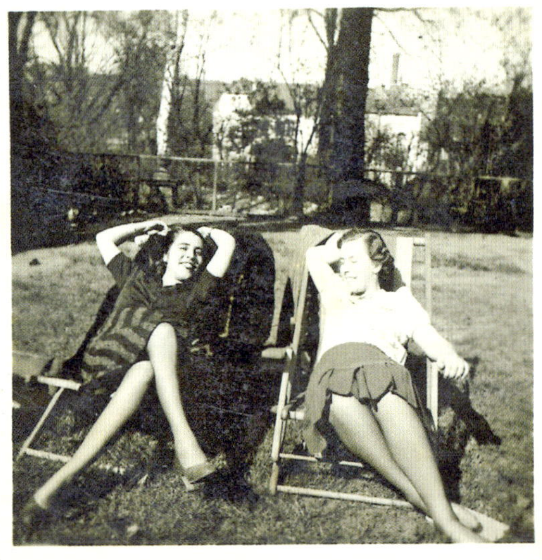

2

1   Semiha Berksoy und / and Inge Laeppché
    am / at Wannsee, 1937, Nachlass / Estate of
    Semiha Berksoy & Galerist, Istanbul

2   Semiha Berksoy und / and Inge Laeppché
    in Kleinmachnow, 1937, Nachlass / Estate of
    Semiha Berksoy & Galerist, Istanbul

Es existieren auch Bilder eines häuslichen Interieurs mit Berksoy und einem Klavier, das Claus-Peter Laeppché, der Sohn von Inges Bruder, als das Instrument wiedererkannte, das in Feldfichten 42 stand; allerdings erzählte er auch, dass niemand in seiner Familie je den Namen Semiha erwähnt habe.[16]

Images of a domestic interior also exist, showing Berksoy and a piano, which Claus-Peter Laeppché, the son of Inge's brother, identified as being the instrument in Feldfichten 42, although he said that nobody in his family ever mentioned the name Semiha.[16]

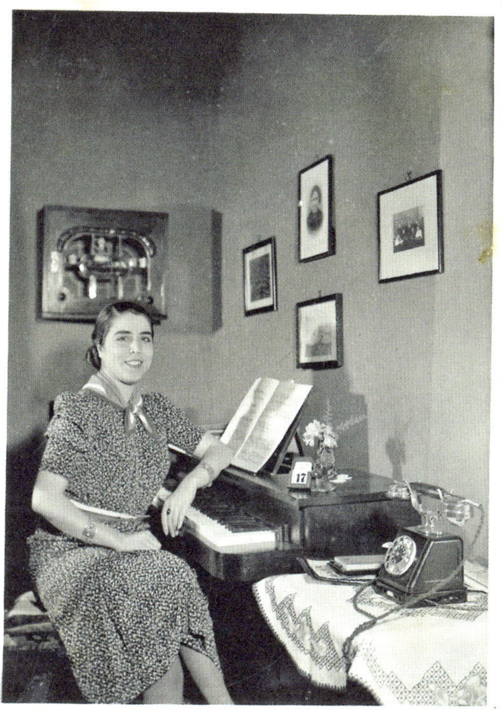
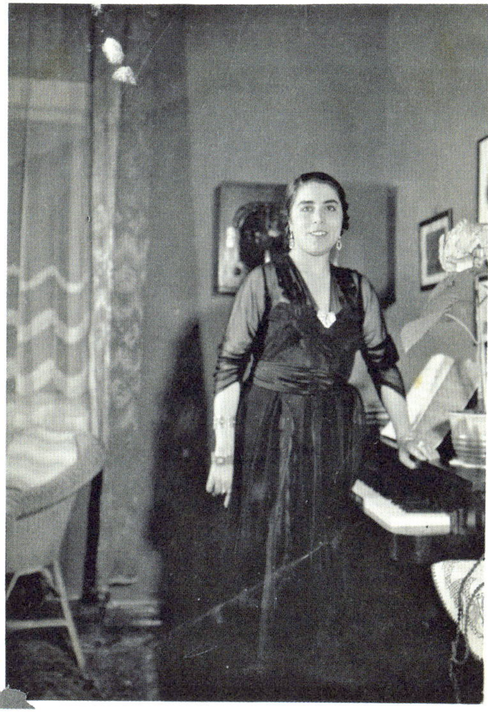

Semiha Berksoy in Feldfichten 42, Kleinmachnow, 1938 oder / or 1939, Nachlass / Estate of Semiha Berksoy & Galerist, Istanbul

Auch nach ihrem Umzug in das Viktoria Studienhaus verbrachte Berksoy offenbar Zeit in Kleinmachnow, denn in
einem Brief von 1939 erinnert sich ein gewisser Fritz Schäfer
an die schönen Stunden, die er dort mit ihr verbracht
hatte. Schäfer schrieb Berksoy zwischen Februar 1938 und
September 1939 etliche Male. Als sie sich kennenlernten,
war Schäfer Sturmmann bei der SA; später trat er den dem
Fallschirmjägerregiment der Luftwaffe bei.

It seems, even after her move to the Viktoria Studienhaus,
Berksoy returned to Kleinmachnow because a certain Fritz
Schäfer remembers the beautiful hours he spent with her
there in a letter from 1939. Schäfer wrote to Berksoy numerous times between February 1938 and September 1939.
When they first met, Schäfer was a Sturmmann [attack man]
with the SA [Sturmabteilung; storm troopers]; later, he joined
the paratrooper regiment of the Luftwaffe [air force].

Brief von / Letter from **Fritz Schäfer an** / to
Semiha Berksoy, 19. Juni 1939 / June 19, 1939,
Nachlass / Estate of **Semiha Berksoy &**
Galerist, Istanbul

Stendal, 17.6.39

Liebe Semiha!

Da ich sehr wenig Zeit habe komme ich erst Heute dazu Dir zu schreiben. Zuerst will ich mich für Deine Wünsche zu einer guten Fahrt bedanken, denn ich bin gut in Stendal angekommen.
Liebe Semiha, jetzt wenn ich so weit von Dir weg bin merke ich erst wie sehr ich mich an Dich gewöhnt hatte. Mir fällt es doppelt so schwer, weil es hier sehr einsam ist. Ich wohne nämlich weit aus der Stadt heraus. Hier ist kein Berlin, und schwarze Katzen gibt es hier auch nicht.
Wenn ich nach meinem harten Dienst im Bett liege denke ich oft an die schönen Stunden die wir in Klein-Machnow und an der – Leine – verbracht haben. Aber am meisten denke ich an (Semiha) Dich und Dein offenes Wesen was mir so an Dir gefällt.
Anfang Juli werde ich nach Berlin zu Besuch kommen. Vorher schreibe ich Dir noch.
Wie geht es Dir denn noch so? Ich hoffe, dass du gut gelernt hast, auf Dass Dir die Prüfung am 22. Nicht so schwerfällt. Übrigens wünsche ich Dir zu Dieser besten Erfolg.
Ich will nun schliessen und hoffe recht bald Antwort von Dir zu bekommen.
Schicke mir bitte ein Bild von dir mit.

Es grüsst Dich von Herzen
Fritz

Stendal, June 17, 39

Dear Semiha!

Since I have very little time, it's only today that I've got around to writing to you. First of all, I want to thank you for your wishes for a safe journey, because I have arrived safely in Stendal.
Dear Semiha, now that I'm so far away from you, I realize how much I'd got used to you. It's twice as hard for me because it's very lonely here. I live far out of the city. This isn't Berlin, and there aren't any black cats here either.
When I lie in bed after a day of hard work, I often think about the wonderful times we spent in Klein-Machnow and on the Leine. But most of all I think about you (Semiha) and your open nature, which is what I like so much about you.
I'll be visiting Berlin at the beginning of July. I'll write to you before then.
And how are you? I hope you've studied diligently and that the exam on the 22nd won't be too difficult for you. By the way, I wish you the best of luck
I'll close now and hope to hear from you very soon. Please send me a picture of yourself.

Greetings from the bottom of my heart
Fritz

Wie wir aus dem ersten Brief von Schäfer wissen, beglei-
tete er Berksoy an einem Samstagabend nach Hause; allerdings nennt er sie darin nicht bei ihrem richtigen Namen,
sondern adressiert den Brief an „Dolores del Ranco". Dies
war eine Rolle, die sie in Cemal Reşit Reys Bühnenwerk Saz
Caz spielte.[17]

As we know from Schäfer's first letter, he walked Berksoy
home on a Saturday evening, though he does not call her
by her name but addresses the letter to "Dolores del Ranco."
This is the name of a role she starred in Cemal Reşit Rey's
stage work Saz Caz.[17]

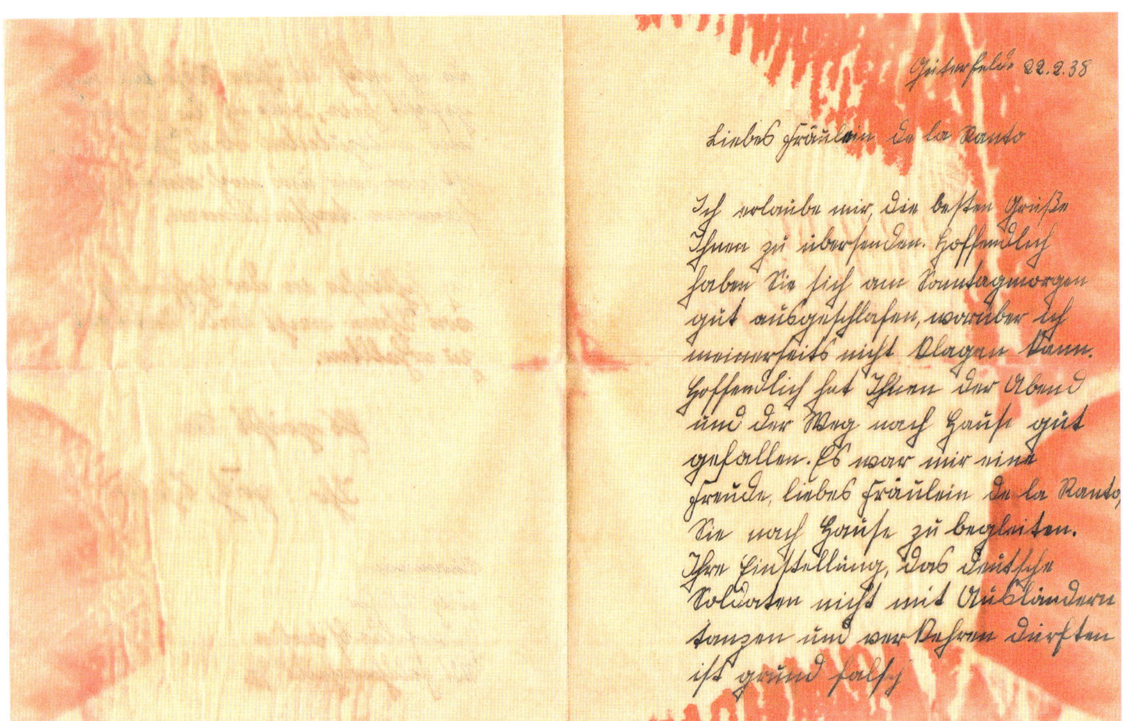

Brief von / Letter from **Fritz Schäfer an** / to
Berksoy, 22. Februar 1938 / February 22, 1938,
Nachlass / Estate of **Semiha Berksoy &**
Galerist, Istanbul

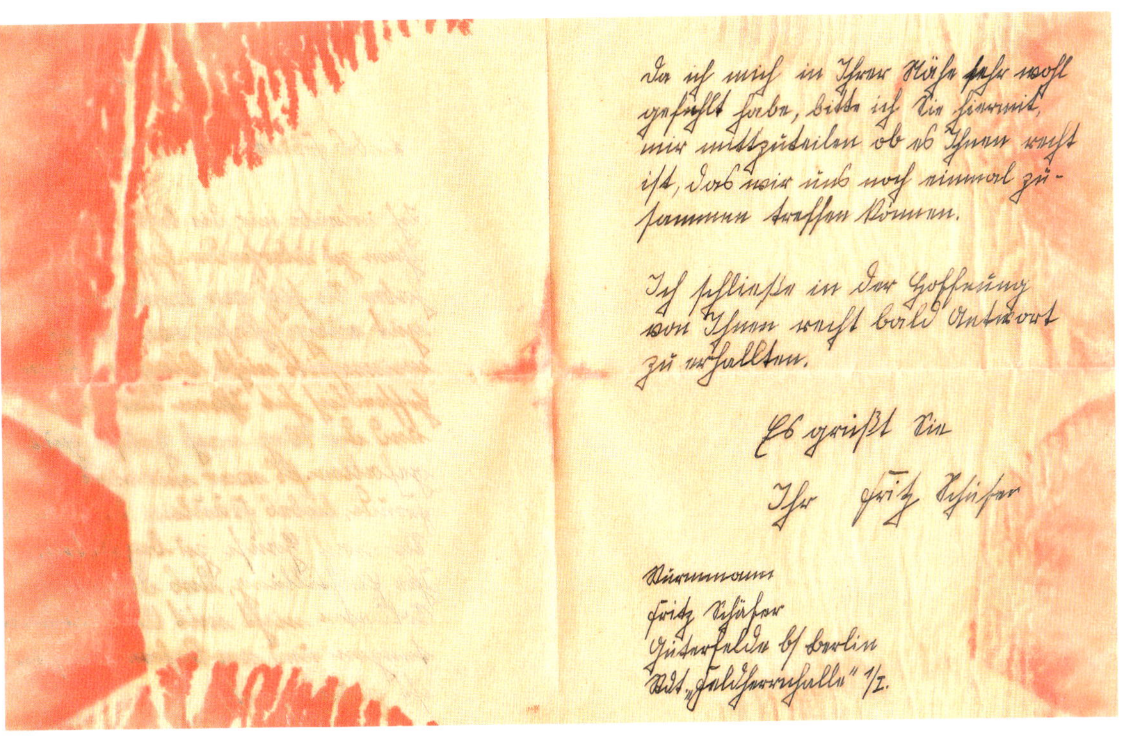

Güterfelde, 22.2.38

Liebes Fräulein de la Ranto.

Ich erlaube mir, die besten grüße zu übersenden.
Hoffentlich haben Sie sich am Sonntagmorgen aus-
geschlafen, worüber ich meinerseits nicht klagen.
Kann. Hoffentlich hat Ihnen der Abend und der Weg
nach Hause gut gefallen. Es war mir eines Freude, liebes Fräulein de la Ranto Sie nach Hause zu begleiten.
Ihre Einstellung, dass deutsche Soldaten nicht mit
Ausländern tanzen und verkehren dürfen ist grund-
falsch. Da ich mich in Ihrer Nähe sehr wohl gefühlt
habe, bitte ich Sie hiermit mir mitzuteilen ob es Ihnen
recht ist, dass wir uns noch einmal zusammentreffen
können. Ich schließe in der Hoffnung von Ihnen recht
bald Antwort zu erhalten.

Es grüßt Sie
Ihr Fritz Schäfer

Güterfelde, February 22, 38

Dear Miss de la Ranto,

Please permit me to communicate to you my best
wishes. I hope you were able to sleep in on Sunday
morning, which is something I myself cannot complain
about. Hopefully you enjoyed the evening and the journey home. It was a pleasure for me to accompany you
on your way home, dear Miss de la Ranto. Your view
that German soldiers are not allowed to dance and
socialize with foreigners is completely wrong. Since I
felt very comfortable in your presence, I would like to
ask you to let me know whether you would be happy
for us to meet again. I close in the hope of receiving a
reply from you very soon.

Warmest greetings
your Fritz Schäfer

Der letzte Brief von Schäfer im Nachlass von Berkosy ist vom September 1939. Schäfer wusste, dass Berksoy in die Türkei abgereist war, glaubte aber, dass sie zurückkommen würde, da er sie bat, ihm sofort nach ihrer Rückkehr zu schreiben.[18]

The last letter from Schäfer in Berksoy's estate is from September 1939. Schäfer knew that Berksoy had returned to Türkiye but believed that she would come back to Berlin, as he asks her to write him immediately upon her return.[18]

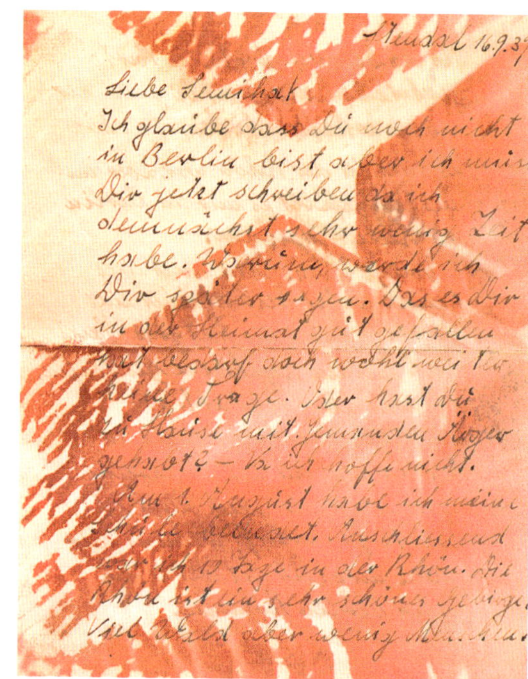

Brief von / Letter from **Fritz Schäfer an /** to **Semiha Berksoy, 16. September 1939 /** September 16, 1939, **Nachlass** / Estate of **Semiha Berksoy & Galerist, Istanbul**

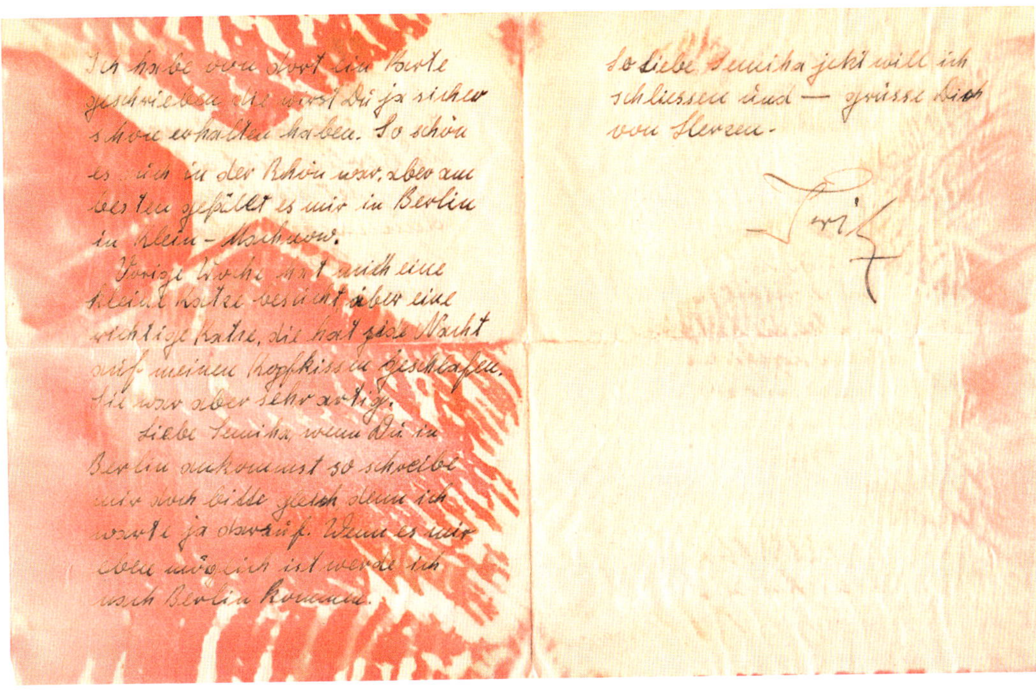

Stendal, 16.9.39

Liebe Semiha.

Ich glaube, dass Du noch nicht in Berlin bist, aber ich muss Dir jetzt schreiben da ich demnächst sehr wenig Zeit habe. Warum werde ich Dir später sagen. Dass es dir in der Heimat gut gefallen hat bedarf doch wohl weiter keiner Frage. Oder hast du zu Hause mit jemandem Ärger gehabt? Na ich hoffe nicht. Am 1. August habe ich meine Schule beendet. Anschliessend war ich 10 Tage in der Rhön. Die Rhön ist ein sehr schönes Gebirge. Viel Wald aber wenig Menschen. Ich habe von dort eine Karte geschrieben die wirst Du ja sicher schon erhalten haben. So schön es auch in der Rhön war, aber am besten gefällt es mir in Berlin in Klein-Machnow. Vorige Woche hat mich eine kleine Katze besucht, aber eine richtige Katze, die hat jede Nacht auf meinem Kopfkissen geschlafen. Sie war aber sehr artig.
Liebe Semiha, wenn Du in Berlin ankommst so schreibe mir doch bitte gleich, denn ich warte ja darauf. Wenn es mir möglich ist werde ich nach Berlin kommen.

So liebe Semiha jetzt will ich schliessen und – grüsse dich von Herzen.
Fritz

Stendal, September 16, 39

Dear Semiha,

I don't think you're in Berlin yet, but I have to write to you now because I'll soon have very little time. I'll tell you why later. There's no need to ask whether you enjoyed your homeland. Or did you have trouble with anyone at home? Well, I hope not. I finished school on August the 1st. After that I spent 10 days in the Rhön. The Rhön is a very beautiful mountain range. Lots of forest but not many people. I wrote a card from there, which you will surely have received by now. As beautiful as it was in the Rhön, I like Klein-Machnow in Berlin best. Last week I had a little cat visit me, a real cat, who slept on my pillow every night. She was very well behaved though. Dear Semiha, when you arrive in Berlin please write to me immediately, because I am waiting. If I can, I will come to Berlin.

So, dear Semiha, now I want to close and greet you from the bottom of my heart.
Fritz

Tatsächlich sollten drei Jahre vergehen, bevor Berksoy nach Berlin zurückkehrte, und wir wissen nicht, ob sie und Schäfer sich jemals wiedersahen. Aus Dokumenten geht jedoch hervor, dass sie im September 1942 bei den Laeppchés in Kleinmachnow wohnte. Auch sind Fotografien von Semiha und Inge vom Herbst desselben Jahres erhalten.

It would take Berksoy three years to return to Berlin, and we do not know whether she and Schäfer ever met again. But documents tell us that she stayed with the Laeppché's in Kleinmachnow in September 1942. Additionally, photographs of Semiha and Inge from autumn of that year have remained.

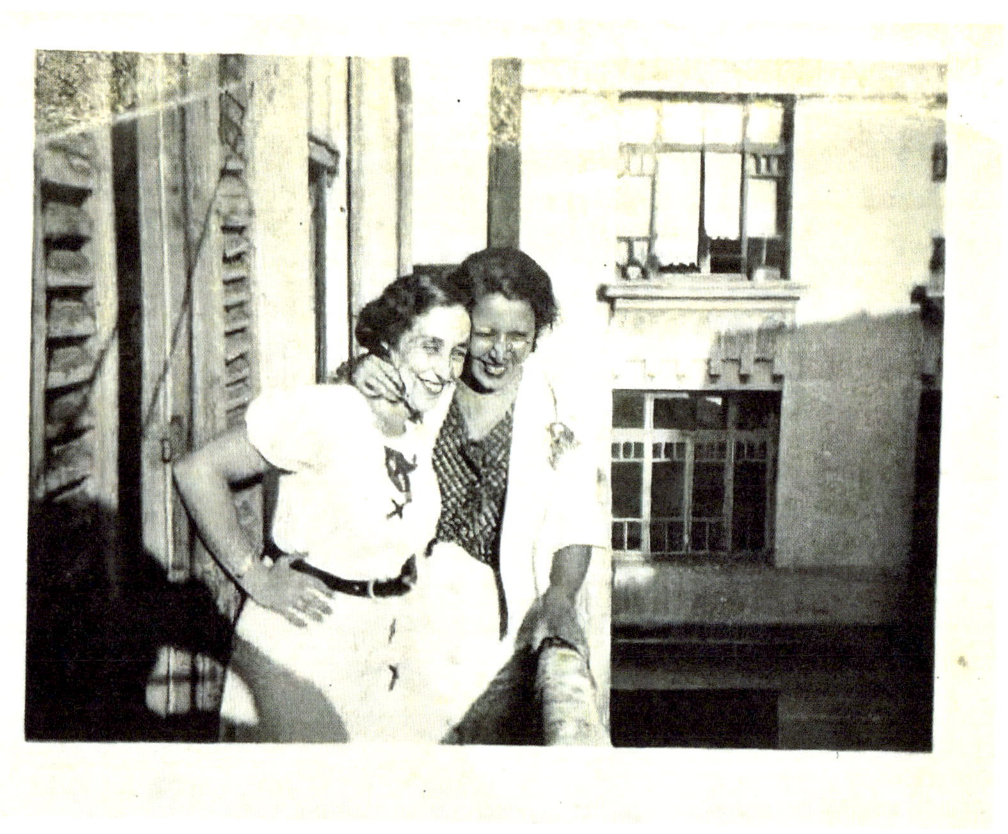

Semiha Berksoy und / and Inge Laeppché in Kleinmachnow, 1942, Nachlass / Estate of Semiha Berksoy & Galerist, Istanbul

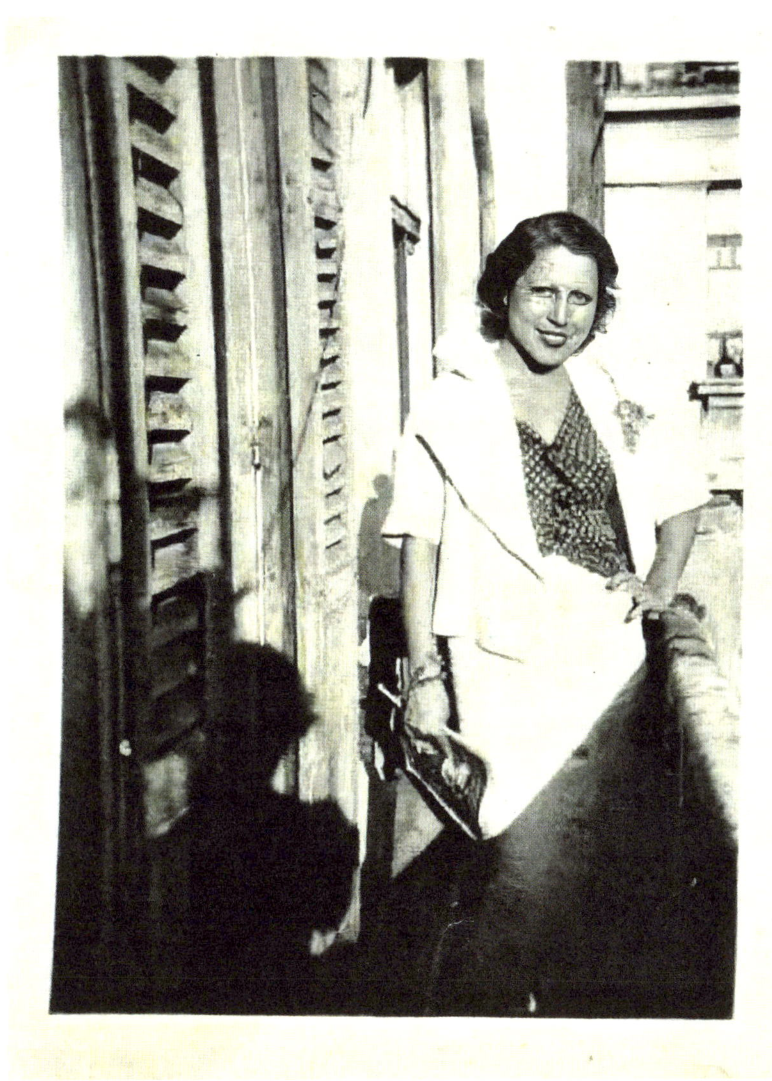

Inge Laeppché in Kleinmachnow, 1942,
Nachlass / Estate of Semiha Berksoy &
Galerist, Istanbul

1   Archiv Universität der Künste Berlin (UdK), Akte Semiha
Berksoy 1-3621, Nr. 3, Anmelde-Vordruck. Zur Hochschule für
Musik siehe Antje Kalcher & Dietmar Schenk, *Vor der UdK.
Die Lehrenden an den Vorgängerinstitutionen der Universität
der Künste Berlin – ein Katalog*, Berlin: Universität der Künste,
2024, S. 175–79. Ich danke Martha Pflug vom UdK Archiv
und Emily Finkelstein für ihre Unterstützung bei der Recherche
zu Semiha Berksoy's Zeit in Berlin. /
Archive Universität der Künste Berlin [University of Arts] (UdK),
File Semiha Berksoy 1-3621, no. 3, Registration Form. On the
Hochschule für Musik, see Antje Kalcher & Dietmar Schenk,
*Vor der UdK. Die Lehrenden an den Vorgängerinstitutionen der
Universität der Künste Berlin – ein Katalog*, Berlin: Universität
der Künste, 2024, pp. 175–79. I would like to thank Martha Pflug
from the UdK Archive and Emily Finkelstein for supporting
the research on Semiha Berksoy's life in Berlin.

2   Archiv UdK, Akte Semiha Berksoy 1-3621, Nr. 16, Schreiben des
Generalsekretärs für türkische Studierende in Europa an
Fritz Stein, 6. Juli 1938. /
Archive UdK, File Semiha Berksoy 1-3621, no. 16, Letter from the
General Secretary of Turkish Students in Europe to Fritz Stein,
July 6, 1938.

3   Zu Details über türkische Studierende in Deutschland in den
1930er-Jahren siehe Ingeborg Böer & Ruth Haerkötter,
„Wahrnehmungen und Begegnungen in Selbstzeugnissen"
in: Hendrik Fenz & Petra Kappert (Hg.), *Turkologie für das
21. Jahrhundert: Herausforderungen zwischen Tradition und
Moderne: Materialien der vierten Deutschen Turkologen-
Konferenz*, Wiesbaden: Harrassowitz Verlag, 2006, S. 38–41;
Marc David Baer, „Mistaken for Jews: Turkish PhD Students
in Nazi Germany" in: *German Studies Review* 41(1), 2018,
S. 11–13; Nesrin Tanç, „Saadet Ikesus, ‚die kleine Türkin mit der
goldenen Kehle' an der Duisburger Oper zur Zeit des Zweiten
Weltkriegs: Verwahrensvergessen in der Kulturgeschichte
der Stadt Duisburg" in: *Duisburger Forschungen: Schriften-
relhe für Geschichte und Heimatkunde Duisburgs*, Essen:
Klartext, 2021, S. 59–66. /
For details about Turkish students in Gemany in the 1930s,
see Ingeborg Böer & Ruth Haerkötter, "Wahrnehmungen und
Begegnungen in Selbstzeugnissen" in: Hendrik Fenz &
Petra Kappert (eds.), *Turkologie für das 21. Jahrhundert:
Herausforderungen zwischen Tradition und Moderne:
Materialien der vierten Deutschen Turkologen-Konferenz*,
Wiesbaden: Harrassowitz Verlag, 2006, pp. 38–41; Marc David
Baer, "Mistaken for Jews: Turkish PhD Students
in Nazi Germany" in: *German Studies Review* 41(1), 2018,
pp. 11–13; Nesrin Tanç, "Saadet Ikesus, 'die kleine Türkin mit
der goldenen Kehle' an der Duisburger Oper zur Zeit des
Zweiten Weltkriegs: Verwahrensvergessen in der Kulturgeschichte
der Stadt Duisburg" in: *Duisburger Forschungen: Schriftenreihe
für Geschichte und Heimatkunde Duisburgs*, Essen:
Klartext, 2021, pp. 59–66

4   Lohmann war von 1933 bis 1945 Professor für Gesang an der
Hochschule für Musik, siehe Kalcher & Schenk, *Vor der UdK*,
S. 195. /
Lohmann was a professor for singing at the Hochschule für
Musik from 1933 until 1945, see, Kalcher & Schenk, *Vor der UdK*,
p. 195.

5   Lohmanns Aktivitäten in der Türkei gehen aus seinem
Nachlass hervor, der in der Staatsbibliothek zu Berlin
eingesehen werden kann. /
Lohmann's activities in Türkiye are evident in his estate, which is
located in the Staatsbibliothek zu Berlin [State Library of Berlin].

6   Archiv UdK, Akte Semiha Berksoy 1-3621, Nr. 34-35, Schreiben
von Paul Lohmann an Fritz Stein, 15. Oktober 1936. /
Archive UdK, File Semiha Berksoy 1-3621, no. 34-35, Letter from
Paul Lohmann to Fritz Stein, October 15, 1936.

7   Sammlung der Preußischen Akademie der Künste, Akte 1054,
https://iiif.deutsche-digitale-bibliothek.de/binary/a0740632-
d457-4bc3-a2f3-ab43b8e96bc6.pdf. /
Collection of the Preußische Akademie der Künste [Prussian
Academy of Arts], File 1054,
https://iiif.deutsche-digitale-bibliothek.de/binary/
a0740632-d457-4bc3-a2f3-ab43b8e96bc6.pdf.

8   Die Oper wurde am 22., 24. und 26. Juni 1939 aufgeführt,
siehe Archiv UdK, *Staatliche Hochschule für Musik in Berlin.
Jahresbericht für den Zeitraum vom 1. Oktober 1938 – 30.
September 1941*, 1-D-19, S. 41. Käte Schröter studierte zwischen
1937 und 1939 an der Hochschule für Musik, siehe Archiv
UdK, Akte Käte Schröter 1-1470. /
The opera was staged on June 22, 24, and 26, 1939, see Archive
UdK, *Staatliche Hochschule für Musik in Berlin. Jahresbericht
für den Zeitraum vom 1. Oktober 1938 – 30. September 1941*,
1-D-19, p. 41. Little is known about Käte Schröter, she joined the
Hochschule für Musik in 1937 and left in 1939, see Archive UdK,
File Käte Schröter 1-1470.

9   Schmalstich war von 1934 bis 1945 Fachvertreter für
Dirigieren und Lehrer für Konzertleitung, siehe Kalcher &
Schenk, *Vor der UdK*, S. 198. /
Schmalstich was a professor of opera direction and conducting
from 1934 to 1945, see Kalcher & Schenk, *Vor der UdK*, p. 198.

10   Siehe Bernhard Helmlich, *Händel-Fest und „Spiel der 10.000".
Der Regisseur Hanns Niedecken-Gebhard*, Frankfurt a.M. et al:
Peter Lang, 1989. Niedecken-Gebhard war von 1936 bis 1941
Professor für dramatischen Unterricht und Opernregie an der
Hochschule für Musik, siehe Kalcher & Schenk, *Vor der UdK*,
S. 196. /
See Bernhard Helmlich, *Händel-Fest und „Spiel der 10.000".
Der Regisseur Hanns Niedecken-Gebhard*, Frankfurt a.M. et al:
Peter Lang, 1989. Niedecken-Gebhard was a professor of
dramatic teaching and opera.

11   Franz Stege, „Berliner Musik" in: Zeitschrift für Musik 9,
1939, S. 951. /
Franz Stege, "Berliner Musik" in: *Zeitschrift für Musik* 9, 1939,
p. 951.

12   Weder bei der Deutschen Staatsoper noch der Deutschen
Oper gibt es Hinweise auf Berksoy in den Archiven, E-Mail
Deutsche Staatsoper, 9. April 2024, E-Mail Deutsche Oper,
22. August 2024. /
Neither the Deutsche Staatsoper [German State Opera] nor the
Deutsche Oper [German Opera] have any evidence of Berksoy
in their archives, e-mail Deutsche Staatsoper, April 9, 2024,
e-mail Deutsche Oper, August 22, 2024.

13   Briefe von Elisabeth Schott an Semiha Berksoy, 5. und 10. April
1939, Nachlass Semiha Berksoy und Galerist Istanbul. /
Letters from Elisabeth Schott to Semiha Berksoy, April 5 and 10,
1939, Estate Semiha Berksoy and Galerist Istanbul.

14 Nach ihrer Ankunft in Berlin wohnte Berksoy in der
    Clausewitzgasse 4 in Charlottenburg. Siehe Archiv UdK, Akte
    Semiha Berksoy 1-3621, No. 2, Anmelde-Vordruck. Wann
    sie nach Kleinmachnow umzog, ist unklar. Ich danke Knut
    Klihowetz von der Kommunalverwaltung Kleinmachnow,
    dass er mir die folgenden Informationen aus dem Archiv
    Kleinmachnow zur Verfügung gestellt hat: Herbert Laeppché
    baute das Haus an der Adresse Feldfichten 42 im Jahr 1934.
    Er und seine Frau Ottilie zogen 1935 ein und lebten dort bis
    zu Herberts Tod 1963. Ottilie zog 1966 nach Mainz. Berksoys
    Name taucht im Archiv nicht auf. E-Mail vom 6. August 2024.
    Die Laeppchés hatten drei Kinder, Ingeborg (*1918), Rita
    (*1919) und Eisenhardt (*1923), Archiv UdK, Akte Laeppché
    1-2690, Nr. 70, Personalblatt. /
    Upon arrival in Berlin, Berksoy lived in Clausewitzgasse 4
    in Charlottenburg. See Archive UdK, File Semiha Berksoy
    1-3621, no. 2, Registration Form. It is unclear when she moved
    to Kleinmachnow. I would like to thank Knut Klihowetz from
    the municipality of Kleinmachnow for providing me with the
    following information from the archive of Kleinmachnow:
    Herbert Lappché built the house in Feldfichten 42 in 1934.
    In 1935, he and his wife Ottilie moved in and lived there until
    Herbert's death in 1963. Ottilie moved to Mainz in 1966.
    Berksoy's name does not appear in the archive. E-mail August
    6, 2024. The Laeppchés had three children, Ingeborg (*1918),
    Rita (*1919), and Eisenhardt (*1923), Archive UdK, File Laeppché
    1-2690, no. 70, Staff Form.

15 Ich danke Claus-Peter Laeppché, dem Sohn von Inges Bruder
    Eisenhardt, für seine Bestätigung, dass die junge Frau
    in der linken Abbildung seine Tante ist. Da das körperliche
    Erscheinungsbild der Frau in der rechten Abbildung der
    in linken sehr ähnlich ist, gehe ich davon aus, dass beide
    Inge Laeppché zeigen. /
    I want to thank Claus-Peter Laeppché, the son of Inge's brother
    Eisenhardt, who confirmed that the young woman in the left
    image is his aunt. As the physical features of the woman in the
    right image are very similar to the one in the left image, I suppose
    that both show Inge Laeppché.

16 E-Mails und Telefonate mit Claus-Peter Laeppché vom 20. und
    27. August und vom 2. September 2024. /
    E-mail and phone conversations with Claus-Peter Laeppché,
    August 20 and 27, September 2, 2024.

17 Derya Yücel (Hg.), *Semiha Berksoy. Catalogue Raisonné*, Berlin:
    Revolver Publishing, 2017, S. 314. /
    Derya Yücel (ed.), *Semiha Berksoy. Catalogue Raisoné*, Berlin:
    Revolver Publishing, 2017, p. 314.

18 Berksoy beabsichtigte tatsächlich, nach Berlin
    zurückzukehren, wie ein Brief vom 23. September 1939
    bestätigt. Archiv UdK, Akte Semiha Berksoy 1-3621, Nr. 24,
    Schreiben von Semiha Berksoy an Fritz Stein. /
    Indeed, Berkoy had intentions to return to Berlin, as a letter from
    September 23, 1939 confirms. Archive UdK, File Semiha Berksoy
    1-3621, no. 24, Letter from Semiha Berksoy to Fritz Stein.

Anthologie historischer Texte

Anthology of Historical Texts

English from page 236

Ein Star wird im Darülbedayi geboren: Das Mädchen, das an der Künstlerschule sehr erfolgreich war

1931

Im vergangenen Jahr besuchten acht Schüler und Schülerinnen die Künstlerschule im Darülbedayi, das, um Künstler auszubilden, gegründet wurde. Vier dieser Schüler bestanden am Ende des Jahres die Prüfungen, vier von ihnen wurden wegen Nichtbestehen ausgeschlossen. Eine der Schülerinnen, die die Prüfung erfolgreich bestanden hatte, ist eine junge türkische Frau namens Semiha (Berksoy). Die anderen sind die Herren Sabih, Necati und Sami (Ayanoğlu). Diese vier Künstlereleven werden auch in diesem Jahr weiterhin die Schule besuchen. Da es für diese eine Schülerin ausgeschlossen ist, nicht erfolgreich zu sein, wird ihre Mitgliedschaft auf der Bühne des Darülbedayi ab dem nächsten Jahr als gewiss betrachtet. Eigentlich werden diese Schüler auch ab diesem Jahr in kleinen Rollen auf der Bühne auftreten. Vor allem hofft man, dass Semiha große Erfolge auf der Bühne haben wird, zumal sie auch eine wunderschöne Stimme hat. Da am Darülbedayi ab diesem Jahr hin und wieder kleine Operetten aufgeführt werden sollen, wird Frau Semiha bei diesen Operetten Rollen übernehmen. „Man betrachtet dieses junge Mädchen als den zukünftigen Star des Darülbedayi."

Aus: *Cumhuriyet*, 15. Juli 1931. Zitiert in: Metin And, *Türkisches Theater zur Zeit des Beginns der Republik,* Ankara: İş Bankası Kultur Publikationen, 1983, S. 117

Übersetzt aus dem Türkischen von Zehra Kübel

Ein Bravo für Semiha Berksoy

M. Turhan, 1939

Vor einem Jahr habe ich eine kurze Tour durch Deutschland, Belgien, England, Frankreich und Italien gemacht, und auch Leipzig besucht. In dieser großen deutschen Stadt waren anlässlich der öffentlichen Ausstellung die Hotels bis zur Küche gefüllt, und es gab nicht nur keinen Platz zum Übernachten, sondern nicht einmal eine Hausschwelle, auf die man seinen Kopf hätte legen können. Reisende, die draußen im Freien bleiben mussten, zogen entweder aus der Stadt oder öffneten ihre Geldbeutel und sicherten sich ein Bett in privaten Häusern. Da unsere Gruppe zu denen gehörte, die die zweite Option bevorzugten, schlief jeder von uns an unterschiedlichen Orten. Es war endlich an der Zeit, aufzubrechen, und diese Probleme loszuwerden. Während ich dankbar war, mich nun von meinem Vermieter, der mir gegen mein Geld ein einfaches Bett für siebeneinhalb Lira pro Tag vermietet hatte, und der mir eineinhalb Lira für ein mittelmäßiges Frühstück in Rechnung gestellt hatte, zu verabschieden, und raus auf die Straße gehen zu können, lachte er nun und nahm mich am Arm, führte mich aus dem Haus, und führte mich bis zum Ende der Straße, die das Ende einer Kreuzung bildete, und dort – mit Hilfe der Übersetzung eines Freundes – und vor Aufregung errötend mir die folgende gute Nachricht erzählte:

„Hier wird die Statue unseres großen Landsmannes errichtet."

Aufgrund meiner Ignoranz und Unkenntnis konnte ich nicht anders, als zu fragen:

„Wer ist dieser euer Landsmann?"

Er, antwortete mit erhobener Brust, und stolz als könne er die ganze Welt in ein einziges Wort packen: „Wagner!"

An diesem Tag sah ich zum ersten Mal in meinem Leben, mit welch tiefem Stolz ein Meister der Musik seine Heimat, ein Land und eine Nation erfüllen konnte… ich habe dies beneidet.
(...)

Ein Ansager ließ uns nicht lange warten, er kündigte an, dass wir uns ein neues Konzert von Frau Semiha Berksoy anhören werden würden, die ihren Abschluss am Konservatorium in İstanbul gemacht habe und nach Berlin geschickt wurde, um dort Oper zu studieren, und dass Frau Saadet sich ihr anschließen würde, und dann fing ein Wasserfall aus göttlichen Hymnen und Gesänge an, in unsere Ohren zu ertönen. Wir wussten nicht, lauschten wir Stimmen oder harmonischer Kunst, die vom Himmel zur Erde sich ergoss, und von der Erde wieder in den Himmel schoss. Sowohl mein Freund als auch ich verloren uns in den eleganten und sanften Wellen einer ätherischen Atmosphäre, die unser Verständnis und unsere Gefühle verzauberten.

Ich weiß nicht, wie lange diese glückseligen Momente anhielten. Mit der vor Aufregung jetzt anders klingenden Stimme des Ansagers erwachten wir aus der Welt der Freuden. Der arme Mann sagte etwas in aller Eile, als wolle er der ganzen Welt eine große Wahrheit mitteilen. Mein Freund beeilte sich, mit mir die ihm Wohlgefallen bereitenden deutschen Worte zu teilen:

„Der Ansager gibt die Freudenbotschaft, dass Semiha Berksoy in naher Zukunft eine sehr angesehene Künstlerin sein wird, und nicht nur die Türkei, sondern die gesamte Kunstwelt sehr stolz auf sie sein wird."

Ich sah die Szene in Leipzig vor meinen Augen, und in meinen Ohren ertönte die Stimme der Frau, die Oden an das Genuine von Wagner sang. Ich war stolz, beeindruckt und fand die Stadtverwaltung von Istanbul, die sie zur Ausbildung nach Berlin geschickt hat, überaus sehr zu loben.

Aus: *Tan*, 25. Februar 1939

Übersetzt aus dem Türkischen von Zehra Kübel

Berliner Musik

Fritz Stege, 1939

Die kritische Nachlese der bis Anfang Juli fortgesetzten Musiksaison bezieht sich noch auf einige Opernaufführungen, auf den „Sommer der Musik" in der Staatl. Musikhochschule und vor allem auf die „Festlichen Musiktage in Potsdam", während die „Berliner Kunstwochen" in ihrer zweiten Hälfte lediglich auf einige Serenaden im Stadtschloss mit dem Philharmonischen Orchester unter Leitung von Hans von Benda beschränkt blieben.

Festliche Musiktage in Potsdam.

Das Potsdamer Musikfest, dessen Titel „Festliche Musiktage" von Wilhelm Furtwängler geprägt wurde, lockte nunmehr zum zweiten Male die Musikfreunde Berlins nach der ehrwürdigen Garnisonstadt. Waren die vorjährigen Musiktage J. S. Bach gewidmet, so standen diesmal Haydn und Mozart im Vordergrunde. Über die Beziehungen Mozarts zu Potsdam verbreitete sich auf dem Presse-Empfang Prof. Dr. Georg Schünemann, der daran erinnerte, daß auf den Tag genau 150 Jahre seit Mozarts Besuch verflossen sind. Er verfolgte Mozarts ergebnislose Reife, ohne eine neue Quelle über die Begegnung mit dem großen König erschlossen zu haben. Die zugänglichen Akten schweigen sich hierüber aus. Der Historiograph der Stadt, Prof. Dr. Kania, gab neue Forschungsergebnisse bekannt über die noch zum Teil vorhandenen Wohnstätten friderizianischer Musiker.

Die „Festlichen Musiktage" waren von Persönlichkeiten getragen, die mehr oder minder enge Beziehungen zu Potsdam unterhalten: Edwin Fischer (künstlerischer Leiter), Wilhelm Furtwängler, Wilhelm Kempff und Karl Landgrebe, der namhafte Chordirigent und Städt. Musikbeauftragte. Es war ein unvergleichliches Erlebnis, die drei Musiker Furtwängler, Fischer und Kempff im Eröffnungskonzert als Interpreten des „Konzertes für drei Klaviere" F-dur von Mozart zu hören. Ein beglückendes Zusammenspiel – höchste Kultur des Vortrags trotz der Verschiedenartigkeit der künstlerischen Temperamente. Dazu noch Beethovens A-dur-Sinfonie und das B-dur-Klavierkonzert von Wilhelm Kempff versonnen und hingebungsvoll, in durchsichtiger Klarheit mit hauchzartem Anschlag dargeboten.

Haydns „Jahreszeiten" in der Garnisonkirche stellten der Leistungsfähigkeit des Städtischen Chores ein beruhigendes Zeugnis aus. Es war eine gute, gediegene Arbeit, die Karl Landgrebe vollführt hatte, und feine Vorsicht in der Wahl der Tempi kam der klanglichen Schönheit des Chores zugute. Mit dem Philharmonischen Orchester verbanden sich die trefflichen Solisten Helene Fahrni, Heinz Marten und Fred Drissen.

Die künstlerische Hauptlast lag auf den Schultern von Edwin Fischer, der teils in Begleitung seines Kammerorchesters, teils in Verbindung mit dem bewundernswerten Bläserquartett der Staatsoper drei Konzertabende im Schauspielhaus spendete. Die Haffner-Musik, Bläserserenaden, Klavierkonzerte u. a. ehrten den Genius Mozarts. Neben der eigenen Bearbeitung der f-Moll-Fantasie für eine Orgelwalze durch Edwin Fischer fesselte die originale Wiedergabe des Glasharmonika-Quintetts. Allerdings wurde

keine der Franklinschen Glasharmonikas mit ihren ineinandergeschobenen rotierenden Schalen verwendet. Es scheint, daß diese Instrumente nicht mehr brauchbar sind, da die Glasglocken nicht zu stimmen sind und – wenigstens bei der Harmonika der Berliner Musikinstrumentensammlung erweisbar – einen halben Ton unter der heutigen Normalstimmung stehen. Dafür präsentierte der Stuttgarter Harmonika-Virtuose Bruno Hoffmann seine „Glasharfe", die in ihrer Aufmachung mit den verschiedenen Weingläsern an das Varieté erinnert. Schloß man aber die Augen, so nahmen der duftige Zauber des feinen, hellen, flötenartigen Klanges das Ohr gefangen. Ein musikalisches Narcoticum, daß man immer wieder hören könnte und dessen Reize man nicht vergißt. Bruno Hoffmann ist ein Meister, der mehrstimmige Akkorde, Läufe und Staccati sauber hervorzubringen weiß. Um Mozarts empfindungsreicher, fantasievoller Komposition willen, lohnt sich die Erneuerung der Glasharmonika, und mehrere Zugaben von Mozart und Naumann begeisterten die Hörerschaft.

Die „landschaftliche Gebundenheit" der Potsdamer Musiktage, die Oberbürgermeister General Friedrichs hervorhob, erwies sich in einer „Serenade" des Stadtschlosses unter Hans von Bendas gediegener Leitung mit Werken von Mozart und Händel, dazu Tänze und Märsche. Den Höhepunkt aber hätte die Aufführung der von Willy Meckbach vervollständigten Oper „Zaide" im herrlichen Rokokotheater Friedrichs des Großen im Neuen Palais bieten können, wenn nicht die Ungunst des Schicksals den einheitlichen Eindruck infolge Erkrankungen verhindert hätte. Um die Ausführung machten sich unter Hans von Bendas Stabführung verdient: Gerda Altendorf, Einar Kristjansson, Karl Schmidt-Walter, Franz Notholt, Alfred Bartolitius. Lizzie Maudrik steuerte Tänze bei, die Bühnenbilder entwarf Robert Ullmann, Regie führte Bernd Lürgen.

„Sommer der Musik" in der Staatlichen Musikhochschule.

Man bedauert angesichts der Vielzahl der Berliner Musikereignisse, nicht öfter Gelegenheit gehabt zu haben, um die in ihrer Fülle einzigartigen Veranstaltungen der „Staatl. Hochschule für Musik" zu besuchen. Dieser „Sommer der Musik" führte eine Reihe von Konzerten und Opernabenden ins Treffen, darunter Kammermusik, Orgelabende deutscher, schwedischer und französischer Tonsetzer, eine Joseph-Haas-Feier, zwei Pfitzner-Konzerte, eine Strauß-Feier mit Aufführung der „Ariadne" und vieles andere. Zu kurz kam lediglich wieder der kompositorische Nachwuchs der Hochschule, und je weniger wir von den Schöpfungen kommender Meister hören, desto größer ist die Spannung. Am ersten Abend kamen lediglich zwei Schüler der Klasse Prof. Hermann Grabner zur Geltung. In der kurzen Klaviersonate Gerhard Rößners wechseln Barockelemente mit fruchtbarer Lyrik im formal gut angelegten Mittelsatz ab, in Roderich Kleemanns Bratschenliedern befremdet die kühle, objektive Haltung, namentlich in Morgensteras „Schauder". Wenn der Komponist rücksichtslos über die dichterische Interpunktion hinwegkomponiert, hebt er die Wirkung des Textes radikal auf. Köstlich war hingegen Ernst Peppings „Sonate I für Klavier". Kecke, spritzige Musik, halb ernst, halb belustigt hingeworfen, namentlich in der „Serenade" mit ihrem erfrischend parodistischen Einschlag!

Ein schwedischer Kammermusikabend, eine musikalische Geburtstagsfeier galten vor allem der verdienten

Wirksamkeit des Lehrers für Violine und Ensemble-Spiel, Prof. Hans Mahlke. – Dank gebührt Prof. Fritz Stein für die Wiedergabe zweier noch ungedruckter Sinfonien von Haydn, Nr. 90 und 91 in C-dur und Es-dur, dazu die Musik aus dem Luftspiel „Der Zerstreute" und ein Divertimento. Die Mitwirkenden dieses Haydn-Konzertes fanden starke Anerkennung.

Als Höhepunkt auf dem Gebiet der Konzertmusik darf die Berliner Erstaufführung des Oratoriums „Saat und Ernte" von Kurt Thomas in der lebendigen Darstellung durch den Komponisten mit den geschulten Stimmen von Carola Behr, Friedrich Hausburg, Horst Günter gelten. In dieser jüngsten Schöpfung des hochbegabten Tonsetzers fällt die zwingende Gewalt des seelischen und tonmalerischen Ausdrucks auf, der im Vergleich zu feinen frühreifen geistlichen Tonwerken durchaus blutwarme, irdische Töne anschlägt. Mit den ihm eigenen Mitteln einer unsentimentalen, unromantischen Tonsprache deutet er mit kräftigen Strichen Einzelheiten der Dichtung unbekümmernd malend und musikprogrammatisch aus, ohne feine herbe Haltung dadurch zu beeinträchtigen. Der stilistische Reiz des Tonwerkes gewinnt dadurch an Eigenart – erweist es sich doch, daß Tonmalerei durchaus nicht im Gegensatz zu den heute lebendigen schöpferischen Strömungen zu treten braucht. Lyrik und Dramatik wechseln in inhaltlicher Vielseitigkeit mit geschickten instrumentalen Überleitungen. Ein Chor wie „Wir hängen in den Seilen" ist reinstes Volkstum, einzelne Solostellen wie „Alter Bauer am Abend" und „Gruß an das Korn" überraschen durch edlestes Empfinden. Das sind Partien von überzeugender Schönheit, für die man sich begeistern muß. Unvergesslich bleibt ebenso die Gewalt des Sommergewitters oder des machtvollen, mit geschulter Hand entwerfenden Schlußchors.

Das zweite große Ereignis des „Musiksommers" war die Aufführung der „Ariadne". Die Inszenierung der Opernregie-Klaffe von Prof. Hans Niedecken-Gebhard mit den geschmackvollen Dekorationen von Werner Steinadler war mustergültig. Trotz der beschränkten Raumverhältnisse fehlte nichts, und die Illusion der Apotheose wurde mit einfachsten Mitteln glaubwürdig gemacht. Prof. Clemens Schmalstich leitete das eigens zusammengestellte Hochschulorchester mit Umsicht und Geschick, und gab ihm im Finale eine beglückende Leuchtkraft. Unter den Darstellern nicht eine Niete, dagegen viele bühnenreife Stimmen. Die Anmut der Elisabeth Wilde als Zerbinetta, die füllige Stimme der Semiha Berksoy in der Titelrolle, der gepflegte Tenor des Helmut Conrad Schindler und die gut geschulte Margot Spingies als Komponist fügten sich zu einheitlichen Leistungen. Vor allem aber überreichte die Aufführung durch die Kultur der Ensemblekunst.

Die Staatliche Musikhochschule unter Leitung ihres rührigen Prof. Fritz Stein hat mit dieser Veranstaltungsserie abermals einen überzeugenden Beweis ihrer künstlerischen Leistungsfähigkeit gegeben. Und nicht zuletzt: Sie versteht es, die Schüler mit Luft und Liebe am Musizieren zu erfüllen.

Von der Opernbühne.

Nachzutragen ist noch die Erstaufführung von Siegfried Wagners „Kobold" in der Staatsoper. In diesem fast unbekannt gebliebenen, 1904 in Hamburg uraufgeführten Werk muss die unschuldige Wirtstochter Verena ihr Leben opfern, um die Seelen ermordeter Kinder zu retten, die in Gestalt von Kobolden auf Erden umhergeistern. Märchenreich und Wirklichkeit vermischen sich, und munter operiert Wagner mit Schauspielern, die in Erinnerung an „Mignon" eine Sommernachtsszene aufführen, mit einem degenerierten Grafenpaar und einem geheimnisvollen Talisman, der mehrfach seinen Besitzer wechselt. Ein Vergewaltigungsversuch, Mord, Brandstiftung und Kampfszenen wechseln mit märchenhaften Elementen in mystischer Verquickung, und die Regie von Wolf Völker war in ausgezeichneter Form ausreichend damit beschäftigt, diesen Theaterzauber zu verwirklichen.

In musikalischer Beziehung ist man entwaffnet von der schlichten Naivität des Stils, der alle Vorzüge der romantischen Zauberoper des 19. Jahrhunderts aufweist. Insbesondere verhilft Siegfried Wagner der natürlichen Schönheit reiner Dreiklänge zu ihrem Recht und erfindet volkstümliche und sehr unterhaltsame Melodien, die der gegebene Ausdruck einer unkomplizierten Seele sind. Von Tanz und Lied gelangt der Komponist in ausdrucksvoller Instrumentierung zur Ausdeutung des Unheimlichen. Der Strom schwelgerischer Lyrik überwiegt, am eigenwertigsten ist die Musik der Schauspielszene. Die Hauptrollen verkörperten ansprechend Carla Spletter, Josef von Manowarda, Gino Sinimberghi, Domgraf-Faßbaender, E. Tegetthoff zur verständnisvollen Stabführung von Johannes Schüler. Kurz vor Toresschluß wartete das Deutsche Opernhaus noch mit einer Neuinszenierung des „Zigeunerbarons" auf mit Margaret Pfahl und dem bewundernswert reifen Walther Ludwig als Liebespaar, dazu Irma Beilke, deren Organ sich zu schönsten Wirkungen entfaltet, und dem unverwüstlichen Eduard Kandl, unter bewährter Leitung von Arthur Rother. Was dieser Batteux-Inszenierung mit der Prachtausstattung Benno von Arents die eigene Note gab, war wieder die reichliche Mitwirkung vierbeiniger Statisten. Waren im ersten Akt nur Kaninchen anstelle der eher angebrachten „Schweinderl" zu sehen, so gab es im Finale Rösser sonder Zahl, zweispännige Batterien, Offiziere hoch zu Pferden, und die Schlußszene vollzog sich hoch vom Pferderücken herab, da selbst Saffi beritten war. Das hat die Welt in der Tat noch nicht gesehen, und dem launigen Einfall dankte ein begeistertes Publikum.

Aus: *Neue Zeitschrift für Musik* 9 (1939), S. 949–952

Künstler des Staates, wir begrüßen euch!

Vedat Nedim Tör, 1941

2. Akt von Tosca. Hier erreichen Mühe und Fleiß ihren Höhepunkt. Die satte Männerstimme, an der gearbeitet wurde, der Bassbaritons des Nurullah Şevket Taşkıran, die mit edlen und moderaten Gesten aufblühte, gab uns eine erwartungsvolle Anspannung. Die Sopranistin Berksoy ist zweifellos ein Gigant des Gesangs: Sie beherrscht die für den dramatischen Moment erforderlichen Klangsprünge, so einfach als würde sie Wasser trinken. Ein Füllhorn an Stimme, die stark genug ist, um die metallenen Schreie der Fanfaren zu beherrschen. Lass dich nicht vom bösen Blick treffen!

Aus: *Ulus*, 4. April 1941

Übersetzt aus dem Türkischen von Zehra Kübel

Semiha Berksoy:
Nach 10 Jahren tritt die Primadonna wieder als Tosca auf

Şahap Balcioğlu, 1951

Dass Semiha Berksoy erneut als Tosca auf der Bühne steht, ist in Künstlerkreisen ein wichtiges Ereignis. Denn unsere wertvolle Sopranistin, die sich schon seit einiger Zeit nicht mehr auf der Opernbühne sehen ließ, führte aus diesem Grund bereits zu verschiedenen Gerüchten. Daher wird ihre Rückkehr auf die Opernbühne mit Neugier erwartet.

Semiha Berksoy ist nach der Gründung der Republik die erste Primadonna unseres Landes. Sie trat 1923 in Istanbul in das Darülbedayi ein, und nachdem sie dort in den Sparten Drama, Komödie und Operette aufgetreten ist, wurde sie 1936 auf Staatskosten nach Berlin geschickt, um dort Oper zu studieren. 1939 erhielt sie bei den Feierlichkeiten zum 75. Geburtstag von Richard Strauss in Berlin die Aufmerksamkeit von N. Gebhard, dem Chefregisseur der Berliner Staatsoper, und übernahm daraufhin die Hauptrolle der Ariadne, in der Oper *Ariadne auf Naxos* von Strauss. Als sie aufgrund des Zweiten Weltkriegs nach Ankara zurückkehrte, trat sie 1941 unter Zuspruch von Karl Ebert, als *Tosca* und danach als *Madama Butterfly* auf. Danach verließ sie jedoch für eine Weile die Bühne und gab Konzerte in der Heimat und in vielen anderen Städten Europas.

Anschließend wurde Semiha Berksoy an der 1950 gegründeten Staatsoper angestellt, und war in den Rollen der Santuzza in *Cavalleria Rusticana* und Martha in *Tiefland* zu sehen. Indessen arbeitete sie zur selben Zeit am Staatstheater in der Abteilung Schauspiel. Als ich in jener Zeit, bevor sie erneut als Tosca auftreten sollte, sie zu diesem Thema interviewen wollte, und unsere geschätzte Künstlerin aufsuchte, war sie gerade dabei, sich in ihrem Hotelzimmer Schallplatten von Schaljapin anzuhören;

Die Rolle „La Tosca" sagte sie, „habe ich bereits vor zehn Jahren gesungen, und werde sie nun zum zweiten Mal, unter der Leitung des weltberühmten Karl Ebert übernehmen. Seitdem wurde Tosca nie mehr aufgeführt, und wird nun seit Beginn der Theatersaison 1951 von drei erfahrenen Primadonnen der Staatsoper (Leyla Gencer, Belkıs Aran, Meserret Hürol) erfolgreich gesungen. Weil ich in dem Stück „Miras (Erbe)" eine Rolle übernommen habe, werde ich, wie sie gehört haben, in meiner neuen Rolle am Mittwochabend, dem 12. Dezember, auf Entschluss des Regisseurs erneut auftreten."

„Wie wir gehört haben, planen Sie ein Jubiläum. Stimmt das?"

„Ja, richtig. Ich diene seit 23 Jahren auf der Bühne meiner Heimat. Aus diesem Grund möchte ich in zwei Jahren mein Jubiläum feiern. Bereits im Kindesalter habe ich mich der Bühne verschrieben. Ich habe jahrelang mit den berühmtesten Künstlern bis zu den Neulingen des Landes zusammengearbeitet. Ich habe sehr viele Erinnerungen an sie."

Ich habe Semiha Berksoy auch ein wenig nach ihrem Leben in den letzten Jahren befragt. Sie erzählte:

„1943 haben Ercüment Siyavuşoğlu und ich geheiratet. Mein Mann ist in Handelsgeschäften tätig. Ich habe eine sechsjährige Tochter namens Zeliha. Ich zögere, dieses kleine Mädchen, das in allen Bereichen der Kunst großes Talent zeigt, in Kunstkreise hineinzuwerfen. Denn neben der großen Magie dieses Umfeldes, verbirgt sie auch Kampf in sich. Jemand der diesen Kampf nicht gewinnt, egal was für ein großartiger Künstler er auch sein mag, wird, wenn er seine Nerven nicht zügeln kann, zugrunde gehen. Erfolg in der Kunst heißt, den Kontakt mit der Außenwelt abzubrechen, sich in seine Innenwelt zurückzuziehen, er erfordert lange Studien, Erfahrungen, ein entsprechendes Umfeld und Talent. Künstler sind abhängige Menschen, die ihr theoretisches und praktisches Wissen täglich anwenden, es stets pflegen und erweitern müssen."

„Welche Verluste hat Ihnen der Kampf um die Kunst gebracht?"

„Auf dem Weg zu dieser Berufung habe ich mein Haus, mein Heim zerstört. Ich habe sogar meinen Mann zurückgelassen. Aus diesem Grund wohne ich derzeit in einem Hotel. Auch mein Mann befindet sich in Istanbul. Ich hoffe, dass ich bald ein Haus anmieten kann und meine Kinder, meine Familie bei mir haben werde."

Später als sich unser Gespräch dann beim Thema Staatstheater ankam, sagte Frau Semiha:

„Ich spüre stets die glücklichen Tage, die ich im Staatstheater verbracht habe. Die Kritik der staatlich angestellten Künstler, die mit einer ganz und gar akademischen und mit modernen Mentalität, und Stil arbeiten, sind sehr wertvoll. Wenn ich das sage, denke ich zum Beispiel an meinen lieben, verstorbenen Freund Hazım mit dem ich jahrelang zusammen auf der Bühne stand, der zwar keine akademische Ausbildung genoss, jedoch für sich den akademischen Weg gefunden hatte, jedoch egoistisch die türkischen Bühnenwerte vergessen hat."

„Was ist Ihrer Meinung nach das Wesentliche beim Gesang?"

„Es ist der Vorgang wie sich die Stimme vom Körper abtrennt; jedoch ist diese Eigenschaft das Problem, wonach die Welt auf der Suche ist, beispielhaft und jederzeit zu sehen ist das bei Schaljapin und bei ähnlich großen Künstlern."

„Gibt es außer der Musik noch andere Zweige der bildenden Künste, oder der in Literatur mit der Sie sich beschäftigen?"

„Ich schreibe, male."

„Gibt es jemanden in Ihrer Familie, der sich wie Sie musikalisch betätigt?"

„Das Interesse an Musik ist bei mir vererbt. Besonders meine Eltern hatten einen ausgeprägten Sinn für Kunst."

Dabei versanken ihre Augen:

„Weiter," sagte sie, „meinen verstorbenen Onkel, Ord. Prof. Kemal Cenap Berksoy, möchte ich bei dieser Gelegenheit besonders hervorheben. Er war stets mein großer Beschützer bei meinem künstlerischen Kampf."

Aus: Hürses, 11. Dezember 1951

Übersetzt aus dem Türkischen von Zehra Kübel

Das 30. künstlerische Jubiläum von Semiha Berksoy

Perihan Çambel, 1963

In diesem Jahr wird das 30. Jubiläum ihres künstlerischen Wirkens - unserer geschätzten Opern- und Theaterkünstlerin Semiha Berksoy gefeiert. Es geht lediglich leicht über die Lippen, ein Leben voller Bitterkeit, Entbehrungen, Opfer und zeitweise mit Übernachtungen in kalten Hotelzimmern in fernsten Kleinstädten des Landes, der Kunst zuliebe nach Europa reisend in Zugabteilen zu führen. Das Ziel ist immer Kunst, Kunst, Kunst... In dem bescheidenen Leben von Semiha Berksoy gemeinsam mit ihrem Ehemann Ercüment Siyavuşoğlu und ihrer Tochter Zeliha Siyavuşoğlu stand immer nur die Kunst im Vordergrund... letztendlich hat sie auch ihre Tochter in der Theaterabteilung am staatlichen Konservatorium zum Studium angemeldet.

In ihrer Wohnung in Ankara liegen auf Semiha Berksoys Klavier Lieder, die Wagner für seine Angebetete Mathilde von Wesendonck geschrieben hat, die Noten der Wesendonck-*Lieder* und weitere. Denn Semiha hatte vor allem in ihrer Ausbildung an der Musikakademie die Deutsche Gesangsmethode und -technik studiert, sie bewunderte Wagner, und ist eine derjenigen, die an erster Stelle in unserem Land Wagner und Strauss im Stimmumfang und Stil singen können. Wann immer sie die Gelegenheit dazu hat, fährt sie mit dem Zug, zu dem von Wagner gegründete internationale Kunstzentrum in Bayreuth, und sieht und hört sich als bescheidene Künstlerin, als Gast Wagners berühmter Enkel, einige Opern des Festivals an. Dort wurde sie von Wolfgang Wagner zu einer Bühnenprobe eingeladen, und sie trug die Senta Ballade aus der Oper *Der fliegende Holländer* vor. Wolfgang Wagner gratulierte ihr mit voller Bewunderung, und schüttelte ihre Hand. Sie schenkte dem Bayreuther Festivalhaus die Ölporträts, die sie von den Enkeln Wieland und Wolfgang von Richard Wagner gemalt hat. Eines der beiden wurde dort aufgehängt.

Musik und Malerei. Beides sind Strukturierung von Wellen, Kristallisieren eines Ausdrucks. Musik, der Schallwellen... Malerei, der Farbwellen ... Innerhalb dieses unzertrennlichen Wirkungsinteresses brachte Semiha Berksoy mit der Malerei das zum Ausdruck, was sie manchmal mit dem Klang der Musik nicht auszudrücken vermochte. Sie gab die Note „C" als ineinandergreifende, farblich wehende Räder wieder, ihr introvertiertes, leidendes Selbstporträt hat sie damit in Verbindung gebracht. Die aus ihrem Auge fließende Träne nimmt die Richtung zu dem „C"-Rad. Um das „C" in jeder Couleur singen zu können, Aufopferung von Allem, eines ganzen Lebens, des ganzen Selbst ...

Unser zutiefst verbundener Freund, Cüneyt Gökçer, Generaldirektor des Staatstheaters, der das Jubiläum von Semiha Berksoy in ihrem wohlverdienten 30. künstlerischen Jahr organisierte, verstand es Semiha aufrichtig, umfangreich und in ihrem ganzen Wesen zu verstehen, und reichte unserer ranghöchsten Künstlerin als schauspielernde, singende, tanzende, mit Sinnen wahrgenommenen Künstlerin unseres Staatstheaters seine Hand. In der *Il Trovatore*-Oper, die der berühmte italienische Opernregisseur Mirabella Vassallo zu ihrem Jubiläum inszenierte, wird sie eine Frau vom Volk, Zigeunerin, Bandenführerin, die Stiefmutter von Manrico, die Rächerin Azucena, spielend und singend. Ja, ich sage, sie wird sie spielen und singen. Es wird sehr sehen- und hörenswert sein, die Interpretation der Azucena in der Reifephase in Berksoys Leben zu hören, die das Leid der Menschen kennengelernt und erlebt hat; wir werden sie im kommenden Februar von Berksoy sehen und hören.

Aus: *Vatan*, 12. Januar 1963

Übersetzt aus dem Türkischen von Zehra Kübel

Mit bildnerischen Zeichen erzählt: Semiha Berksoys Arbeiten im Haus am Lützowplatz

ka, 1969

Die interessante Begegnung mit einer türkischen Malerin bietet im Augenblick das Haus am Lützowplatz in seinem Kabinett im zweiten Stock. Mit Berlin verbunden ist Semiha Berksoy schon durch ihre andere künstlerische Tätigkeit: Sie ließ sich vor dem Zweiten Weltkrieg hier an der Hochschule für Musik als Opernsängerin ausbilden. 1939 verließ sie Berlin und wurde erste dramatische Sopranistin an der Oper in Ankara.

Jetzt ist sie als Malerin nach Berlin zurückgekommen. Nicht etwa mit Produkten sonntäglicher Nebenbeschäftigungen. Frau Berksoy hat an der Staatlichen Akademie der Künste in Istanbul studiert. Eine impressionistische Naturauffassung muss dort vor dem Zweiten Weltkrieg geherrscht haben. Doch hat sie sich von dem „klassischen" Studium frei gemacht; Sie malt jetzt, wie sie sagt, „modern", „expressiv", und gibt Träumen, Visionen, Gefühlen Ausdruck. Nur in der formalen Sicherheit, mit der sie diesem Gestalt gibt, ist die Ausbildung wirksam.

Die Bilder entstehen meistens in wenigen Minuten, werden ohne Unterbrechungen auf Holzplatten oder starke Pappen geschrieben, damit das Gefühl, das innere Bild unverfälscht zum Ausdruck kommt. Spätere Korrekturen gibt es nicht. Seine Figuration findet das Gefühl in einer Verbindung allgemeiner und persönlicher Mythen. Dabei sind die Bilder nicht literarisch, sie erzählen mit bildnerischen Zeichen. Einer toten Frau ist durch schwarze Formen der Zugang zum Leben verwehrt, ihre Augen sind schwarz, ihr Zeichen ist die Eule. Eine „Jung Gestorbene" blickt mit schwarzen Augen ins Leben zurück, ein schwarzer Balken trennt sie von dem lebendigen Betrachter, ihr Mund ist mit einem senkrechten Strich verschlossen. Das Verhältnis von Tod und Leben, Vorfahren und Nachkommen ist immer wieder Thema. Das Bild „Das Mädchen und die Mutter" zeigt einen Bereich des Lebens und einen des Todes. Im Bereich des Lebens steht ein junges Mädchen, ein rosaroter Bogen ist ihr Zeichen. Ihre tote Mutter, als Vogel über ihr, hält mit einem Flügel das Böse von ihr ab, das sie in Form einer Schlange bedroht.

Was bei uns sentimental ausfiele, hier ist es von echter ausdrucksstarker Melancholie. Autobiographisches geht bruchlos in Mythisches über. Dadurch kann die Fabel unmittelbar zum Bildzeichen werden. In der schnellen Niederschrift wirkt das persönlich und unmittelbar überzeugend. In der Ausstellung werden auch die Grenzen dieser Malerei sichtbar. Einige Bilder tendieren zu einem Übergewicht an Erzählung und verlieren dadurch an Unmittelbarkeit, auf der anderen Seite verlassen einige Porträts die einheitliche Welt des zeichenhaften Ausdrucks zugunsten einer Wiedergabe von Wirklichkeit. Das geht nicht ohne Einbuße.

Aus: *Die Welt*, 8. Mai 1969

Die erste türkische Oper

Doğan Hızlan, 1986

Der Jahrestag der Ankunft Atatürks wird in verschiedenen Städten gefeiert und diese Nachricht wird im Radio und Fernsehen ausgestrahlt. Aus irgendeinem Grund werden seine Kulturrevolutionen nicht erwähnt. Sowie etwa die Jahrestage der Gründung des Staatlichen Konservatoriums oder ähnlicher Einrichtungen.

Viele Dinge werden in unserem Land von Einzelpersonen und nicht von Institutionen geleistet. Es war wirklich von großer Bedeutung, dass am Donnerstagabend die Opernsängerin Semiha Berksoy ihre Freunde einlud, um das Jubiläum zu feiern.

Özsoy, die erste türkische Oper, wurde an diesem Tag vor 52 Jahren um 16:30 Uhr aufgeführt. Semiha Berksoy hatte die Rolle der Ayşim übernommen.

Jubiläen als zukunftsweisende Handlungen haben tatsächlich eine besondere Bedeutung. Um die eigene Kultur zu ergründen, sollten die Wendepunkte eines Übergangs von einem Kulturlager zum anderen zentriert werden.

Als Berksoy an diesem Tag ihre Erinnerungen zum Ausdruck brachte, hat sie sie mit dokumentarischen Erinnerungen ausgedrückt, was durch die gegen Westen sich öffnenden Fenstern zu ersehen ist.

Atatürk wusste, war sich bewusst, dass die Verwestlichung nicht durch Nachahmung des Westens erreicht werden kann, sondern durch die Internalisierung des Westens und der schrittweisen Neuerschaffung. Dass Oper geschrieben werden sollte, ist auch so zu interpretieren. Ja, gute Interpreten können zwar die Opern ausländischer Komponisten darbieten. Er hatte mit großer Begeisterung Semiha Berksoys Madam Butterfly sich angehört. Aber er erhoffte sich von ganzem Herzen, dass unsere eigene Oper gegründet wird, und sich entwickelt. Eine eigene Oper mit dem Libretto von Münir Hayri Egeli, der Komposition von Adnan Saygun und der Stimme von Berksoy war geboren oder der erste Schritt zu ihrer Entwicklung gesetzt.

Wenn wir über unsere Kulturgeschichte forschen, die sich auf die Zeit nach der Gründung der Republik richtet, müssen wir auf einige Punkte achten. Um die Frage was, warum gemacht wurde, richtig beantworten zu können. Aus welchen Quellen unsere Literatur, unsere Kinos, unsere Theater und insbesondere unsere Musik sich bis heute entwickeln oder aber auch nicht entwickeln konnte.

Berksoy hat uns an jenem Tag einen wichtigen, längst vergessenen Jahrestag erleben lassen. Sie versuchte nicht, nur einen Vorhang der Erinnerungen einen Spalt hochzuheben und uns eine Sehnsucht erleben zu lassen. Sie erzählte wie Anfänge voller Enthusiasmus zu Anfang und Ende wurden, wie die Ideologie der Republik zu einem Stillstand der Seele und zum Wirrwarr des Gefallens sich entwickelt hat.

Das sind einseitige Behauptungen, nicht die Summe von persönlicher Liebe und Ressentiments. Es war die Bilanz nach fünfzig Jahren derjenigen Dokumente, die sich bis zum heutigen Tag erhielten und Menschen zu bitteren und kaltblütigen Kommentaren verleiteten.

Ja, Semiha Berksoy hat uns an ein wunderschönes Jubiläum erinnert. Sie präsentierte eine schillernde Seite, die Geschichte von Atatürks Interesse an polyphoner Musik.

Tatsächlich verliert die Gründergeneration der Republik nicht ihren Enthusiasmus.

Aus: *Hürriyet*, 22. Juni 1986

Übersetzt aus dem Türkischen von Zehra Kübel

Das Berksoy-Zimmer

Dieter Ronte, 2000

Semiha Berksoy antwortet auf die Fragen der Ausstellung nach dem Morgen sehr direkt, sehr unmittelbar. Mit Bonn verbindet sie Fidelio, den Helden in Beethovens Oper. Denn Semiha Berksoy ist Sängerin, und sie hat alle großen Partien gesungen. Heute zählt sie, die in Berlin gelernt und im Berlin der dreißiger Jahre gesungen hat, zu den bedeutenden Sängerinnen der türkischen Bühne. Doch sie genoß auch eine Ausbildung als Malerin, sie ist die Tochter einer Malerin.

Ihre Kreativität ist von einer ursprünglichen Kraft geprägt, die nicht zwischen Körperlichkeit und Malen, zwischen Sammeln und Sicheinbinden unterscheidet. Das Berksoy-Zimmer ist ein exemplarisches Beispiel ihrer »art brut«. Die Künstlerin bringt sich mit einer großen Unmittelbarkeit ein, so nannten es die Maler des Brücke-Manifests, unverfälscht und unmittelbar. Diese Unmittelbarkeit spiegelt viele Erlebnisse wider, die persönlich, autobiografisch, sinnlich erlebt wurden. Daraus resultiert ihr manischer Zwang zum Sammeln, zum Anhäufen, zum Umformen der eigenen Umgebung, Absage an jegliches Kalkül, der Versuch, nicht minimalistisch zu arbeiten, sondern expressiv.

In ihrer Wohnung, die nur aus einem Zimmer besteht, lebt sich die Künstlerin aus. Hier ist ihr eigentlicher Lebensraum, ihr Arbeitsraum, ihr Schlafraum, ihr Gefühlsraum, ihr Gedankenraum.

Semiha Berksoy arbeitet figurativ. Sie zeichnet ihre Vorstellungen von menschlicher Existenz auf. Dabei spiegeln ihre Figurationen eine fast kindliche, um nicht zusagen »art-brut-artige« Distorsion. Die sich hier verbildlichende Existenz ist immer in der Falle, sie ist innerem und äußerem Druck ausgesetzt. Die Zeichnung, deren Ikonographie in hohem Maße stark erotisch und magisch ist, registriert die Veränderungen in der Existenz.

Berksoy formuliert Gegenpositionen: Kontradiktionen, die nur in der Kunst zusammengeführt werden können, um eine Einheit zu bilden. Denn hier überzeugen die einzelnen Bilder wie der gesamte Raum. Fast kindliche Neugier und Unschuld verbinden sich mit der Erotik einer Erwachsenen, zusammen bilden sie eine konzeptuelle Textur, aus der die Bilder wirken. Das Ensemble der Zeichnungen strahlt in den Raum aus, umfasst ebenso die Affäre der Künstlerin mit dem berühmten türkischen Schriftsteller Nazim Hikmet wie ihre Bindungen an spezifische und künstlerische Produktionen, zum Beispiel im Bereich der Musik, zuletzt mit Robert Wilson.

Was Semiha Berksoy geschaffen hat, ist ein Gesamtkunstwerk ohne Trennung von Künstler und Werk, Zentrum der eigenen Existenz. Wenn der Begriff des Gesamtkunstwerkes heute wieder eine Rolle spielen soll, dann ist Semiha Berksoy eine geniale Vertreterin dieser Kunstvorstellung.

In einer Zeit des Teamworks, das nur funktioniert, wenn die Fachleute in ihren eigenen Bereichen sinnvoll agieren, ist das Gesamtkunstwerk der Traum des Generalisten. Semiha Berksoy ist der Generalist im künstlerischen Bereich par excellence. Sie fragt nicht nach den offiziellen Meinungen, nach den Sitten und Gebräuchen. Sie drückt Ihre eigene Prägung künstlerisch aus. Alles, was Semiha Berksoy unternimmt, ist die Suche nach sich selbst im Sinne von individueller Mythologie. Dieser Begriff alleine ist eine Kontradiktion. Man ist mythologisch, weil allgemein, man ist individuell, weil allgemein nicht verstanden. Aber im 20. Jahrhundert, das hat Harald Szeemann mit seinem Ausstellungszyklus gezeigt, sind im Museum der Obsessionen genau diese individuellen Mythologien wieder möglich: Obsessionen zwischen Exhibitionismus und Voyeurismus.

Semiha Berksoy bricht deshalb in eine sich mehr und mehr uniformierende Welt wie ein Berserker ein. Sie akzeptiert die Regeln nicht, durchbricht sie mit voller Absicht, um aufzuzeigen, wie kraftvoll auch andere Energien in den programmierten Alltagsablauf eines Bürgers eingreifen können. Deshalb ist Semiha Berksoy eine Künstlerin, die vor nichts zurückschreckt. Tod und Liebe, Jugend und Alter, Erfolg und Nichterfolg, Präsenz und Vergessenwerden, Erfüllung und Nichterfüllung, alles spielt zusammen. Sie setzt gegenüber den Gewalten des Alltags und der Gesellschaft ihre Kraft des Unbewussten ein. Hier ist sie stark, fast heilig, nicht zu treffen, kein Pfeil erreicht sie. Fast archaisch steht sie inmitten einer modernen Diskussion.

Aus: *Zeitwenden*, Ausst.-Kat. Kunstmuseum Bonn (Bonn: Stiftung für Kunst und Kultur, 2000), S. 41

Interview mit Semiha Berksoy

Hans Ulrich Obrist, 2003

Hans Ulrich Obrist Ich verstehe, Sie waren in Paris?

Semiha Berksoy Der erste Film über die Türkei sollte in Paris gedreht werden, unter der Regie von René Clair. Ich habe tatsächlich René Clair kennengelernt, können Sie das glauben? Er wollte mit mir arbeiten, aber ich habe nein gesagt. Wissen Sie, ich war damals noch ein Kind, gerade einmal 20 Jahre alt, es fehlte mir einfach der gesunde Menschenverstand. Ich wollte nicht in Paris bleiben.

HUO In welchem Jahr war das?

SB 1931. Es ging um den ersten Tonfilm, *Dans la Rue d'Istanbul,* vom Studio René Clair in Epinay gedreht. Zu der Zeit war ich noch sehr jung. Ich war schon immer ein Star, von meiner Jugendzeit an bis heute als alte Dame.

HUO Und können Sie mir von Ihren Anfängen erzählen? Sie sind 1910 geboren, wann hat es bei Ihnen begonnen?

SB Schon als Kind habe ich mit meiner Mutter Theater gespielt. Meine Mutter war ein sehr neugieriger Mensch; sie ging immer ins Kino und sah sich die italienischen Stummfilme an. Später, zu Hause, schlüpfte sie dann selbst in die Rollen, und ich schaute ihr zu. Ich war vier Jahre, als ich sozusagen selbst zur Schauspielerin wurde. Ich spielte zusammen mit meiner Mutter.
Eine gute Stimme hatte ich schon immer, sogar schon mit fünf Jahren. Im Kindergarten sang ich Mozart auf türkisch, eine Melodie aus Figaros Hochzeit, und schauspielerte gleichzeitig dabei. Überlegen Sie mal, ich war erst fünf! Damals wusste ich natürlich noch nicht, dass aus mir einmal eine Opernsängerin werden würde. Aber als Mensch bleibt man immer derselbe, schon vom Tag der Geburt an. Ich bin eine geborene Schauspielerin und Opernsängerin. Wissen Sie, ich habe eine Wagner-Stimme, von Geburt an. Ich bin ein Sopran, aber keine dieser dünnen, zarten Sopranstimmen. Ich bin ein Alt-Sopran, eine Stimme, die für Wagner geeignet ist, ein schwerer, vollklingender Sopran. Sie können meine Stimme hören; ich habe noch eine Aufnahme von mir, wie ich die Liebestod-Arie in New York singe. Ich habe auch in Robert Wilsons *The Days Before* gesungen. Er wollte mit mir arbeiten.

HUO Und wie war die Zusammenarbeit mit Robert Wilson für Sie?

SB Er hat mir alle Freiheiten gelassen, die ich wollte. Er wusste, dass ich schauspielerisches Talent hatte. Er hat gesagt: „Du bist frei, du bist die Schauspielerin." Ich war mein ganzes Leben lang eine Nachtigall. Er war von mir begeistert. Ich mache jetzt einen Film, eine Performance vor der Kamera. Schon früher habe ich einmal etwas ähnliches gemacht, mit Kutluğ Ataman [*kutluğ ataman's semiha b. unplugged*, 1997, Einkanal-Videoinstallation]. Dies ist das zweite Mal. Ich mache den Film mit einem jungen Mann, der als Kameramann fungiert. Dabei stehe nur ich vor der Kamera; es ist meine Performance, ich spiele und spreche – und alles ganz allein. Und nun zeige ich Ihnen meine neuesten Bilder.

HUO Ich freue mich sehr, die zu sehen. Für mich war auch Ihr Raum in der Global Art-Ausstellung sehr interessant. Es war ja ein sehr dichter Raum, Ihr Zimmer.

SB Mein Zimmer... mein Schlafzimmer.

HUO Genau. Sie sind Sängerin, Schauspielerin, Sie sind Malerin...

SB Ich bin ein Gesamtkunstwerk, eine Synthese aus allen Kunstformen!

HUO Also sehen Sie Ihre Arbeit als ein einziges großes Gesamtkunstwerk?

SB Alles, was ich tue, ist Kunst. Ich schreibe, ich singe, ich spiele. Allerdings komponiere ich nicht, dazu fehlt mir die Zeit. Ich praktiziere all das, seit ich fünf war. Seit diesem Alter habe ich immer gemalt, gesungen und gespielt. Ich wurde so geboren, nichts davon hat man mir beigebracht, mit dem Singen habe ich ganz von allein begonnen.

HUO Demnach sind Sie Autodidaktin?

SB Ich habe mir immer meine eigenen Gedanken über die Dinge gemacht und dann alles selbst durchgezogen, und die Lehrer fanden das richtig. Sie haben mich als Beispiel in der Schule vorgezeigt, stimmlich und so weiter. Ich habe an der Musikhochschule studiert, Oper bei Paul Lohmann, einem renommierten Lehrer ...

HUO Wo war das?

SB In Berlin. Ich war beim Richard Strauss-Festival zur Feier von Richard Strauss' 75. Geburtstag in Berlin. Man hatte mich ausgewählt, Ariadne [auf Naxos] zu singen – in der Hitler-Zeit, können Sie sich das vorstellen? Es war 1939; ich war völlig unbekannt und wurde dann zum Star, machte weltweit Karriere. Ich habe einwandfrei gesungen, ganz unbewusst, ich singe einfach so. Meine Stimme habe ich allein gefunden, ohne Hilfe von außen. Die Art, wie ich singe, ist leicht und natürlich. Für mich sind Sprechen und Singen dasselbe. Einen Rollentext würde ich zunächst einmal sprechen. Die Worte für den Titelpart der Ariadne in Berlin etwa trage ich bis heute in meinem Herzen: „Es gibt ein Reich, wo alles rein ist. Es hat auch einen Namen, Totenreich!" Anschließend würde ich es dann singen: „Es gibt ein Reich, wo alles rein ist." Das ist genau das gleiche und ganz einfach. Singen ist ganz leicht. Sprechen und Singen sind dasselbe. Ich spreche die Rollen immer. Wenn man singt, muss man den Text zu sprechen wissen, man muss ihn richtig sprechen.

HUO Und ist Malen auch so einfach für Sie, oder ist das schwieriger?

SB Nein, es ist auch etwas, das mir leichtfällt. Ich male einfach, was ich fühle. Ich denke nicht darüber nach. Mein Portrait beispielsweise, das habe ich in Berlin gemalt.

HUO Im Jahr 1958?

SB Ja, 1958, als ich in Berlin war. Meine Tante und ich waren in einer Pension untergekommen. Sie verlangte dann aber von mir, in eine andere Pension zu ziehen; anscheinend hatte sie etwas dagegen, dass ich an demselben Ort wohnte wie sie. Das hat mich sehr traurig gemacht! Ich dachte darüber nach, wie sehr ich meine Tante liebte und was wohl der Grund sein mochte, warum sie mich so behandelte.

Ich war sehr unglücklich und habe deshalb spontan dieses Bild gemalt. Das, was es ausdrückt, entsprang direkt meiner Seele. Meine Bilder haben immer eine Geschichte, und hier geht es um meine Gefühle. Es ist etwas ganz anderes als ein Portrait mit dem Fotoapparat. Meine Malereien erzählen immer eine Geschichte. Jede hat ihren eigenen Ausdruck – wobei das Ergebnis dann auch für mich immer überraschend kommt.

Ich bin auch als Schauspielerin aktiv, ich habe Schauspiel am Konservatorium in Istanbul studiert. In Berlin habe ich gesungen, zur Nazizeit. Damals traf ich von Ribbentrop. Ich erhielt eine Einladung in die Botschaft in Berlin, um dort auf einem Empfang für den Reichsminister des Auswärtigen Joachim von Ribbentrop zu singen. Anschließend kam er zu mir und sagte: „Sie haben eine Riesenstimme!" Ich hätte eine fantastische Stimme, er war absolut enthusiastisch. Ein gutaussehender Mann, groß, blond, blaue Augen. Mein Leben war immer der Kunst gewidmet, und das wird auch so bleiben – bis zu meinem Tod. Ich werde nie etwas anderes machen als Kunst, das liegt in meiner Natur. Jeden Tag beschäftige ich mich mit Musik, und ich liebe die Kunst.

HUO Und wer waren Ihre Vorbilder in der Kunst?

SB Warum sollte ich denn überhaupt welche haben? Ich verlasse mich immer auf das Gefühl; mein Gefühl sagt mir, was ich zu tun habe. Ich male, weil ich es gern tue, niemand zwingt mich dazu. Kein Mensch sagt mir: „Mach, male, arbeite!" Aber wenn ich den Drang dazu verspüre, gehe ich sofort ans Werk.

HUO Hatten Sie Ihr ganzes Leben lang ein Haus in Istanbul? Haben Sie immer dort gelebt, oder haben Sie die Stadt zeitweise verlassen?

SB Ich war auch in Ankara, am Staatlichen Opernhaus. Als Karl Ebert nach Ankara kam, war ich die erste Opernsängerin dort. 1934 gründete Atatürk das erste Opernhaus, und ich sang die Titelrolle in einer türkischen Oper. Karl Ebert traf 1936 ein und gründete das Konservatorium. Ich sang in der ersten europäischen Oper, *Toska*, die von unserem großen Dichter Nâzım Hikmet in die türkische Sprache übersetzt wurde. Sie kennen ihn, er ist weltbekannt. Er war im Gefängnis.

HUO Unter Atatürk?

SB Nein, nicht unter Atatürk! Später, nach Atatürks Tod. Das war 1941. Nâzım Hikmet war im Gefängnis, und ich habe ihn dort besucht. Er war ein großer Dichter. Hikmet starb, nachdem er nach Moskau emigriert war, 1963 an einem Herzinfarkt.

HUO Ich wollte Sie mehr über Ankara fragen, weil Sie sagten, dass Sie auch in dieser Stadt gelebt haben.

SB Ich hatte ein Engagement in Ankara, an der Staatsoper. Dort war ich, bis ich in den Ruhestand ging, als erste Opernsängerin. Mein Leben war immer mit der Oper in Ankara verbunden und auch mit dem Theater. Ich trat in beiden auf.

HUO Aber Istanbul war immer Ihre Lieblingsstadt?

SB Istanbul ist meine Geburtsstadt. Das Haus, in dem ich zur Welt kam, wird jetzt zum Museum. Ich glaube, sie wollen mein Schlafzimmer und mein Atelier dort zeigen.

HUO Das Zimmer, das ich in Bonn gesehen habe?

SB Mein Geburtshaus liegt in Çengelköy, auf der asiatischen Seite von Istanbul, sehr schön.

HUO Wie sehen Sie die Stadt heute? Wie hat sie sich verändert?

SB Istanbul ist eine sehr alte Stadt und sehr schön, es ist die schönste Stadt der Welt. Etwas wie den Bosporus findet man an keinem anderen Ort.

HUO Sie haben mitverfolgt, wie die Stadt gewachsen ist. Noch vor 50 Jahren lebten hier nur 1 Million Menschen und jetzt sind es über 10 Millionen.

SB Ja, aber für mich macht das keinen Unterschied. Solche Dinge interessieren mich überhaupt nicht. Aber natürlich verändert sich die Welt. Es gibt soviel Neid und Eifersucht. Im Charakter sind die Menschen auf der ganzen Welt gleich. Neid ist ein unvermeidbarer Teil des menschlichen Charakters. Kennen Sie Wagner?

HUO Ich kenne Wagners Werk.

SB Im *Ring des Nibelungen*, einer großartigen Oper, geht es um die Gesellschaft. Darin wird alles thematisiert: die Welt vor dem Abgrund; nicht mehr lange und sie wird zugrunde gehen. Alles ist wirklich schlimm. Die Menschen bringen sich gegenseitig um und behandeln einander schlecht. Das ist nicht gut.

HUO War Wagner ein großer Einfluss für Sie?

SB Man muss Wagner gesehen haben, alle diese pessimistischen Gefühle. Aber er hat recht, denn die Menschen sind extrem eifersüchtig.

HUO Sie haben in so vielen verschiedenen Bereichen gearbeitet, als Sängerin, als Schauspielerin, als Autorin; Sie zeichnen, und Sie malen. Ich würde gern wissen, ob Sie mir etwas mehr über diese Fluidität sagen können, diese unglaubliche Wendigkeit, mit der Sie sich zwischen den Disziplinen hin und herbewegen. Im Moment ist einiges davon ja viel wichtiger als das, was Sie in früheren Zeiten gemacht haben. Sie sind vollkommen frei.

SB Ich tue das alles. Für mich macht es keinen Unterschied, ob ich singe, male, spreche, schauspielerisch arbeite – bei allem verlasse ich mich auf mein Gefühl. Ich male nach Gefühl, ich singe nach Gefühl, und wenn ich als Schauspielerin auf der Bühne stehe, höre ich auf mein Gefühl. Es ist immer dasselbe, ein Gefühl. Kunst ist eine Sache des Gefühls, Punkt! Das Gefühl definiert alles. Jetzt zum Beispiel fühle ich mich nicht bereit zu singen. Aber ich habe eben immer ein Gefühl. Ich singe mit einem Gefühl. Ich denke nicht darüber nach, ob meine Stimme angeschlagen oder in Höchstform ist, keine Ahnung. Mich interessiert nur die Kunst, das Gefühl. Man muss das Gefühl ins Singen legen, es zum Ausdruck bringen, dann erkennen die Leute, was man macht. Ich spreche richtig, ich fühle richtig. Man muss das richtige Gefühl haben. Die Kunst ist eine Sache des Gefühls, habe ich nicht recht?

HUO Sie haben in Ihrem Leben so viele Dinge gemacht, so viele Aufführungen realisiert, so viele Bilder gemalt. Gibt es bei Ihnen irgendwelche unrealisierten Projekte?

SB Unrealisierte Projekte, realisierte Projekte – es gibt verschiedene Wege in der Kunst. Man muss realistisch bleiben. Aber man braucht auch Fantasie. Es ist Kunst, ein Gefühl. Aber vor allem muss es richtig sitzen. Die Idee und das Gefühl müssen sitzen. Ein Stil kann sich ändern, aber eine Idee und die Kunst ... die Kunst und das Gefühl sollten richtig sitzen.

Zuerst muss man richtig denken und richtig fühlen, und dann kommt alles andere. Dann kann man surrealistische Dinge machen, Fantasien real werden lassen. Aber die Idee und das Gefühl sind das, worauf es ankommt. Sie müssen richtig sein, das ist die Hauptsache. Man darf keinen Quatsch machen. Wenn ein Werk nicht gut ist, wenn es keine Kunst ist, sieht man es sofort. Kunst ist nie Quatsch. Die Kunst muss das richtige Denken, das richtige Gefühl haben. In der Kunst muss man richtig denken, überlegen und richtig fühlen. Das ist Kunst.

Nun zeige ich Ihnen meine Bilder. [Berksoy faltet mit einem Assistenten eine zusammengefaltete Leinwand aus.] Tristan und Isolde von Richard Wagner. Diese Arbeit heißt *Isoldes Liebestod*. Ich brauche Leinwände in großen Formaten, aber es gibt sie nicht so groß. Weil es das Material nicht in der Größe etwa dieser Arbeit gibt, male ich auf Bettlaken.

HUO Ist das ein neues Bild?

SB Tristan. *Isoldes Liebestod*. Sie stirbt, nicht wahr? Er ist schon tot. Und das dort unten ist Wagner.

HUO Das ist Wagner?

SB Wagner, ja. Genau so habe ich Wagner in einem Traum gesehen. Er kam zu mir, und nach ihm folgte Robert Wilson, der mich engagiert hat. Ich sah sie beide im Traum, stellen Sie sich das nur vor! Also, ein Traum kann wichtig sein.

HUO Traum ist Wirklichkeit!

SB Ja. Also dann habe ich dieses Bild gemalt, für Wagner. Sie können das alles auf Deutsch lesen, ich habe es aufgeschrieben; etwas, über das man nachdenken kann. Es gibt keine zweite Semiha auf der Welt. Ich habe gemalt, was ich in meinem Traum gesehen habe. Lesen Sie, was ich über Richard Wagner geschrieben habe. Genau so kam er in meinem Traum zu mir, und dann kam Robert Wilson. Im Millenniumjahr 2000, in den Tagen, bevor ich in New York City im Lincoln Center gesungen habe ... *Isoldes Liebestod*, aus seinem *Tristan and Isolde*. Wagner gab mir das Bild 2001 als Geschenk.

HUO Eine Hommage an Wagner!

SB Sehen Sie das Datum? Ich habe es vorgestern gemalt, so wie ich es in meinem Traum gesehen habe! Es steht hier auch geschrieben.

HUO Isoldes Liebestod – Mort d'Isolde – Morte di Isotta – İsolde›nin Aşk Ölümü.

SB Ölümü – deutsch, französisch, italienisch, türkisch. Ich bin Opernsängerin und Schauspielerin, ich bin ein Gesamtkunstwerk!

HUO Und hier wird ihr Leben als Sängerin, ihre Musik, in die Malerei überführt?

SB Ja, und es dreht sich alles um das Gefühl. Ich habe noch andere Arbeiten, die ich Ihnen zeigen möchte: *Phoenix Anka*. Das ist mein Selbstportrait als Phönix.

HUO Ihre Bilder erzählen also Geschichten.

SB Geschichten, ja, sensationelle Geschichten. Ich habe es in etwa einer Stunde gemalt.

HUO Sie malen so schnell?

SB Ja, und ich habe die Geschichte dazu geschrieben. Die Anfänge des Phönix reichen bis 12.000 Jahre vor Christi Geburt zurück. Man fand eine Statue in der Levante und zwar nicht in Ägypten oder Indien, im türkischen Teil wurde die erste gefunden. Es gibt also dieses türkische Artefakt. Der Phönix ist ein Vogel, wissen Sie. Und ich bin ein Phönix, weil ich so viele ergreifende, auch schlimme Geschichten in meinem Inneren trage, die ich nicht erzählen kann. Ein Mythos besagt, dass der Phönix verbrennt und dann aus der Asche wiederaufersteht. Dieses Bild entspricht meiner eigenen Geschichte. Es gibt so viel Eifersucht unter den Menschen.

HUO Es gab viele Leute, die eifersüchtig auf sie waren?

SB Ja, aber ich habe nichts darauf gegeben. Ich war stark und habe ewige Zeiten überdauert; etwa in der Art, so geht die Geschichte.

HUO Der Phönix ist auch immer ein Neuanfang.

SB Der Phönix stirbt.

HUO Und dann gibt es einen Neuanfang.

SB Die Geschichte wiederholt sich wieder und wieder. Wissen Sie, der Phönix ist der Grund, warum Atatürk die Oper gegründet hat.

HUO Ist das Atatürks Opernhaus in Ankara?

SB Ja, die Oper in Ankara, 1934 von Atatürk gegründet. Er hat es wegen mir gemacht, er hat meine Stimme gehört.

HUO Und sind Ihre Texte jemals veröffentlicht worden? Ihr literarisches Werk?

SB Nein, ich schreibe für mich allein. Alles, was ich mache, gehört mir. Ich schreibe, singe …
Hier ist eine andere Geschichte. Sie handelt von einem Derwisch, einem nekrophilen Derwisch, der eine Frau liebt und die verstorbene Geliebte ins Grab begleitet. Im Grab ist auch eine Schlange, die eifersüchtig auf den Derwisch ist, denn sie ist ebenfalls in Liebe zu der Frau entbrannt.

HUO Und die Schlange tötet den Derwisch …

SB Sie tötet ihn nicht! Die Schlange ist eifersüchtig und will ihn ins Genick beißen; sie hat vor, ihn zu töten, da sie die Frau liebt. Aber es gelingt ihr nicht. Der Derwisch ist Kardiologe; er heilt die Frau und befreit sie aus dem Grab.
Das Einzige, was ich nicht tue, ist komponieren. Vielleicht, wenn ich die Zeit gehabt hätte …

HUO Also könnte man das Komponieren als Ihr unrealisiertes Projekt bezeichnen?

SB Richard Wagner musste komponieren, ich nicht. Er ist alles, was ich brauche. Ich liebe ihn sehr. Und er hat die Liebe auch gespürt und kam zu mir … Ich habe in New York gesungen.

HUO Traum als Wirklichkeit!

SB Wagner liebt mich. Das ist, warum ich in New York sang. Ich war dreimal in Bayreuth und sang auf der Bühne. Wolfgang Wagner lud mich 1958 nach Bayreuth ein. Er war ein sehr gutaussehender Mann und wollte mit mir arbeiten, aber ich hatte eine Verpflichtung in Ankara. „Sind Sie dort fest engagiert?" „Ja, so ist es. Ich bekomme meine Gage und habe auch Pensionsansprüche." Er wollte, dass ich nach Deutschland komme. Dreimal war ich eingeladen. Was ich jetzt mache, weiß er nicht, aber ich werde ihm schreiben.

HUO Sie hatten erwähnt, dass es ein Museum geben soll. Wo wird dieses Museum sein? In Ihrem Haus, Ihrem Geburtshaus? Und wann wird es eröffnet?

SB Richtig, in meinem Geburtshaus, das nun weltbekannt wird. In einem Jahr wird es als Museum eröffnet.
Ich habe selbst geschrieben. In einer Geschichte geht es um eine Frau namens Diton. Sie stirbt. Das ist meine Geschichte. Ich habe meine eigene Geschichte. Wie sehen Sie mich, was ist Ihre Meinung zu meiner Stimme? Ich habe eine Wagnerstimme, eine tiefe, vollklingende Sopranstimme. Lassen Sie mich Wagner singen und Sie werden es hören. In New York zu singen, ist nicht selbstverständlich. Fast niemand bekommt eine solche Chance. Ich habe im Fidelio gesungen. Schauen Sie sich nur dieses Portrait von Beethoven an. Beethoven, Wagner und Strauss habe ich immer geliebt. Der Grund ist meine Stimme; sie haben für mich komponiert! Sie haben die richtigen Stücke für meine

Stimme komponiert. Ich habe noch etwas anderes zu zeigen. Hat Ihnen die Geschichte soweit gefallen?
Sehen sie, dies ist ein Kopf. Der Kopf hat neun Löcher: zwei Augen, zwei Ohrenlöcher, die Hörner, das Zungenloch, sechs, sieben, das Atemloch und das Nahrungsloch, neun Löcher insgesamt. Und dann eine Hand. Der Kopf ist sehr klug. Er zeigt das „C", das von großer Bedeutung für die Welt ist. Es sitzt von Natur aus richtig. Unten sieht man zwei dumme Menschen, eine Dirne und einen Zuhälter, die sich erfolgreich zusammengetan haben. Dumme Menschen glauben, dass diese Leute Künstler sind, aber das ist nicht wahr. Und einmal zeigt der Kopf Kultur, die von oben kommt. Die zwei Menschen unten sterben, und die Kultur steht oben. Kultur und Kunst stehen immer oben. Andere Leute, solche, die falsch liegen, sind die Verlierer; sie verlieren immer. Was denken Sie über solche Ideen?

HUO Das ist ja auch ein Bild im Bild. Es gibt viele Bilder in diesem Bild.

SB Alle haben eine Idee; es sind Geschichten und Ideen. Ich war in Bursa in der Türkei. Dort kam ein Museumsdirektor zu mir und reichte mir die goldene Schale eines Pharaos. Ich trank Wasser daraus. Er meinte, ich sei eine große Künstlerin. „Trinken Sie aus der Schale", sagte er. Das war mein Schicksal. Ja, und hier haben wir einen Sarg.

HUO Einen grünen Sarg.

SB Mein Großvater war ein Derwisch, ein kluger Mann.

HUO Ihr Großvater war ein Derwisch?

SB Kultur … das Fenster … Gebet … Fenster … zum Beten. Paris … ein Portrait meiner Mutter. Eine Ausstellung, Champs Elysees. Die Kritiker waren begeistert. Ich habe eine große Sammlung.

HUO Eine Sammlung mit Arbeiten anderer Künstler*innen?

SB Meine eigene Sammlung, nur meine eigenen.

HUO Eine Sammlung nur mit ihren eigenen Bildern?

SB Mit meinen Bildern, richtig.

HUO Also sind das alles Ihre Arbeiten?

SB Nein, diese hier ist von einer alten türkischen Künstlerin, einer Bekannten. Ich verkaufe meine Arbeiten nicht, da ich in ihnen immer Geschichten aus meinem Privatleben erzähle. Von daher kann ich sie nicht verkaufen. Ich erzähle die Geschichte meines Lebens.

HUO Sie hatten erwähnt, dass ihr neuestes Projekt eine Performance ist, in der Sie vor ihrem Bild stehen.

SB Das ist eine ganz neue, eine komplett andere Art der Performance.

HUO Tragen Sie dabei unterschiedliche Kostüme?

SB Die habe ich in meinem Zimmer; ich habe noch ein anderes Atelier.

HUO Und inszenieren Sie es hier?

SB Ja, hier in diesem Zimmer. Ich habe jemanden gefunden, mit dem ich gearbeitet habe. Er möchte wieder mit mir arbeiten, aber das will ich nicht.

HUO Und was werden Sie vor dem Bild machen? Erzählen Sie Geschichten?

SB Ich werde die Performance schon bald realisieren, unter anderem als Salome. Sie wird den Titel *Liebe* tragen. Und dies ist ein Bild von mir als Kind. Können Sie mich erkennen?

HUO Absolut!

SB Das Portrait eines Mädchens, ein Bild aus dem Grab. Das ist eine Geschichte für Nâzım Hikmet. Hier bin ich zusammen mit meiner Mutter zu sehen. Ich male immer mein Leben. Dies ist mein Arzt, ein Kardiologe, ein neues Portrait. Es gibt viele verschiedene Dinge zu sehen. Aber ich denke, für heute soll es genug sein.

HUO Einverstanden. Vielen Dank.

Aus: *RES* 6 (Mai 2003), S. 22–32

Übersetzt aus dem Englischen von Tim Beeby & Sabine Bürger

Ihr größtes Werk war sie selbst

Cem Erciyes, 2004

Jeder Augenblick Semiha Berksoys, die beinahe das gesamte Kunstabenteuer während der Gründungszeit der Republik symbolisiert hieß Leistung, und ihre Existenz in dieser Welt ist ein Gesamtkunstwerk.

Semiha Berksoy war eine Künstlerin, die sich selbst in ein Kunstwerk verwandelt hat. Ihr künstlerisches Leben, das sie in den ersten Jahren der Republik mit der Oper antrat, welche als Symbol unserer westlichen Kunstideologie angesehen wird, setzte sie bis vorgestern nahezu ununterbrochen fort. Semiha Berksoy, die alle intellektuellen und künstlerischen Abenteuer der Gründerzeit der Republik in ihrem Gedächtnis, ihren Werken und ihrem Leben vereinte, ist fast in jedem ihrer Atemzüge Leistung, und ihre Existenz auf der Welt ein Gesamtkunstwerk.

Das Zimmer, das ein Leben zusammenfasst

In diesem Sinne sind vielleicht weitere Kunstwerke, die sie am besten beschreiben, wie ihre Malereien, Fotografien, Arien und Kutluğ Atamans Film „semiha b. unplugged", der sie als unsterblich verewigte. Tatsächlich war es ihr Schlafzimmer, das „Semiha Berksoy Zimmer", das sie eins zu eins am besten beschrieb. Daher wurde das „Zimmer" in die Sammlung des Gemälde- und Skulpturenmuseums aufgenommen und nahm an der Millennium-Ausstellung in Bonn teil.

Semiha Berksoy sagte auf der Babylon-Bühne, begleitet von einer Zen-Band in Skelettkostümen, die hinter ihr spielte: „Ich bin ein Phönix, ich fliege über Asien. Dies ist der Geburtsort der Türken und der Menschheit." Ich erinnere mich, wie sie sagte: „Das hat Atatürk gesagt." Oder auf dem Theater Festival von Robert Wilson in dem Stück „Detroit III" während sie auf einem Sofa lag, ihre Arie sang und dann an der Bühne vorbeiging... Oder wie sie in der Kibele Art Gallery bei der Eröffnung der Retrospektiv-Ausstellung mit ihrem grotesken Kostüm und Make-up dasaß. Ich denke, sie wusste, dass sie das wichtigste Element unter all den in verschiedensten Arten produzierten Kunstobjekten war; das ist eben der Grund, auch wenn es voller Erstaunen erzählt wird, dass sie sich sehr bemühte, um sich täglich in dieser Galerie zu präsentieren.

Vor ein paar Wochen hat sie sich allen Widrigkeiten zum Trotz einer Herzoperation unterziehen lassen, um ihr Leben, das bis in alle Ewigkeit sie fortführt, fortzusetzen. Auf der Intensivstation begegnete sie uns als Primadonna mit ihrem „Silberspiegel, Fächer und einzigartigem Make-up". Auf die Frage „Werden Sie weiterhin im Kunstbereich arbeiten?" antwortete sie: „Kunst hört nie auf", und begann anschließend eine Arie zu singen ...

Semiha Berksoy hat Ihren Leistungsanspruch nie unterbrochen. Manche Geschichten, wie ihre Liebesbeziehung mit Nazım und ihre erstaunlichen Kostüme, die sie durch Zusammensetzen unterschiedlicher Stoffe kreierte, Hüte und ihr Make-up, waren Teile riesiger Ressorcen in ihrem 94-jährigen Leben. Ihre Leidenschaft für Kunst, ihr Einsatz und ihr Talent hat sie zu einem unserer Symbole des Begriffs „Interdisziplinären Kunst" gemacht. Die Kombination ihres phänomenalen Gedächtnisses und ihrer vielseitigen Produktivität machte Semiha Berksoy zu einer atemberaubendsten internationalen Künstlerin der Türkei, sie hat an sehr vielen Ausstellungen teilgenommen und hat gemeinsame Projekte mit berühmten Namen unterzeichnet.

Auf das Kunstwerk Berksoy, welches seit 94 Jahren immer wieder erneuert wurde, wurde gestern ein Punkt gesetzt. Die Künstlerin hat jedoch noch einmal Erstaunen hervorgerufen; der nicht zu erwarteten Tod war der von Semiha Berksoy.

Aus: *Radikal*, 17. August 2004

Übersetzt aus dem Türkischen von Zehra Kübel

Arien gegen das Sterben

David Hesse, 2004

Den wuchtigen Körper knapp verhüllt durch ein groteskes Zirkuskleidchen, wand sie sich 89-jährig in Robert Wilsons Inszenierung »The Days Before Death, Destruction and Detroit III« auf einem violetten Diwan am Bühnenrand und intonierte mit schnarrender Stimme Isoldes »Liebestod«. Merklich befremdet raunte und kicherte das New Yorker Publikum. Manche Rezensenten attestierten der greisen Sängerin hinterher die verführerische Leidenschaft eines jungen Mädchens, andere sahen Wagners Lied »missbraucht von altersschwachem Gekeife«. Bis zuletzt hat Semiha Berksoy ihre Zuschauer ebenso sehr fasziniert wie abgestoßen.

»Kunst kann weder erlernt noch unterrichtet werden«, befand die türkische Sopranistin, Malerin und Schauspielerin vor vier Jahren in einem ihrer seltenen Interviews. »Die Musik steckt in den Genen. Die Kunst kommt von allein.«

Geboren wurde Berksoy 1910 im späten Osmanischen Reich in Engelköy, einem heute in die damalige Hauptstadt eingemeindeten Vorort Istanbuls auf der asiatischen Seite des Bosporus. Ihre Familie, sagte sie einst, sei eine durch und durch europäische gewesen. Der Vater hat Gedichte geschrieben, die Mutter gemalt, und der Onkel väterlicherseits sei einer der ersten türkischen Physiologen überhaupt gewesen, oft zitiert in europäischen Wissenschaftsbüchern. Mit fünf Jahren kommt Semiha in den Kindergarten, wo sie sich erstmals an »Figaros Hochzeit« von Mozart versucht haben will. Später soll ihr Koranlehrer verzückt von ihrer Stimme gewesen sein. Der erste Bühnenauftritt folgt mit zwanzig Jahren, als sie nach einer Ausbildung an der Kunstakademie von Istanbul zum dortigen Stadttheater gelangt. Berksoy debütiert in einer Gogol-Inszenierung. »Mir zitterten die Knie«, erinnert sie sich.

Als Semiha Berksoy sich durch ihren ersten Auftritt kämpfte, war das Osmanische Reich seit sieben Jahren schon Geschichte. 1923 hatte Mustafa Kemal die Reste des im Ersten Weltkrieg zersplitterten Reiches als eine Türkische Republik wiederauferstehen lassen. Fortan trieb er als Kemal Atatürk (oder »Vater aller Türken«) die Säkularisierung der jungen Türkei voran, ersetzte die islamische Scharia durch das schweizerische Zivilgesetzbuch und forderte die Artisten des Landes auf, durch die Schaffung von türkischer Kunst das nationale Bewusstsein des Volkes zu schärfen. 1931, ein Jahr nach ihrem Debüt im Stadttheater, wurde Semiha Berksoy zur nationalen Berühmtheit, als sie als Schauspielerin im ersten türkischen Tonfilm, »Die Straßen von Istanbul«, mitwirkte.

Berksoy fühlte sich ihrer Heimat verpflichtet. »Man hatte mich gebeten, in Paris zu arbeiten. Aber weshalb hätte ich das tun sollen? Auch in der Türkei gab es Leute, die mich mochten.« Auf Geheiß Atatürks komponierten junge Musiker »Özsoy«, die erste Oper der türkischen Republik, welche am 19. Juni 1934 im Beisein Atatürks sowie des persischen Schahs in Ankara uraufgeführt wurde. Semiha Berksoy bestritt die Hauptrolle und wurde mit ihrer Darbietung erklärtermaßen zur Lieblingssängerin des türkischen Staatschefs.

1936 kam Berksoy nach Berlin. »Ich singe Sopran. Meine Stimme eignet sich für die in hoher Tonlage gesungenen Opern Richard Wagners.« Das Berlin der dreißiger Jahre lag der jungen Türkin zu Füßen. Auch in der Türkei sang Berksoy während des Zweiten Weltkriegs vor voll besetzten Rängen Puccinis »Tosca«. Die Übersetzung hatte der kommunistische Dichter Nazim Hikmet, wohl einer ihrer zahlreichen Liebhaber, besorgt. Mit neunzig sollte Semiha Berksoy beklagen, dass ihr wichtige Posten in der Türkei verwehrt geblieben seien, weil sie den dem Staat verhassten Hikmet im Gefängnis besucht und so in manchen Kreisen als Kommunistin verschrien gewesen sei. Im Zorn brach Berksoy 1972 mit dem Opernbetrieb. Erst der Auftritt bei Robert Wilson vor fünf Jahren in New York brachte sie zurück auf die Bühne. Gesungen hat sie jederzeit. Im Jahr 2000 soll sie ihren Ärzten noch im Operationssaal Arien ins Gesicht geschmettert haben, als diese sie einer Bypass-Operation unterziehen wollten.

Semiha Berksoy hat immer auch gemalt. »Ich bin an jeder Art von Kunst interessiert«, sagte sie. Ihre Einzelausstellungen wurden in Ankara wie auch in Berlin und Paris beachtet. Im Alter radikalisierte sich ihre Kunst, zuletzt wurde gar Berksoys Körper zum Gesamtkunstwerk. Verborgen unter grellbunt auf gespachtelten Make-up-Schichten und aberwitzigen Pelzhüten geisterte die vom Opernbetrieb Verstoßene während der letzten zwei Jahrzehnte durch Theatersäle und Galerien. Der junge Videokünstler Kutlug Ataman schuf 1997 mit »Semiha B. unplugged« ein filmisches Porträt der Diva, welches aus einem einzigen Monolog von siebeneinhalb Stunden besteht und vor drei Jahren auch am Zürcher Theaterspektakel zu sehen war. Atemlos und oft verstörend spielt die Berksoy darin ihr eigenes Leben nach, durchmacht von neuem ihre Rollen, ihre Lieben, ihr Jahrhundert.

Aus: *Neue Züricher Zeitung*, 29. August 2004

Schlafzimmer und Exzess: Feministische Strategien bei Tracey Emin und Semiha Berksoy

Gülsüm Baydar, 2012

Im Abstand von zwei Jahren stellten die britische Künstlerin Tracey Emin und die türkische Künstlerin und Opernsängerin Semiha Berksoy ihre Schlafzimmer in international renommierten Institutionen aus.[1] Beide Präsentationen waren zutiefst persönliche Statements und als solche mit intimen biografischen Verweisen verknüpft. Von Emin ist bekannt, dass sie aus sozial schwachen Verhältnissen stammt und eine von Elend und Armut geprägte Kindheit in einer englischen Kleinstadt überstand. Neben ihrer abgebrochenen Schulausbildung und der zerrütteten Familie war ihr Leben durch gewaltsam erzwungenen Sex und Alkoholismus weiter belastet.[2] Dennoch absolvierte sie in den 1980er-Jahren ein Kunststudium und ist seit den 1990ern als namhafte Künstlerin international anerkannt.[3] Ihre Kunst ist vornehmlich auf Autobiografisches gegründet und erforscht sexuell konnotierte Themen auf persönliche und ungewöhnliche Weisen. Berksoy wiederum kommt aus einer gebildeten Istanbuler Familie. Sie wurde in den frühen Jahren der türkischen Republik groß, einer Zeit, die von enthusiastischem Modernisierungswillen geprägt war, und pflegte enge Kontakte zu den führenden türkischen Intellektuellen dieser Ära.[4] Da die Mutter früh verstarb, wuchs auch sie in schwierigen familiären Verhältnissen auf, studierte dann gleichwohl Kunst und Musik in Istanbul and Berlin. Berksoy ist international als die erste türkische Opernsängerin bekannt; sie war auf den Bühnen renommierter Opernhäuser daheim und trat u.a. in Berlin, Porto und New York auf.[5] Liebe, Tod und Sex sind wiederkehrende Themen in ihren Malereien.

1998, stellte Tracey Emin (geb. 1963) ihr Schlafzimmer in der Sagacho Exhibition Hall in Tokio aus, und zwar präsentierte sie es in dem Zustand, wie es aussah, als sie sich aufgrund einer von Beziehungsproblemen verursachten Depression mehrere Tage dorthin zurückgezogen hatte. Die Installation zeigte einen Bettrahmen mitsamt Matratze sowie zerknittertem und fleckigem Bettzeug und Kopfkissen. Verstreut auf dem Bett und Bettvorleger waren schmutzige Strümpfe, ein Handtuch, Wodkaflaschen, Hausschuhe, Unterwäsche mit Menstruationsflecken, Zigarettenstummel, Antibabypillen, ein benutztes Kondom, Polaroid-Portraits und ein weißes Stofftier. In der Ausstellung *Zeitwenden* wiederum, die 1999/2000 im Bonner Kunstmuseum zu sehen war, stellte Semiha Berksoy (1910 – 2004) ihr Schlafzimmer (1994) aus, ein Raum, der hinten in ihrem Istanbuler Appartement gelegen war. Das Zimmer war mit all den Dingen gefüllt, die sich in ihrem abwechslungsreichen Leben angesammelt hatten; neben Bett und Klavier fanden sich mancherlei Geschenke, die sie im Laufe der Jahre erhalten hatte, ihre Malereien, exzentrische Kleidungsstücke, die sie selbst entworfen hatte, Schmuck und glamouröse Hüte, aber auch diverse Memorabilien, etwa Erde von der Moskauer Grabstätte des renommierten türkischen Dichters Nazim Hikmet, mit dem sie dereinst eine Liebesaffäre verband.

Die zwei Schlafzimmer-Präsentationen sind in verschiedenerlei Hinsicht höchst provokant. Zunächst einmal ist es schlichtweg nichts Alltägliches, ein fremdes Schlafzimmer zu betreten. Darüber hinaus entsprechen diese Räume als Schlafzimmer alleinstehender Frauen nicht der Vorstellung vom „Master Bedroom", dem (ehelichen) Schlafzimmer in einer typischen Mittelklassefamilie. In diesem idealisierten Bild, das im Allgemeinen mit einem ordentlich gemachten Bett, faltenlosen Laken und harmonisch abgestimmtem Mobiliar verbunden wird, ist keinerlei Hinweis auf gelebte Sexualität oder körperliche Präsenz zu finden. Jeder Bezug zur privaten Realität des Raumes, den es repräsentiert, wird vielmehr verdrängt. Es ist in der Tat eine Vorstellung, die eng mit dem Oberhaupt der Familie verknüpft ist: das eheliche Schlafzimmer als Ort, an dem Disziplin und Kontrolle herrschen. In den Schlafzimmern von Emin und Berksoy regiert jedoch das Chaos; sie sind unaufgeräumt und voller Dinge, die eigentlich viel zu persönlich sind, um sie den Blicken der Öffentlichkeit auszusetzen. „Exzess" ist der Ausdruck, der einem hier sogleich in den Sinn kommt.

„Exzess" ist ein theoretischer Begriff zur Beschreibung von nicht assimilierbaren Reststoffen: ebenjener Überschuss, der keinen festen Platz in geordneten Systemen findet. Die Kulturtheoretikerin Elizabeth Grosz stellt die These auf, dass dieser häufig mit der Sphäre des Weiblichen assoziierte Exzess „nicht einfach nur angehäuft wird, sondern [das fragliche System] vielmehr unterminiert und problematisiert."[6] In der Tat hinterfragen Emins und Berksoys exzessive Szenarien die kulturellen Konventionen kritisch, die das öffentliche Leben vom privaten und die Kunst vom Leben trennen. Sie unterminieren zudem dem gesellschaftlich konstruierten Widerspruch zwischen dem öffentlich zelebrierten Idealbild vom „Master Bedroom" und der privaten Realität des Raumes, der Schauplatz des gelebten Lebens ist. Indem die zwei Künstlerinnen die Unaufgeräumtheit des Alltagslebens aus der Verborgenheit zerren, gelingen ihnen eindringliche Aussagen über die Fragilität der Grenzen, die die Kunst vom Leben und die Sphären des Öffentlichen vom Privaten trennen.

Doch welche Verbindungen sind in diesen Präsentationen über die Ähnlichkeiten in der Autorinnenschaft und Thematik hinaus zu entdecken? Bei all seinem Chaos ist Emins Bett doch in das eher sterile Ambiente eines konventionellen Museumsraumes platziert. Insofern gibt es sich als ein Objekt zu erkennen, das betrachtet werden soll. Berksoy, auf der anderen Seite, lädt uns in einen separaten Raum ein, der über den größeren Ausstellungsbereich betreten werden kann. Ihr Schlafzimmer fungiert weniger als Anschauungsobjekt, sondern ist vielmehr ein Raum, in dem man sich aufhalten kann. In der Tat ist Berksoys Bett nicht von der räumlichen Umgebung zu trennen. Hier wird die Härte der Wände durch ein exzessives Angebot an Malereien und Stoffen gemildert, während die dramatischen Lichteffekte einer Nachttischlampe eine entmaterialisierende Wirkung erzeugen. Ein weiterer Unterschied liegt in der Farbigkeit der zwei Szenarien. Während Emins Präsentation von dem blauen Bettvorleger und einem braunen Nachttisch abgesehen vorwiegend in Weiß gehalten ist, bietet Berksoy dem Auge eine Fülle von Farben in jedem Ton und jeder Schattierung. Und schließlich sind die Bestandteile der Szenarien fraglos von sehr unterschiedlicher Natur.

Sofern es um die Frage geht, was von diesen Unterschieden zwischen Emins und Berksoys Schlafzimmer-Präsentationen zu halten ist, finde ich Grosz' Ansatz hilfreich, die zwei verschiedene Ausprägungen von Exzess identifiziert. Während sie beide mit Weiblichkeit assoziiert und ihre Ursprünge in Georges Bataille und Luce Irigaray sieht, verknüpft Grosz Exzess auf der einen Seite mit den Ausscheidungen des menschlichen Körpers und der Fülle des Mütterlich-Weiblichen auf der anderen.[7] In der Bedeutung des Ersteren involviert Exzess die Zerstörung von System, Ordnung und Autoritäten. Es lässt sich durch Bestialität und Körperexkrete symbolisieren. Diese Konzeptualisierung verweist auf den psychoanalytischen Ansatz zum Feminismus, der Weiblichkeit mit Wunden, Blut, Verlust und Kastration assoziiert, das heißt mit Mangel oder Fehlen.[8] Im Sinne des Letzteren hinwiederum verweist das Weibliche auf ein nicht reduzierbares Element, eins, das im Männlichen und Patriarchalischen nicht zu erschöpfen ist. Es wird als Mittel des Übergangs von einer Existenz zu einer anderen konzeptualisiert und statt Mangel oder Fehlen durch Fülle symbolisiert. Diese Betrachtungsweise entspricht den feministischen Deutungen des Werkes von Gilles Deleuze, einer Philosophie, die den binären Gegensatz von Präsenz versus Mangel oder Fehlen infragestellt und Unterschiedlichkeiten als Vielheit willkommen heißt.[9]

Die zwei Ansätze führen zu radikal unterschiedlichen Konsequenzen für das feministische Denken und seine künstlerischen Manifestationen. Während ersterer (der exkretorische Ansatz) als Basis des Begehrens einen Mangel oder ein Fehlen identifiziert und Subjektivität in dualistischen Begriffen versteht, betont letzterer (Exzess an Weiblichem) die Positivität und Performabilität des Verlangens und das Vermögen des Weiblichen, Symbolisches neu zu definieren.[10] Ich möchte nun argumentieren, dass diese zwei unterschiedlichen Konzeptualisierungen von Exzess der entscheidende Faktor sind, um die Bedeutung der Unterschiede in den Werken von Emin und Berksoy zu erschließen. Bevor wir uns aber den theoretischen Konsequenzen zuwenden, die aus den zwei Schlafzimmer-Präsentationen abzuleiten sind, ist eine Erörterung des allgemeineren Kontexts von Emins und Berksoys Werk in Hinblick auf Subjektivität und Sprache angebracht. Nahezu jede Arbeit dieser Künstlerinnen enthält Spuren der intimen Beziehung zu ihren Körpern. Neben den eigenen Schlafräumen umfasst ihr künstlerisches Repertoire Fotografien, Selbstportraits, Audio und Worte. Dennoch weisen die Werke weit über die hermetischen Grenzen einer oft unproduktiven Nabelschau hinaus. Eine der eindringlichsten fotografischen Arbeiten Emins (2000) zeigt die Künstlerin frontal, wie sie auf einem mit Banknoten und Münzen übersäten blanken Boden sitzt. Den Kopf nach unten gerichtet und die nackten Beine weit gespreizt, presst sie eine Handvoll der Geldscheine an ihren Unterleib. Die Darstellung, eine explizite Kritik daran, welcher Wert dem Weiblichen in einer patriarchalisch geprägten symbolischen Ordnung beigemessen wird, gewinnt durch ihren Titel *I've Got It All* (Das ist alles meins) zusätzlich an Intensität und Ironie.

Worte sind eine integrale Komponente in Emins Arbeit. Die Installation, die sie weithin bekannt machte, *Everyone I Have Ever Slept With 1963–1995* (Alle, mit denen ich jemals geschlafen habe 1963–1995; 1995), ist ein mit Applikationen versehenes Zelt; darauf sind die Namen der 102 Personen gestickt, mit denen die Künstlerin geschlafen hat. „Mit jemandem schlafen" ist ein Ausdruck, den wir für gewöhnlich mit Sex assoziieren, und vor dem Hintergrund von Emins ausgewiesener promiskuitiver Vergangenheit erscheint der Titel höchst suggestiv. Allerdings lautet der Kommentar der Künstlerin dazu, „Mit manchen habe ich gevögelt, im Bett oder gegen eine Wand, und mit anderen habe ich einfach zusammen geschlafen, wie mit meiner Oma. Ich lag früher immer in ihrem Bett und hielt ihre Hand. Wir haben Radio gehört und sind zusammen eingeschlafen. Das machst du nicht mit jemandem, für den du keine Zuneigung verspürst und an dem dir nichts liegt."[11] Neben ehemaligen Liebhabern umfassen die Namen auf dem Zelt befreundete Personen, Familienangehörige und Trinkkumpel sowie zwei nummerierte Föten. Emins Erklärung verwirrt die zunächst erwartbare gedankliche Verknüpfung zwischen „mit jemandem schlafen" und Sex, und in den Köpfen der Betrachtenden nimmt nun ein Spiel mit einer freien Assoziationskette seinen Gang, die um brisante Begriffe wie Sex, Intimität, Liebe und Zuwendung kreist. Viele von Emins Arbeiten enthalten geschriebene Botschaften, in denen ihre Gedanken und Gefühle zum Ausdruck gebracht sind. Häufig geschieht dies in Form von gerahmten Neonschriften oder bestickten Paneelen. Sätze, die in Neonarbeiten zu lesen sind, lauten beispielsweise „You Forgot to Kiss my Soul" (Du hast vergessen, meine Seele zu küssen, 2001), „I KNOW I KNOW I KNOW" (ICH WEISS ICH WEISS ICH WEISS, 2007) oder „Some Crazy Fucked Up Dog Like Hell; That's How it Feels to Live without LOVE" (Wie ein verkorkster, total durchgeknallter Hund aus der Hölle; so fühlt es sich an, ohne LIEBE zu leben, 2009). In *Everyone I Have Ever Slept With* sind die Worte „With myself, always myself, never forgetting" (Mit mir selbst, immer mir selbst, nie zu vergessen) auf den Boden des Zeltes gestickt. Auf den ersten Blick entspricht die wiederholte Versicherung des Selbstseins durch Worte offenbar dem poststrukturalistischen Argument, dass das Subjekt von und in der Assoziationskette produziert wird. Auf dieser Ebene manifestiert sich Emins Arbeit als fortdauernde Bemühung, ihre Subjektivität im Bereich des Symbolischen zu bekräftigen. Allerdings erinnert die Künstlerin ihr Publikum auch immer wieder daran, dass jede Identitätskategorie von jeher auf Mangel oder Fehlen gegründet ist und das weibliche Subjekt im Bereich des Symbolischen über nur begrenzte Handlungsmacht verfügt. Sie tut dies nicht nur kraft ihres Geschlechts, sondern auch mittels einer Reihe strategischer Züge, die in den Werken selbst zum Tragen kommen.

Was die inhaltliche Komponente anbelangt, so deuten Emins Worte und Sätze unweigerlich auf einen zutiefst gefühlten Mangel, ein Fehlen hin. In ihren Aphorismen geht es um Abwesenheiten. Sie verweisen auf Bedürfnisse, Sehnsüchte und Erinnerungen. Selbst der zweifellos durchsetzungsstarke Tenor von „I KNOW I KNOW I KNOW" wird durch die Linie unterminiert, mit der die mittleren Worte durchgestrichen werden. Darüber hinaus sind viele ihrer Neonzeichen in Pink geschrieben und/oder herzförmig umrahmt; beides wird in der Populärkultur mit dem Weiblichen in Verbindung gebracht. Ihr Gebrauch lässt demzufolge wenig Zweifel über das Geschlecht derjenigen aufkommen, die uns die Botschaft überbringt. Emins Einsatz von Stickerei, einer als typisch weiblich erachteten Handarbeit, spielt eine ähnliche Rolle. Darüber hinaus ist die Künstlerin für ihre Rechtschreibfehler bekannt, wie sie in ihrer Kunst typischerweise auszumachen sind. Es sind unbeabsichtigte Erinnerungen, dass der Bereich des Symbolischen die weibliche Subjektivität nie adäquat zu repräsentieren vermag und die Darstellung von Frauen immer schon eine unvollständige ist. In Emins Werk wird das Weibliche klar mit Verlust assoziiert.

Wenn Worte unentbehrliche Bestandteile von Emins Werk sind, so besteht Berksoys Welt aus Musik – die für sie eine Metapher für das Leben ist – und aus Farben. Berichten zufolge setzte sie sich jeden Tag an ihr Klavier und sagte: „Ich habe noch eine Stimme, also bin ich noch am Leben". Und einmal äußerte sie: „Mein Klang war C; ich habe den Tod besiegt."[12] Von großer Neugier erfüllt, streifte Berksoy an der Schwelle zwischen Leben und Tod, Sprache und Musik umher und setzte auf die Kraft des Gesangs – sowohl wortwörtlich als Sängerin als auch im metaphorischen Sinn, als eine bestimmte Art zu leben.

Es ist interessant, dass die zeitgenössischen Philosophen Gilles Deleuze und Felix Guattari in der Musik die ultimative Kraft zur Deterritorialisierung sehen – wobei letztere das Auflösen etablierter Strukturen und Dekodieren von Systemen meint, die unsere Körper, Identitäten und Worte organisieren. In einer vergleichenden Betrachtung von Musik und Worten lautet ihre Erkenntnis: „Musik ist eine Deterritorialisierung der Stimme, die immer weniger sprachlich wird, ebenso wie die Malerei eine Deterritorialisierung des Gesichts ist."[13] An diese These anknüpfend, statiert Elizabeth Grosz, dass Musik etwas zuvor nie Gehörtem einen Klang verleiht.[14] Das Argument der beiden Philosophen lautet, dass Musik neue Räume des Werdens generiert und zu einer Öffnung und Erforschung einer kosmischen Fülle führt, die nicht auf bekannte Systeme, Strukturen und Konzepte reduziert werden kann. Meine eigene Deutung zu Berskoy, wie ich sie für die meisten ihrer Arbeiten geltend machen würde, ist, dass ich ihr Werk als musikalische Anerkennung alternativer Welten sehe, für die ihr eigener Körper und ihr eigenes Leben der Ausgangspunkt sind.

In Berksoys zahllosen Selbstportraits ist typischerweise eine dunkle horizontale Linie erkennbar, die sich quer über die Leinwand zieht. Für Berksoy repräsentiert diese sogenannte „Schicksalslinie" die Grenze zwischen Leben und Tod.[15] So sind etwa in *The Inevitable Line of Fate* (Die unvermeidliche Schicksalslinie, 1972) Kopf und Körper durch eine dicke schwarze Linie getrennt, unter der eine ebenfalls schwarz umrissene abgetrennte Hand nach oben zeigt. Gewiss nicht unabsichtlich berührt die Spitze des Mittelfingers die Linie an der strategischen Stelle, wo sie die Kehle streift. Die zwei Elemente, die Linie und die Hand, scheinen auf einer autonomen Ebene zu existieren, die der weiblichen Figur vorgelagert ist. Es ist, als wären sie von irgendwo anders auferlegt worden und seien, was die Intaktheit des Körpers anbelangt, unnötig. Die Flächen, die den Hintergrund für Kopf und Körper bilden, sind in blau und schwarz gehalten – während der Kopf vor dem Himmel dargestellt ist, ist der nackte Körper offenbar im Erdreich begraben. Der Gesichtsausdruck lässt Verwirrung erkennen, und die Körperhaltung ist steif. Die binäre Gegenüberstellung von Leben und Tod oder von Kopf und Körper kann hier mühelos um solch weitere Bezugspaare wie „symbolisch" und „real" oder auch „Sprache" und „Nichtdarstellbares" erweitert werden – das Bild des Frauenkörpers als das Nichtdarstellbare, die Anspielung auf das Hinscheiden als Hinweis auf die Assoziation des Weiblichen mit dem Tod, wie sie die psychoanalytische Theorie vorbringt.[16]

Auf der einen Ebene scheint in *The Inevitable Line of Fate* eine Ähnlichkeit mit Emins *I've Got It All* auf, da sich das Werk als Kritik an der Stellung der Frau im Bereich des Symbolischen deuten lässt. Dennoch fungiert die Arbeit nur als Folie für die meisten Arbeiten Berksoys, sodass wir gefordert sind, einen Vergleich mit anderen Selbstportraits anzustellen, in denen die besagte Unvermeidlichkeit unterminiert und alternative Formen der Existenz aufgezeigt werden.[17] Tatsächlich betreibt Berksoy in vielen ihrer Selbstportraits ein Spiel mit der „Schicksalslinie", etwa indem sie sie vervielfacht oder in Segmente zergliedert oder die Leinwand mit ihr auf unterschiedlicher Höhe unterteilt. In einem unbetitelten Selbstportrait beispielsweise zeigt sich die Schicksalslinie hoch oben über dem Kopf (1972). Obwohl ihr Einfluss zudem auch im Hell-Dunkel-Unterschied der zwei Flächen angedeutet ist, die auch hier wieder einen alternativen Hintergrund für Kopf und Körper bilden, ist das generelle Gefühl, das diese Malerei vermittelt, ein ganz anderes. Hier sehen wir uns einem beschwingten Körper gegenüber, einem, der geradezu zu tanzen scheint und nur in Teilen in ein halbdurchsichtiges, farbenfrohes Kleidungsstück gehüllt ist. Die Darstellung der Brüste und Genitalien ist genüsslich überspitzt, und das Gesicht lässt ein subtiles Lächeln erkennen. Es scheint demzufolge nicht abwegig, die Malerei als Ausdruck der Erleichterung darüber zu sehen, von der Last der Schicksalslinie befreit zu sein, die der weiblichen Subjektivität ein tödliches Ende in Aussicht stellt.

Anders als Emins Werk, das die Grenzen der weiblichen Handlungsmacht im Symbolischen thematisiert, insofern als dass Weiblichkeit nur als Mangel oder Fehlen dargestellt werden kann, manifestiert sich in Berksoys Arbeiten die Vielfalt, die vom Symbolischen unterdrückt wird. Wie sich am Beispiel des unbetitelten Selbstportraits zeigt, kann sich die Subjektivität der Frau, sobald die Schicksalslinie den Hals nicht länger zuzuschnüren droht, in seiner ganzen Fülle entfalten. Für Berksoy repräsentiert das Weibliche in erster Linie ein nicht reduzierbares und nicht zu erschöpfendes Element, das über den Bereich des Symbolischen hinausgeht. Dieser Unterschied zwischen den Werken der zwei Künstlerinnen tritt am deutlichsten in ihren Schlafzimmer-Präsentationen hervor, in der Art und Weise, wie der jeweilige Raum in ein Präsentationsobjekt für den institutionellen Ausstellungsraum verwandelt wurde. Das Erscheinungsbild von Emins Bett mit all den drum herum verstreuten Dingen ist nicht etwa das Ergebnis eines bewussten Gestaltungsaktes, sondern vielmehr ein Nebenprodukt eines exzessiven Lebens, das von Depression, Alkohol und Beziehungsproblemen belastet ist. Würde Emins Installation aus dem Ausstellungskontext entfernt, wäre es einfach ein schmutziges, unordentliches Bett. Im musealen Rahmen hinwiederum wird der verschwenderische Exzess des alltäglichen Lebens zum öffentlichen Spektakel. Berksoys Präsentation dagegen ist so ziemlich das Gegenteil. Über Berksoy mit ihrer extravaganten Persönlichkeit und ihrer regen gesellschaftlichen Präsenz können wir feststellen, dass sie ihr ganzes Leben höchst reflektiert als Performance inszeniert hat. Ihr außergewöhnliches Make-up, ihre Kleiderwahl und Hüte wurden nicht etwa für spezielle Auftritte choreografiert, die besonders spektakulär sein sollten, sondern waren vielmehr Accessoires, die untrennbar mit ihrem tagtäglichen Leben verbunden waren. Die Grenze zwischen privatem Alltag und öffentlichem Spektakel war für Berksoy stets flexibel. 1994, als sie das Schlafzimmer in ihrer Wohnung in Istanbul mit feinem Gespür einrichtete – den Raum, in dem sie einen Großteil ihrer Zeit verbrachte und sogar Gäste empfing – war noch nicht abzusehen, dass dieser einmal ein Ausstellungsstück in einem Museum sein würde. Schon drei Jahre später allerdings lud sie den türkischen Filmemacher Kutluğ Ataman ein, ihr

Zimmer zu filmen,[18] und 1999, als die Kuratoren des Zeit-wenden-Ausstellungsprojekts ihr Zimmer bei einem inof-fiziellen Besuch sahen, ersuchten sie auf der Stelle darum, es als Installation in Bonn zu zeigen.[19] Anders als Emin, die ihr privates Alltagsleben in ein öffentliches Spektakel ver-wandelte, stellte Berksoy die Grenze zwischen Öffentlichem und Privatsphäre auf den Prüfstand, indem sie alle Aspekte ihres Lebens von vorne herein als Spektakel inszenierte.

Auch in der Provenienz der zwei Präsentationen zeichnen sich signifikante Unterschiede ab, die eine wei-tere Theoretisierung erfordern. In Emins Schlafzimmer, in dem Schmutz, Flecken und Körperflüssigkeiten wie Mens-truationsblut generös zur Schau gestellt werden, sehen wir Exzess buchstäblich in Form von Exkreten manifestiert. Das Szenario ist so provokativ, dass Christine de Ville, eine bri-tische Hausfrau, ihr Putzmittel mitbrachte, als sie die Aus-stellung besuchte. Sie erklärte dazu:

Ich dachte, ich würde das Leben dieser Frau ein wenig aufräumen. Als ich davon hörte, fuhr ich gleich mit einer Halbliterflasche Fleckenentferner nach London. Ich habe mein Bestes versucht, aber unglücklicherweise hatte ich keine Chance, die Laken zu waschen; ich konnte sie nur mit dem Fleckenmittel vorbehandeln. In ihrem Video hat sie sich über ihr nichtvorhandenes Liebesleben ausgelassen. Allerdings wird sie nie einen Freund abbekommen, wenn sie nicht ihr eigenes Chaos aufräumt.[20]

Ekel ist eines der naheliegendsten Gefühle, die der Anblick dreckiger Strümpfe und Unterwäsche, befleckter Bettwäsche und Zigarettenstummel auslösen kann. In die-sen Dingen erleben wir Exzess als den Überschuss, dessen sich der saubere Körper entledigen muss, um ein Gefühl für das „Ich" zu bewahren. Auf eine irritierend offensichtli-che Weise zeigt sich in de Ville's Bedürfnis nach einer Rei-nigungsaktion die gesellschaftliche Intoleranz gegenüber Schmutz und Unordnung als Bedrohung der gewähnten Integrität des Selbst.

Das Symbolische jedoch trachtet danach, die Anstrengungen, die nötig sind, um das durch den Aus-schluss eines unerwünschten Elements entstandene Loch zu füllen, zu entschärfen, zu nivellieren oder gar zu ver-meiden. Das eliminierte Element ist beängstigend, denn es offenbart Wahrheit und die Fragilität des Systems, das unverbrüchlich auf es angewiesen ist. Ein anderer Begriff für Exzess als Überschuss, den die psychoanalytische Theoretikerin Julia Kristeva verwendet, ist abjekt; das Abjekte besitzt, so Kristeva, „nur eine Qualität des Objekts – und zwar die, im Gegensatz zum ‚Ich' zu stehen."[21] Was Abjektion tatsächlich verursacht, sind keineswegs man-gelnde Reinlichkeit oder fehlende Gesundheit, sondern das, was Identitäten sowie System und Ordnung bedroht. Kristeva schreibt:

Wenn es der Wahrheit entspricht, dass das Abjekte das Subjekt zugleich beschwört und pulverisiert, ist zu verstehen, dass es auf dem Höhepunkt seiner Kraft erlebt wird; dann, wenn das Subjekt, erschöpft von erfolglosen Versuchen, sich mit etwas Äußerem zu identifizieren, das Unmögliche in seinem Inneren findet; wenn es findet, dass das Unmögliche sein eigentliches *Sein* begründet, dass es in der Tat nichts anderes *ist* als abjekt.[22]

Die Passage beschreibt präzise, wie das Unbehagen der Betrachtenden beim Anblick von Emins Installation ent-steht. Die Intervention der Künstlerin ruft Empörung her-vor, da sie die Aufmerksamkeit des Publikums auf Aspekte der Subjektivität lenkt, die es zu unterdrücken gilt, um ein

Gefühl für das „Ich" zu bewahren. Kurz gesagt, zeugt die Geste de Villes von der Fantasie, dass ein reines Subjekt in Erscheinung zu treten vermag, wenn erst überschüssige Körperflüssigkeiten und (weibliche) Sexualität durch einen vorsätzlichen Akt der gesellschaftlichen Kontrolle zum Ver-schwinden gebracht worden sind. Dabei entbehrt es nicht einer gewissen Ironie, dass Emins Projekt, einen „Master Bedroom", also das Idealbild eines Schlafzimmers, auf der Basis der chaotischen Zustände in der gelebten Realität zu erschaffen, nie zum Erfolg führen kann. Wenn wir die Worte de Villes als Metapher verstehen, wird der Säuberungsakt zwangsläufig eine „Vorbehandlung" bleiben – eine Maß-nahme, die nie zu Ende geführt wird.

Berksoy auf der anderen Seite verkündet von der Fülle einer Welt, die sich nicht auf die Chiffren des Symbo-lischen begrenzen lässt. Ihr Schlafzimmer ist weit mehr als nur ein funktionaler Raum mit soliden Wänden und einem zweckmäßigen Mobiliar. Die Integrität einer jeden Fläche wird von allerlei Dingen sabotiert, die wohl willkürlich plat-ziert wurden und in keiner erkennbaren Beziehung zuei-nander stehen. Malereien, Masken, farbenprächtige Hüte, auffallend gemusterte Decken, antike Puppen und alte Fotografien verleihen dem Zimmer seine besondere Tex-tur und Farbigkeit und ein Gefühl für das Verfließen der Zeit. Das fünfzig Jahre alte Kleinklavier und die auf ein gan-zes Jahrhundert zurückblickende Singer-Nähmaschine lassen uns an Klänge, Rhythmen und kreative Betätigun-gen denken. Dies sind keine Gegenstände, die typischer-weise in einem zeitgenössischen Schlafzimmer zu finden sind. Unkonventionell, farbenfroh und jenseits aller Kate-gorisierungsversuche spornt dieser Raum unsere Fanta-sie an und erzeugt ein Gefühl von kindlicher Neugier und Entdeckerfreude. Statt einen Mangel oder ein Fehlen in der symbolischen Ordnung zu offenbaren, sprengen die in die-sem Raum versammelten Dinge alle Grenzen. Als Betrach-tende sind wir eingeladen, an alldem teilzuhaben, und wir finden uns von der vermeintlichen Unordnung motiviert, mögliche Verbindungen zwischen den diversen Objekten zu ersinnen.

Deleuze und Guattari würden vielleicht sagen, dass sich Berksoy an einer Fluchtlinie orientiert, die von den gegebenen Strukturen und Ordnungssystemen wegführt, und so die Macht normativer unitarischer Strukturen deter-ritorialisiert und ad absurdum führt. Im Werk der beiden bezieht sich der Begriff „Fluchtlinie" auf das Konzept der Deterritorialisierung, das ein Entkommen aus dem Einfluss-bereich oppressiver Kräften und hierarchischer Strukturen signalisiert. Zur Erläuterung dieser Kräfte sagen sie:

Du wirst organisieren, du wirst zum Organismus, du wirst deinen Körper gliedern – sonst bist du einfach dege-neriert. Du wirst Signifikant und Signifikat, Interpret und Interpretierter – sonst bist du einfach ein Abweichler. Du wirst zum Subjekt und als dieses festgelegt, ein Äußerungs-subjekt, das auf ein Subjekt der Äußerung reduziert wird – sonst bist du einfach ein Vagabund.[23]

Um solchen Kategorisierungen wie „degeneriert", „Abweichler" und „Vagabund" entgegenzuwirken, den gedanklichen Raum zu erweitern und die Vorstellungskraft zu befreien, raten Deleuze und Guattari, sich an deterritoria-lisierten Flüssen zu orientieren und neue Fluchtlinien anzu-legen. Berksoys Leben und Werk folgen dieser Empfehlung auf höchst befreiende Art und Weise.

Wenn Emin gegen den Status quo rebelliert, indem sie die normativen Konstrukte dessen unterminiert, was als gesellschaftlich schicklich gilt (und zwar indem sie die Ebene des Exzesses mit der Ebene der Kunst gleichsetzt), so erfreut sich Berksoy an der farbenfrohen Welt der überquellenden Fülle, indem sie die Normen des Symbolischen überwindet. Mit anderen Worten, kommen Emins Verweise aus dem Inneren des Symbolischen, während sie einen Platz für die Subjektivität zu ermitteln sucht und zwar basierend auf Mangel oder Fehlen. Ihr Werk bietet sich, trotz seines kritischen Gehalts, dem männlichen Blick an. Berksoy hinwiederum hat keine gegenderten Rezipienten im Sinn. In ihrer Arbeit manifestiert sich Sexualität nicht in dem dualen Begriffspaar männlich versus weiblich, sondern vielmehr als Streben nach Vielheit. Indem sie die Ordnung und Hierarchie der Dinge zunächst aus dem Gleichgewicht bringt, um die Objekte sodann auf ungewöhnliche Art neu zu kombinieren, versetzt sie ihr Publikum in eine Wunderwelt voller freudenreicher Festivität. Ihr Lebenswerk wendet sich nicht den dunklen Wegen der (Selbst-)Zerstörung zu, sondern beschreitet stattdessen den abenteuerlichen Pfad der Kreation, den der couragierten Entdeckung von Unterschiedlichkeit.

Tatsächlich kann ein Vergleich zwischen Emins und Berksoys Werk nicht auf den binären Gegensatz von Ausschuss versus Unterschiedlichkeit oder Zerstörung versus Kreation reduziert werden. Deleuze und Guattari erinnern uns, dass selbst in den „baumähnlichsten" Strukturen die Kräfte der Deterritorialisierung und Fluchtlinien ohne Weiteres existieren. Sie verfechten, dass alle Modelle beständig im Ausbau befindlich und für restriktive und befreiende Kräfte gleichermaßen offen sind.[24] In dieser Hinsicht sind weder die Kunst noch die mit ihr verbundenen Institutionen eine Ausnahme. So lässt sich beispielsweise argumentieren, dass die Veröffentlichung einer konventionellen Publikation über Berksoys Werk ihre ungewöhnliche Präsenz in der Kunstwelt reterritorialisiert. Die Möglichkeiten der Deterritorialisierung wiederum werden auf höchst dramatische Art durch die Ausstellung von Emins Bett in der Tate Gallery veranschaulicht, wo sich im Oktober 1999 zwei chinesische Männer ihrer Hemden entledigten und aufs Bett sprangen, um eine Kissenschlacht zu beginnen. „Das Bett war da. Es war wie eine Einladung", erklärte der eine von ihnen, „wir dachten, wir schaffen ein neues Werk, in der Art eines Theaterstücks."[25] Durch den Akt dieser Männer wurde das Bett, ein Signifikant der depressiven Selbstzerstörung, in einen heiteren Spielplatz verwandelt. Sowohl das Werk als auch der museale Raum waren für den Moment deterritorialisiert. Unnötig zu erwähnen, dass auf diesen Akt augenblicklich eine massive Gegenmaßnahme, eine der Reterritorialisierung folgte: Beide Männer wurden von der Polizei verhaftet und die Ausstellung temporär geschlossen. Emin selbst sah in der Aktion ein kriminelles Vergehen, eine terroristische Tat. Nichtsdestoweniger ist die Geste der zwei Männer eine wirkmächtige Erinnerung an die potenzielle Instabilität jedes abgesteckten Territoriums – selbst wenn es, wie Emins Schlafzimmer, als Geste des Protests inszeniert wurde.

Fluchtlinien kennen keine Grenzen. 2006 wurde in der Walker Art Gallery in Liverpool eine Ausstellung eröffnet, in der die „Kinderkünstler" John Cake und Darren Neave eine Minigalerie mit modernen Kunstwerken präsentierten, die ausschließlich aus Lego entstanden waren.[26] Die Ausstellung enthielt neben Werken von Joseph Beuys, Anselm Kiefer und anderen zeitgenössischen Künstler*innen auch eine Nachbildung von Emins Bett. Auf dem Bett waren zwei darauf herumhüpfende Figuren zu sehen, während Emin mit ärgerlichem Gesichtsausdruck danebenstand. In diesem Fall, wie den Buchstaben J und D auf den Figuren zu entnehmen ist, stellten sich die jungen Künstler selbst als die zwei Hüpfenden dar. Indem eine Aktion, die de facto eine Straftat war, auf diese Weise zur Spielerei umgemünzt wird, wird diese total ihrer Bedeutung entleert. Die relativ lange Geschichte des inszenierten Bettes, die mit der öffentlichen Zurschaustellung eines privaten Lebens im Alltag begann, hat hier ein Stadium erreicht, wo es nurmehr um Nachbilden und Kinderspiel geht, bis hin zu dem Punkt, an dem es nicht länger als verschwenderischer Exzess erkennbar ist.

Emins ursprüngliche Präsentation ihres Schlafzimmers manifestierte sich als Rebellion gegen den Status quo. Sie machte den Tod des weiblichen Subjekts im Bereich des Symbolischen zu einem Spektakel, ohne dabei allerdings einen Ausweg aus den gegebenen Strukturen aufzuzeigen. Auf dieser Ebene betrachtet, ließen sich die Akte der chinesischen Männer und der Kinderkünstler als Auflehnung gegen den Tod deuten und symbolisierten demnach die Erschaffung und Feier alternativer Welten. Einen ähnlichen Weg verfolgt Berksoy in ihrem gesamten Œuvre. Anders als Emin, die eine unmissverständliche Kritik an den gegebenen Strukturen übt, wählt Berksoy das Mittel einer immerwährenden Performance des eigenen Selbst, um die todbringenden Kräfte der Strukturen als solche zu deterritorialisieren, und verweist dabei auf ungekannte Möglichkeiten, eine radikale Unterschiedlichkeit hervorzubringen.

Die Schlafzimmer-Präsentationen von Emin und Berksoy führen zu essenziellen Implikationen für feministische Ansätze in Theorie und Praxis und insbesondere für die Praktiken in Kunst und Kulturpolitik. Indem die zwei Künstlerinnen Exzess zu ihrer Strategie machen und die Fragilität der Grenze zwischen Privatem und Öffentlichem in den Blick rücken, gelingt es beiden, höchst relevante Kommentare über die Handlungsmacht des Körpers im kulturellen Bereich zu formulieren. In ihren Unterschieden wiederum offenbaren sich die Grenzen eines Gegenentwurfs zum Weiblichen, der auf die symbolischen Gegensatzpaare wie Mann und Frau, Präsenz und Mangel oder Fehlen, Subjekt und Objekt oder Geist und Körper gegründet ist. Ist die Vorstellung vom Weiblichen einmal von ihrem männlichen Counterpart entkoppelt, lassen sich jedoch feministische Strategien mobilisieren, bei denen es nicht nur um die kritische Äußerung geht, sondern auch darum, Fluchtlinien aufzuzeigen, die einen Ausweg aus den oppressiven Strukturen bieten. Ultimativ ist dies ein Appell, der sich für ein affirmatives, flexibles und freudevoll-befreiendes Verständnis von Subjektivität ausspricht und sowohl Vielheit als auch radikale Unterschiedlichkeit anerkennt.

Aus: *Woman's Art Journal* 33:2 (Herbst/Winter 2012), S. 28–34

Übersetzt aus dem Englischen von Tim Beeby & Sabine Bürger

1   Nach den Erstpräsentationen in Tokio und Bonn gingen beide Ausstellungsstücke international auf Reisen und zogen jeweils große Besucher*innenzahlen an. Emins Bett war ein Jahr später in der Tate Gallery zu sehen, als die Künstlerin für den Turner Prize nominiert war. Später wurde es von Charles Saatchi für £ 150,000 angekauft und anlässlich der ersten Ausstellung am neuen Standort der Saatchi Gallery in der County Hall, London, gezeigt. Berksoys Zimmer ging 2003 in die permanente Sammlung des Istanbuler Museums für Malerei und Skulptur ein. 2010 wurde es in der Galerie Kazim Taşkent in Istanbul im Rahmen einer größeren Ausstellung zur Würdigung von Berksoys 100. Geburtstag gezeigt, die den Titel trug, *I Lived on Art, I Lived on Love* [Ich lebte von der Kunst, ich lebte von der Liebe].

2   Emins Autobiografie enthält eine detaillierte Schilderung ihres Lebens; sie äußert sich zu ihrer Familie, Erziehung und ihren Beziehungen. Siehe: Tracey Emin, *Strangeland,* London: Hodder and Stoughton, 2005.

3   Emin schloss 1986 ihr Studium am Maidstone College of Art ab und erwarb 1989 einen MA in Malerei am Royal College of Art, London. 2007 wurde ihr vom Royal College of Art die Ehrendoktorwürde verliehen. Ihre Werke wurden international ausgestellt, u.a. in Amsterdam, München, New South Wales, Istanbul und Venedig. Eine Kurzbiografie findet sich auf ihrer Fakultätsseite auf der Website der European Graduate School: https://egs.edu/biography/tracey-emin/, zuletzt abgerufen am 29. Oktober 2024.

4   Die Republik Türkei wurde 1923 gegründet; dies verband sich mit dem Ziel, alle Aspekte des kulturellen und politischen Lebens nach dem Vorbild der westlichen europäischen Nationalstaaten zu modernisieren. Für eine umfassende Darstellung der Reformen, die den Status von Frauen betrafen, siehe Arat, „The project of modernity and women in Turkey" in: Sibel Bozdogan & Reçat Kasaba, *Rethinking Modernity and National Identity in Turkey*, Seattle: University of Washington Press, 1997, S. 95–112.

5   Für eine chronologische Darstellung von Berksoys Leben siehe „Notes from My Life" in: Mine Haydaroğlu (Hg.), *Semiha Berksoy: I Lived on Art, I Lived on Love,* Ausst.-Kat. Yapı Kredi Kazım Taşkent Gallery, Istanbul (Eigenverlag, 2010), S. 243–54.

6   Elizabeth Grosz, *Architecture from the Outside: Essays on Virtual and Real Space,* Cambridge, MA: MIT Press, 2001, S. 151.

7   Ebd., S. 152.

8   Mit Blick auf den psychoanalytisch geprägten Feminismus stellt Rosi Bradiotti fest, dass das Weibliche „ein privilegiertes Verhältnis zu Mangel oder Fehlen wie auch zum Exzess und der Verschiebung hat. Indem es im Vergleich mit dem dominanten Modus als exzentrisch oder konstant außermittig hingestellt wird, kennzeichnet das Weibliche die Schwelle zwischen dem Menschlichen und dem, was außerhalb davon angesiedelt ist." Siehe: „Teratologies" in: Ian Buchanan & Claire Colebrook (Hg.), *Deleuze and Feminist Theory,* Edinburgh: Edinburgh University Press, 2000, S. 166.

9   Diverse Aspekte der schwierigen Beziehung zwischen feministischem Denken und Deleuzes Philosophie werden in den exzellenten Essays in Buchanan & Colebrook, *Deleuze and Feminist Theory* erörtert.

10   Hier nehme ich auf den psychoanalytischen Ansatz Lacans Bezug, der zwischen den Dimensionen des Realen, des Imaginären und des Symbolischen unterscheidet. Während das erste mit der vorsprachlichen Stufe der mütterlichen Fülle assoziiert wird und das zweite auf das Spiegelstadium Bezug nimmt, in dem das „Ich" sich selbst zu unterscheiden lernt, umfasst das dritte die Ebene der Sprache, der Gesellschaft und Rechtsordnung. Für eine exzellente feministische Deutung dieser Begriffe siehe Margaret Whitford & Luce Irigaray, *Philosophy in the Feminine,* London: Routledge, 1991. Die psychoanalytische Theorie postuliert auch, dass die Sphäre des Symbolischen ihre eigenen Ausschlüsse nicht nur produziert, sondern auch auf sie angewiesen ist, um sich selbst zu bewahren. Mit anderen Worten ist Mangel oder Fehlen die Voraussetzung für jegliche Identitätskategorie. Laut der Feminismustheoretikerin Ellie Ragland-Sullivan hat die Signifikation immer eine Grenze, die auf ein Element des Verlangens zurückzuführen ist – bedingt ist dies durch „das Reale, das den reibungslosen Fluss der Kommunikation blockiert". Siehe: Ellie Ragland-Sullivan, „The Symbolic" in: Elizabeth Wright (Hg.), *Feminism and Psychoanalysis,* Oxford: Blackwell, 1992, S. 422.

11   Barry Didcock, „THE E SPOT, Barry Didcock talks to Tracey Emin about sex, art, old age and her latest work... a DVD" in: *Sunday Herald* (Edinburgh), 30. April 2006.

12   Melih Güneş, „a la Semiha" in Haydaroğlu (Hg.), *Semiha Berksoy,* S. 48.

13   Gilles Deleuze & Felix Guattari, *Tausend Plateaus: Kapitalismus und Schizophrenie,* Leipzig: Merve, 1993, S. 412. Deleuze und Guattari beschränken Musik nicht auf die Ebene des Menschlichen. Sie verknüpfen ihre deterritorialisierende Kraft mit der Natur, mit Tieren und ultimativ dem Kosmos. Das Gesicht wiederum hat für sie mit Benennen, Definieren und Festlegung zu tun.

14   Elizabeth Grosz, *Chaos, Territory, Art: Deleuze and the Framing of the Earth,* New York: Columbia University Press, 2008, S. 57.

15   Güneş, „a la Semiha", S. 45.

16   Dies ist ein wiederkehrendes Thema in den psychoanalytischen Ansätzen Freuds und Lacans. Feministische Kritiken dazu sind in den Werken diverser Theoretikerinnen zu finden, etwa bei Luce Irigaray, Judith Butler, Kaja Silverman, Julia Kristeva, Theresa de Lauretis und anderen. Der zentrale Punkt ist dabei die Sicherung einer autonomen Sphäre für die weibliche Subjektivität, die nicht auf den fehlenden Phallus gegründet ist. Auf vergleichbare Art führt uns Berksoys Geste vor Augen, dass – obgleich das Leben auf der einen Seite eines binären Konstrukts mit dem Tod auf der anderen verknüpft ist – es ebenso zutrifft, dass das eine nicht ohne das andere existieren kann. Mit anderen Worten ist das, was in den Bereich des anderen verschoben wird, auch immer von jeher ein Teil des eigenen Selbst.

17   Ich gebrauche den Ausdruck „Folie" in dem Sinn, wie er in der Literatur verwendet wird; eine Folienfigur ist eine „Figur, die dazu dient, einen Kontrast zu einer anderen und zwar einer Hauptfigur zu erzeugen und so die besonderen Wesensmerkmale ebendieser zentraleren Figur herauszustellen." https://icseenglishliterature.wordpress.com/literary-devices/, zuletzt abgerufen am 29. Oktober 2024.

18 Der Film war 1997 auf der 5. Istanbul Biennale zu sehen.

19 Für eine detaillierte Darstellung der Installation siehe Zeliha
    Berksoy, „Semiha Berksoy: The Whole World is in my Room" in:
    Haydaroğlu (Hg.), *Semiha Berksoy,* S. 34–35.

20 http://news.bbc.co.Uk/2/hi/uk_news/wales/
    485270.stm, zuletzt abgerufen am 29. Oktober 2024.

21 Julia Kristeva, *Powers of Horror,* New York: Columbia University
    Press, 1982, S. 1.

22 Ebd., S. 5.

23 Deleuze & Guattari, *Tausend Plateaus,* S. 219 (deutsche
    Übersetzung überarbeitet).

24 Dies ist ein wiederkehrendes Thema in *Tausend Plateaus,*
    wo die Autoren die vermeintlich dualistische Natur von
    Konzepten wie „Rhizom" versus „Baum", „Nomadologie" versus
    „Kriegsmaschine" oder „glatt" versus „gekerbt" diskutieren.

25 http://www.artcrimes.net/my-bed, zuletzt abgerufen am
    29. Oktober 2024.

26 http://www.show.me.uk/site/news/STO882.html, zuletzt
    abgerufen am 29. Oktober 2024.

Semiha Berksoy:
Wall of Hallucination

HG Masters, 2016

Semiha Berksoy ist als die erste Opernsängerin der Türkei bekannt, doch darüber hinaus war sie auch eine verdienstvolle Künstlerin und eine große Filmdiva. Berksoy, 1910 geboren, studierte zunächst Bildhauerei und Keramik, bevor sie 1931 eine Hauptrolle im allerersten türkischen Tonfilm erlangte und 1934 in der ersten Opernproduktion des Landes zu sehen war. Nach einem Opernstudium in Berlin wurde sie zur ersten türkischen Staatsbürgerin, die auf den Bühnen Europas sang.

Zudem malte Berksoy ihr ganzes Leben lang und brachte dabei die reiche innere Mythologie, die der Antrieb für ihre vielgestaltige Karriere war, in eine visuelle Form. Mehr als zehn Jahre nach ihrem Tod 2004 repräsentiert Istanbuls Galerist ihren Nachlass nun mit dem Ziel, die Finanzierung eines geplanten Museums für ihr Werk voranzutreiben. Als Auftakt präsentierte Galerist die „Wall of Hallucination", die Berksoys Leben nachspürte und persönliche Fotografien, Objekte, Briefe und Filmmaterial über die Künstlerin mit Malereien an der Wand kombinierte.

Berksoy malte auf vertikale Masonitplatten oder breite Stoffbahnen, in einem emotional dringlichen, selbst erlernten Stil. Zum Einsatz kamen reiche, exzentrische Farben, die für die dargestellten Figuren von spezifischer emotionaler Bedeutung waren. Vorrangig stellte sie sich selbst dar, mit ihren typischerweise mit Rouge akzentuierten Wangen, zeigte aber auch ihre Mutter (die Malerin Fatma Saime, die verstarb, als Berksoy acht Jahre alt war) sowie ihre künstlerischen Einflüsse und weitere Familienmitglieder. Nie von dem Ziel getragen, ihre Schöpfungen zu verkaufen, behielt sie sie in ihrem Besitz, um sich mit ihnen zu umgeben, oder verschenkte sie an befreundete Personen. Sie glaubte, ihre Bilder seien vom Geist derjenigen beseelt, die sie liebte und die sie inspirierten – etwa in *Mom and I* (1974), eine Malerei, in der ihre verstorbene Mutter ihre dahingeschiedene kleine Schwester im Arm wiegt, während sie einen zweiten, überlangen Arm um die junge Semiha neben ihr legt.

Eine weitere Person, die im Leben der Künstlerin eine wichtige Rolle spielte, war der avantgardistische Dichter Nâzım Hikmet (1902 – 1963), der in den 1940er-Jahren für seine Nähe zum Kommunismus vom türkischen Staat verfolgt wurde, und für den schon die junge Berksoy große Zuneigung empfand. Obwohl ihre Gefühle unerwidert bleiben sollten, war die Zurückweisung durch Hikmet Inspiration für Berksoy, ihr Leben der Kunst zu widmen, und die beiden blieben in Freundschaft und gegenseitiger Bewunderung verbunden. Berksoys 1978 entstandenes Portrait des Dichters zeigt Hikmet mit hoch aufgetürmten gelben Locken und übertrieben quadratischen Gesichtszügen, die in Blau auf weißer Haut umgesetzt sind. In der Präsentation bei Galerist wurde Hikmets Bildnis in einen Dialog mit einer großen Arbeit auf nicht aufgespanntem Leinen gestellt, *Lovers Meet in a Dream* (Liebende begegnen sich im Traum, 2001), die

zwei auf einem Hügel vereinte Silhouetten zeigt. Die Darstellung basierte auf einer nächtlichen Vision, die Berksoy vor ihrem Auftritt in einem aus Anlass von Hikmets 100. Geburtstag inszenierten Theaterstück hatte.

Nachfolgende Räume bei Galerist wiederum rekonstruierten Berksoys Bemühungen, ihre eigenen Schwierigkeiten zu verarbeiten. Zwei schwarze Bilder, in denen ihr Gesicht in Weiß aus der Dunkelheit hervortritt – *Laughing Self-Portrait* and *Seeing Self-Portrait* (Lachendes Selbstportrait und Sehendes Selbstportrait, beide 1969) – malte sie zu einer Zeit, als sie aufgrund ihrer Freundschaft mit „abweichlerischen Individuen" ihrerseits unter Beobachtung der Regierung stand. *Phoenix* (1997) zeigte Berksoy mit einem riesigen, mit Federn geschmückten Hut; daneben ein Bild von ihr im Alter von 90 auf dem Tisch des Herzchirurgen mit darauf gekritzelten Vermerken über die Mitgliedschaft ihres Großvaters im Sufi Bektaşi-Orden sowie ihr eigenes Bühnendebut in Anwesenheit des Gründers der modernen Türkei Mustafa Kemal Atatürk. Von ihrem inneren mystischen Glauben geleitet, sagte Berksoy: „In meiner Arbeit kann man den Sieg der ewigen Liebe über das Böse, über Ignoranz und den Tod nacherleben, denn die Liebe beherrscht das Universum, indem sie einen optimistischen und empirischen Geist heraufbeschwört."

Berksoy, zu deren Bewunderern unter anderem der Theaterregisseur Robert Wilson und Kurator Harald Szeemann zählten, ist als Künstlerin keineswegs eine Unbekannte; zu ihren Lebzeiten wurde sie in Ausstellungen in Ankara, Istanbul, Berlin und Paris wie auch auf der Manifesta 2 (1998) und der Biennale di Venezia von 2005 gezeigt. Das İstanbul Modern besitzt eine Gruppe von Malereien, deren Motive Figuren aus ihren Lieblingsopern sind, und ihre Installation von Malereien aus ihrem Schlafzimmer ist im Besitz des türkischen Staatlichen Kunstmuseums in Ankara. Jedoch haben die künstlerischen Werke der Autodidaktin Berksoys, der Mystikerin und Mythologisiererin des eigenen Selbst, einen permanenteren Präsentationsort verdient. Sie vermitteln bis heute ein unvermindert originäres Gefühl und sind von einzigartiger Bedeutung in der türkischen Kunst des 20. Jahrhunderts, die größtenteils von männerdominierten, doktrinären und cliquenhaften Strömungen in der abstrakten Malerei geprägt ist. Während das autoritäre Regime der Nachkriegszeit und das vergiftete intellektuelle Klima die originellsten Künstler*innen der Türkei veranlasste, nach Europa auszuwandern oder sich in die häusliche Abgeschiedenheit zurückzuziehen, lebte, litt und triumphierte Berksoy in aller Öffentlichkeit. Diese offen zur Schau getragene Widerstandshaltung ist einer der Gründe, warum sie so sehr geliebt wird. Ihren Arbeiten ist die gleiche Energie, der Geist und die Liebe zu eigen, die ihr den nötigen Mut gaben, Semiha Berksoy zu sein.

Aus: *Art Asia Pacific*, 9. August 2016

Übersetzt aus dem Englischen von Tim Beeby & Sabine Bürger

Deutsch ab Seite 208

Anthology of Historical Texts

A Star is born in Darülbedayi: The girl who was very successful at art school

1931

Last year, eight students attended the art school in Darül-bedayi, which was founded to train artists. Four of the students passed the end of the year exams, while four were expelled for failing. One of the students who successfully passed the exam is a young Turkish woman named Semiha (Berksoy). The others are Mr. Sabih, Mr. Necati, and Mr. Sami (Ayanoğlu). These four art students will continue to attend the school this year. Since it is impossible for this one female student to fail, her membership of the stage at Darülbedayi is considered a certainty from next year. Actually, these students will also appear in small roles on stage starting this year. Above all, we hope that Semiha will enjoy great success on stage, especially because she also has a beautiful voice. Since small operettas are to be performed occasionally at Darülbedayi from this year onwards, Miss Semiha will be taking on roles in them. "This young girl is considered the future star of Darülbedayi."

From: *Cumhuriyet*, July 15, 1931. Quoted in: Metin And, *Turkish Theater at the Beginning of the Republic,* İş Bankası Cultural Publications, Ankara 1983, p. 117

According to the German translation from Turkish by Zehra Kübel translated by Tim Beeby & Sabine Bürger

A Bravo for Semiha Berksoy

M. Turhan, 1939

A year ago, I went on a short tour of Germany, Belgium, England, France, and Italy, and also visited Leipzig. On the occasion of the public exhibition, the hotels in this great German city were full to the brim, and there was not only no place to stay the night, but not even a threshold on which you could lay your head. Travelers who were unable to find a hotel either moved out of town or opened their wallets to secure a bed in a private house. Since our group was among those who preferred the second option, each of us slept in a different place. Finally it was time to go and leave such problems behind. I was grateful to be able to say good-bye to my landlord who, in return for my money, had rented me a simple bed for seven and a half lira a day, and had charged me one and a half lira for a mediocre breakfast. But he laughed and took me by the arm, leading me out of the house and to the end of the street, where there was a cross-roads, and there – with the help of a friend's translation and blushing with excitement – told me the following good news:

> "It is here that the statue of our great compatriot is to be erected."

Due to my ignorance and lack of knowledge, I could not help but ask:

> "Who is this compatriot of yours?"

He answered, with his chest pushed out and as proud as if he was going to sum up the whole world in a single word:

> "Wagner!"

That day, for the first time in my life, I saw the deep pride a master of music could fill his homeland, a country, and nation with... I envied it.
(...)

The announcer did not keep us waiting long, he declared that we would be listening to a new concert by Miss Semiha Berksoy, who graduated from the Istanbul Conservatory and was sent to Berlin to study opera, and that Miss Saadet would be joining her, and then a cascade of divine hymns and songs began to resound in our ears. We didn't know if we were listening to voices or harmonious art flowing from heaven to Earth, and from Earth to heaven again. Both my friend and I lost ourselves in the elegant and gentle waves of an ethereal atmosphere that enchanted our senses and emotions.

I don't know how long these blissful moments lasted. In any case, we were awoken from this world of joy by the announcer's voice, now different from his own excitement. The poor man spoke in a hurry, as if he wanted to tell the whole world a great truth. My friend hastened to share with me the German words that had pleased him:

"The announcer reported the happy news that Semiha Berksoy will be a very respected artist in the near future, and not only Turkey but the entire art world will be very proud of her."

I saw the scene in Leipzig before my eyes and the voice of the woman singing odes to Wagner's genius resounded in my ears. I was proud, impressed, and full of praise that the municipality of Istanbul had sent her to Berlin to train.

From: *Tan*, February 25, 1939

According to the German translation from Turkish by Zehra Kübel translated by Tim Beeby & Sabine Bürger

Berlin Music

Fritz Stege, 1939

These critical gleanings from the music season which continued until the beginning of July, makes mention of some opera performances, the "Summer of Music" at the State Music Academy, and above all, to the "Gala Music Days in Potsdam," while the "Berlin Art Weeks" in their second half were limited to only a few serenades at the municipal palace with the Philharmonic Orchestra under the direction of Hans von Benda.

Gala Music Days in Potsdam

The Potsdam music festival, whose title "Gala Music Days" was coined by Wilhelm Furtwängler, attracted Berlin's music lovers to the venerable garrison town for the second time. While last year's music festival was dedicated to J. S. Bach, this year's focus was on Haydn and Mozart. At the press reception, Prof. Dr. Georg Schünemann spoke about Mozart's relationship with Potsdam, reminding everyone that exactly to the day 150 years had passed since Mozart's visit. He traced Mozart's fruitless maturity without having discovered any new source concerning his encounter with the great king. The accessible files are silent on the matter. The town's historiographer, Prof. Dr. Kania, announced some new research results concerning the homes of musicians that still exist from the era of Frederick the Great.

The "Gala Music Days" were supported by figures with more or less close ties to Potsdam: Edwin Fischer (artistic director), Wilhelm Furtwängler, Wilhelm Kempfs, and Karl Landgrebe, the renowned choir conductor and the town's commissioner for music. It was an incomparable experience to hear the three musicians Furtwängler, Fischer, and Kempfs performing Mozart's "Concerto for Three Pianos" in F major at the opening concert. It featured a delightful interplay – the highest level of cultivated performance despite the differences in artistic temperaments. In addition, Beethoven's Symphony in A major and the Piano Concerto in B major were performed by Wilhelm Kempfs thoughtfully and faithfully with complete clarity and a delicate touch.

Haydn's "The Seasons" in the Garrison Church was a reassuring testimony to the performance capabilities of the municipal choir. Karl Landgrebe had done good, solid work, and the careful choice of tempi benefited the choir's sound. The Philharmonic Orchestra was joined by the splendid soloists Helene Fahrni, Heinz Marten, and Fred Drissen.

The main artistic burden rested on the shoulders of Edwin Fischer, who gave three evening concerts at the theater, accompanied on occasion by a fine chamber orchestra, but also by the admirable wind quartet of the State Opera. The Haffner music, wind serenades, piano concertos, etc. honored the genius of Mozart. Complementing Edwin Fischer's own arrangement of "Fantasia in F minor for a Mechanical Organ," the glass harmonica quintet's original rendition was compelling. However, none of the Franklin glass harmonicas with their nested rotating bowls were used. It seems that these instruments are no longer operational, since the glass bells are not be found and, at least in the case of the harmonica in the Berlin musical instrument collection, they are demonstrably tuned a half tone below today's standard pitch. Nevertheless, the Stuttgart harmonica virtuoso Bruno Hoffmann presented a fine "glass harp" which, in its use of various wine glasses, was reminiscent of a variety show. But if you closed your eyes, the fragrant magic of a fine, bright, flute-like sound captured the ears. A musical narcotic that could be listened to time and again and whose charms listeners would never forget. Bruno Hoffmann is a master who knows how to create magical polyphonic chords, runs, and staccatos. For the sake of Mozart's sensitive, imaginative composition, it would be worthwhile restoring the glass harmonica, and several encores of Mozart and Naumann delighted the audience.

The Potsdam Music Days' "regional connection," which was emphasized by Mayor General Friedrichs, was demonstrated in a "serenade" at the municipal palace under Hans von Benda's dignified conducting with works by Mozart and Handel, as well as dances and marches. The highlight, however, could well have been the performance of the opera "Zaide," completed by Willy Meckbach, in Frederick the Great's magnificent Rococo theater in the New Palace, if unfavorable circumstances had not prevented a coherent impression of the performance due to illness. Gerda Altendorf, Einar Kristjansson, Karl Schmidt-Walter, Franz Notholt, and Alfred Bartolitius contributed to the performance under Hans von Benda's baton. Lizzie Maudrik contributed dances, Robert Ullmann designed the stage sets, and Bernd Lürgen directed the production.

"Summer of Music" at the State Music Academy

Given the numerous musical events in Berlin, it is regrettable that there were not more opportunities to attend the events, unique in their variety, at the "State Music Academy." The "Summer of Music" brought together a series of concerts and opera evenings, including chamber music, organ evenings featuring prominent German, Swedish, and French composers, a Joseph Haas celebration, two Pfitzner concerts, a Strauss celebration with a performance of "Ariadne," and much more. The only thing that was once again neglected was the younger generation of composers at the academy, yet the less we hear the creations of future masters the greater is our anticipation. On the first evening, only two students from Prof. Hermann Grabner's class were featured. In Gerhard Rößner's short piano sonata, baroque elements alternated with a fruitful lyricism in the formally well-conceived middle movement; in Roderich Kleemann's compositions for viola, the cool, objective approach was disconcerting, especially during Morgenstern's "Schauder" (Shudder). When the composer goes about a composition without consideration for poetic punctuation, he radically undermines the effect of the text. Ernst Pepping's "Sonata I for Piano," on the other hand, was exquisite. Jaunty, lively music, semi-serious, semi-amusing, especially during the "Serenade" with its refreshingly satirical touch!

A Swedish chamber music evening, a musical birthday celebration, was primarily dedicated to the well-deserved work of the violin and ensemble teacher,

Prof. Hans Mahlke. Thanks are due to Prof. Fritz Stein for the performance of two as yet unpublished symphonies by Haydn, nos. 90 and 91 in C major and E flat major, as well as the music from the comedy "Der Zerstreute" (The Daydreamer) and a divertimento. The participants in this Haydn concert were very well received.

The Berlin premiere of the oratorio "Saat und Ernte" (Sow and Harvest) by Kurt Thomas can be considered the highlight in terms of concert music, it was a lively staging by the composer with the trained voices of Carola Behr, Friedrich Hausburg, and Horst Günter. In this latest creation by the highly gifted composer, the compelling power of the spiritual elements and the quality of tone-painting was strikingly expressed, which, in comparison to his precocious sacred works, strikes pleasantly warm, Indian tones. Using his own means of an unsentimental, unromantic tonal language, he interprets details of the poetry employing bold strokes in a carefree, painterly and musically programmatic manner, yet without compromising his austere approach. The stylistic appeal of the composition subsequently gains in individuality. It proves that tonal painting does not have to be done in a manner contrary to the creative currents prevailing today. Poetry and drama alternate in their variety of content and astute instrumental transitions. A choir like "Wir hängen in den Seilen" (We Are Hanging onto the Ropes) is pure folklore, individual solo passages such as "Alter Bauer am Abend" (Elderly Peasant in the Evening) and "Gruß an das Korn" (Ode to the Corn) are surprising in their noble sentiments. These are passages of persuasive beauty that are sure to delight. The violence of the summer storm and the powerful final chorus, written with a trained hand, are likewise unforgettable.

The second major event of the "Music Summer" was the performance of "Ariadne." The production by Prof. Hans Niedecken-Gebhard's opera class with tasteful decoration by Werner Steinadler was exemplary. Despite limited space, nothing was missing and the illusion of apotheosis was made credible using the simplest of means. Prof. Clemens Schmalstich conducted the academy orchestra, especially assembled for the occasion, with care and skill, lending the composition a delightful luminosity during the finale. There was not a single dud among the actors, but instead many voices that had been well prepared for the stage. The grace of Elisabeth Wilde as Zerbinetta, the full voice of Semiha Berksoy in the title role, the well-groomed tenor of Helmut Conrad Schindler, and the well-trained Margot Spingies as composer all came together to create a unified performance. But above all, the performance was surprising due to the ensemble's cultivated approach.

The State Music Academy, under the direction of its energetic Professor Fritz Stein, has once again provided convincing proof of its artistic capabilities with this series of events. And last but not least, it understands how to fill students with enthusiasm and a love for making music.

From the Opera Stage

Of additional note was the first performance of Siegfried Wagner's "Goblin" at the State Opera. In this almost unknown work, which premiered in Hamburg in 1904, the innocent innkeeper's daughter Verena must sacrifice her life to save the souls of murdered children who roam the earth in the form of goblins. The realm of fairy tales and reality mingle, and Wagner jauntily operates with actors who perform a summer night scene in memory of "Mignon," involving a degenerate count and his consort, together with a mysterious talisman that changes owners several times. An attempted rape, murder, arson, and fight scenes alternate with fairy-tale elements in a mystical amalgamation, and the conducting of Wolf Völker was in excellent form and sufficiently immersed to succeed in accomplishing such theatrical magic.

The simple naivety of the style that includes all the advantages of the 19th century romantic magic-opera, is musically disarming. In particular, Siegfried Wagner succeeds in lending the natural beauty of pure triads their due, inventing popular and very entertaining melodies that are the expression of an uncomplicated soul. The composer moves from dance and song to the interpreting of the uncanny using expressive instrumentation. A stream of sumptuous lyricism predominates, while the music accompanying the drama scene is the most original. The main roles were played appealingly by Carla Spletter, Josef von Manowarda, Gino Sinimberghi, Domgraf-Faßbinder, and E. Tegetthoff under Johannes Schüler's sympathetic baton. Shortly before the conclusion of events, the German Opera House presented a new production of "The Gypsy Baron," with Margaret Pfahl and the admirably mature Walther Ludwig as the lovers, as well as Irma Bielke, whose voice unfolds to beautiful effect, and the indestructible Eduard Kandl, under the tried and trusted conducting of Arthur Rother. What gave this Batteux production with Benno von Arents' magnificent set its own special touch was once again the extensive participation of four-legged extras. While the first act only featured rabbits instead of the more appropriate "piglets," the finale featured horses galore, two-horse batteries, officers on horseback, and the final scene was performed from high on horseback, as even Saffi was mounted. The world had never seen anything like it before, and an enthusiastic audience was grateful for such a witty idea.

From: *Neue Zeitschrift für Musik* 9 (1939), pp. 949–952

Translated from German by Tim Beeby & Sabine Bürger

State artists, we welcome you!

Vedat Nedim Tör, 1941

Tosca, 2nd act. Here, effort and diligence have culminated. The rich male voice that had been worked on, the bass-baritone of Nurullah Şevket Taşkıran which blossomed with noble and moderate gestures, provided us with an expectant tension. Berksoy, the soprano is undoubtedly a giant of singing: she is able to master the leaps in tone required for dramatic moments as easily as if she were drinking water. It is a cornucopia of a voice, strong enough to dominate the metallic cries of the fanfares. Don't let the evil eye encounter you!

From: *Ulus*, April 4, 1941

According to the German translation from Turkish by Zehra Kübel translated by Tim Beeby & Sabine Bürger

Semiha Berksoy: After 10 years, the prima donna is once again appearing as Tosca

Şahap Balcioğlu, 1951

That Semiha Berksoy is back on stage as Tosca is an important event in artistic circles. The fact that our esteemed soprano has not been seen in an opera role for some time, has already given rise to various rumors. Her return to the opera stage is therefore awaited with curiosity.

Semiha Berksoy is the first prima donna in our country since the founding of the Republic. She entered the Darülbedayi in Istanbul in 1923 and after performing there in drama, comedy, and operetta, she was sent to Berlin in 1936 at the expense of the state to study opera. In 1939, at the celebrations for Richard Strauss' 75th birthday in Berlin, she attracted the attention of N. Gebhard, the chief director of the Berlin State Opera, and subsequently appeared in the leading role of Ariadne in Strauss' opera *Ariadne auf Naxos*. Following her return to Ankara because of World War II, she performed in 1941, with the encouragement of Karl Ebert, as Tosca and then as Madama Butterfly. After that, however, she left the opera stage for a while, giving concerts in her homeland and in many other European cities.

Semiha Berksoy was subsequently employed at the State Opera, founded in 1950, and played the roles of Santuzza in *Cavalleria Rusticana* and Martha in *Tiefland*. At the same time, she was also working in the drama department of the State Theater. When I visited our esteemed artist to interview her on this subject before she was due to again appear as Tosca, she was listening to Chaliapin's records in her hotel room.

"I sang the role of La Tosca ten years ago," she said, "and will now take it on for a second time, under the direction of the world-famous Karl Ebert. Since then, Tosca has not been staged again, but from the beginning of the 1951 theater season it has been successfully sung by three experienced prima donnas at the State Opera (Leyla Gencer, Belkıs Aran, Meserret Hürol). Because I have taken on a role in the play *Das Erbe Miras* as you have heard, I will appear again, by decision of the director, in my new role on Wednesday evening, December 12."

"We've heard that you're planning an anniversary. Is that true?"

"Yes, that's right. I've been serving on the stage of my homeland for 23 years. That's the reason why I want to celebrate my anniversary in two years' time. I've dedicated myself to the stage since I was a child. I've been working for years with the most famous artists right up to the country's newcomers. I have a lot of memories of my encounters with them."

I also asked Semiha Berksoy a little about her life in recent years. She said:

"Ercüment Siyavuşoğlu and I got married in 1943. My husband is active in the business world. I have a six-year-old daughter named Zeliha. I'm hesitating to throw this little girl, who shows great talent in all the areas of art, into the art scene. Because, no matter how magical this environment is, struggles are also concealed within it. Anyone unable to win the struggle, no matter how great an artist he may be, will perish if he cannot control his nerves. Success in art means abandoning contact with the outside world and retreating into your inner world. It requires a long period of training, experience, an appropriate environment, and talent. Artists are people who depend on others and who must apply their theoretical and practical knowledge on a daily basis, constantly maintaining and expanding it."

"What have you lost because of your struggles with art?"

"In following this calling, I've lost my house, my home. I've even abandoned my husband. That's why I'm currently living in a hotel, also because my husband is currently residing in Istanbul. I hope that I'll soon be able to rent a house and have my child and family with me."

Later, when our conversation turned to the topic of the State Theater, Madam Semiha said:

"I always remember the happy days I spent at the State Theater. The critique offered by the state-employed artists, who possess a completely academic and modern mentality and style, was very valuable. In saying that, I'm thinking, for example, of my dear, deceased friend Hazım, who I performed on stage with for years. Although he had no academic training, he had found the academic path for himself, but selfishly forgot the values of the Turkish stage."

"What do you think is the essence of singing?"

"It's the process of the voice separating itself from the body; however, this quality is the puzzle that the world is seeking, one that can be observed at all times in Chaliapin and other similarly great artists."

"Are there any other branches of the visual arts or literature that you are interested in besides music?"

"I write, I paint."

"Is there anyone in your family who is musically active like you?"

"My interest in music is inherited. My parents in particular had a strong sense of art."

Her eyes then sank:

> "In addition," she said, "I would like to use this opportunity to particularly highlight my late uncle, Prof. Kemal Cenap Berksoy. He was always my great protector during my artistic struggles."

From: *Hürses*, December 11, 1951

According to the German translation from Turkish by Zehra Kübel translated by Tim Beeby & Sabine Bürger

Semiha Berksoy's 30th anniversary as an artist

Perihan Çambel, 1963

This year we are celebrating the 30th anniversary of our esteemed artist of the opera and theater, Semiha Berksoy. It's easy to describe but less so to live a life full of bitterness, deprivation, sacrifice, at times spending the night in cold hotel rooms in the country's most remote small towns, traveling to Europe in train compartments for the sake of art. In any case the destination is always art, art, art... In the modest life of Semiha Berksoy, together with her husband Ercüment Siyavuşoğlu and her daughter Zeliha Siyavuşoğlu, art has always been the main focus... ultimately, she also enrolled her daughter in the theater department at the State Conservatory.

Lying on the piano in Semiha Berksoy's apartment in Ankara are songs that Wagner wrote for his beloved Mathilde von Wesendonck, the sheet music for the *Wesendonck Lieder* among others. Semiha had studied the German method and technique of singing during her training at the music academy, she admired Wagner and was one of the first people in our country to be able to sing Wagner and Strauss in the required vocal range and style. Whenever she has the opportunity, she takes the train to the international art center founded by Wagner in Bayreuth and, as a modest artist and guest of Wagner's famous grandson, watches and listens to some of the festival's operas. It was there that she was invited by Wolfgang Wagner to a stage rehearsal where she performed Senta's ballad from the opera *The Flying Dutchman*. Wolfgang Wagner, in great admiration, congratulated her and shook her hand. She donated the oil portraits that she painted of Richard Wagner's grandchildren Wieland and Wolfgang to the Bayreuth Festival Theater. One of the two was hung there.

Music and painting. Both involve the structuring of waves, the crystallization of an expression. Music, of sound waves... painting, of color waves... It was within this inseparable interest in effect that Semiha Berksoy was able to express with painting what she was sometimes unable to express with the sounds of music. She represented the note "C" as interlocking, colorfully wavy wheels, which she juxtaposed with her introverted, suffering self-portrait. The tear flowing from her eye points towards the "C" wheel. To be able to sing "C" in every timbre, to sacrifice everything, an entire life, the whole self...

Our dear friend, Cüneyt Gökçer, General Director of the State Theater, who organized Semiha Berksoy's anniversary in her well-deserved 30th year as an artist, had a sincere understanding of Semiha, comprehensively and in her entire being, and extended his hand to our State Theater's highest-ranking acting, singing, dancing artist, one who we can perceive with all our senses. In the *Il Trovatore* opera, which the famous Italian opera director Mirabella Vassallo is staging for her anniversary, she will play and sing a woman of the people, a gypsy, a leader of bandits, the stepmother of Manrico, the avenger of Azucena. I'm pleased she will be playing and singing her. It'll be very worthwhile seeing and hearing, in her mature period, Berksoy's interpretation of Azucena, who has known and experienced the suffering of the people; we will see and hear her personified by Berksoy next February.

From: *Vatan*, January 12, 1963

According to the German translation from Turkish by Zehra Kübel translated by Tim Beeby & Sabine Bürger

Narrated with Painterly Symbols: Semiha Berksoy's Works at Haus am Lützowplatz

ka, 1969

There is currently an opportunity for an interesting encounter with a Turkish painter in the small exhibition space on the second floor of Haus am Lützowplatz. Semiha Berksoy already has a relationship to Berlin through her other artistic activity. Prior to World War II she trained as an opera singer at its Hochschule für Musik (Academy of Music). In 1939 she left Berlin and became the first dramatic soprano at the opera in Ankara.

She has now returned to Berlin as a painter, but by no means with the products of a Sunday pastime. Semiha Berksoy studied at the State Academy of Arts in Istanbul. An impressionist-like view of nature must have been prevalent there before the Second World War. Yet she has freed herself from such "classical" studies; she now paints, as she has said, in a "modern" and "expressive" manner, giving expression to dreams, visions, and feelings. Her training has only been effective in providing the formal skills evident in her compositions. The images are usually created in a few minutes and are inscribed without interruption on wooden panels or strong cardboard so that the feeling, the inner image can be expressed in an unadulterated manner. There are no subsequent corrections. The feeling emerges in figuration that combines both general and personal myths. The images, however, are not literary, they narrate using painterly symbols. A dead woman is denied access to life by black shapes. Her eyes are black, her symbol is an owl. A "Jung Gestorbene" (Young Dead Woman) looks back onto life with black eyes, a black bar separates her from the living viewer, her mouth is sealed with a vertical line. The relationship between death and life, ancestors and descendants is a recurring theme. The painting "Das Mädchen und die Mutter" (Girl and her Mother) depicts one area of life. In it a young girl stands, her symbol is a pink bow. Her dead mother, represented as a bird above her, uses one wing to keep away the evil that threatens her in the form of a snake.

What would turn into a sentimental exercise for most of us becomes here an expression of genuinely powerful melancholy. The autobiographical merges seamlessly into the mythical, enabling a fable to instantaneously become a painterly symbol. In its rapid rendering it all comes over as both personal and immediately convincing. Yet, the limitations of this type of painting also become apparent in the exhibition. Some images in their tendency to be narratively weighty lose some of their immediacy. On other occasions, some portraits abandon the consistent world of symbolic expression in favor of rendering reality, not without sacrifice.

From: *Die Welt*, May 8, 1969

Translated from German by Tim Beeby & Sabine Bürger

The first Turkish opera

Doğan Hızlan, 1986

The anniversary of Atatürk's arrival is being celebrated in various cities and the news is being broadcast on radio and television. For some reason, his cultural revolutions are not being mentioned. Nor, for example, are the anniversaries of the founding of the State Conservatory or similar institutions.

Many things in our country are done by individuals rather than institutions. It was really rather significant that on Thursday evening the opera singer Semiha Berksoy invited her friends to celebrate the anniversary. *Özsoy*, the first Turkish opera, was performed on this day 52 years ago at 4:30 pm. Semiha Berksoy played the role of Ayşim.

Anniversaries do indeed have special significance as future-oriented activities. In order to understand our own culture, we should be focusing on the turning points between one set of cultural circumstances and another.

When Berksoy recalled her memories that day, she expressed them in a documentary-like manner, seen through windows opening to the West.

Atatürk knew and was well aware that Westernization could not be achieved by imitating, but rather by internalizing the West and creating a new society step by step. The fact that an opera was to be written can also be interpreted in this way. Even though skilled interpreters are able to perform the operas of foreign composers – he had listened to Semiha Berksoy's Madama Butterfly with great enthusiasm – Atatürk was nevertheless hoping with all his heart that our own opera would be founded and would thrive. An opera of our own with a libretto by Münir Hayri Egeli, composed by Adnan Saygun, and the voice of Berksoy was born, that is, the first step towards its development had been taken.

When we research our cultural history, focusing on the period after the founding of the Republic, there are several aspects we should take into account in order to be able to correctly answer the question of what was done and why, and what sources our literature, our cinema, our theater, and especially our music have developed from or not.

On that day, Berksoy enabled us to experience an important, long-forgotten anniversary. She did not attempt to simply lift a curtain to reveal memories and arouse a yearning in us. She told how beginnings full of enthusiasm became both beginnings and ends, how the Republic's ideology led to spiritual stagnation and a confusion of desires.

These are one-sided statements, not the sum of personal love and resentment. They were the result of documents which have survived for fifty years and that have led people to make bitter and cold-blooded comments.

So, Semiha Berksoy has succeeded in reminding us of a wonderful anniversary. She presented a dazzling episode, the story of Atatürk's interest in polyphonic music.

It seems, the founding generation of the Republic is losing none of its enthusiasm.

From: *Hürriyet*, June 22, 1986

According to the German translation from Turkish by Zehra Kübel translated by Tim Beeby & Sabine Bürger

The Berksoy Room

Dieter Ronte, 2000

Semiha Berksoy answers the questions the exhibition raises about tomorrow very directly and immediately. She associates Bonn with Fidelio, the hero in Beethoven's opera. Semiha Berksoy is a singer and has sung all the major roles. Berksoy, who studied in Berlin and then sang there during the 1930s is today one of the most important singers of the Turkish stage. But she also trained as a painter, she is the daughter of a painter.

Her creativity is informed by a primal force that does not differentiate between corporeality and painting, between collecting and integrating the self. The Berksoy room is a prime example of her "art brut." The artist brings herself with a great immediacy, as the Brücke manifesto painters dubbed it, to works that are both genuine and immediate in manner. It is an immediacy reflecting many experiences that are personal, autobiographical, and sensorial. Such an approach results in her manic compulsion to collect, to accumulate, to transform her own environment, a rejection of any deliberation, seeking to work in a manner that is not minimal but instead expressive.

The artist lives her life to the full in her one-room apartment. This is her actual living space, her work space, her bedroom, her emotional space, her thinking space.

Semiha Berksoy works figuratively, documenting her ideas concerning human existence. Her figurative works reflect an almost childlike, if not "art brut-like" distortion. The existence depicted in them is always trapped, exposed to internal and external pressure. Her drawing practice with its highly erotic and magical iconography registers the changes to existence.

Berksoy formulates opposing positions, contradictions that can only be merged in art to form a unity. Because it is here that the individual images become as convincing as the entire space. An almost childlike curiosity and innocence combine with the eroticism of an adult. Together they form a conceptual texture from which the impact of the images unfolds. The ensemble of drawings radiates into the room, encompassing the artist's affair with the famous Turkish writer Nazim Hikmet as well as her ties to specific productions but also her involvement with ones by artists, most recently, for example, with Robert Wilson in the field of music.

What Semiha Berksoy has created is a *Gesamtkunstwerk* without differentiating between artist and work, the center of her existence. If the concept of *Gesamtkunstwerk* is to play a role again today, then Semiha Berksoy is a brilliant representative of such a notion of art.

In an age of teamwork that only functions when experts are acting effectively in the fields in which they specialize, the *Gesamtkunstwerk* is the generalist's dream. Semiha Berksoy is the generalist par excellence in the field of art. She does not inquire about official opinions, or customs and traditions. She expresses her own traits in her art. Everything Semiha Berksoy does is a search for herself in the sense of an individual mythology. A term which in itself is a contradiction. We are mythological because we are of a general nature, we are individual because we are not generally understood. But during the 20th century, as Harald Szeemann has demonstrated in his series of exhibitions – the Museum of Obsessions – that precisely these individual mythologies have become once again possible – obsessions situated between exhibitionism and voyeurism.

Semiha Berksoy is therefore intruding, like a berserker, in a world that is becoming increasingly uniform. She does not accept rules and breaches them very deliberately in order to demonstrate how powerfully other energies can intervene in the programmed daily routine of a citizen. This is why Semiha Berksoy is an artist who does not shy away from anything. Death and love, youth and old age, success and failure, being present and being forgotten, fulfillment and non-fulfillment, everything is an interplay with everything else. She combats the forces of everyday life and society using the power of her unconscious, in which she is strong, almost holy, untouchable, no arrow can pierce her. Almost archaically, she stands her ground in the midst of a modern discussion.

From: *Zeitwenden*, exh. cat. Kunstmuseum Bonn (Stiftung für Kunst und Kultur: Bonn, 2000), p. 41

Translated from German by Tim Beeby & Sabine Bürger

Interview with Semiha Berksoy

Hans Ulrich Obrist, 2003

Hans Ulrich Obrist I understand you were in Paris?

Semiha Berksoy They were going to make the first film about Turkey, in Paris, with René Clair. I actually met René Clair, can you believe that? He wanted to work with me, but I told him, no. You see, I was just a child, 20 years old, I had no common sense. I did not want to stay in Paris.

HUO When was that?

SB In 1931. The first sound film, *Dans la Rue d'Istanbul*, by Studio Rene Clair in Epinay. I was very young then. I have always been a star, from my very youth to today as an old lady.

HUO Could you tell us about your early years? You were born in 1910. When did you start?

SB As a child, I played with my mother. My mother was a very curious person; she always went to the movies to watch these Italian silent movies. Later, at home, she would play and I watched her. I was four years old when I became an actress myself, so to say. I played together with my mother.
I always had a good voice, even when I was only five. In kindergarten, I would sing Mozart, a tune from *Figaro's Wedding*, in Turkish and would act at the same time. Can you imagine that? I was only five years old! I did not know yet that I was going to be an opera singer. But a person always stays the same from the day of birth. I am a born actress and opera singer. I have a voice for Wagner, you know, from birth. I am a soprano, but not one of those translucent, gentle sopranos. I am an old soprano for Wagner, a rich, full bodied soprano. You can hear my voice. I still have a tape of me singing the *Liebestod* aria in New York. I also sang in *The Days Before* by Robert Wilson. He wanted to work with me.

HUO How was working with Robert Wilson?

SB He gave me all the freedom I wanted. He knew I was an actress. He told me: You are free, you are an actress. I used to be a sparrow all my life. He was enthusiastic about me. I am currently making a film, a performance. I have made a performance with Kutluğ Ataman [*kutluğ ataman's semiha b. unplugged*, 1997, single-screen video installation] before. This is the second one. I am making it with a young man who works as a camera man. I play all alone, it is my performance: I act, I speak, all alone. And now I will show you my latest pictures.

HUO I am delighted that we can see this. I thought your room at the Global Art Exhibition was very interesting. It was an incredibly dense space, your room.

SB My room... my bedroom.

HUO Exactly. You are a singer, an actress, a painter...

SB I'm a *Gesamtkunstwerk*, a synthesis of all forms of art!

HUO So you see all your work as one unifying great artwork?

SB Everything I do is art: I write, I sing, I act. I do not compose though. I don't have enough time for that. I've done all this since I was five years old. I painted, sang, acted. I was born that way. I never studied any of it. I just started singing on my own.

HUO So you are self taught?

SB I have always thought things through and then did everything myself. And the professors thought I was right. They would present me as a role model in school, regarding my voice and so on. I studied at the Conservatorium—opera with Paul Lohmann, a renowned teacher...

HUO Where was that?

SB In Berlin. I was at the Richard Strauss Festival in Berlin in honor of Richard Strauss' 75th birthday. I was chosen to sing in *Ariadne* [*auf Naxos*] during the Hitler era. Can you imagine that? It was in 1939; I was completely unknown and then became a star, made a worldwide career. I was an impeccable singer. Unknowingly, this is just how I sing. I found my voice myself, without any outside help. The way I sing is light and natural... For me, speaking and singing are the same. First I would speak a text. I learned the words by heart for the lead in Ariadne in Berlin.
"Es gibt ein Reich wo alles rein ist, es hat auch einen Namen ‚Totenreich!" Then I sang: *"Es gibt ein Reich wo alles rein ist!"* It is exactly the same, very simple. Singing is easy. Speaking and singing are the same. I always speak. When you sing, you need to speak the text, you must speak it correctly.

HUO And does painting also come easy to you or is that more difficult?

SB No, it is also easy... I just do what I feel. I don't think about it. For example, my portrait: I did this in Berlin.

HUO In 1958?

SB In 1958 when I was in Berlin. My aunt and I were staying at a B&B. She said that I would have to stay at a different B&B as she did not want me to stay at the same place as herself. I was so upset! I just thought about how much I loved my aunt and why she would treat me like that. I was very sad. This is why I made this picture spontaneously. It came directly from my soul, this expression. My pictures always show a story, this is about feelings. It's totally different from making portraits like photos. My paintings always tell a story, there is for example such an expression... I was totally surprised myself.
I also play, I studied acting at the Conservatory in Istanbul. I sang in Berlin, during the Nazi time. I met von Ribbentrop. I was invited to the embassy in Berlin. I sang at a reception for Secretary of State Joachim von Ribbentrop.

Afterwards he came up to me and said: "You have a great voice!" I have a fabulous voice. He was absolutely enthusiastic. A handsome man, tall, blonde, blue eyes. My life—and all this will not change until I die—it has always centered on art. I will never do anything but art. This is who I am. I do music every day, and I love art.

HUO Who were your role models in art?

SB Why should I have any? I go by my feelings, then I know what to do. I paint because I like to, I don't have to. Nobody tells me to paint and to work. But when I feel the urge, I go ahead immediately.

HUO Have you always had a house in Istanbul? Have you always lived here or were there times when you left Istanbul?

SB I was also in Ankara, at the State Opera House. When Karl Ebert came to Ankara, I was the first opera singer. Atatürk founded the first opera house in 1934, and I sang the lead in a Turkish opera. Karl Ebert arrived in 1936 and founded the Conservatorium. I sang in the first European opera, *Toska*. It was translated into Turkish by our famous poet Nâzım Hikmet. You know him, he is world famous. He was in prison.

HUO Under Atatürk?

SB Not under Atatürk! Later, after Atatürk had died. That was in 1941. Nâzım Hikmet was in prison and I visited him. He was a great poet. Hikmet died as an immigrant in Moscow, in 1963, from a heart attack.

HUO I meant to ask you more about the city because you said you lived in Ankara.

SB I had a commitment in Ankara, at the State Opera House. This is from where I retired, as the first opera singer. My life has always been connected to the Ankara Opera, and also to the theater. I played in both.

HUO But Istanbul has always been your favorite city?

SB I was born here. The house where I was born is now a museum. I think they show my bedroom and my studio.

HUO The room I saw in Bonn?

SB The house where I was born is in Çengelköy, on the Asian side of Istanbul, very beautiful.

HUO What do you think of the city today? How has it changed?

SB Istanbul is a very old city and very beautiful, the most beautiful place on earth. You won't find something like the Bosporus anyplace else.

HUO You have seen the city grow. Fifty years ago, there were about one million people, and now there are more than ten million.

SB Yes, but this doesn't make a difference to me. I am not interested in such things. But, of course, the world changes.

There is so much envy; we have too much envy. In their character, people are the same all over the world. Envy is an essential part of the human character. Do you know Wagner?

HUO I do know Wagner's work.

SB The *Ring of the Nibelungen*, a great opera, is about society. He tells it all. The world is going downhill; it won't take long any more. It is all very bad. People kill each other and treat each other badly. This is not good.

HUO Were you influenced by Wagner?

SB One has to see Wagner, all those pessimistic feelings. But he is right, because people are very jealous.

HUO You have worked in so many fields: as a singer, an actress, a writer, you have painted and drawn. I would like to know if you could tell me more about this fluidity, this incredible agility with which you move back and forth. Because right now, this is much more important than what you did in earlier times. You are completely free.

SB I do it all. It does not make a difference to me whether I sing, paint, speak, act… everything is done by feeling. I paint with this feeling, I sing with it, I act with it. It is always the same, a feeling. Art is a matter of feeling, full stop. Feeling defines it all. For example, right now I don't feel ready to sing. But I have the feeling. I sing with a feeling. I don't think about whether my voice is sick or healthy, no idea. I am only interested in art, feeling. Sing with feeling, put it in your expression. Then people will recognize what you do. I speak right, I feel right. You have to have the right feeling. Art is a matter of feeling, right?

HUO You have done so many things in your life, so many performances, paintings. Are there any unrealized projects?

SB Unrealized projects, realized projects! In art, there are different ways. You have to stay realistic. But you need fantasy as well. It is art, feeling. But first you have to sit right. An idea and a feeling have to sit right. A style may change, but an idea and art… art and a feeling should sit right.

First you have to think and feel right, and then comes everything else. Then you can do surreal things, make fantasies become real. But the idea and the feeling matter, they have to be right, that is the main thing. One should not do nonsense. It is obvious immediately if a piece is not good, not art. Art is never nonsense. Art has to think and feel right. In art, you need to think right, think about it and feel right. This is art.

Now I show you my paintings. [Berlsoy unfolds a folded canvas with an assistant.] Tristan und Isolde by Richard Wagner. This painting is called *Isoldes Liebestod*. I need large canvases, but the material is not available. Because there are not any big-scale canvases like these, I work on bed sheets.

HUO Is this a new painting?

SB Tristan. *Isoldes Liebestod*. She is dying, right? He is already dead. And this is Wagner, down here.

HUO This is Wagner?

SB Wagner, yes. I saw Wagner in my dream, exactly like that. He came to me and then Robert Wilson who hired me. I saw them in my dream, imagine that! So, dreams are important.

HUO Dream is reality!

SB Yes. So, then I made this painting, for Wagner. You can read this all in German. I wrote it down. Something to think about. There is no second Semiha in the world. I painted what I saw in my dream. Read what I wrote about Richard Wagner. He came to me in my dream, just like this, and then Robert Wilson. I sang in New York City, at the Lincoln Center in the millennium year 2000, in the days before... *Isoldes Liebestod*, from his *Tristan and Isolde*. Wagner gave me this picture as a gift, in 2001.

HUO An homage to Wagner!

SB Do you see the date? I did this the day before yesterday! As seen in my dream. This is what it says here, too.

HUO Isoldes Liebestod ... Mort d'Isolde ... Morte di Isotta. İsolde›nin Aşk Ölümü.

SB Ölümü... German, French, Italian, Turkish. I am an opera singer and an actress. I am a *Gesamtkunstwerk*!

HUO And here, your life as a singer, your music, enters into the painting?

SB Yes, it is all about the feeling. I have some more I will show you: *Phoenix Anka*. This is my self-portrait as a phoenix.

HUO This means that your paintings tell stories.

SB Stories, yes, amazing stories. I did it in about an hour.

HUO You paint that fast?

SB Yes, and I wrote the story. The phoenix was born 12,000 years BC in Levant. They found a Turkish statue, not in Egypt or India. This is where one found it. We have the Turkish artifacts. Phoenix is a bird, you know. And I am a phoenix because I have many powerful, bad stories which I cannot tell. This is one story. The phoenix will burn and then return to life from its ashes. This image became my story. Many people are very jealous.

HUO Many people envied you?

SB Yes, but I did not give anything about that. I was tough and stayed alive forever, like that. This is a story.

HUO Phoenix is always a beginning, too.

SB Phoenix dies.

HUO And then there is a new beginning...

SB The story goes on and on and on. You know the phoenix is why Atatürk founded the opera.

HUO This is Atatürk's Opera House in Ankara?

SB In Ankara, yes, founded in 1934 by Atatürk. He did it because of me.

HUO And have your literary texts been published?

SB No, I write for myself. What I do is all mine. I write, sing...
Here is another story. A dervish, you know. A necrophilic dervish loves the woman and goes into the grave with his dead lover. Altogether in the grave, there is also a snake. The snake gets jealous of the dervish, you see, because it loves the woman.

HUO And the snake kills the dervish...

SB Not kills! The snake was jealous and wanted to kill him, to bite his nape because it was in love with the woman. But it does not succeed. The dervish is a cardiologist; he cures the woman and takes her from the grave.
The only thing I cannot do is composing. Maybe, if I had had the time...

HUO So could one say that composing is your unrealized project?

SB Richard Wagner had to compose, I don't. He is all I need. I am absolutely in love. And he was in love too and came to me... I sang in New York.
Wagner loves me. This is why I sang in New York. I was in Bayreuth three times and sang on stage. Wolfgang Wagner invited me to Bayreuth in 1958. He was a very handsome man and he wanted to work with me but I had an engagement in Ankara. "Is this a fixed contract?" "Yes, it is. I have my fee and I will receive retirement benefits as well." He wanted me to come to Germany. I was invited three times. He doesn't know what I do today, but I am going to send him a letter.

HUO And you mentioned earlier that there will be a museum. Where will the museum be? In your house? In the house where you were born? And when is it due to open?

SB The house where I was born, world famous. In a year, it will be a museum.
The woman is Diton. She dies. This is my story. I have six stories. What do you think of me? I have a Wagnerian voice, a deep, rich soprano. Let me sing Wagner and you will hear it. Singing in New York is difficult. Nobody is allowed to do it. I sang in Fidelio. Just look at this Beethoven portrait. I have always loved Beethoven, Wagner, Strauss. It is because of my voice. They composed for me! They composed the right things for me to sing... I have another one. Did you like the story?
See, this is a head. This head has nine holes: two eyes and ears, the horns, the tongue hole, six, seven, the breath hole and the food hole, nine holes altogether. And then a hand. The head is clever. It points to C, an important point in the world that is naturally in the right spot. In the bottom, you see two stupid people, a whore and a pimp

who work together successfully. Stupid people believe that these people are artists. But this is not true. One day, the head shows culture coming from above. The two on the bottom die, culture is on top. Culture and art are always on top. Other, wrong people lose, they always do. What do you think of such ideas?

HUO This is a picture within the picture. Many pictures within the picture.

SB Everybody has an idea. Stories and ideas. I was in Bursa in Turkey. There a museum director came to me and gave me a golden bowl of a pharaoh. I drank water out of it. He said I was a great artist and told me to drink from the bowl. This was my fate, yes... This is a coffin.

HUO A green coffin.

SB My grandfather was a dervish, an intelligent man.

HUO Your grandfather was a dervish?

SB Culture... the window... prayer... window... for praying. Paris ... A portrait of my mother. Exposition, Champs Elysees. My critics were enthusiastic. I have a large collection.

HUO A collection of works by other artists?

SB My collection, only mine.

HUO Of your paintings?

SB My paintings, right.

HUO So those are all yours?

SB No, this one is from an old Turkish artist, an acquaintance. I do not sell my works because I always tell stories from my private life. This is why I cannot sell them. I tell the story of my life.

HUO You mentioned earlier that your latest project is a performance in which you stand in front of the painting.

SB This is a completely new, a completely different type of performance.

HUO And you are wearing different costumes?

SB I have them in my room. I have another studio.

HUO Here?

SB Yes, here in this room. I found this person I worked with. He wants to work with me again, but I don't want to.

HUO And what are you doing in front of the painting? Will you be telling stories?

SB I am going to do this performance soon. As Salome and others. It will be called *Love*. And this a picture of me as a child. Can you see that?

HUO Absolutely!

SB A portrait of a girl, a picture from the grave. This is a story for Nazim Hikmet. This one is together with my mother. I always paint my life. This is my doctor, a cardiologist, a new portrait. Many different things. But I think it is enough for today.

HUO Alright. Thanks a lot.

From: *RES* 6 (May 2003), pp. 22–32

Her greatest work was herself

Cem Erciyes, 2004

Every aspect of the life of Semiha Berksoy, who personifies almost the entire artistic adventure during the founding period of the Republic, was an achievement, and her existence in the world is a *Gesamtkunstwerk*.

Semiha Berksoy was an artist who transformed herself into a work of art. Her life as an artist, whose beginnings in opera coincided with the first years of the Republic, a medium which is considered a symbol of our Western artistic ideology, continued almost uninterrupted until the day before yesterday. Semiha Berksoy, who combined all the intellectual and artistic adventures of the founding period of the Republic in her memory, her works, and her life, is an achievement in almost every breath she takes, and her existence in the world is a *Gesamtkunstwerk*.

The room that sums up a life

In this sense, perhaps it is other works of art that best describe her, such as her paintings, photographs, arias, and Kutluğ Ataman's film "semiha b. unplugged," which immortalized her. In fact, it was her bedroom, the "Semiha Berksoy Room," that represented her most accurately. The "room" was therefore included in the collection of the Museum of Paintings and Sculptures and was shown in the millennium exhibition in Bonn.

I remember Semiha Berksoy saying on the Babylon stage, accompanied by a Zen band in skeleton costumes playing behind her: "I am a phoenix, I fly over Asia. This is the birthplace of the Turks and of humanity." I remember her adding: "That's what Atatürk said." Or at a theater festival in Robert Wilson's play "Detroit III" lying on a sofa, singing her aria, and then walking across the stage... Or how she sat in the Kibele Art Gallery at the opening of the retrospective exhibition in her grotesque attire and make-up. I think she knew that she was the most important element among all the art objects produced in various ways; that's why, even if it seems rather amazing, she went to great lengths to present herself in that gallery every day.

A few weeks ago, she underwent heart surgery to prolong her life, against all odds, eternally. In the intensive care unit, she met us as a prima donna with her "silver mirror, fan and unique make-up." When asked, "Will you continue working in the arts?" she replied: "Art never ends," and then began to sing an aria...

Semiha Berksoy never ceased in her efforts. Some stories, such as her love affair with Nazim and her amazing costumes, which she created by combining different fabrics, as well as her hats and make-up, were part of the huge resources in her 94-year-old life. Her passion for art, her dedication, and her talent have made her one of our exemplary representatives of interdisciplinary art. The combination of her phenomenal memory and versatile output made

Semiha Berksoy one of Turkey's most striking international artists, she has participated in a great many exhibitions and has undertaken joint projects with famous names.

Yesterday, the work of art that was Berksoy, which has been renewed several times during 94 years, came to an end. The artist has, nevertheless, once again caused astonishment; the unexpected death was that of Semiha Berksoy.

From: *Radikal*, August 17, 2004

According to the German translation from Turkish by Zehra Kübel translated by Tim Beeby & Sabine Bürger

Arias in Defiance of Death

David Hesse, 2004

Aged 89, her massive body barely concealed by a grotesquely minute circus dress, she writhed on a purple divan towards the edge of the stage in Robert Wilson's production of "The Days Before Death, Destruction and Detroit III" and intoned Isolde's "Liebestod" (Death of Love) in a rasping voice. The New York audience murmured and giggled, noticeably taken aback. Some reviewers later stated that the singer, even if very elderly, had the seductive passion of a young girl, while others deemed Wagner's song to have been "abused by the screeching of old age." Until the very end, Semiha Berksoy both fascinated and repelled her audiences.

"Art can neither be learned nor taught," said the Turkish soprano, painter, and actor four years ago in one of her rare interviews. "Music is in the genes. Art comes by itself."

Berksoy was born in 1910 during the late Ottoman Empire in Engelköy, located on the Asian side of the Bosporus, that is now a suburb of the then capital Istanbul. Her family, she once said, was a thoroughly European one. Her father wrote poems, her mother painted, and her paternal uncle was one of the first Turkish physiologists, who has frequently been cited in European scientific literature. At the age of five, Semiha went to kindergarten, where she claims to have attempted to sing Mozart's "The Marriage of Figaro" for the first time. Later, her Koran teacher was said to have been enchanted by her voice. Her first stage appearance occurred at the age of twenty, when after studying at the Istanbul Academy of Arts she moved on to the municipal theater. Berksoy made her debut in a Gogol production. "My knees were shaking," she remembers.

At the time Semiha Berksoy was fighting her way through her first performance, the Ottoman Empire had already been history for seven years. In 1923, Mustafa Kemal had resurrected the remnants of the empire, which had been broken up during the First World War, as a Turkish Republic. Subsequently, as Kemal Atatürk (or "Father of all Turks"), he promoted the secularization of a fledgling Turkey, replacing the Islamic Sharia with the Swiss Civil Code and calling on the country's artists to raise the population's national consciousness by creating a Turkish art. In 1931, one year after her debut at the municipal theater, Semiha Berksoy became a national celebrity when she appeared as an actor in the first Turkish cinema film with sound, "The Streets of Istanbul."

Berksoy felt a commitment to her homeland. "I was asked to work in Paris. But why should I have done that? There were people in Turkey who liked me too." At Atatürk's behest, young musicians composed "Özsoy," the Turkish Republic's first opera, which premiered in Ankara on June 19, 1934 in the presence of Atatürk and the Persian Shah. Semiha Berksoy played the leading role and her performance made her the Turkish head of state's favorite singer.

In 1936, Berksoy went to Berlin. "I sing soprano. My voice is suitable for Richard Wagner's operas, which are sung in high registers." The Berlin of the 1930s was at the young Turkish woman's feet. Berksoy also sang Puccini's "Tosca" in Turkey during World War II to packed audiences. It had been translated by the communist poet Nazim Hikmet, probably one of her many lovers. At the age of ninety, Semiha Berksoy would come to complain that she had been denied important positions in Turkey because she had visited Hikmet, who the state abhorred, in prison and as a result had been denounced as a communist in some circles. In 1972, Berksoy abandoned her opera career in anger. It was only her appearance with Robert Wilson in New York five years ago that returned her to the stage. Yet, she sang all the time. In 2000, she is said to have belted out arias into the faces of her doctors in the operating room while they were supposed to be performing a bypass operation on her.

Semiha Berksoy has always painted too. "I am interested in all kinds of art," she has said. Her solo exhibitions were well received in Ankara as well as in Berlin and Paris. As she grew older, her art became more radical, and Berksoy's own body eventually became a *Gesamtkunstwerk*. Concealed under lurid layers of makeup and absurd fur hats, the woman who was cast out of the world of opera has been haunting theaters and galleries for the past two decades. In 1997, the young video artist Kutlug Ataman created a film portrait of the diva, "Semiha B. unplugged," which consisted of a single monologue lasting seven and a half hours and was shown at the Zürich Theaterspektakel three years ago. Breathlessly and often disturbingly, Berksoy re-enacted her own life, reliving her roles, her loves, her century.

From: *Neue Züricher Zeitung*, August 29, 2004

Translated from German by Tim Beeby & Sabine Bürger

Bedrooms in Excess: Feminist Strategies Used by Tracey Emin and Semiha Berksoy

Gülsüm Baydar, 2012

Two years apart, the British artist Tracey Emin and Turkish artist and opera singer Semiha Berksoy exhibited their bedrooms at internationally acclaimed galleries.[1] Both displays were personal statements with intimate biographical connections. Emin is known to have survived a deprived childhood ridden in misery and poverty in a small English town. Her discontinuous education and broken family life was further marred by instances of violent sex and alcoholism.[2] Yet she received a formal art education in the 1980s and has been recognized as a leading artist since the 1990s.[3] Her artwork predominantly consists of autobiographical elements and addresses sexually loaded themes in very personal and unusual ways. Berksoy, on the other hand, was born to an educated Istanbul family. She was brought up in the modernist enthusiasm of the early years of the Turkish Republic and was in close contact with the leading Turkish intellectuals of the time.[4] Also raised in a broken family due to the death of her mother at a young age, Berksoy completed her art and music education in Istanbul and Berlin. Broadly acknowledged as the first female Turkish opera singer, she performed internationally at renowned opera stages including Berlin, Porto and New York.[5] Love, death and sex appear as recurrent themes in her paintings.

In 1998, at Sagacho Exhibition Hall, Tokyo, Tracey Emin (b. 1963) exhibited her bedroom as it was when she remained there for several days due to a depression caused by relationship problems. The installation included a mattressed bed frame, wrinkled and stained bed sheets and pillows. Spread across the mattress and the carpet were dirty stockings, a towel, vodka bottles, slippers, underwear with menstrual stains, cigarette butts, birth control pills, a used condom, Polaroid portraits, and a white stuffed toy.

At the Bonn Museum's Millennium 2000 exhibition, Semiha Berksoy (1910–2004) exhibited her bedroom (1994) that she used in the rear of her Istanbul apartment. The room was filled with objects accumulated throughout her colorful life, including her bed and piano, gifts received over the years, her paintings, eccentric clothes of her own design, jewelry, glamorous hats, and memorabilia including earth from the Moscow grave of the renowned Turkish poet Nazim Hikmet, with whom she once had a love affair.

These two bedroom displays are highly provocative at a number of levels. First, it is simply not commonplace to enter into the bedroom of someone you don't know. Furthermore, as bedrooms of single women, these spaces do not fit the standard image of the master bedroom in the idealized bourgeois family home. This public image, with its neatly made bed, creaseless sheets, and matching furniture contains no trace of sexuality or the materiality of the body; rather, it suppresses the private reality of the space that it represents. It is the image of the master, indeed, where discipline and control dominate. The bedrooms of Emin and Berksoy are messy, full of "stuff" that is too personal to be offered to the public gaze. Excess is the term that immediately comes to mind.

Excess is a theoretical term that is associated with the unassimilable residue that finds no stable place in orderly systems. The cultural theorist Elizabeth Grosz states that, often associated with the feminine, this residue "is not simply super added but also undermines and problematizes" the system in question.[6] Indeed, Emin's and Berksoy's excessive settings critically exploit the cultural conventions that separate the public from the private and art from life. They also undermine the socially con structed duality between the public image of the master bedroom and the private reality of the lived space. By bringing the messiness of everyday life out of the closet, these artists make powerful statements about the fragility of the lines that divide art from life and public from private.

But how alike are these displays beyond their similarities in authorship and subject matter? With all its messiness, Emin's bed lies in the midst of a conventional and rather sterile museum setting. As such, it has the characteristic of an object to be looked at. Berksoy, on the other hand, invites us to a separate space that one enters through the larger exhibition area. Her bedspace is less to be looked at than to be dwelled in. Indeed, Berksoy's bed cannot be isolated from its spatial surroundings. Here the hardness of the walls is mitigated by the excessive amount of paintings and fabric, and somewhat dematerialized by the dramatic light effect produced by a bedside lamp. Another source of difference is the color scheme of the two displays. While Emin's is predominantly white, with the exception of the blue rug and the brown bedside table, Berksoy's overflows with colors of every tone and shade. Finally, the contents of these settings are clearly quite different in nature.

As far as what to make of these differences between Emin's and Berksoy's bedroom displays, I find Grosz's emphasis on two different identifications of excess very helpful. Associating both with femininity, and tracing their origins to the work of Georges Bataille and Luce Irigaray, respectively, Grosz relates excess to the excremental on one side, and to the plenitude of the maternal-feminine on the other.[7] In understanding the former, excess involves the destruction of system, order, and authority. It can be represented in bestiality and bodily waste. This conceptualization evokes the psychoanalytical approach to feminism, where femininity is associated with wounds, blood, loss, and castration, i.e., lack.[8] For the latter meaning, femininity points to an irreducible element that cannot be exhausted in the masculine and the patriarchal. It is conceptualized as a means of transition from one existence to another and is symbolized as plenitude rather than lack. This understanding relates to the feminist interpretations of the philosophy of Gilles Deleuze, which contests the binary opposition of presence vs. lack, and celebrates difference as multiplicity.[9]

These two approaches have radically different implications for feminist thinking and its artistic manifestations. While the former (excremental) approach understands desire on the basis of lack and subjectivity in dualist terms, the latter (excess of femininity) emphasizes the positivity and performability of desire and the power of the feminine to redefine the symbolic.[10] contend that the key to understanding the significance of the difference between the works of Emin and Berksoy lies in the two different conceptualizations of excess.

Before expanding on the theoretical implications of the two bedroom displays, an explanation of the larger context of Emin's and Berksoy's work in relation to subjectivity and language is in order. Almost every work of these artists bears traces of their intimate relationship to their bodies. Besides their own bedrooms, their artistic repertoire includes photography, self-portraits, sounds, and words; yet their work ranges beyond the contained and often unproductive boundaries of self-indulgence.

In one of her most forceful works (2000), Emin is frontally photographed sitting on a bare floor that is sprinkled with banknotes and coins. Head bent down, she holds a handful of the banknotes against her body between her naked legs that are spread wide apart. The title, *I've Got It All*, adds both power and irony to the image, which is an explicit critique of the value of femininity in the patriarchal symbolic order. Words are an inseparable component of Emin's work. The installation that brought her to fame, *Everyone I have Ever Slept With* (1995), is a tent appliqued with 102 embroidered names of the people the artist had slept with. "Sleeping with" is a term commonly associated with sex. Knowing Emin's self-declared promiscuous background, the title is highly suggestive. However, as the artist explains, "Some I'd had a shag with in bed or against a wall some I had just slept with, like my grandma. I used to lay in her bed and hold her hand. We used to listen to the radio together and nod off to sleep. You don't do that with someone you don't love and don't care about."[11] Besides past lovers, the names on the tent include friends, family, drinking partners and two numbered fetuses. With Emin's explanation, the immediate identification of "sleeping with" and sex is unsettled at once. The viewer's perceptual frame begins to wander freely across the signifying chain that crosses over a range of delicate implications of the terms sex, intimacy, love, and care.

Much of Emin's work contains written inscriptions that relate to her thoughts and feelings. Frequently, these are expressed as framed neon signs or embroidered panels. The signs include such phrases as, "You Forgot to Kiss my Soul" (2001), "I KNOW I KNOW I KNOW" (2007), and "Some Crazy Fucked Up Dog Like Hell; That's How it Feels to Live without LOVE" (2009). In *Everyone I Have Ever Slept With*, the phrase, "With myself, always myself, never forgetting" is embroidered on the floor of the tent. At first sight, the repetitive assertion of selfhood in words can be linked to the poststructuralist contention that the subject is produced by and within the signifying chain. At that level, Emin's work manifests a continuous effort to con firm her subjectivity in the symbolic realm. However, Emin also consistently reminds her audience that any identity cate gory is always already based on lack, and that the feminine subject has limited agency in the symbolic realm. She does this not only by virtue of her gender, but also by a number of strategic moves embedded in the works themselves.

In terms of content, Emin's words and phrases invariably indicate a deeply felt lack. Her aphorisms are about absences. They point to needs, desires, and memories. Even the undeniably assertive tone of "I KNOW I KNOW I KNOW" is undermined by the line that strikes through the middle phrase. Furthermore, many of her neon signs are written in pink and / or inscribed in heart-shaped frames, both assigned by popular culture to the feminine realm. Hence their use leaves little doubt about the gender of the enunciation. Emin's use of embroidery, a typically feminine occupation, plays a similar role. Finally, the artist is well known for her spelling mistakes, which she generously incorporates into her artwork. These are inadvertent reminders that the symbolic realm can never adequately represent feminine subjectivity and that woman's representation is always already incomplete. In Emin's work femininity is clearly associated with loss.

If words are inseparable components of Emin's work, Berksoy's world consists of music—for her, a metaphor for life—and colors. Reportedly, every day she would sit at her piano and say, "I still have a voice, so I am still alive," and once said, "I sounded C; I conquered death."[12] Wondering and wandering at the threshold of life and death, language, and music, Berksoy mobilized the power of song both literally as a singer and metaphorically as a way of life.

It is interesting that the contemporary philosophers Gilles Deleuze and Felix Guattari privilege music as the ultimate force of deterritorialization—a term they associate with undoing established structures and decoding systems that organize our bodies, identities, and words. Opposing music to words, they say that "music is a deterritorialization of the voice, which becomes less and less tied to language, just as painting is a deterritorialization of the face."[13] Following their line, Elizabeth Grosz has stated that music is giving sound to what has not been heard before."[14] These philosophers argue that music generates new sites of becoming and leads to the opening up and exploration of the cosmic plenitude, which cannot be limited to known systems, structures, and concepts. My own reading of most of Berksoy's work is as a musical celebration of alternative worlds, the starting point of which is her own body and life.

Berksoy's many self-portraits are generally inscribed by a dark horizontal line that cuts across the canvas. She calls this "the line of fate," which represents for her the boundary bet ween life and death.[15] In *The Inevitable Line of Fate* (1972), for example, the head and the body are separated by a thick black line, below which a disembodied hand, also outlined in black, reaches upward. The tip of the third finger touches the line strategically where it meets the throat. These two elements, the line and the hand, are perceived at an autonomous plane layered over the female figure. It is as if they are imposed from elsewhere and not inherent to the integrity of the body. The backgrounds for the head and the body are rendered in blue and brown, respectively—while the head hovers in the sky, the naked body is buried in the earth. The facial expression appears perplexed and the body posture is stiff. Here the life/death, head/body equation can be effortlessly extended to such other binary divides as symbolic/real and language/unrepresentable. The figure of woman's body as the unrepresentable/death gestures towards psychoanalytical theory's association of the feminine with death."[16]

On one level, *The Inevitable Line of Fate* is similar to Emin's *I've Got It All*, as it lends itself to be read as a critique of the place of women in the symbolic realm. However, it only acts as a foil to most of Berksoy's work, which needs to be read against other auto-portraits that undermine the inevitability in question and point to alternative modes of existence.[17] In fact, Berksoy plays with "the line of fate," multiplying and/or segmenting it and having it cross the canvas at different levels in a large number of her self-portraits. For example, in an untitled self-portrait, the line of fate hovers above the head (1972). Although its trace is still evident in the light and dark colors that again form alternative backgrounds to the head and the body, the general tone of this painting is very different. Here a lively body, almost perceived as dancing, is partially veiled by a semi-transparent, colorful outfit. The breasts and the genitals are joyfully exaggerated, and the face bears a subtle smile. It is tempting to read this painting as a celebration of relief from the burden of the line of fate as a deadly blow to feminine subjectivity.

Unlike Emin's work, which is about the limits of feminine agency in the symbolic realm where femininity can only be represented as lack, Berksoy's is a manifestation of the plenitude that is repressed by the symbolic. As the untitled self-portrait shows, once the line of fate is lifted off of woman's neckline, her subjectivity comes alive in all its fullness. For Berksoy, femininity predominantly points to an irreducible and inexhaustible element that exceeds the symbolic realm. Such difference between the two artists' work is most evident in their bedroom displays, in the way that each has been turned into a gallery/museum piece. Emin's bed and the objects that surround it were not the result of a self-conscious act of design but rather the by-products of an excessive lifestyle burdened with depression, alcohol, and relationship problems. Once taken out of the gallery context, Emin's is simply a dirty, untidy bed. In the gallery setting, the wasteful excess of everyday life is turned into public spectacle. Berksoy's display is quite the opposite. With her flamboyant personality and lively social presence, Berksoy can be said to have lived her entire life as a self-conscious act of performance. Her peculiar make-up, costumes, and hats were not specifically choreographed for spectacular shows, but were inseparable elements of her everyday life. The border between the privacy of everyday life and public spectacle was always fluid for Berksoy. As she diligently assembled the bedroom in her Istanbul apartment in 1994, where she spent most of her time and entertained her guests, she did not foresee its display as a museum piece. However, three years later, she asked the renowned Turkish filmmaker Kutluğ Ataman to film her space,[18] and in 1999, when the curators of the Millennium 2000 project saw her room during a casual visit, they immediately asked for its installation at Bonn.[19] Unlike Emin, who turned the privacy of her daily life into public spectacle, Berksoy challenged the boundary between the public and the private by designing all aspects of her life as a spectacle.

The historical trajectory of the two displays followed similar lines of difference, which call for further theorization. Emin's bedspace, which generously displays dirt, stain, and bodily discharge like menstrual blood, is a literal manifestation of excess as waste. The scene is so provocative that Christine de Ville, a British housewife, brought cleaning utensils when she visited the exhibition. She explained:

I thought I would clean up this woman's life a bit. After I heard about it, I drove straight to London with a 500ml. bottle of Vanish. I had a go, but unfortunately I could not get to wash the sheets, just a pre-wash. In her video, she was bleating on about a lack of a love life. She will never get a boyfriend unless she tidies herself up.[20]

Disgust is one of the most obvious feelings evoked at the sight of dirty stockings and underwear, stained sheets, and cigarette butts. These are objects of excess, which the clean body needs to get rid of in order to maintain a sense of "I." De Ville's call for a cleaning act is an embarrassingly obvious manifestation of society's intolerance for dirt and disorder as threats to the imagined integrity of the self.

The symbolic continuously strives to pacify, balance, or circumvent the efforts to fill the hole that emerges by the expulsion of any undesirable element. The excluded element is terrifying because it reveals the truth and the fragility of the system that inevitably relies on it. Another term for excess-as waste, used by psychoanalytical theorist Julia Kristeva, is abject, which she defines as having "only one quality of the object—that of being opposed to I."[21] What actually causes abjection is not lack of cleanliness or health but what threatens identity, system, and order. Kristeva writes:

If it be true that the abject simultaneously beseeches and pulverizes the subject, one can understand that it is experienced at the peak of its strength when that subject weary of fruitless attempts to identify with something on the outside, finds the impossible within; when it finds that the impossible constitutes its very being, that it is none other than abject.[22]

This captures precisely what causes the viewers' sense of unease at the sight of Emin's installation. Hers is an intervention that outrages the audience by pointing to aspects of subjectivity that need to be suppressed to maintain a sense of "I." In short, de Ville's gesture bears testimony to the fantasy that a pure subject can emerge when bodily excess and (feminine) sexuality are made to vanish by a willful act of social control. Ironically, Emin's project to create a master bedroom out of the messy world of lived reality can never succeed. Taking de Ville's own words as a metaphor, the cleaning act is bound to remain a "pre-wash," never to be completed.

Berksoy, on the other hand, speaks from the plenitude of a world that cannot be limited to the codes of the symbolic. Her bedroom is much more than a utilitarian space defined by solid walls and functional furniture. Seemingly unrelated and haphazardly placed objects undermine the solidity of every surface. Paintings, masks, flamboyant hats, patterned spreads, antique dolls, and old photographs provide the room with texture, color, and a sense of time. The fifty-year-old, handcrafted console piano and the century-old Singer sewing machine are reminders of sound, rhythm, and creative human production. These are not objects commonly found in contemporary bedrooms. Unconventional, colorful, and beyond categorization, this space stirs the imagination by evoking a childlike sense of curiosity and discovery. Rather than revealing a lack in the symbolic order, the constituents of this space exceed what would be those boundaries. The participant/viewer is invited and inspired to form unprecedented relationships between the various components of this seeming disorder.

Deleuze and Guattari might say that, riding on a line of flight from given structures and systems of order, Berksoy deterritorializes and ridicules the power of normative unitary structures. In their work, the term "line of flight" parallels the concept of deterritorialization which signifies escape from the forces of repression and stratification. To explain these forces, they say:

You will organize, you will be an organism, you will articulate your body—otherwise you're just depraved. You will be a signifier and signified, interpreter and interpreted—otherwise you're just a deviant. You will be a subject, nailed down as one, a subject of enunciation recoiled into a subject of the statement—otherwise you're just a tramp.[23]

To counter such labels of "depraved," "deviant," and "tramp"; to increase the expanse of thought and to free the imagination, Deleuze and Guattari advise conjugating with deterritorialized flows and relaying lines of flight. Berksoy's life and work follow this advice in a most liberating way. If Emin rebels against the status-quo by undermining the normative constructs of social propriety (i.e., transplanting the plane of excess-as-waste to the plane of art) Berksoy rejoices in the colorful world of proliferation by exceeding the norms of the symbolic. In other words, Emin's references come from within the symbolic as she tries to carve a place for her subjectivity based on lack. Her work, albeit critically, addresses the masculine gaze. Berksoy, on the other hand does not have a gendered addressee. In her work, sexuality does not manifest itself in the dual terms of masculine vs. feminine but as a desire for multiplicity. By first tearing apart elements of order and hierarchy and then re-combining them in unusual ways, she invites her audience into a wonder-world of joyful celebration. Her life's work is not about the dark alleys of (self-)consumption but about the adventurous path of production and the courageous discovery of difference.

Indeed, a comparison of Emin's and Berksoy's work cannot be reduced to a binary opposition of waste vs. difference, or consumption vs. production. Deleuze and Guattari remind us that forces of deterritorialization and lines of flight readily exist even in the most "arborescent" structures. They insist that all models are perpetually under construction, equally open to restrictive and liberating forces.[24] Neither art nor its related institutions are exceptions. For example, one can argue that the publication of a conventional book on Berksoy's work reterritorializes her unusual presence in the artworld. Possibilities of deterritorialization, on the other hand, are most strikingly exemplified during the exhibition of Emin's bed in the Tate Gallery, where, in October 1999, two Chinese men stripped off their shirts and had a pillow fight, jumping on the bed. "The bed was there. It was like an invitation," explained one of them, "We thought we'd make a new work, like theater."[25] By means of these men's act, the bed as the signifier of depressive self-consumption was transformed into a joyful playground. Both the artwork and the museum space were momentarily deterritorialized. Needless to say, their act was immediately followed by a severe intervention of reterritorialization, as both men were arrested by the police, and the exhibition was closed for the day. Emin herself saw the act as a criminal offense, as terrorism. Yet the two men's gesture is a powerful reminder of the inherent instability of any territory—even when it is set up as an act of protest, like Emin's bedspace.

Lines of flight know no limitation. In 2006, the Walker Art Gallery in Liverpool opened an exhibition where child artists John Cake and Darren Neave created a mini-gallery complete with modern artworks, made entirely of Legos.[26] The exhibition contained replicas of Emin's bed among works by Joseph Beuys, Anselm Kiefer, and other contemporary artists. The bed had two figures jumping on it and Emin on the side with an angry face. This time, as the letters J and D on the figures indicate, the young artists depicted themselves as the two jumpers. Hence, as the actual crime is transformed into play, it is rendered totally void. The relatively long history of the bed, which began as a public display of a private everyday life, is mobilized towards becoming a site of mimicry and play, to the point where it is no longer recognizable as wasteful excess. Emin's original display of her bedspace manifests rebellion against the status quo. It spectacularizes the death of the feminine subject in the symbolic realm, but hardly points to a way out from the given structures. At that level, the acts of the Chinese men and the child artists, which can be interpreted as challenges to death, embody the production and celebration of alternative worlds. Berksoy's entire oeuvre follows similar lines. Unlike Emin, who offers a powerful critique of given structures, Berksoy engages in an ongoing performance of deterritorializing the deadly forces of structures themselves in order to point to unforeseen possibilities towards radical difference.

These bedroom works of Emin and Berksoy contain significant implications for feminist theory and action in art and cultural politics. By mobilizing excess as a strategy, and by underscoring the tenuousness of the boundary between the private and the public, both artists make powerful statements about the agency of the body in the cultural realm. Their differences, on the other hand, reveal the limitations of an oppositional conception of femininity in terms of the symbolic divides between man/woman, presence/lack, subject/object, and mind/body. Once the notion of femininity is detached from its masculine other, feminist strategies may be mobilized not merely to critique, but also to take a line of flight from the very structures of domination and control. Ultimately, this is a call for an affirmative, mobile, and joyfully liberating understanding of subjectivity, celebrating both multiplicity and radical difference.

From: *Woman's Art Journal* 33:2 (Fall/Winter 2012), pp. 28–34

1   After their first displays in Tokyo and Bonn, respectively, both exhibits travelled internationally and attracted large numbers of audiences, Emin's bed was placed in the Tate Gallery a year later, as a candidate for the Turner prize. Later it was bought by Charles Saatchi for £150,000 and displayed as part of the first exhibition at the Saatchi Gallery's new premises at County Hall, London. Berksoy's room was included in the Istanbul Art and Sculpture Museum's permanent collection in 2003. In 2010, it was exhibited in the Kazim Taşkent art gallery in Istanbul as part of a larger exhibition to celebrate Berksoy's 100th birthday, which was entitled, *I Lived on Art, I Lived on Love.*

2   Emin's autobiography provides a detailed account of her life, family, education and relationships. See: Tracey Emin, *Strangeland,* London: Hodder and Stoughton, 2005.

3   Emin graduated from the Maidstone College of Art in 1986, and received an MA in painting at the Royal College of Art in 1989. In 2007 she was awarded an Honorary Doctorate from the Royal College of Art, London. Her works have been exhibited internationally, including Amsterdam, Munich, New South Wales, Istanbul and Venice. For a condensed biography see her faculty page at The European Graduate School website: https://egs.edu/biography/tracey-emin/, last accessed on October 29, 2024.

4   The Turkish Republic was founded in 1923, taking the Western European nations as a model, with the aim of implementing modernism in every aspect of cultural and political life. For an extensive account of the reforms concerning women's status see Arat, "The project of modernity and women in Turkey" in: Sibel Bozdoğan & Reçat Kasaba, *Rethinking Modernity and National Identity in Turkey,* Seattle: University of Washington Press, 1997, pp. 95–112.

5   For a chronological account of Berksoy's life see "Notes from My Life" in: Mine Haydaroğlu (ed.), *Semiha Berksoy: I Lived on Art, I Lived on Love,* exh. cat. Yapı Kredi Kazım Taşkent Gallery, Istanbul (self-publishing, 2010), pp. 243–54.

6   Elizabeth Grosz, *Architecture from the Outside: Essays on Virtual and Real Space, Cambridge,* MA: MIT Press, 2001, p. 151.

7   Ibid., p. 152.

8   Referring to psychoanalytic feminism, Rosi Bradiotti states that the feminine "bears a privileged relation to lack, excess and displacement. By being posited as eccentric vis-à-vis the dominant mode, or as constantly off-center, the feminine marks the threshold between the human and its 'outside.'" See: "Teratologies" in: Ian Buchanan & Claire Colebrook (eds.), *Deleuze and Feminist Theory,* Edinburgh: Edinburgh University Press, 2000, p. 166.

9   Various aspects of the difficult relationship between feminist and Deleuzian thinking are explored in the excellent essays in Buchanan & Colebrook, *Deleuze and Feminist Theory.*

10 Here, I refer to Lacanian psychoanalysis, which differentiates between the real, imaginary and symbolic realms. While the first is associated with the pre-language realm of the maternal plenitude, the second refers to the mirror phrase where the "I" differentiates itself, and the third is the realm of language, society and law. For an excellent feminist interpretation of these terms, see Margaret Whitford & Luce Irigaray, *Philosophy in the Feminine,* London: Routledge, 1991. Psychoanalytical theory also states that the symbolic realm both produces and depends on its very exclusions to perpetuate itself. In other words, lack is the precondition of any identity category. Feminist theorist Ellie Ragland-Sullivan explains that there is always a limit to signification, which is caused by the element of desire that is related to "the Real which blocks the smooth flow of communication." See: Ellie Ragland-Sullivan, "The Symbolic" in: Elizabeth Wright (ed.), *Feminism and Psychoanalysis,* Oxford: Blackwell, 1992, p. 422.

11 Barry Didcock, "THE E SPOT, Barry Didcock talks to Tracey Emin about sex, art, old age and her latest work… a DVD" in: *Sunday Herald* (Edinburgh), April 30, 2006.

12 Melih Güneş, "a la Semiha" in: Haydaroğlu (ed.), *Semiha Berksoy,* p. 48.

13 Gilles Deleuze & Felix Guattari, *A Thousand Plateaus,* Minneapolis: University of Minnesota Press, 1987, p. 302. Deleuze and Guattari do not limit music to the realm of human beings. They link its deterritorializing power to nature, animals, and ultimately to the cosmos. Face, for them, is associated with naming, defining and fixing.

14 Elizabeth Grosz, *Chaos, Territory, Art: Deleuze and the Framing of the Earth,* New York: Columbia University Press, 2008, p. 57.

15 Güneş, "a la Semiha", p. 45.

16 This is a recurrent theme of Freudian and Lacanian versions of psychoanalysis, feminist critiques of which are offered in the work of a range of theorists including Luce Irigaray, Judith Butler, Kaja Silverman, Julia Kristeva, Theresa de Lauretis and others. Their main argument is to secure an autonomous sphere for female subjectivity that is not based on the lack of the phallus. In a similar vein, Berksoy's gesture reminds us that while the life of one side of binary constructs depends on the death of the other, one can also not exist without the other. In other words, what is relegated to the sphere of the other is always already part of the self.

17 I use the term foil in its literary meaning as "a character who serves as a contrast to another perhaps more primary character, so as to point out specific traits of the primary character." https://icseenglishliterature.wordpress.com/literary-devices/, last accessed on October 29, 2024.

18 The film was featured at the 5th Istanbul Biennale in 1997.

19 For a detailed account of the installation see Zeliha Berksoy, "Semiha Berksoy: The Whole World is in my Room" in: Haydaroğlu (ed.), *Semiha Berksoy,* pp. 34–35.

20 http://news.bbc.co.Uk/2/hi/uk_news/wales/485270.stm, last accessed on October 26, 2024.

21 Julia Kristeva, *Powers of Horror,* New York: Columbia University Press, 1982, p. 1.

22 Ibid., p. 5.

23 Deleuze & Guattari, *A Thousand Plateaus,* p. 159.

24 This is an ongoing theme of *A Thousand Plateaus*, where the authors present the seemingly dualistic nature of such models as rhizome vs. tree, nomadology vs. war machine, smooth vs. striated.

25 http://www.artcrimes.net/my-bed, last accessed on October 29, 2024.

26 http://www.show.me.uk/site/news/STO882.html, last accessed on October 29, 2024.

Semiha Berksoy:
Wall of Hallucination

HG Masters, 2016

Semiha Berksoy is known as Turkey's first opera singer, but she was an artist, and a diva, of a much higher order. Born in 1910, she studied sculpture and ceramics, scored a starring role in Turkey's first sound film in 1931 and performed in the country's first opera in 1934. After studying opera in Berlin, she became the first Turkish citizen to sing on the European stage.

She also painted her entire life, visualizing the rich, inner mythology that drove her storied career. Now, more than a decade after her death in 2004, Istanbul's Galerist is representing her estate to help raise funds for a planned museum of her work. As an introduction, Galerist presented "Wall of Hallucination," which spanned Berksoy's life, mixing personal photographs, objects, letters, drawings and footage of the artist with paintings on the walls.

Berksoy painted on vertical masonite panels or wide fabric sheets, in an emotionally urgent, self-taught style, using rich, eccentric colors that had specific emotional meanings to the figures represented. She primarily depicted herself, with her signature, rouge-highlighted cheeks, as well as her mother (the painter Fatma Saime, who died when Berksoy was eight), her artistic influences and family members. Never intending for her creations to be sold, she kept the paintings around her or gifted them to friends, believing that the works embodied the spirits of those she loved and was inspired by—as in *Mom and I* (1974), in which her late mother cradles her deceased baby sister, with a long arm wrapped around a young Semiha standing nearby.

Another crucial person for the artist was the avant-garde poet Nâzım Hikmet (1902–1963), who was persecuted by the Turkish state in the 1940s for his communist beliefs, and earlier had been an object of the young Berksoy's affection. Though her feelings were unrequited, Hikmet's rejection inspired Berksoy to focus her life on art, and they remained admiring friends. Berksoy's 1978 painting of Hikmet portrays him with towering yellow curls and exaggeratedly square facial features, rendered in blue on white skin. At Galerist, Hikmet's visage faced a large, unstretched linen work, *Lovers Meet in a Dream* (2001), showing two silhouettes united on a hilltop, based on a vision Berksoy had the night before she was to perform in a play staged on the 100th anniversary of Hikmet's birth.

Later rooms at Galerist recounted Berksoy's attempts to overcome her own struggles. A pair of black paintings with her white-painted face emerging from the darkness—*Laughing Self- Portrait* and *Seeing Self-Portrait* (both 1969)—were created when she herself was under government scrutiny for her friendship with "marginal characters."

Phoenix (1997) shows Berksoy in costume with an enormous feathered hat, aside an image of herself on the heart surgeon's table at age 90, with scrawled writings about her grandfather's membership in the Sufi Bektaşi order and her own stage debut in front of modern Turkey's founder, Mustafa Kemal Atatürk. Guided by her own mysticism, Berksoy said, "In my works one can live the victory of eternal love over evil, ignorance and death, as love rules the universe by channeling an optimistic and empirical spirit."

Admired by director Robert Wilson and curator Harald Szeemann, among others, Berksoy is not unknown as an artist, having exhibited at galleries in Ankara, Istanbul, Berlin and Paris in her lifetime, as well as at Manifesta 2 (1998) and the 2005 Venice Biennale. İstanbul Modern owns a suite of her paintings depicting characters from her favorite operas, and her installation of paintings from her bedroom is held by Turkey's state art museum in Ankara.

Yet the artworks of Berksoy—an autodidact, self-mythologizer and mystic—deserve a more permanent showcase. They still feel original today and are unique in Turkey's 20th-century art tradition of largely male-dominated, doctrinaire and cliquish schools of abstract painting. While the postwar authoritarian state and toxic intellectual climate compelled Turkey's most original artists to emigrate to Europe or retreat into domestic seclusion, Berksoy lived, suffered and triumphed all in the open. This public defiance is part of why she is so beloved. Her works contain the same energy, spirit and love that gave her the necessary courage to be Semiha Berksoy.

From: *Art Asia Pacific*, August 9, 2016

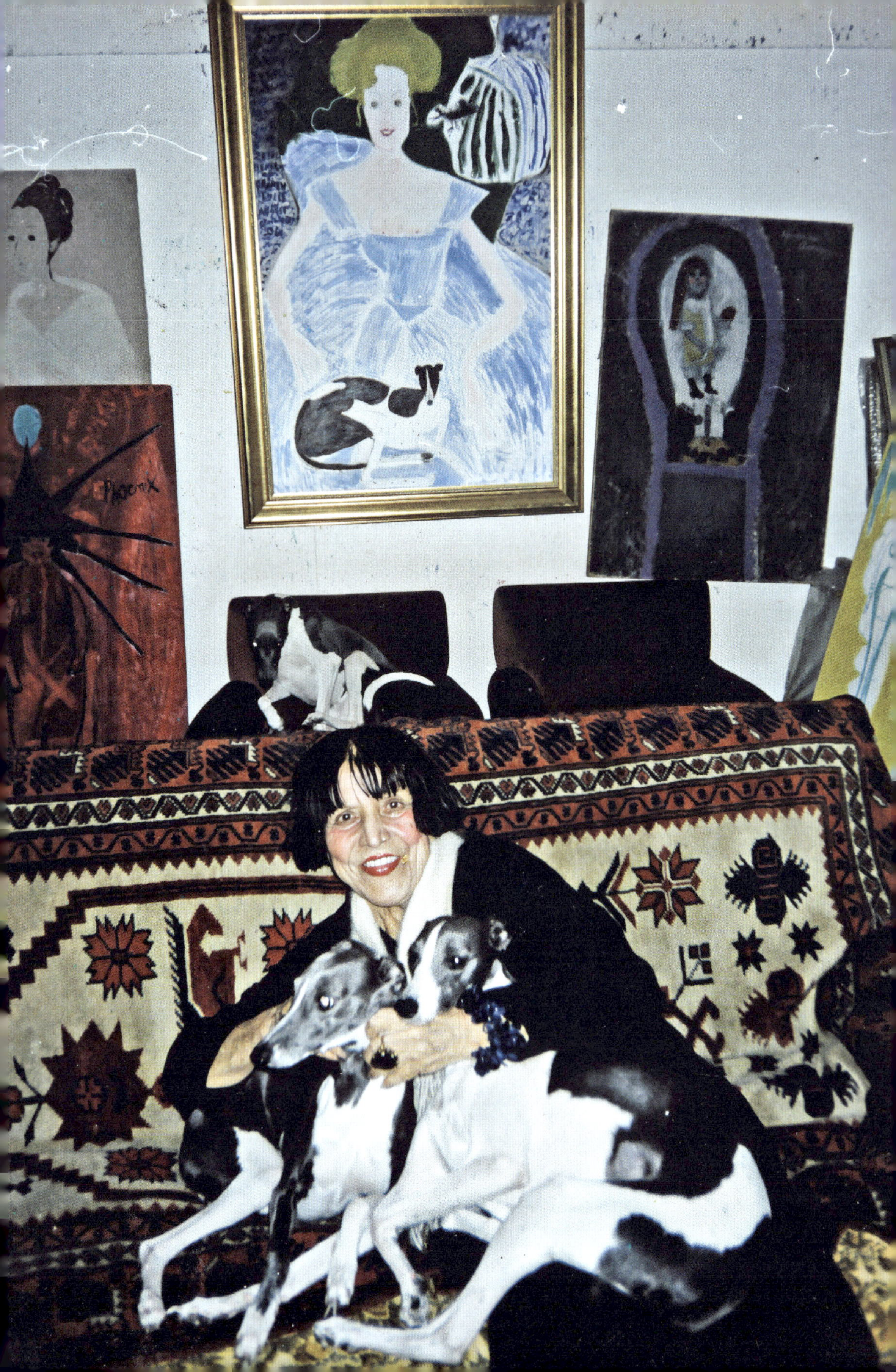

Biografie
Biography

Zusammengestellt von / Compiled by
Emily Finkelstein

Anmerkung der Autorin:

Semiha Berksoy war eine Künstlerin in jeglicher Hinsicht. Von ihren frühen Jahren im Istanbuler Stadtteil Çengelköy bis zu ihrem späteren Leben auf der Weltbühne machte sie mit ihrer beeindruckenden Singstimme, ihrem Talent als Zeichnerin und Malerin sowie ihrem Können als Schauspielerin und Geschichtenerzählerin auf sich aufmerksam. Ihr Leben – so facettenreich und lebhaft wie die Opernheldinnen, die sie auf der Bühne verkörperte – war selbst ein Kunstwerk: ein komplexes Geflecht aus Drama, Farbe und Emotionen. Ob durch ihre eigenen Worte und Gesten vermittelt, wie in Kutluğ Atamans bahnbrechendem Film *semiha b. unplugged* (1997), oder durch Archivmaterial und Familieninterviews rekonstruiert, wie in Dikmen Güröns akribisch recherchierter Biografie *Ateş Kuşu* [Firebird] (2009) – Berksoys Lebensgeschichte verwischte oft die Grenzen zwischen Schauspielerin und Figur, Malerin und Motiv, Realität und Fiktion.

Diese Chronik von Semiha Berksoys künstlerischer Reise bietet die gröbsten Konturen eines Lebens, das im größten Maßstab gelebt wurde. Aber selbst die Skizzierung dieser blanken Fakten verweist auf ein Leben in Farbe.

Author's note:

Semiha Berksoy was an artist in the fullest, most expansive sense of the word. From her early years spent in the Çengelköy neighborhood of Istanbul until her later life on the global stage, she drew attention for her commanding singing voice, talent as a drawer and painter, and prowess as an actress and storyteller. Her life, as richly textured and vivid as the operatic heroines she embodied on stage, was itself a work of art—an intricate tapestry of drama, color, and emotion. Whether conveyed through her own words and gestures, as in Kutluğ Ataman's seminal film *semiha b. unplugged* (1997), or reconstructed through archival materials and family interviews, as in Dikmen Gürün's meticulously researched biography *Ateş Kuşu* [Firebird] (2009), Berksoy's life story often blurred the lines between actress and character, painter and subject, reality and fiction.

This chronicle of Semiha Berksoy's artistic journey offers the barest contours of a life lived on the grandest scale. But these facts alone trace an outline—they begin to hint at the life lived in technicolor.

Semiha Berksoy

Geboren / Born in Istanbul, TR, 1910
Gestorben / Died in Istanbul, TR, 2004

Ausbildung / Education

1936–1939
Gesang und Oper / Singing and opera, Hochschule
für Musik, Berlin, DE

1929
Malerei / Painting, İstanbul Devlet Güzel Sanatlar
Akademisi (heute / today Mimar Sinan Üniversitesi),
Istanbul, TR

1928
Gesang / Singing, İstanbul Üniversitesi Devlet
Konservatuvarı, Istanbul, TR

Auszeichnungen / Awards

1998
Devlet Sanatçısı (Staatskünstlerin / State Artist),
Ehrentitel verliehen durch die türkische Regierung /
honorary title awarded by the Turkish government

1984
Atatürk Opernpreis / Opera Award, verliehen von der
Großen Nationalversammlung der Türkei als erste
Opernsängerin im öffentlichen Sektor / awarded
by the Grand National Assembly of Türkiye as the First
Female Opera Singer in the public sector

Ausgewählte Einzelausstellungen / Selected Solo Exhibitions

2024
Semiha Berksoy. Hamburger Bahnhof – Nationalgalerie
der Gegenwart, Berlin, DE; Katalog / catalog

2019
Portraits. Galerist, Istanbul, TR

2017
Semiha Berksoy, with Love. O'Art, Istanbul, TR

2014
Wall of Hallucination. Galerist, Istanbul, TR

2010
I Lived on Art, I Lived on Love. Yapı Kredi Kazım Taşkent
Gallery, Istanbul, TR; Katalog / catalog

2003
Semiha Berksoy – Retrospective. İş Sanat Kibele
Sanat Gallery, Istanbul, TR
Viyana. Tanzquartier, Wien / Vienna, AT

1992
Semiha Berksoy. Cemal Reşit Rey Konser Salonu,
Istanbul, TR

1982
Semiha Berksoy. Atatürk Kültür Merkezi, Istanbul, TR

1974
Semiha Berksoy. Resim ve Heykel Müzesi, Ankara, TR

1972
Semiha Berksoy. Türkische Botschaft / Turkish Embassy,
Paris, FR

1969
Semiha Berksoy. Haus am Lützowplatz, Berlin, DE

Ausgewählte Gruppenausstellungen /
Selected Group Exhibitions

2024
Foreigners Everywhere. La Biennale di Venezia,
Venedig / Venice, IT; Katalog / catalog

2023
In the Heart of Another Country: The Diasporic
Imagination Rises. Sharjah Art Foundation, Sharjah, AE
(weitere Station / traveled to: Deichtorhallen Hamburg,
Hamburg, DE)
Floating Islands. İstanbul Modern, İstanbul, TR;
Katalog / catalog

2022
Manifesto of Fragility. Biennale de Lyon, Lyon, FR;
Katalog / catalog

2021
I – You – They: A Century of Artist Women. Meşher,
Istanbul, TR; Katalog / catalog
Haunted by Faces, Portraits from Evliyagil Museum
Collection. Müze Evliyagil, Ankara, TR
Unsettled Objects. Sharjah Art Foundation, Sharjah, AE
Show Me Color. Kasa Gallery, Istanbul, TR
Carnivalesca. Kunstverein Hamburg, Hamburg, DE

2020
Artists Search for a Precedent. Akbank Art Centre,
Istanbul, TR
Crystal Chateau. Müze Evliyagil, Ankara, TR

2019
Cybele's Memory. İş Sanat Kibele Art Gallery,
Istanbul, TR; Katalog / catalog
La Lune du Voyage Réel aux Voyages Imaginaires.
Grand Palais, Paris, FR; Katalog / catalog
Leaving the Echo Chamber. Sharjah Biennial, Sharjah,
AE; Handbuch / guidebook
Fugue. Müze Evliyagil, Ankara, TR

2017
Pulsanti Aperiteur: A Selection from Ömer Koç Collection.
Abdülmecid Efendi Mansion, Istanbul, TR

2015
Artists in Their Time. İstanbul Modern, Istanbul, TR;
Katalog / catalog

2014
Plurivocality. İstanbul Modern, Istanbul, TR;
Katalog / catalog

2013
Past and Future. İstanbul Modern, Istanbul, TR;
Katalog / catalog

2012
Shangai Biennale, Shangai, CN; Katalog / catalog
Dream and Reality. İstanbul Modern, Istanbul, TR

2009
Istanbul Next Wave. Martin Gropius Bau, Berlin, DE;
Katalog / catalog

2007
Gender Battle. Contemporary Art Center of Galicia,
Santiago de Compostela, ES

2006
Venice – İstanbul. İstanbul Modern, Istanbul, TR

2005
Always a Little Further. La Biennale di Venezia,
Venedig / Venice, IT; Katalog / catalog

2003
Blut und Honig. Sammlung Essl, Wien / Vienna, AT;
Katalog / catalog

2000
Zeitwenden – Rückblick und Ausblick. Kunstmuseum
Bonn & Kunst- und Ausstellungshalle der Bundesrepublik
Deutschland, Bonn, DE (weitere Station / traveled to:
Künstlerhaus, Wien / Vienna, AT); Katalog / catalog

1998
Manifesta II. European Biennial of Contemporary Art,
Luxemburg / Luxembourg, LU; Katalog / catalog

1997
İstanbul Biennial, Istanbul, TR
İskorpit: aktuelle Kunst aus Istanbul. Haus der Kulturen
der Welt, Berlin, DE; Ausstellungsbroschüre /
exhibition brochure

1995
Die Kunst. Hann. Münden, DE & New York City, NY, US

1961
Ankara Language History Geography.
Resim ve Heykel Müzesi, Ankara, TR

Ausgewählte Opernrollen /
Selected Operatic Roles

1961
Die Knusperhexe / The Gingerbread Witch in:
Hänsel und Gretel, Engelbert Humperdinck.
Opera Sahnesi, Ankara, TR

1954
Anne in: Hänsel und Gretel, Engelbert Humperdinck.
Opera Sahnesi, Ankara, TR

1952
Leonore in: Fidelio, Ludwig van Beethoven. Opera
Sahnesi, Ankara, TR

1951
Marta in: Tiefland, Eugen d'Albert. Opera Sahnesi,
Ankara, TR

1950
Samtuzza in: Cavalleria rusticana, Pietro Mascagni.
Opera Sahnesi, Ankara, TR

1941
Tosca in: Tosca, Giacomo Puccini. Hacettepe Üniversitesi
Ankara Devlet Konservatuvarı, Ankara, TR
Butterfly in: Madama Butterfly, Giacomo Puccini.
Hacettepe Üniversitesi Ankara Devlet Konservatuvarı,
Ankara, TR

1939
Ariadne (Singstimme / *singing voice*) in: Ariadne auf
Naxos, Richard Strauss. Hochschule für Musik, Berlin, DE

1934
Ayşim in: Özsoy, Ahmet Adnan Saygun. Ankara Halkevi,
Ankara, TR

Filmografie / Filmography

1997
kutluğ ataman's semiha b. unplugged, Kutluğ Ataman

1994
Karanlik Sular, Kutluğ Ataman

1991
Ateş Üstünde Yürümek, Yavuz Özkan

1964
Das siebente Opfer, Franz Josef Gottlieb

1956
Büyük Sir, Talat Artemel

1933
Söz Bir Allah Bir, Muhsin Ertuğrul

1931
İstanbul Sokakları'nda, Muhsin Ertuğrul & Ihsan Ipekçi

Theaterstücke / Theater Plays

2001
Bu Bir Rüyadır, Nazım Hikmet. İstanbul Şehir Tiyatroları,
Istanbul, TR

1999
The Days Before: death, destruction and detroit III,
Robert Wilson. Lincoln Center, New York City, NY, US

1966
Keşanlı Ali Destanı, Haldun Taner. Gülriz Sururi-Engin
Cezzar Tiyatrosu, Istanbul, TR

1965
İstanbul Efendisi, Musahipzade Celal.
Devlet Tiyatrosu, Ankara, TR
Yatık Emine, Refik Halit Karay & Nazım Kurşunlu.
Devlet Tiyatrosu, Ankara, TR

1964
Ett drömspel, August Strindberg. Devlet Tiyatrosu,
Ankara, TR
Dumanlıda Telaki Var. Devlet Tiyatrosu, Ankara, TR

1962
Çalıkuşu, Reşat Nuri Güntekin. Devlet Tiyatrosu,
Ankara, TR

1961
Göç, Cevat Fehmi Başkut. Devlet Tiyatrosu, Ankara, TR
Macun Hokkası, Musahipzade Celal. Devlet Tiyatrosu,
Ankara, TR
Lütfen Dokunmayın, Haldun Taner. Devlet Tiyatrosu,
Ankara, TR

1960
Kanaviçe, Turgut Özakman. Devlet Tiyatrosu, Ankara, TR
Büyük Jüstinyen, Refik Erduran. Devlet Tiyatrosu,
Ankara, TR

1959
Karayar Köprüsü, Refik Erduran. Devlet Tiyatrosu,
Ankara, TR
Felsefe Doktoru, Branislav Nušić. Devlet Tiyatrosu,
Ankara, TR

1958
Tablodaki Adam, Cevat Fehmi Başkut. Devlet Tiyatrosu,
Ankara, TR
The Crucible, Arthur Miller. Devlet Tiyatrosu, Ankara, TR

1957
Dışardakiler, Haldun Taner. Devlet Tiyatrosu, Ankara, TR

1956
Korku, Orhan Asena. Devlet Tiyatrosu, Ankara, TR
Bu Gece Başka Gece, Reşat Nuri Güntekin. Devlet
Tiyatrosu, Ankara, TR

1955
Dünkü Çocuk, Garson Kanin. Devlet Tiyatrosu, Ankara, TR

1954
Yaşlı Aile, Branislav Nušić. Devlet Tiyatrosu, Ankara, TR
Lovely Ladies, Kind Gentlemen, John Parick.
Devlet Tiyatrosu Ankara, TR

1953
Lady Frederick, W. Somerset Maugham. Devlet Tiyatrosu,
Ankara, TR

1952
Elektra, Sophocles. Devlet Tiyatrosu, Ankara, TR

1951
The Heiress, Ruth & Augustus Goetz. Devlet Tiyatrosu,
Ankara, TR
Köşebaşı, Ahmet Kutsi Tecer. Devlet Tiyatrosu, Ankara, TR

1934
Vor Sonnenaufgang, Gerhart Hauptmann. İstanbul Şehir
Tiyatroları, Istanbul, TR
Peer Gynt, Henrik Ibsen. İstanbul Şehir Tiyatroları,
Istanbul, TR
Lüküs Hayat, Cemal & Ekrem Reşit Rey. İstanbul Şehir
Tiyatroları, Istanbul, TR

1932
Kafatası, Nazım Hikmet. İstanbul Şehir Tiyatroları,
Istanbul, TR
Kabale und Liebe, Friedrich Schiller. İstanbul Şehir
Tiyatroları, Istanbul, TR
Yalova Türküsü, İsmail Galip (Arcan). İstanbul Şehir
Tiyatroları, Istanbul, TR

Ausgewählte Bücher /
Selected Books

Derya Yücel (Hg. / ed.), *Semiha Berksoy: Catalogue
Raisonné*, Berlin: Revolver Publishing, 2017.

Semiha Berksoy, *Ben Yaşardım Aşk ve Sanatla*, Istanbul:
Yapı Kredi Yayınları, 2010.

Dikmen Gürün, *Ateş Kuşu: Semiha Berksoy*, Ankara:
T.C. Kültür ve Turizm Bakanlığı, 2009.

Semiha Berksoy & Nazım Hikmet, *Nazım Hikmet ve
"Tosca" sı Semiha Berksoy*, Istanbul: Yapı Kredi
Yayınları, 2008.

Semiha Berksoy & Fikret Mualla, *İki Aykırının Mektupları:
Fikret Mualla – Semiha Berksoy*, Esenler: Boyut
Yayınları, 2006.

Özel Dizi, *Semiha Berksoy*, Istanbul: Türkiye İş
Bankası, 2003.

Sammlungen / Collections

İstanbul Modern, Istanbul, TR

Kunstmuseum Bonn, Bonn, DE

Resim ve Heykel Müzesi, Istanbul, TR

Vehbi Koç Vakfı, Istanbul TR

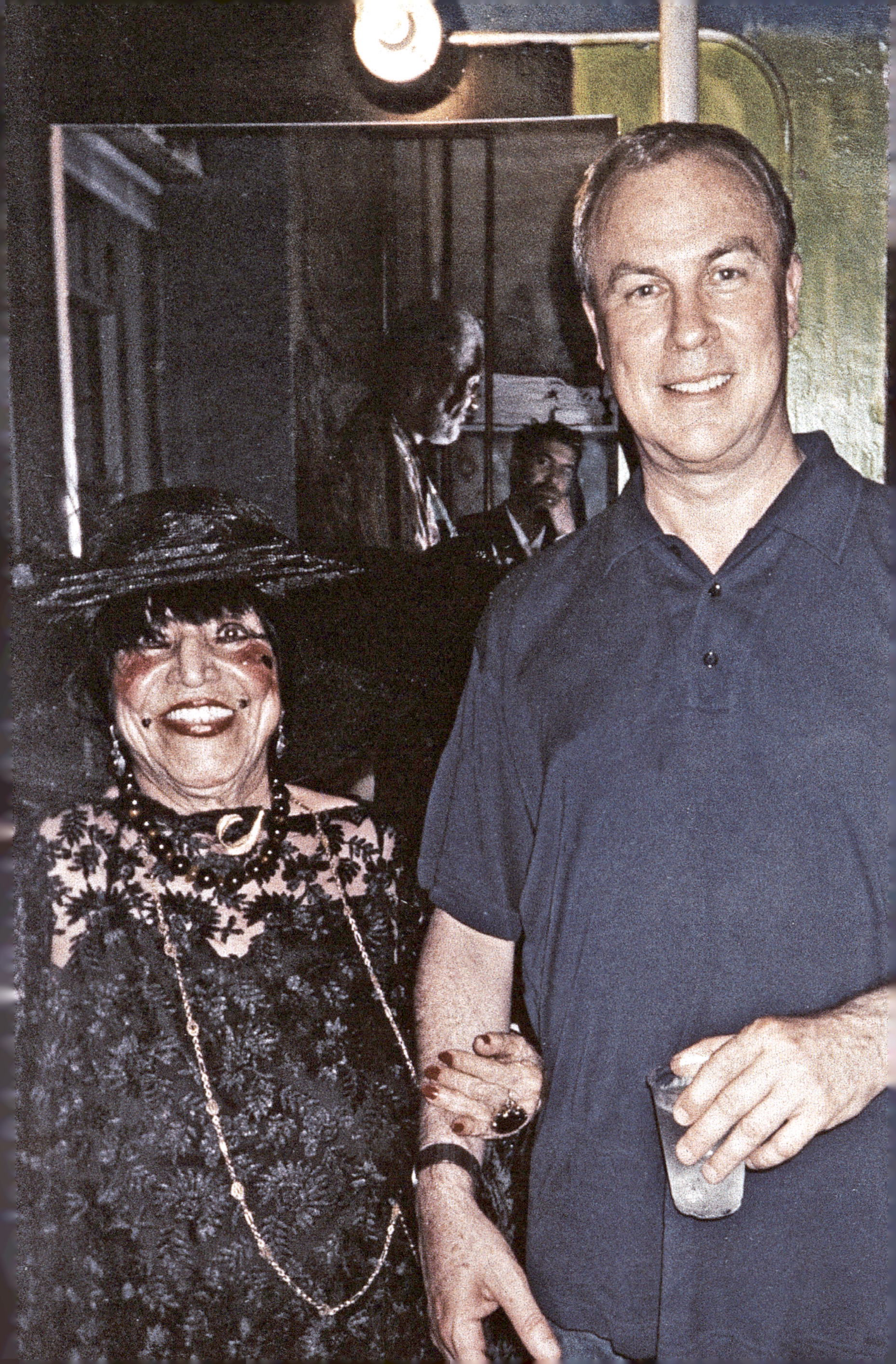

Impressum
Imprint

Diese Publikation erscheint anlässlich der Ausstellung /
Published on the occasion of the exhibition

Semiha Berksoy. Singing in Full Color
6. Dezember 2024 – 11. Mai 2025 /
December 6, 2024 – May 11, 2025
im / at
Hamburger Bahnhof – Nationalgalerie der Gegenwart,
Staatliche Museen zu Berlin

Direktoren / Directors: **Sam Bardaouil & Till Fellrath**
smb.museum/hbf

Ausstellung / Exhibition

Kuratoren / Curators: **Sam Bardaouil & Till Fellrath**
Assistenzkuratorinnen / Assistant Curators:
Emily Finkelstein & Agnes Rameder
Restauratorische Betreuung / Conservation:
**Catherina Blohm, Ina Hausmann, Eva Hummert,
Andrea Sartorius, Max Kluckner, Hannah Stumpf**
Ausstellungskoordination / Exhibition Coordination:
Elena Montini, Sophie Schattner
Kommunikation / Communication: **Fiona Geuß, Anna Nike
Sohrauer, Lorenz Dünges, Nada Hussein, Theo Lemaire**
Kunstvermittlung / Mediation: **Claudia Ehgartner,
Sonja Azizaj, Miriam Heidenreich**
Sekretariat / Office: **Katrin Berendsen**
Sammlungsverwalter / Collection Management:
Jörg Lange, Thomas Seewald
Hauselektrik / Inhouse Electrics: **Garry Rogge**
Haustechnik / Maintenance: **Dirk Wagner, Stefan Gösche,
Frank Wloka**
Praktikant*innen / Interns: **Polina Bondarenko, Marleen
Kirsch, Lilian Müller-Neuhof, Stefanie Nitz, Alfa Richter**

Ausstellungsarchitektur / Exhibition Architecture:
klaud Koepf Lechthaler Architecture & Urban Design
Ausstellungsbau / Exhibition Construction:
MWB Theater- und Veranstaltungsdesign
Art Handling / Art Handling: **Flat Mountain Production**
Medientechnik / Audiovisuell: **visionb**
Ausstellungsgrafik / Exhibition Graphics: **Eps51**
Produktion Ausstellungsgrafik / Production of
Exhibition Graphics: **Annette Herwegh**

Publikation / Catalog

Für die / For the Nationalgalerie – Staatliche Museen
zu Berlin herausgegeben von / edited by
Sam Bardaouil & Till Fellrath
Autor*innen / Authors: Şahap Balcioğlu, Sam Bardaouil,
Gülsüm Baydar, Semiha Berksoy, Perihan Çambel,
Cem Erciyes, Emily Finkelstein, Ayşe Güngör, David Hesse,
Doğan Hızlan, HG Masters, Hans Ulrich Obrist, Deniz
Pehlivaner Gündüz, Agnes Rameder, Dieter Ronte, Fritz
Stege, Vedat Nedim Tör, M. Turhan,
Redaktion / Editing: Lisa Hörstmann
Übersetzungen / Translations: Tim Beeby & Sabine
Bürger, Harriet Fricke, Zehra Kübel

Visuelles Konzept and Design / Visual Concept
and Design: Eps51
Druck und Bindung / Printing and Binding:
Tipostampa, Moncalieri
Papier / Paper: Fedrigoni Arena White Rough
Schriften / Fonts: Bagoss Variable

Silvana Editoriale

Hauptgeschäftsführung / Chief Executive: Michele Pizzi
Verlagsleitung / Editorial Director: Sergio Di Stefano
Künstlerische Leitung / Art Director: Giacomo Merli
Redaktionskoordination / Editorial Coordinator:
Natalia Grilli
Korrektorat / Copy Editor: Cristina Pradella
Produktionskoordination / Production Coordinator:
Antonio Micelli
Redaktionsassistenz / Editorial Assistant: Giulia Mercanti
Bildredaktion / Photo Editor: Silvia Sala
Pressestelle / Press Office: Lidia Masolini

Erschienen bei / Published by Silvana Editoriale S.p.A.,
Cinisello Balsamo
www.silvanaeditoriale.it

Printed in the EU
ISBN: 9788836660360

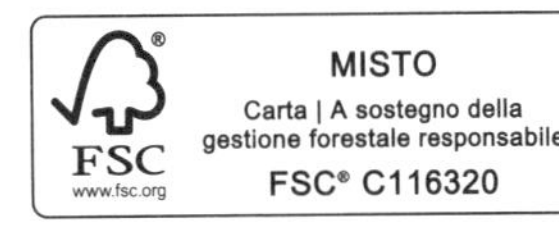

Abbildungsnachweis
Photo Credits

Dank
Acknowledgements

Die Ausstellung und die Publikation werden ermöglicht durch den Hamburger Bahnhof International Companions e.V. /
The exhibition and the publication were made possible by Hamburger Bahnhof International Companions e.V.

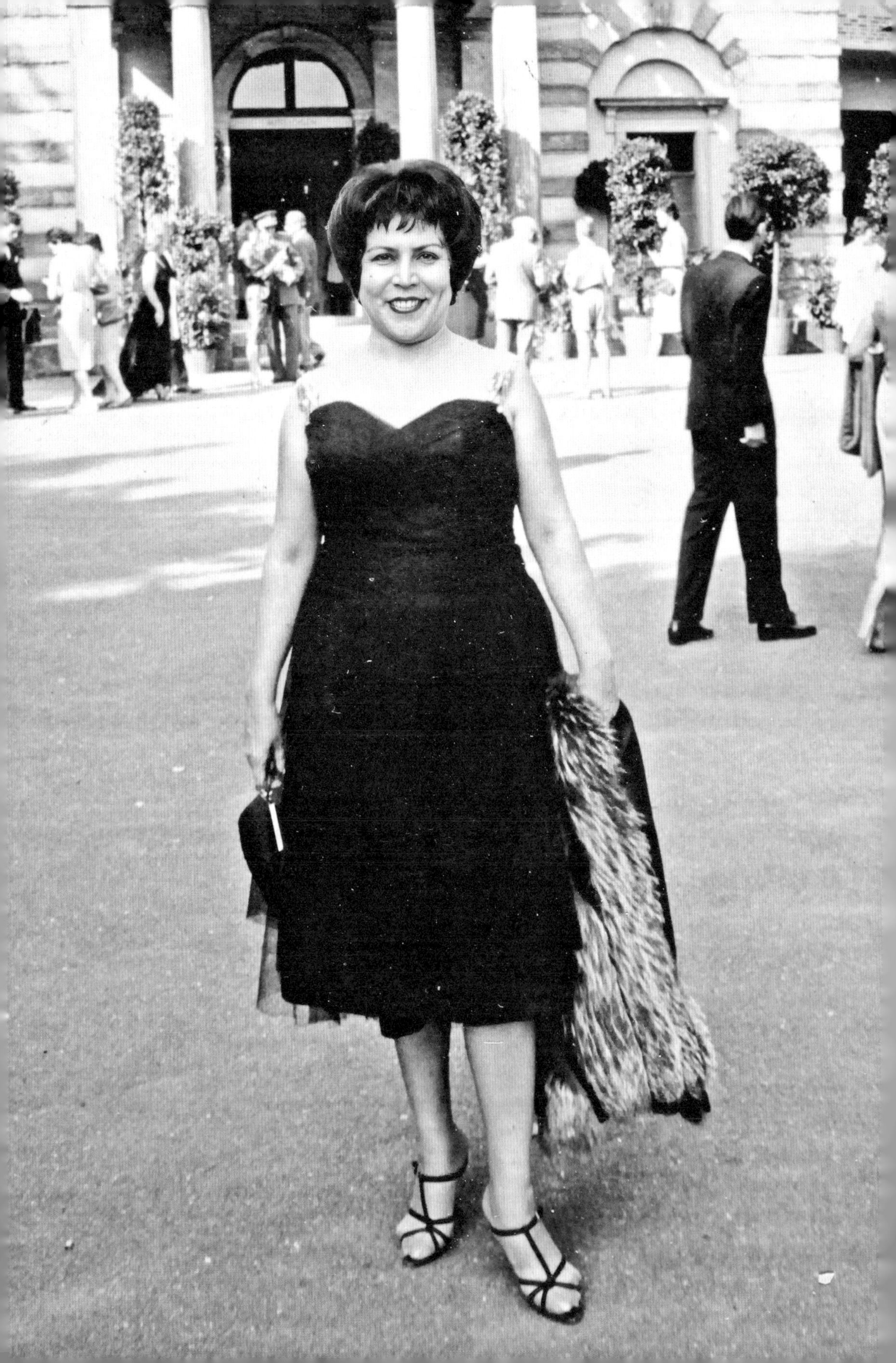

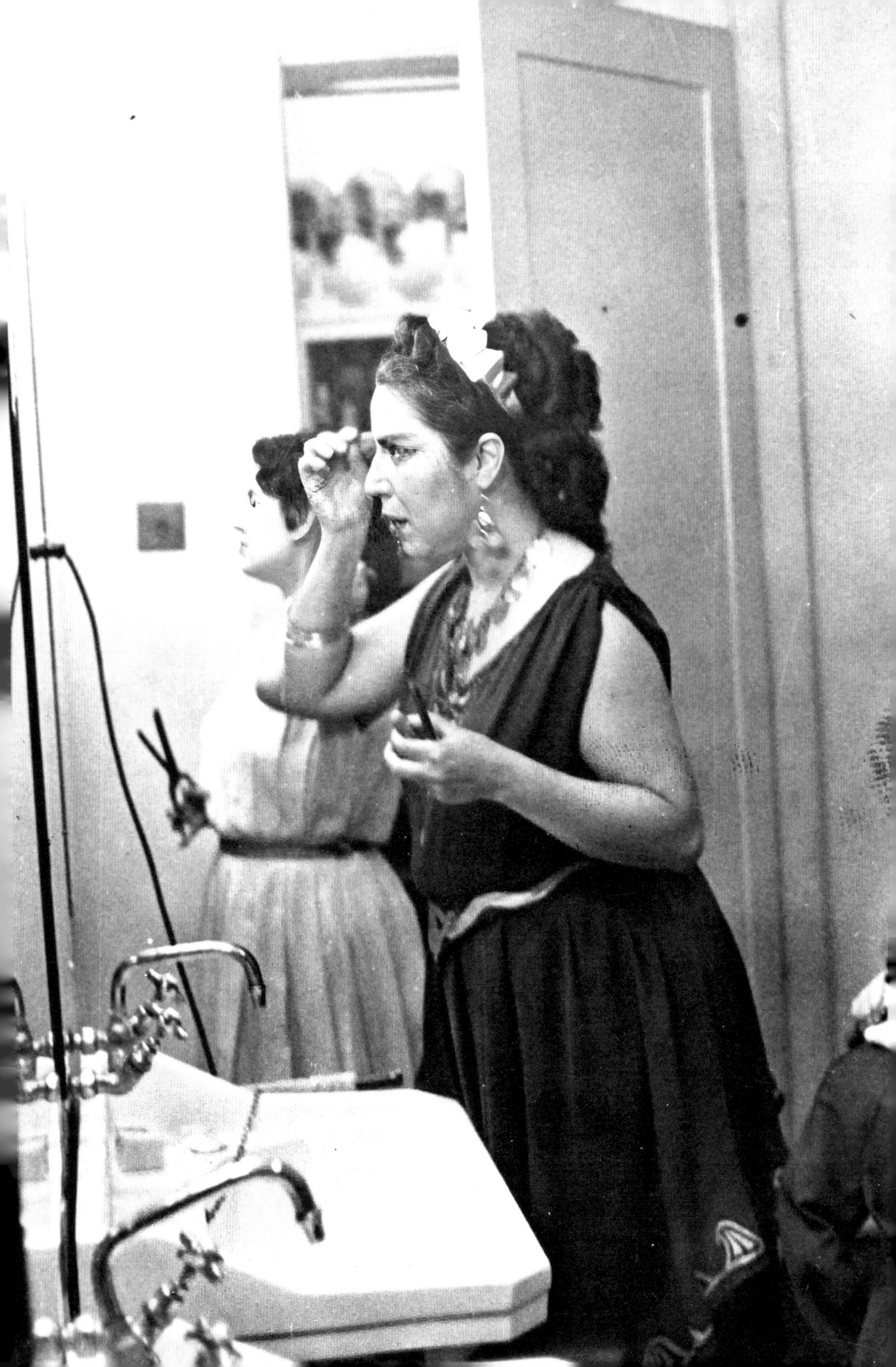

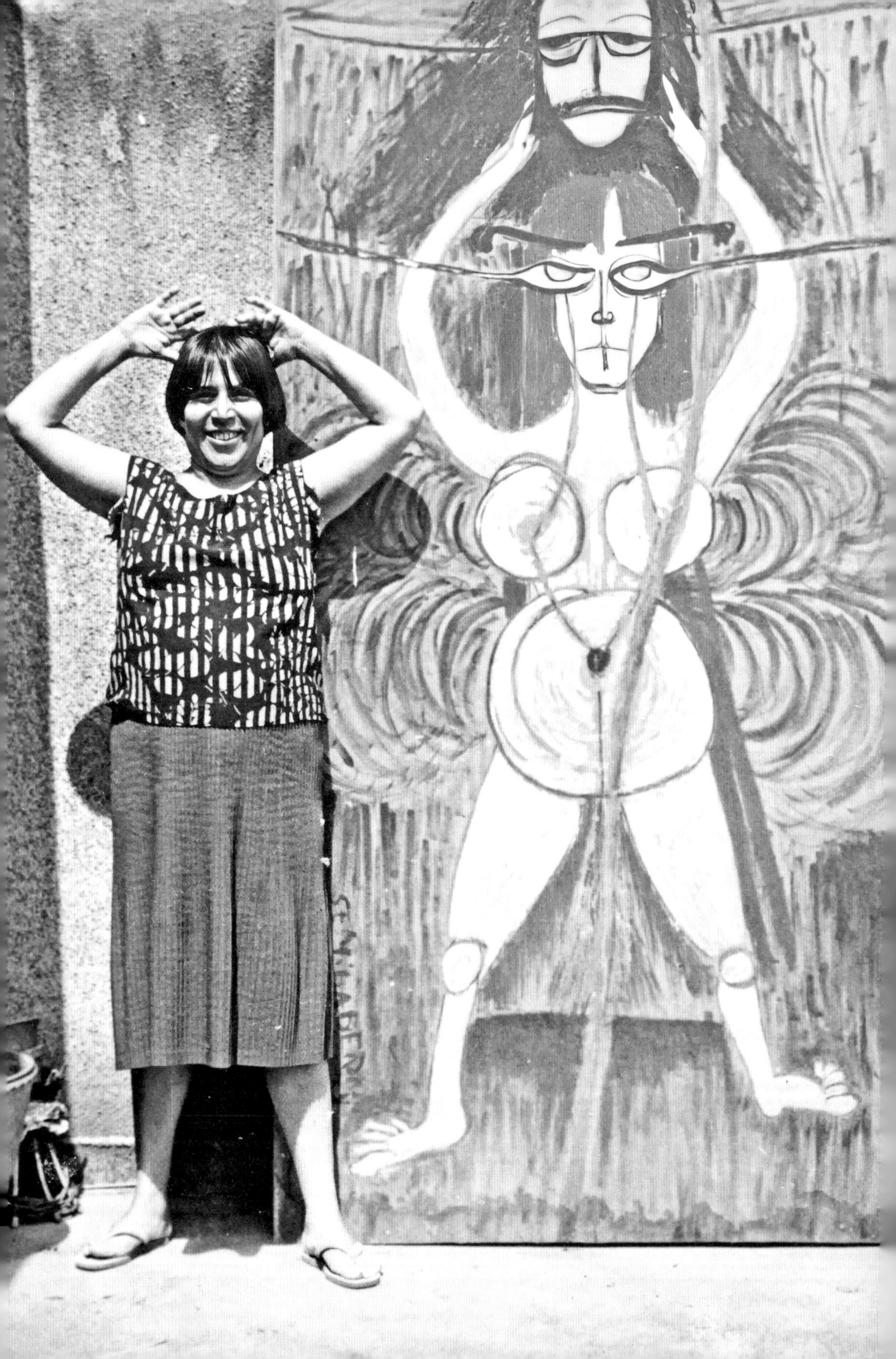

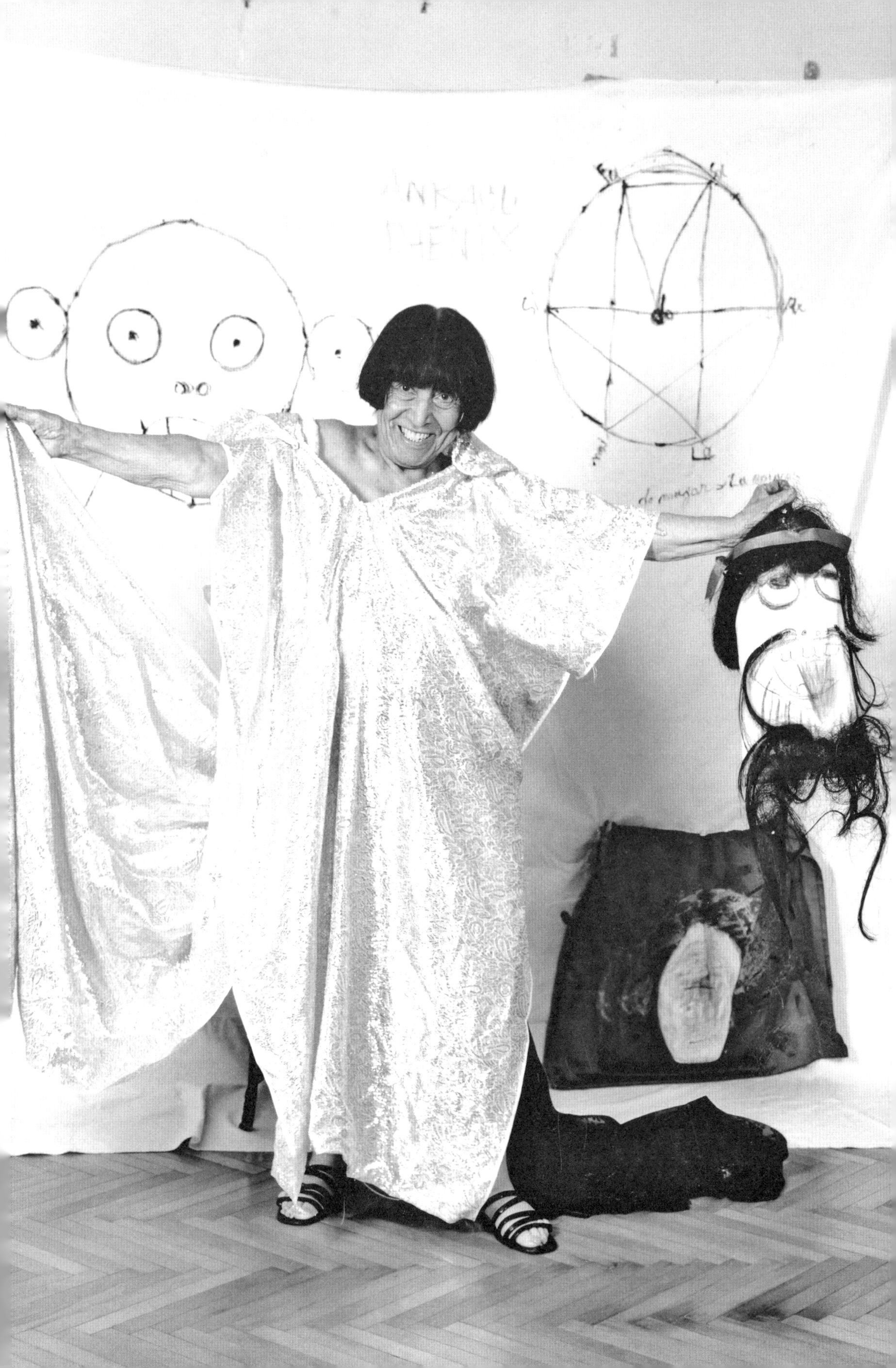

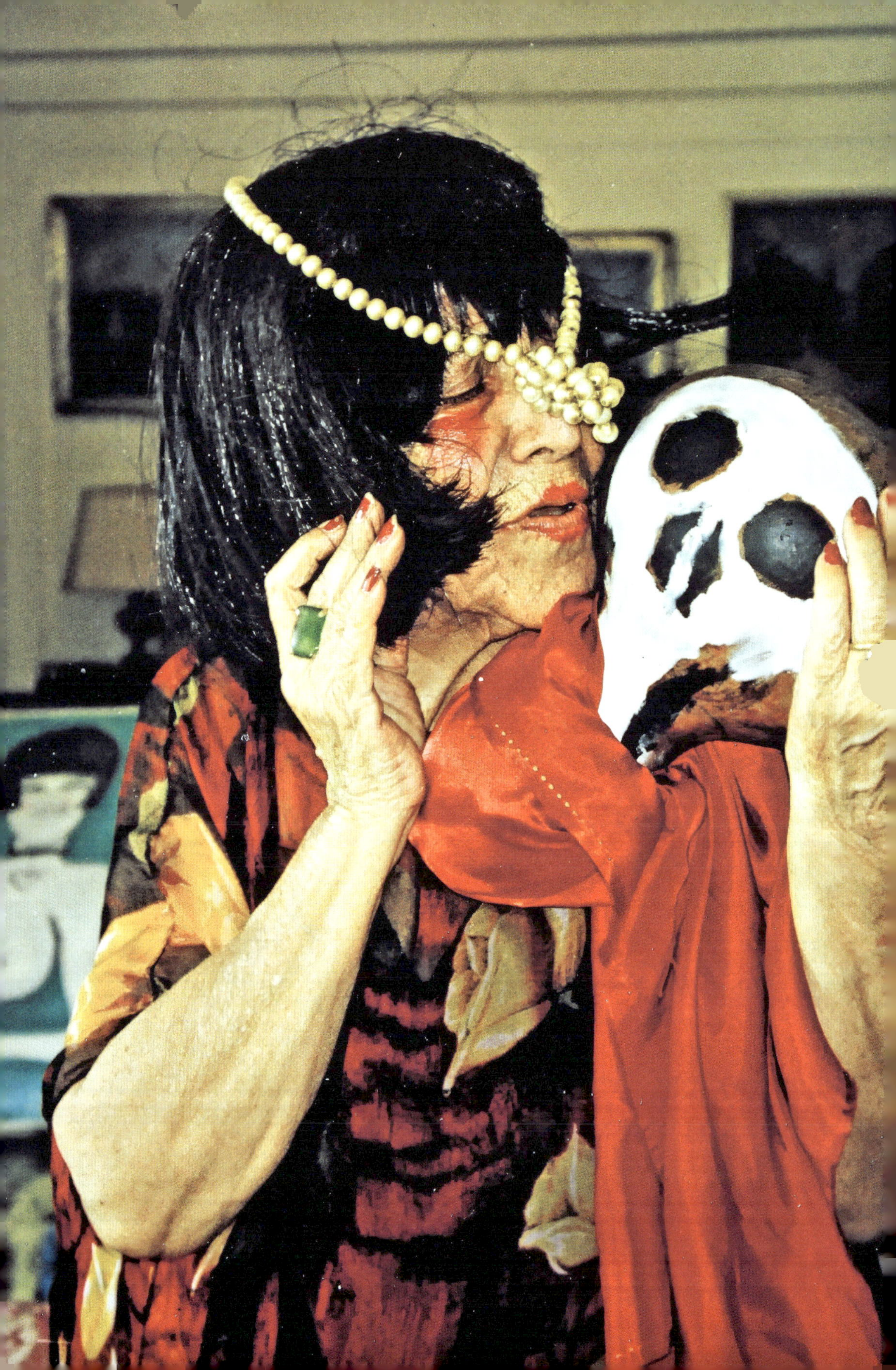

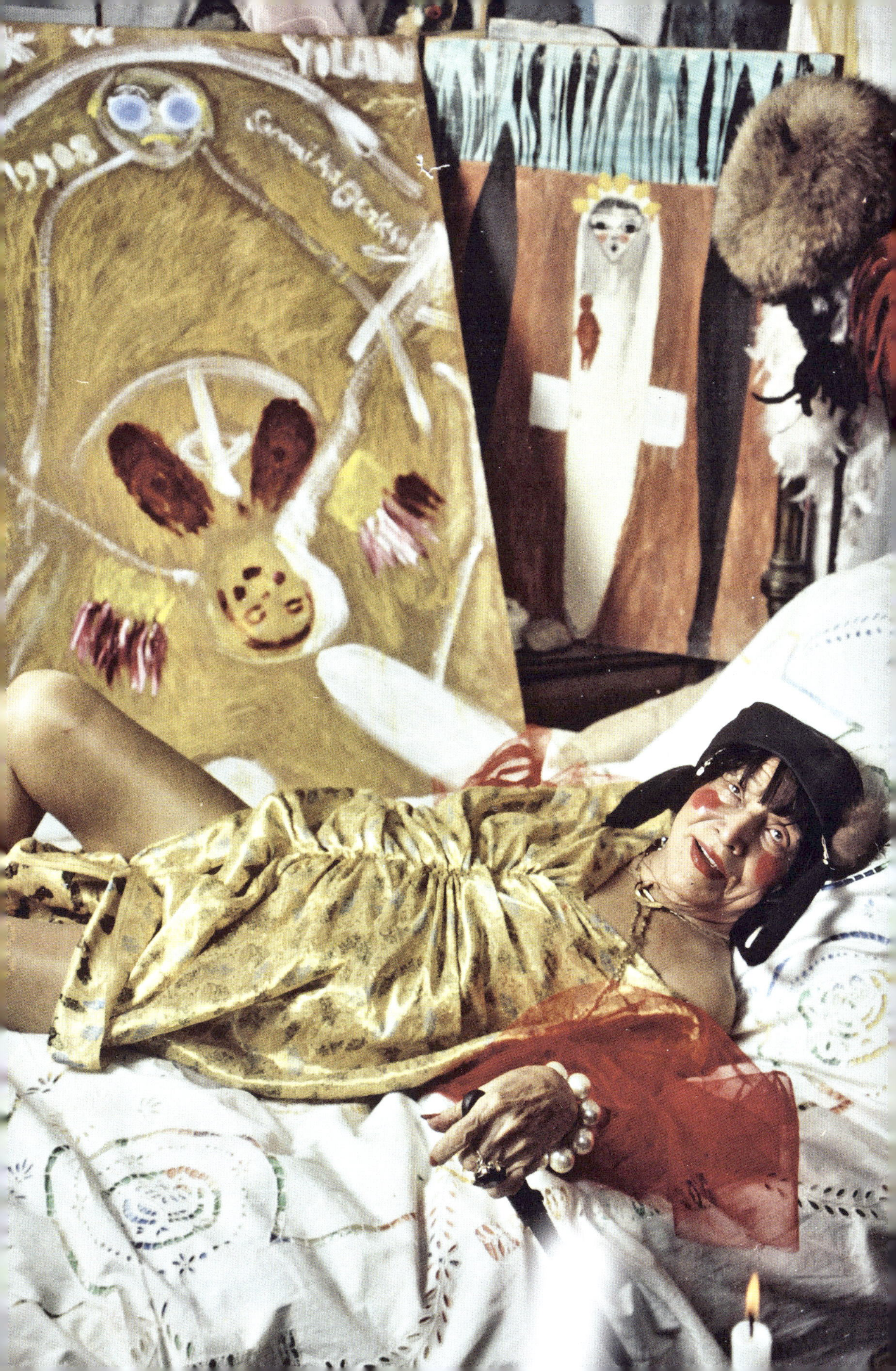
1998
YILAN